사상가 특집 1권

시대 속의 맹자, 주제 속의 맹자

유교문화연구총서 24

사상가 특집 1권

시대 속의 맹자, 주제 속의 맹자

김도일 외 지음

성균관대학교 유교문화연구소 사상가특집편집위원회(김도일, 지준호, 황종원, 김동민, 원용준),

유학동양한국철학과BK21연구단 / 한국유교학회 공동발간

이 책은 성균관대학교 유교문화연구소 발간 《유교문화연구총서》 내 〈사상가 특집〉의 첫 번째 권이다. 현재까지 연구소에서 발간해 온 학술지들, 특히 『유교사상문화연구』(한국유교학회 공동발간)와 *Journal of Confucian Philosophy and Culture*를 중심으로 특정 사상가에 대한 연구논문들을 선별하여 엮는다. 〈사상가 특집〉의 기획 의도 중 하나는 유교문화연구소와 한국유교학회가 쌓아온 근 20년간의 연구 성과를 정리하여 보고하는 데 있다. 이와 더불어 또 다른 기획 의도는 독자들이 이 한 권의 책을 통독함으로써 해당 사상가의 주요 사상들에 대하여 조망할 기회를 갖게 하는 데 있다.

이 첫 번째 권은 맹자(孟子)를 주제로 삼는다. 여기에 선별된 논문들은 각기 다른 학자가 다른 시기에 발표한 것들이다. 이 때문에 한 학자가 일관된 관점으로 맹자의 사상을 분석한 연구서와는 성격이 다르다고 할 수 있다. 이는 단점이기도 하나, 오히려 장점일 수 있다. 맹자의 핵심 사상에 대한 여러 이견을 고스란히 보여줌으로써, 독자로 하여금 그 사상에 대한 다양한 해석의 관점을 갖도록 할 수 있기 때문이다. 이러한 이유에서 맹자 사상을 논쟁적으로 해석해야 할 대학원생들에게 오히려 특색 있는 개론서 역할을 수행할 수 있을 것이라 기대한다.

우선 이 책의 구성은 논문들의 성격과 주제에 따라 3부로 나눴다. 1부는 **주제별 맹자 이해**, 2부는 **시대별 맹자 이해**, 그리고 3부는 **현재와 미**

래 속의 맹자이다.

1부의 논문들은 맹자 사상의 중심 주제를 드러내는 것들이다. 맹자 사상의 전체는 다양한 주제로 분류될 수 있다. 여기서는 그 대체를 드러내는 수기치인(修己治人)을 표젯말로 선택하였다. 이 표젯말과 연관하여 맹자 사상의 특징을 파악하기 위한 여러 질문이 제기될 수 있다. 예를 들면, 어떻게 수기해서 어떻게 치인하는가, 또 어떻게 수기의 단계에서 치인의 단계로 넘어갈 수 있는가와 같은 질문이다. 비록 여기에 선별된 논문들만으로 이 질문들에 대한 최선의 답을 구할 수 없다하더라도, 적어도 대략적이면서도 발전가능성이 있는 잠정적 소결론들을 도출하는데 도움 받을 수 있을 것이다.

김도일의 논문, 『맹자(孟子)』에서 확충(擴充)은 무엇의 확장인가?」는 맹자가 제시한 수기의 과정에 있어서의 핵심 중 하나인 "확충"을 분석한다. 이 논문의 기본적 이해에 따르면, 맹자의 본성론, 즉 성선설은 단순히 인간이 태어날 때부터 선하다는 것도 아니고, 선한 단초를 갖고 있기에 선하다는 것도 아니다. 그의 본성론 자체의 핵심 내용 중에는, 선을 베푸는 대상의 범위가 넓어지고 또 그런 행동이 사람 사이에서 점차 확산되게끔 한다는 내용까지도 포괄되기 때문이다. 이는 맹자 수양론의 핵심 내용이기도 하지만, 역시 맹자의 성(性) 개념 이해에서 관건이 되는 것이기도 하다. 이러한 이해를 바탕으로, 이 논문은 특히 "확충" 개념 분석에 천착한다.

맹자의 수양론에 있어 또 다른 주요 개념은 "호연지기(浩然之氣)"이다. 이 기(氣)의 육성이 바로 맹자 수양론의 주요 부분이다. 맹자는 호연지기 육성의 과정에서 용기[勇]를 비중 있게 다룬다. 이 때문에, 맹자가 어떻게 진정한 용기를 규정하는지, 그리고 그 진정한 용기를 어떻게 호연지기 육성에 연관 짓는지를 파악하는 것이 중요하다. 이는 맹자 수양론을 이해하는 데 있어 관건이다. 오석원의 「孟子의 浩然之氣 研究」는 바로 이 주제를 다룬다.

맹자의 치인에 대한 사상, 즉 정치관은 인정(仁政)과 왕도정치(王道政治)를 그 핵심으로 한다. 특히 왕도정치는 힘이 아닌 덕을 기초로 하는 정치이다. 그러나 왕도정치가 힘을 기초로 한 법 시행이나 불가피한 전쟁을 완전히 배제하는 것은 아니다. 오히려 맹자가 어떠한 취지에서 법과 전쟁에 대해서 일부 긍정하였는지를 잘 살펴봐야 그의 정치관이 온전히 파악된다. 이에 대한 기초적 지식을 윤지원의 「선진유가전쟁관(先秦儒家戰爭觀)에 대한 소고(小考) ― 공자(孔子)와 맹자(孟子)의 전쟁관(戰爭觀)을 중심으로」를 통해 얻을 수 있다.

조남욱의 「공맹(孔孟)의 국제평화(國際平和) 이론」은 맹자의 왕도정치의 주요 내용을 조금 더 면밀히 살펴볼 수 있는 기회를 제공한다. 이 논문에서는 맹자 왕도정치의 핵심 내용을 상호 공존으로 해석한다. 그리고 맹자 사상에서 상호 공존의 정신이 어떻게 국가 안에서뿐만 아니라 국제 관계 속에서도 구현되어야 할 것으로 제시되었는지를 살핀다.

2부의 논문들은 맹자 이해의 시대적 변천 과정을 대략적 이해하기 위한 목표로 선별된 것이다. 중국 고대, 중국 중세, 조선, 그리고 일본 에도 시대의 맹자 이해에 대한 각 논문들을 통독하는 과정에서, 독자들은 맹자 이해의 시대적 변천 과정을 대략적으로 가늠할 수 있는 기초를 마련할 수 있을 것이다.

2부 첫 번째 논문인 신정근의 「맹자와 순자 사상의 결정적 차이」는 중국 고대라는 사상적 배경 안에서 성선설과 성악설의 이론적 대결 구도가 어떤 이해의 차이에 기인한 것인지에 주목한다. 이 논문은 그 원인을 각 사상가의 "지식(혹은 지려)"에 대한 이해 차에 있다고 파악한다. 그리고 더 나아가 이 차이가 어떻게 수양론에 있어서의 차이로 연결되었는지 설명한다.

박소정의 「『맹자(孟子)』에 나타난 여민동락(與民同樂)의 음악 사상 – 묵자(墨子)의 예악(禮樂) 비판에 대한 반향으로서」는 맹자의 "여민동락"에 담긴 사상을 중국 고대의 사상사적 맥락 내에서 파악한다. 특히 그것을 유가를 비판한 묵가에 대한 대응으로 파악하고, 더 나아가 맹자의 음악에 대한 이론이 담겨 있는 것으로 본다.

다음으로 안재호와 전병욱의 두 논문은 맹자의 중심 사상인 성선설이 어떻게 주자학에서 발전되었는지 가늠할 수 있게 한다. 안재호의 「맹자의 인성(人性) 개념에 대한 주자학적 해석」이 주목하는 개념은 중세 성리학에서의 "기질지성(氣質之性)"이다. 이 개념은 맹자의 성선설에 담긴 보편성만으로 설명되기 어려운 개별 인간의 개체적 특성들을 더 분명하게 설명하기 위해 고안된 것으로 이해된다. 이 논문은 장재(張載)에서부터 이정(二程)을 거쳐 주희(朱熹)에서 맹자의 성론이 바로 이 기질지성의 개념 도입을 통해 어떻게 심화되고 발전되는지 파악할 수 있게 도움을 줄 것이다.

전병욱의 「『맹자(孟子)』「고자(告子)」편의 성선론(性善論)에 대한 주자의 해석」은 주희가 맹자의 성 개념을 맹자 자체에는 없는 리(理)와 기질이라는 개념들로써 심화·발전시킨 이유를 따져보고, 더 나아가 그 발전적 해석이 맹자의 원의에 과연 부합하는지를 묻는다. 그 과정에서 특히 『맹자』에서 가장 흥미로운 부분인 맹자와 고자(告子) 간의 논쟁에 주목함으로써, 독자로 하여금 주희의 맹자에 대한 이해뿐만 아니라 맹자 자체에 대한 이해를 심화시킬 수 있도록 한다.

다음 두 논문은 조선에서 맹자가 어떻게 특징적으로 이해되었는지를 살펴본 논문들이다. 우선 이영경의 「맹자의 '유자입정(孺子入井) − 측은지심(惻隱之心)'에 대한 조선 유학자들의 윤리적 입장」은 맹자의 주요 개념인 "측은지심(惻隱之心)"이 조선의 대표적 성리학자들인 퇴계, 율곡,

다산, 혜강에게서 어떻게 달리 이해되었는지 살펴보면서도, 특히 그들이 어떠한 이유에서 측은지심 이면의 실천성에 동시에 주목하였는지를 살펴본다. 그 다음 박상리의 「정제두와 정약용 『맹자』 주석의 인간학적 이해」는 정제두나 다산 정약용과 같은 조선의 학자들에 의해 이해된 탈주자학적 성 개념 이해를 논의한다. 이 논문은 맹자의 성 개념을 이해하는 데에 있어서, 정제두의 경우 "생리(生理)"와 연결한 반면, 다산은 "기호(嗜好)"와 연결함으로써, 각기 어떻게 다른 이론을 구축하였는지를 살펴본다.

2부의 마지막 논문인 원용준의 「이토 진사이(伊藤仁齋)의 『맹자』관에 대한 일고찰」에서는 이토 진사이 등의 일본 고학파 학자들이 어떠한 맹자 이해에서 주자학적 틀을 벗어나고자 했는지를 살펴본다.

위와 같은 2부의 구성은 비록 맹자 이해에 대한 시대적 변천을 세밀하게 살펴보는 데에는 미흡할지 모르나, 독자들로 하여금 맹자 이해에 대한 시대적 변화 과정에 대한 기본적 일람을 가능하게 한다는 점에서 그 의의가 있겠다.

3부에서는 맹자 사상의 현대적 의의에 대한 논문 두 편을 선별하여 실었다. 우선 지준호의 「맹자(孟子)의 도덕교육론 - 성선(性善)의 확충을 위한 교수작용의 측면을 중심으로-」는 맹자의 성선설이 지닌 교육학적 함의에 대해서 탐구한다. 여기서 흥미로운 것은 이 논문이 교육현장에서 바로 응용할 수 있는 구체적 교수작용과 맹자의 사상을 접목시킨 시도를 한다는 점이다. 더 구체적으로 말해, 교육목표 설정, 강의 요점 전달, 학생 자발성 독려의 교수작용이 맹자의 성선설에 기초하여 재구성될 수 있음을 주장한다.

황종원의 「맹자의 "행기소무사(行其所無事)" 원칙과 성론(性論)에 대한 생태 철학적 접근」은 현대 생태철학의 관점에서 맹자의 성론에 담긴 의의를 재조망한다. 일단 맹자의 성 개념에 내재된 태도 중 하나가 도가적 무위와 묵가적 유위의 변증적 통일이라 파악하고, 이것이 대상 파괴적 인식을 배제하고 대상의 본성을 그대로 따르되 여전히 실천을 강조하는 태도로 연결된다고 파악한다. 그리고 이는 현대 서양의 생태철학에서 발견되는 관념론적인 성격을 극복하는 자원으로 활용될 수 있다고 주장한다.

3부에서 이 두 논문을 선별한 주된 이유는 맹자 사상의 현대적 함의에 대해서 논의를 진행하면서도 여전히 맹자 자체에 대한 분석을 소홀히 하지 않는다는 점에 있다. 그렇기 때문에 이 논문들이 주장한 현대적 의의 자체에 대해서 설사 이견의 여지가 있다 해도, 두 논문들은 맹자의 현대적 재구성이 어떻게 가능할 수 있는지에 대한 훌륭한 지혜를 제공할 것이다.

유교문화연구소장 김도일

3부 현재와 미래 속의 맹자

1부

주제별 맹자 이해

『맹자(孟子)』에서 확충(擴充)은 무엇의 확장인가?

김도일(성균관대학교 유교문화연구소 소장, 유학대학 부교수)

1. 도입

맹자의 고민 중 하나는 인간은 어떻게 하면 지속적으로 선한 행위를
할 수 있는가이다. 이에 그는 확충을 제시한다.[1] 대략적으로 말하자면,
이는 특정 상황에서 드러난 윤리적 반응이나 태도를 확장하여 다른 상황
에서 적용하는 것이다.[2] 『맹자』의 해당 문맥을 볼 때, 확충의 대상은 측

---

[1] 『맹자』 2A6. 편장은 楊伯峻, 『孟子譯註』(중화서국, 1996)를 참조한다. 다만 본고에서는 편장
표시를 1~14 대신 1A~7B로 대체한다.

[2] 본고에서는 측은지심이 정확히 어떤 현대적 용어로 규정될 수 있는지의 문제는 차치하여 둔
다. 대신 한국어로는 생소할 수 있으나, attitude 즉 태도를 편의상 사용한다. 이를 인지적
(cognitive)이고 행위 유발적(conative)인 측면을 모두 포괄하는 용어로 사용한다. 그럼으로
써, 측은지심이 감정(emotion이나 feeling)이나 도덕감(moral sense), 동기(motivation), 욕
구(desire), 혹은 판단(judgment) 중에서 무엇으로 규정될 수 있는지의 문제를 피해 가겠다.
참고로 1990년대 전후 영미권에서 벌어진 측은지심의 확충에 대한 논변들에서 측은지심이 얼
마나 다양하게 현대어로 번역되었는지 간단하게 언급한다. Kwong-loi Shun은 측은지심의 확
충을 analogical reasoning을 통하여 유사한 상황에서 동일한 반응(reation)과 태도(attitude)
가 적용되도록 하는 것으로 이해한다. Kwong-loi Shun, "Moral Reasons in Confucian

은지심(惻隱之心)과 같은 것이다. 측은지심은 위험한 상황에 빠진 어린아이를 돕고자 하는 윤리적 태도이자 즉각적 행위를 유발하는 반응이다. 즉 확충은 측은지심과 같은 윤리적 반응과 태도가 여러 다른 상황에서도 발휘될 수 있도록 하는 것이다. 동일한 생각은 맹자가 제선왕(齊宣王)에게 백성을 보호하라[保民]고 조언하는 데에서도 나타난다.[3] 맹자는 보민의 방법으로서 인술(仁術, 仁을 실현하는 방법)을 제시하는데, 이는 제선왕이 예전에 희생으로 끌려가던 소에게 들었던 '차마 그대로 죽게 내버려두지 못한 심정[不忍人之心]'을 도탄에 빠진 백성들에게도 적용하라는 것이다. 맹자는 이러한 확대·적용을 통하여 궁극적으로 인(仁)을 실현할 수 있다고 본다.

그런데, 확충이 맹자에게 있어 유일한 윤리적 확장 개념이 아닐 수 있다. 이러한 문제 제기의 취지에서 본고는 확장을 확충에 비해 더 넓은 의미로 활용하겠다. 오히려 맹자 이후 유가사상의 발전 역사에서 더 큰 영향력을 발휘한 것은 가족에서 국가로의 확장 형태이다. 예를 들어, 『논어』에서는 혈연적 관계의 부모와 형제에 대한 태도인 효제(孝悌)를 인(仁)의 근본[本]이라고 이해하는데, 이는 마치 가족 안에서 배우고 실천한 태도를 가족 외의 관계로 확장하여 나아가는 모형을 제시하는 듯하

Ethics," *Journal of Chinese Philosophy* 16 (1989) 참조. David B. Wong은 주체가 무엇을 할 것인지 고려(practical deliberation)하는 데 있어 타인의 고통이 행위의 이유(a reason to act)가 됨으로써 동정심(compassionate response)이 발휘될 수 있도록 하는 과정으로서 이해한다. David B. Wong "Reasons and Analogical Reasoning in Mengzi," in Xiusheng Liu and Philip Ivanhoe, ed., *Essays on the Moral Philosophy of Mengzi* (Indianapolis, IN: Hackett Publishing Company, 2002) 참조. 반면, Philip J. Ivanhoe는 특정 상황에서 아직 온전하게 드러나지 않은 도덕감(moral sense)을 인지하는 과정으로 이해한다. Philip J. Ivanhoe, "Confucian Self Cultivation and Mengzi's Notion of Extension," ibid.

3 『맹자』 1A7.

다.[4] 맹자 역시 천하와 국가의 근본은 가족[家]에 있다고 한다.[5] 게다가 제선왕과의 대화에서 내 노인을 노인답게 대우하는 태도로써 남의 노인들도 노인답게 대우하라[老吾老, 以及人之老]고 언급하는데, 이 역시 유사한 확장 모형으로 볼 수 있다.[6] 이는 혈연적으로 가까운 사람에게 든 마음을 혈연 외적인 사람에게 적용하라는 주문으로 이해될 수 있기 때문이다. 이 확장 모형과 연관하여 유가는 종종 혈연적 애정을 확대하여 더 넓은 사회집단의 성원들에게 적용하는 사상으로 이해되기도 한다. 예를 들어, 후대 성리학자들을 통하여 유가의 경전으로 추앙된『대학(大學)』에서의 제가(齊家) 이후 치국(治國)하라는 구절은 이와 같은 유가적 확장 모형을 잘 보여준다고 널리 이해된다.[7]

문제는 종종 위와 같은 확장의 부정적 측면이 부각된다는 점이다. 그렇게 됨으로써 유가사상은 동아시아 사회의 비민주성의 원흉으로 비판받는다. 이를테면, 유가사상은 국가를 가부장적인 가족주의의 확장으로서 여기기 때문에 국가 차원에서의 공적 영역 확립을 저애하게 된다는 것이다.[8] 과연 이와 같은 비판이 유가를 제대로 이해한 것인지 따져볼

---

4 『논어』 1:2. 편장은 楊伯峻, 『論語譯註』(중화서국, 1980)를 따른다. 상기 구절에 대한 朱熹 해석에 대하여 뒤에서 상술한다.

5 "天下之本在國, 國之本在家, 家之本在身." (『맹자』 4A5).

6 『맹자』 1A7. 이 구절에 대한 상세한 분석은 아래에서 진행한다.

7 『四書大全』의 『大學章句大全』, 8쪽. 쪽수는 대만 상무인서관의 『(文淵閣) 四庫全書』를 저본으로 한 『(文淵閣)四庫全書 電子版』(香港: 迪志文化出版, 2002)을 참조한다. 이후 본 논문에서는 『사고전서』로 표기한다.

8 이런 맥락에서 막스 베버(Max Weber)는 유가적 恭順에 주목한다. 막스 베버/이상률 譯, 『유교와 도교』(문예출판사, 1990), 341쪽. 소위 "가족국가관"에 대해서는 다음을 참조하라. 尾形勇, 『中國古代の"家"と國家―皇帝支配下の秩序構造』(岩波書店, 1979). 본고에서는 다음의 중국어 번역본을 참조한다. 尾形勇/張鶴泉 譯, 『中國古代的"家"與國家』(장춘: 길림문사출판사, 1992). 동일한 논리로 동아시아 사회를 비판한 경우로는 한나 아렌트(Hannah Arendt)가 있다. 그는 그리스 전통에서의 "정치"의 영역이 현대 사회에서 확립이 불가능한 이유를 설명하는 과정에서 동양 고대의 전제군주제를 비판한다. 한나 아렌트, 이진우 · 태정호 역, 『인간의 조

필요가 있다. 그러나 그 이전에 톺아볼 문제들이 있다. 우선 유가사상의 원형에서 윤리적 확장이 정확히 무엇의 확장인지를 따져보아야 한다. 이를 위하여 위에서 언급한 측은지심의 확충과 혈연적 애정의 확장이 어떻게 다른지 살펴볼 필요가 있다. 기실 혈연적 애정의 확장을 맹자가 정작 염두에 두었는지도 생각해 볼 문제이다. 그 과정에서 "노오로, 이급인지로(老吾老, 以及人之老)"가 정확히 무슨 의미인지 따져보아야 한다. 본고는 바로 이 문제들을 다룬다. 다시 말해, 『맹자』에서의 인(仁)과 연관된 도덕 수양에서의 확장이 정확히 무엇의 확장인지 살펴볼 것이다.

2. 확산 모형

측은지심의 확충과 혈연적 애정의 확장을 살펴보기에 앞서, 이들과 분명히 구분되는 것을 언급할 필요가 있다. 내 부모에게 효심을 가짐으로써 다른 사람들도 나를 따라 각자 부모에게 효심을 갖게 되는 경우를 생각해보자. 이는 효심이라는 동일한 태도가 여러 사람들 사이에서 확산된 것이다. 맹자는 이러한 확산을 통치 방법의 하나로서 제시한다. 즉 사람마다 각자 자신의 어버이를 친히 대하면[親親] 천하가 다스려진다고 말한다.[9] 그리고 이를 가까운 곳에서 도(道)를 구하는 것이자 가장 쉽게

건』(서울: 한길사, 1996), 78~79쪽 참조. 같은 논리가 유가, 더 정확히 말하여 유가적 전통을 토대로 한 동아시아 사회, 특히 한국 사회를 비판하는 데 확대·재생산된다. 예를 들어, 다음을 참조하라. 김상봉, 『학벌사회』(한길사, 2004), 168~172쪽. 한편, 유가사상과 가족주의 혹은 가족주의적 국가관을 떼어놓는 작업이 몇몇 한국학자들을 통하여 진행되었다. 예를 들어 다음 논문을 참조하라. 신정근, 「공자의 인문주의 국가」, 『중국학보』 44집 (2001). 이승환, 「한국 가족주의의 의미와 기원, 그리고 변화가능성」, 『유교사상연구』 20집 (2004).

9 "道在爾而求諸遠, 事在易而求之難. 人人親其親, 長其長而天下平."(『맹자』 4A11). 이 확산

일을 도모하는 것으로 이해한다.

이 동일 태도의 확산 모형은 『대학』에서도 발견된다. 윗사람이 자신의 노인을 노인답게 대우하면 백성들 사이에서 효가 흥기한다는 구절이다.[10] 이 역시 천하와 나라를 다스리는 방도로써 제시된다.

그런데, 『대학』에서는 이러한 통치 방식, 즉 특정한 태도를 세상에 확산시키기 위하여 스스로 모범을 보이는 방식을 혈구지도(絜矩之道)의 일종이라고 한다. 혈구(絜矩)란 동일한 것으로써 사물을 미루어 헤아리는 것이다.[11] 그러나 동일한 태도의 확산이 왜 혈구의 방법인지는 곧바로 명확하지 않다. 해석이 요구된다. 이에 『대학』의 바로 다음 구절에 주목해야 한다. 거기서 혈구지도는 또한 윗사람에서 싫은 것으로 아랫사람을 부리지 말고, 아랫사람에서 싫은 것으로 윗사람을 섬기지 말라는 것에 연결된다.[12] 이는 『논어』에 등장하는 서(恕) 개념과 동일하다.[13] 서란 나의 마음을 기준 삼아 상대방의 마음을 헤아리고 그럼으로써 상대방을 제대로 대우하는 것이다. 『논어』에서는 이를 능근취비(能近取譬), 즉 가까운 곳에서 비슷함을 찾아내는 것으로 표현하기도 한다.[14] 그렇다면 효의 확산이 왜 혈구지도인지는 다음과 같이 설명될 수 있다. 동일한 태도의 확산이 가능한 이유는 기본적으로 모든 사람들이 동일한 마음을 가졌

모형을 구분해내는 데 다음 논문의 도움을 받았다. 김동인, 「덕목으로서의 孝와 그 교육」, 『교육사학연구』17집 2호 (2007), 37쪽.

10 "所謂平天下在治其國者, 上老老而民興孝, 上長長而民興弟, 上恤孤而民不倍, 是以君子有絜矩之道也." 『대학장구대전』, 53쪽.

11 이는 주희의 해석이다. "君子必當因其所同, 推以度物." ibid.

12 "所惡於上, 毋以使下, 所惡於下, 毋以事上, 所惡於前, 毋以先後, 所惡於後, 毋以從前, 所惡於右, 毋以交於左, 所惡於左, 毋以交於右. 此之謂絜矩之道." ibid., 55쪽.

13 "子貢問曰 有一言而可以終身行之者乎？"子曰 其恕乎. 己所不欲, 勿施於人."(『논어』 15:24).

14 "夫仁者, 己欲立而立人, 己欲達而達人. 能近取譬, 可謂仁之方也已."(『논어』 6:30).

기 때문이다. 세상을 다스리기 위하여 군주는 바로 이를 깨달아야 한다. 또한 사람이면 누구나 효도하고자 한다. 군주가 이를 헤아린다면, 효는 단순히 강요를 통하여 확산될 수 없음을 알게 될 것이다. 군주는 스스로 모범을 보일 뿐이다. 그러면 백성들도 자연스럽게 각자 효를 실천하게 될 것이다.

『논어』에서 혈구지도는 인을 실현하는 방도[仁之方]로서 이해된다.[15] 그렇다면 유가사상에서 효의 확산 역시 인을 실현하는 방법 중 하나로 제시된다고 할 수 있다. 이는 맹자의 인술(仁術)과 거의 근사하다.

3. 확충 모형

확충은 『맹자』 2A6에 나오는 "확이충지(擴而充之)"의 줄임말이다. 문맥상 그 목적어는 사단(四端)일 가능성이 높다. 그 중 인(仁)과 연관하여 "불인인지심(不忍人之心)" 혹은 "측은지심(惻隱之心)"이 확충되는 대상일 것이다.[16] 측은지심은 위험에 빠진 대상에 반응하여 그를 즉각적으로 돕고자 하는 태도이다. 맹자는 이 태도가 순수하게 윤리적임을 강조한다. 예를 들어, 우물에 빠져 죽을 지경에 놓인 어린 아이를 누구나 즉각적으로 돕고자 하는 것은 그 아이와의 특별한 관계 때문도 아니고, 구하여서 얻을 명예 때문도 아니며, 또는 구하지 않아서 얻을 악명이 싫어서도 아니라고 명시한다.[17] 즉 사적 관계나 욕심에 영향 받지 않은 것

---

15 ibid.

16 불인인지심과 측은지심이 다를 수 있는 가능성에 대하여 뒤에서 논급한다.

17 "今人乍見孺子將入於井, 皆有怵惕惻隱之心. 非所以內交於孺子之父母也, 非所以要譽於鄉黨朋友也, 非惡其聲而然也." 마지막 구절에 대한 해석은 趙岐와 주희의 注를 따랐다.

이다.[18]

맹자는 측은지심의 확충에 성공하면 온 세상 사람을 보호할 수 있지만, 실패하면 제 가족조차 건사하지 못한다고 한다. 여기서 알 수 있는 점은 확충이란 한 주체가 자신의 윤리적 태도를 확대하여 점차 많은 사람들에게 적용시켜 나아가는 과정이라는 것이다.

앞서 언급한 『맹자』 1A7의 인술(仁術)도 확충에 해당된다. 제선왕은 사지로 끌려가는 금수에게는 순수하게 윤리적인 태도를 취하였음에도 불구하고, 도리어 도탄에 빠진 사람들에게는 그러하지 못하는 우를 범한다. 이에 맹자는 금수에게 발휘된 바로 그 마음을 들어 사람들에게도 적용하라고 조언한다.[19]

『맹자』 1A7에는 "추은(推恩)"이라는 표현도 등장한다.[20] 이는 시혜의 대상을 점차 늘려간다는 것이다. 맹자는 추은을 통하여 온 세상을 보호할 수 있지만 그에 실패할 경우 가족조차 건사하지 못한다고 말하는데, 이는 확충의 결과로서 언급된 것과 동일한 표현이다. 즉 추은은 확충과 비슷하다.

또 한편, 『맹자』 7B31에서 차마 하지 못하는 마음[不忍]을 차마 하는 바에까지 이르게 함[達之]이 인(仁)으로 이해된다.[21] 여기서의 불인(不忍)은 1A7의 불인인지심(不忍人之心)을 연상시키며, 곧 측은지심과 같은 순수한 윤리적 태도로 이해될 수 있다. 또한 여기서 사용된 달지(達之)의

焦循, 『孟子正義』(중화서국, 1987), 233쪽. 반면, 양백준은 "惡其聲"을 그 아이의 울음소리가 듣기 싫어함으로 새긴다. 『맹자역주』, 80쪽.

18 각주 2)를 참조하라.

19 "擧斯心加諸彼而已."(『맹자』 1A7).

20 "故推恩足以保四海, 不推恩無以保妻子."(『맹자』 1A7).

21 "人皆有所不忍, 達之於其所忍, 仁也. 人皆有所不爲, 達之於其所爲, 義也. 人能充無欲害人之心, 而仁不可勝用也. 人能充無穿踰之心, 而義不可勝用也."(『맹자』 7B31).

달(達)은 추은(推恩)의 추(推)와 그 의미가 유사하다. 불인한 태도를 더 많은 사람에게 미칠 수 있도록 한다는 뜻이다. 이는 확충의 뜻과 같다.

확충이나 앞 절에서 설명한 확산 모형은 모두 인(仁)을 실현시키는 방법들이다. 그러나 이 둘은 전혀 다른 확장 모형이다. 측은지심의 확충은 한 주체가 동일한 태도를 점차 더 다양한 상황과 더 많은 사람들에게 적용시켜 나아가는 모형인 반면, 혈구지도를 통한 확산은 한 주체의 모범적 태도가 점차 많은 사람들 사이에서 공유되는 모형이다.

4. 확충과 또 다른 확장 모형: 혈연적 태도의 확장

『맹자』에는 확충과 또 다른 확장 모형이 있을 수 있다. 그러나 맹자가 이를 실제로 염두에 두는지는 논란의 여지가 있다. 이 확장 모형은 특정 태도의 적용 대상을 늘리는 것이란 점에서는 확충과 같다. 다만 그 연관된 태도가 측은지심과 같은 순수한 윤리적 태도가 아니라, 혈연적 관계에 있는 대상들에게 적용되는 태도이다. 더 정확히 말해, 이는 혈연적 관계 속에서 익힌 반응이나 태도의 일부나 전부를 혈연 외적인 대상들에게도 적용시켜 나아가는 확장 모형이다. 이를테면 타인을 내 가족처럼 대하는 태도 같은 것들이다. 편의상 이를 혈연적 태도의 확장으로 부르겠다.

예를 들어, 『대학』에는 "갓난아기처럼 보호한다[如保赤子]"는 표현이 있다.[22] 이에 이어지는 구절을 보면, "아이를 키우는 것을 배우고 난 후

---

22 "所謂治國必先齊其家者, 其家不可教而能教人者, 無之. 故君子不出家而成教於國. 孝者, 所以事君也. 弟者, 所以事長也. 慈者, 所以使衆也. 康誥曰如保赤子. 心誠求之, 雖不

에 시집가는 사람은 없다"고 한다. 즉 자신의 갓난아기는 누구나 배우지 않고도 돌볼 수 있다는 뜻이다. 그렇다면 여보적자(如保赤子)는 마치 내 갓난아기를 돌보듯이 백성들을 돌보라는 의미가 된다. 이는 혈연적 태도의 확장이다. 그러나 정작 『맹자』 3A5에서는 동일한 표현인 "약보적자(若保赤子)"가 다소 다른 의미로 활용된다. 맹자는 이 표현과 연관하여 유자입정 시에 그 갓난아기를 앞뒤 안 가리고 도와주는 것은 그 죽음이 죗값을 치르기 위한 것이 아니기 때문이라고 말한다.[23] 죄 없이 죽을지도 모르는 갓난아기는 혈연적 관계 여부와 상관없이 도와주게 된다는 것이다. 맹자는 여기서의 약보적자를 『맹자』 2A6의 측은지심과 연관 짓는 것이다. 즉 맹자는 약보적자를 일반적 갓난아기에 대한 태도로서 이해하고 있다. 『맹자』의 약보적자에서는 혈연적 태도의 확장을 읽어낼 수 없다.

참고로 말하자면, 선진 유가인 순자(荀子)는 매우 명시적으로 혈연적 태도의 확장을 말한다. 이를테면, "부모처럼 친히 대하고 그를 위해서는 죽고자 한다", "친히 대하고 기뻐하길 부모 대하듯 하며 그를 위해서는 죽고자 한다", "친히 대하고 기뻐하길 부모 대하듯 하며, 죽임을 당할지언정 따르지 못하게 할 수 없다" 등이 『순자』에 나온다. 이는 군주를 마치 자신의 어버이처럼 대우하는 태도이다.[24] 기실 유사한 표현이 『맹자』

中不遠矣. 未有學養子而後嫁者也. 一家仁, 一國興仁. 一家讓, 一國興讓. 一人貪戾, 一國作亂."(『대학장구대전』, 48쪽).

23 "夷子曰 儒者之道, 古之人若保赤子, 此言何謂也. 之則以爲愛無差等, 施由親始. 徐子以告孟子. 孟子曰 夫夷子, 信以爲人之親其兄之子爲若親其鄰之赤子乎. 彼有取爾也. 赤子匍匐將入井, 非赤子之罪也."

24 "故仁人在上, 百姓貴之如帝, 親之如父母, 爲之出死斷亡." 李滌生, 『荀子集釋』(대만학생서국, 1979), 204쪽 참조. "百姓皆愛其上, 人歸之如流水, 親之歡如父母, 爲之出死斷亡." (ibid., 215쪽). "故下之親上, 歡如父母, 可殺而不可使不順."(ibid., 251쪽). 또한 ibid., 257쪽과 343쪽을 참조하라.

에도 있다. "군주가 인정을 행하시면 이 백성들이 군주를 친히 대하고 그 윗사람을 위해 죽고자 할 것이다."[25]

좀 더 정확하게 혈연적 태도의 확장 모형을 담아낸다고 볼 수 있는 『맹자』 구절로는 "노오로 이급인지로(老吾老, 以及人之老)"이 있다.[26] 그 의미를 따져보기 위하여 여러 번역들을 살펴본다. 성백효의 한글 번역은 "내 노인을 노인으로 섬겨서 남의 노인에게까지 미친다"이다.[27] 양백준의 중문 번역은 "내 집안의 어른을 존경함으로써[從而], 다른 집안의 어른을 존중하는 데까지 밀고 나아가 확대한다"이다.[28] 라우(D.C. Lau)의 영문 번역은 "내 집안의 어른들을 그 존경할 만한 나이에 걸맞게 대우하고, 이 대우 방식을 다른 집안의 어른들에게 확장한다"이다.[29] 엄밀히 따지자면, 성백효의 번역문에서는 혈연적 태도를 모식으로 삼아 이를 혈연 외적 관계에 적용한다는 의미를 곧바로 읽어낼 수 없다. 대조적으로, 양백준이나 라우(Lau)의 번역문에서는 그런 의미를 추출할 수 있다. 특히 라우(Lau)의 것에서는 정확하게 그런 확장 방식을 읽어낼 수 있다.

성백효 식의 이해에서 해당 구절은 오히려 앞에서 말한 동일한 태도의 확산 모형을 담고 있다. 내가 내 노인을 잘 모시고 그 결과로 타인의 노인들도 잘 모셔지게 한다는 것은 타인들이 나를 본받아 각자 자신의 노인들을 잘 모시게 되기 때문인 것으로 해석될 수 있다. 따라서 상기 구절이 동일한 태도의 확산을 의미하는지 아니면 혈연적 태도의 확장을

---

25 "君行仁政, 斯民親其上, 死其長矣."(『맹자』 1A12).

26 『맹자』 1A7.

27 성백효 역주, 『현토완역 맹자집주』(전통문화연구회, 1991), 36쪽.

28 『맹자역주』, 20쪽.

29 "Treat the aged of your own family in a manner befitting their venerable age and extend this treatment to the aged of other families." D.C. Lau, trans., *Mencius* (Hong Kong: The Chinese University Press, 2003), 19쪽.

의미하는지 명확하지 않다.

이 모호성은 상기 구절 중의 "이급(以及)"의 모호성에 기인한다. 동일한 모호성이 다음『예기(禮記)』구절에서도 발견된다. "신이급신(身以及身)"[30] 이는 두 다른 방식으로 해석될 수 있다. 첫째, 군주가 자신을 사랑하면 백성들도 각자 자신을 사랑하게 된다. 둘째, 군주가 자신을 사랑하는 태도로써 백성들을 사랑한다. 전자는 확산 모형인 반면, 후자는 주체의 특정 태도를 확장하는 모형이다. 이 구절이 담긴 전체 맥락상 두 해석 모두 무난하다. 그 원의를 확실하게 알 수 없다.

이급(以及)은 기본적으로 앞 절의 결과절을 이끄는 용어이다. "(a)함으로써 (b)에 미친다"는 뜻이다. 이는 두 가지로 해석될 수 있다. 우선 (a)와 (b)는 단순히 원인과 결과일 수 있다. 혹은, (a)에 적용된 것을 통하여 (b)하는 데까지 미친다는 부가적인 함의도 때때로 지닐 수 있다. 두 용례를 통하여 이를 설명하겠다.『논어』에는 "하루 아침의 분노로 자신을 잊어 화가 부모에게까지 미치게 함이 의혹된 것이 아니겠는가[一朝之忿, 忘其身, 以及其親, 非惑與]"라는 말이 있다.[31] 여기서 이급(以及)은 단순히 원인과 그 결과를 이어준다. 분노로 자신을 잊는 태도가 그 결과절에 적용되는 것이 아니다. 이와 대조할 만한 용법은『여씨춘추(呂氏春秋)』의 다음 구절에서 발견된다. "국인들이 공자 규의 어머니를 미워하여 공자 규까지 미워하게 된다[夫國人惡公子糾之母, 以及公子糾]." 여기서 이급(以及)은

---

30 "孔子遂言曰, '昔三代明王之政, 必敬其妻子也, 有道. 妻也者, 親之主也, 敢不敬與? 子也者, 親之後也, 敢不敬與? 君子無不敬也, 敬身爲大. 身也者, 親之枝也, 敢不敬與? 不能敬其身, 是傷其親. 傷其親, 是傷其本. 傷其本, 枝從而亡. 三者, 百姓之象也. 身以及身, 子以及子, 妃以及妃, 君行此三者, 則愾乎天下矣. 大王之道也. 如此, 則國家順矣.'" 이에 대한 주석은 다음을 참조하라.『十三經注疏』(북경대학출판부, 2000)의『禮記正義』, 1609쪽.

31 『논어』12:21.

비록 암묵적이긴 하여도 분명히 특정 태도의 확장을 함축한다.[32]

문제는 "노오로 이급인지로(老吾老, 以及人之老)"에서의 이급(以及)은 위의 『논어』에서의 쓰임이나 『여씨춘추』에서의 쓰임 중 어느 쪽으로 해석되어도 무리가 없다는 점이다. 혹은 맹자가 일부러 양의적으로 말하는 것일 수도 있다. 달리 말해, 맹자는 이 구절을 통하여 동일한 태도가 여러 사람들 사이에 확산되는 모형과 한 주체의 혈연적 태도가 혈연 외적 대상들로 확장되는 모형 모두를 말하는 것일 수도 있다.

그런데, 상기 구절의 바로 다음 표현에 주의하여야 한다. "이 마음을 들어 저기에 덧붙일 뿐"이라는 구절이다.[33] 이와 연관하여 보면, 상기 구절의 이급(以及)은 단순히 결과절만 이끌고 만다기보다 앞 절에서 언급된 태도를 결과절의 대상에 적용시킨다는 부가적 함의를 담고 있을 수 있다. 만일 그렇다면 라우(Lau)의 번역이 원의에 근접한다.[34]

한편, 『맹자』7A15의 다음 구절도 혈연적 태도의 확장을 의미할 수 있다. "친친 인야 …… 달지천하야(親親, 仁也. …… 達之天下也.)" 이 구절 해석에 있어 관건은 "달지천하(達之天下)"이다. 이는 '천하 사람들에게 적용시켜 나아감'으로 해석될 수 있다. 만일 그렇다면, 이 구절 전체의 의미는 혈연적 태도인 친친(親親)을 천하 사람들에게 적용시켜 나아감이 된다. 곧 혈연적 태도의 확장이다.[35]

---

32 『사고전서』의 『呂氏春秋』15권, 18쪽.

33 "擧斯心加諸彼而已."

34 또 한편, 『맹자』7B1에는 以와 及이 분리된 용례가 나온다. "仁者以其所愛及其所不愛." D.C. Lau는 이를 다음과 같이 번역한다. "A Benevolent man extends his love from those he loves to those he does not love." Lau, op.cit., 311쪽. 그러나 앞 절에서 언급하였듯이, 이는 혈연적 태도의 확장이라기보다는 확충 모형에 가깝다. 왜냐하면 여기서의 愛를 반드시 혈연적 관계에 얽매인 태도로 볼 수 없기 때문이다.

35 Kwong-loi Shun의 해석이다. Shun은 이 구절의 達之를 7B31의 達之於와 같은 것으로 파악한다. Kwong-loi Shun, *Mencius and Early Chinese Thought* (Stanford Universtiy

그러나 달지천하(達之天下)는 달리 해석될 수 있다. 이를테면, "스스로 친친에 통달한 것이 천하 사람들에게 미친다"로 해석될 수 있다. 이는 내가 일단 친친에 통달하면 그에 영향을 받아서 다른 사람들도 친친에 통달하게 된다는 뜻이다. 즉 동일한 태도가 여러 사람들 사이에 확산되는 모형인 것이다.[36] 그렇다면 상기 7A15의 구절 역시 확산 모형으로도 또는 혈연적 태도의 확장 모형으로도 해석될 수 있다. 즉 그 원의가 모호하거나, 혹은 양의적이다.[37]

요약하자면, 이 절에서 살펴본 확장 모형은 특정한 태도를 여러 다른 대상들에게 확대·적용한다는 점에서 확충과 유사하지만, 그 관련된 태도가 측은지심과 같은 순수한 윤리적 태도라기보다는 혈연적 관계에 있는 대상들에 한정된 태도이다. 이 태도를 혈연 외적 대상들에게 적용시켜 나아가는 것이다. 살펴보았듯이, 『맹자』의 몇몇 구절에서 이 모형을 읽어낼 수 있다. 그러나 이들에는 해석상 논란의 여지가 있다. 왜냐하면

Press, 1997), 146쪽. 같은 취지에서 D.C. Lau는 상기 구절을 다음과 같이 번역한다. "What is left to be done is simply the extension of these [qinqin] to the whole Empire." Lau, op.cit. 293쪽.

주희 제자들은 이렇게 해석될 가능성을 언급하지만 최종적으로는 이 해석을 반대한다. 다음 구절을 참조하라. "問仁義不止於孝弟, 而孟子以爲達之天下, 還是推孝弟之心, 以友愛天下? 是仁義否. 潛室陳氏曰此章無推此及彼之意. 所謂達乃達道達德之達." 『사서대전』의 『맹자집주대전』 30권, 23쪽.

36 명확하지는 않으나 초순의 해석은 이에 가깝다. 초순. op.cit., 899쪽. Kwong-loi Shun은 초순의 입장을 친친을 스스로 실현하면서 타인들도 친친해야 됨을 알게 한다라고 이해한다. Shun, op.cit., 146쪽. 『맹자집주대전』의 細註에 위에 가장 가까운 해석이 언급된다. "新安陳氏曰, 親吾親, 敬吾長. 雖一人之私, 然推而達之天下, 則人人皆親親敬長, 無不同者." 『맹자집주대전』 30권, 23쪽.

37 그런데, 達之天下는 또한 전혀 다른 의미로 해석될 수 있다. 즉 친친은 천하 사람들에게 공통적이라는 의미로도 해석된다. 이는 주희의 해석이다. 『맹자집주대전』 30권, 22~23쪽. 실상이 해석이 가장 설득력 있다. 왜냐하면 이 해석이 7A15의 전체 논지에 잘 부합하기 때문이다. 그 전체 논지는 良知가 모든 이에게 있다는 것인데, 친친이 모든 사람에게 공통적으로 있음이 그 근거로서 제시된다고 볼 수 있다.

앞의 2절에서 고찰한 확산 모형을 담고 있다고 볼 수도 있기 때문이다.

5. 주희(朱熹)의 입장: 마음[心]의 확장

확충이 언급되는 『맹자』 2A6의 문맥에서 확장의 대상은 측은지심인
듯하다. 즉 측은지심을 확충한다는 의미로 읽힌다. 때문에 앞 절에서 측
은지심과 같은 순수한 윤리적 태도를 더 많은 사람들에게 적용시켜 나아
가는 것으로서 확충을 이해하였다. 주희 역시 사단이 확충된다든지 혹
은 사단을 확충한다는 표현을 쓴다.[38]

그러나 주희에게 있어 윤리적 확장은 단순히 측은지심을 확장시키는
데 국한되지 않는다. 더욱 중요한 것은 바로 측은지심을 통해 예시된 인
심(人心) 자체의 확장이다. 이는 『맹자』 2A6의 다음 주석 중에서 잘 드러
난다. "이 장에서 논하는 바 사람의 성정(性情)과 마음의 체용(體用)은 본
연이 온전히 갖추어져 있고, 각기 조리(條理)가 있음이 이와 같으니, 배
우는 자가 이에 대하여 돌이켜 찾고 묵묵히 알아서 이것을 확충한다면
[擴充之] 하늘이 나에게 주신 것을 다하지 않음이 없을 것이다."[39] 여기서
확충의 대상은 본연의 성(性)을 온전히 갖추고 있는 심(心)이다.

주희 사상에 따르면, 마음은 모든 이치[萬理]를 온전히 갖추고 있다.
그러한 이치가 마음 밖으로 드러나지 않은 것을 지칭하여 성(性)이라고

---

38 "四端漸會擴充." 黎靖德 編, 『朱子語類』(北京: 中華書局, 1986), 1285쪽. "若能擴充, 於
這一事發見, 知得這是惻隱之心, 是仁. 於別底事便當將此心充去, 使事事是仁." ibid.,
1292쪽.

39 "此章所論人之性情, 心之體用, 本然全具, 而各有條理如此. 學者於此, 反求默識而擴充
之, 則天之所以與我者, 可以無不盡矣." 『맹자집주대전』 3권, 56쪽.

한다. 인(仁)은 바로 이 성(性)에 해당한다. 마음은 외부 자극에 반응하여 여러 가지 정(情)들을 산출한다. 주희는 마음이 그에 내재된 성에 근거하여 정(情)을 산출하는 것을 일컬어 심통성정(心統性情)이라고 한다. 즉 마음이 성과 정을 모두 포괄한다는 것이다.[40] 『맹자』 2A6에서 묘사되는 측은지심은 바로 마음이 그에 내재한 성(性)인 인(仁)에 근거하여 반응한 예이다. 즉 유자입정(孺子入井)이란 특수한 상황에서 산출된 정(情)이다.[41] 달리 말하자면, 마음은 다른 상황에서는 그 상황에 걸맞게 또 다른 정을 산출해야 한다. 그렇다면 윤리적 수양의 관건은, 마음이 어떻게 더 다양한 상황에서 성(性)에 근거하여 정(情)을 산출할 수 있는지에 있다. 더불어 어떻게 그 횟수를 늘릴 수 있는가도 문제시된다.[42] 주희의 이해에서 확충은 바로 마음이 더 다양한 상황에서 점차 더 많은 횟수로 성에 걸맞은 정을 드러내는 것과 관련된다. 곧 마음 자체의 확장인 것이다.

위와 같은 맥락에서 『맹자』 2A6의 확이충지(擴而充之)의 지(之)가 지칭하는 것이 불인인지심(不忍人之心)일 가능성을 생각해 볼 수 있다. 앞에서는 이를 논의 진행의 편의상 순수하게 윤리적인 태도로서 이해된 측은지심과 동일시하였다. 기실 이 동일시가 여러 번역들에서 확인된다. 성백효의 번역은 사람을 차마 해치지 못하는 마음이다.[43] 조기(趙岐)는 다

---

40 "心之全體湛然虛明, 萬理具足, 無一毫私欲之間. 其流行該徧, 貫乎動靜, 而妙用又無不在焉. 故以其未發而全體者言之, 則性也. 以其已發而妙用者言之, 則情也. 然心統性情, 只就渾淪一物之中, 指其已發未發而爲言爾, 非是性是一箇地頭, 心是一箇地頭, 情又是一箇地頭, 如此懸隔也." 『주자어류』, 94쪽.

41 "統而言之, 仁義禮智, 以其發見而言之, 如惻隱羞惡之類; 以其見於實用言之, 如事親從兄是也." ibid., 271쪽.

42 "擴是張開, 充是放滿, 惻隱之心, 不是只見孺子時有, 事事都如此. 今日就第一件事上推將去, 明日又就第二件事上推將去, 漸漸放開, 自家及國, 自國及天下, 至足以保四海處, 便是充得盡." 『주자어류』, 1294쪽.

43 성백효, op.cit., 102쪽.

른 사람에게 악을 끼치지 못하는 마음으로 해석한다.[44] 양백준은 다른 사람을 불쌍히 여겨 돕는 심정으로 번역한다.[45] 라우(Lau)는 다른 사람의 고통에 민감한 마음이라고 번역한다.[46] 이들 번역에 따르면 불인인지심은 혈연적 관계에 얽매이지 않는 순수하게 윤리적인 태도라고 할 수 있다. 그러나 이에 더 합당한 표현은 아마도 불인지심(不忍之心) 혹은 불인(不忍)일 것이다.

반면, 주희는 불인인지심(不忍人之心)에 대한 주석에서, 인간은 천지의 만물을 낳는 마음을 얻어 이를 마음으로 삼았기 때문에 바로 이 불인인지심을 갖는다고 말한다. 찬찬히 뜯어보면 여기서 불인인지심은 특정 상황에서 드러난 정(情)을 지칭한다기보다는 인심(人心) 자체를 지칭함을 알 수 있다. 이 취지를 살려 불인인지심을 번역한다면, "불인한 특성을 지닌 인간의 마음"일 것이다. 여기서의 방점은 '인간의 마음[人之心]'에 찍힌다. 만일 불인인지심이 확이충지의 대상이라면, 확충은 바로 인간의 마음 자체를 확장하는 것으로 이해할 수 있다.

마음의 확장이 측은지심의 확충과 어떻게 다른지 좀 더 명료하게 설명할 필요가 있다. 마음 자체의 확장은 순수하게 윤리적인 태도로서의 측은지심을 좀 더 많은 사람들에게 적용시켜 나아가는 것에 한정되지 않는다. 전자는 후자를 포괄하면서도 그 외의 것을 포함한다. 특히 마음이 혈연적 태도를 제대로 드러내는 것까지 포함하게 된다. 이와 관련하여 『논어』 1:2의 구절에 주목하여야 한다. "군자는 근본[本]에 힘쓰니 근본이 서면 도가 생긴다. 효제(孝第)는 인(仁)을 행하는 근본이

---

44 초순, op.cit., 232쪽.

45 양백준, op.cit., 80쪽.

46 D.C. Lau, op.cit., 73쪽.

다."[47] 주희가 이에 주석을 달면서 주의를 기울인 것은 후반부의 뜻이다. 그는 효제가 인의 근본이 아니라 다만 인을 행하는 데 있어서의 근본임을 강조한다. 그런데 효제가 정확히 어떠한 의미에서 인을 행하는 근본인지를 따져볼 필요가 있다.

주희는 상기 『논어』의 구절을 『맹자』 7A45의 친친(親親), 인민(仁民), 그리고 애물(愛物)과 연관 짓는다. 즉 효제가 인을 행하는 근본이 됨을 친친이 인민과 애물의 근본이 됨에 병치시킨다.[48] 여기서 친친은 혈연적 관계에 있는 사람을 친히 대하는 태도이고, 인민과 애물은 혈연 외적 대상들에 대한 태도들이다. 이들 간의 관계가 본말(本末)의 관계로서 이해된다. 그런데 이 본말의 비유를 어떻게 해석하느냐에 따라 해당 구절의 뜻도 완전히 달라진다. 기본적으로 본말 관계는 뿌리에서 말엽이 파생되는 관계로 이해된다. 이에 따르면, 친친이 인민이나 애물의 근본이 된다는 것은 혈연적 태도에서 혈연 외적 대상에 대한 태도들이 파생됨을 함축한다. 이는 친친에서 배운 것을 통하여 인민 혹은 애물이 가능해진다는 의미일 수도 있고, 혹은 혈연적 태도의 일부나 전부를 혈연 외적 대상들에게도 적용한다는 의미일 수도 있다. 그렇다면, 상기 『논어』와 『맹자』의 구절들은 앞 절에서 논의한 혈연적 태도의 확장 모형을 반영하는 것이다.

그러나 주희는 해당 구절들과 연관하여 본말의 비유를 전혀 다르게 이해한다. 말엽이 근본에서 나오기 때문에 말엽의 본성이 그 근본에 의

---

47 "君子務本, 本立而道生. 孝弟也者, 其爲仁之本與."

48 "孝弟行於家, 而後仁愛及於物, 所謂親親而仁民也. 故爲仁以孝弟爲本." 『사서대전』의 『논어집주대전』 1권, 11쪽. 이는 程子의 말을 인용한 것이다. 또한 다음 『사서대전』의 細註를 참조하라. "仁是性, 孝弟是用. 譬如一粒粟生出爲苗, 仁是粟, 孝弟是苗, 便是仁爲孝弟之本. 又如木有根有幹有枝葉. 親親是根, 仁民是幹, 愛物是枝葉. 便是行仁以孝弟爲本." 『논어집주대전』 1권, 13쪽.

존한다는 식으로 이해하지 않는다. 그는 본말을 시종(始終)의 관계로만 이해한다. 말엽은 근본 이후에 생겨난다는 순서의 관계로서만 파악하는 것이다.[49] 그렇다면 주희의 입장에서 친친, 인민, 애물은 시간적 순서의 차이만 갖는다. 이를테면, 인간은 시간적으로 친친 이후 인민을, 인민 이후 애물을 할 수 있게 된다는 것이다.

　주희에게 있어 인간의 마음은 혈연적 대상에 대한 태도와 혈연 외적 대상에 대한 태도들을 순서대로 발현시켜 나아갈 이치를 이미 온전하게 갖고 있다. 이는 마치 나무의 뿌리에서 저절로 가지가 생장해 나오듯이 자연스러운 것이다.[50] 때문에 주희에게 있어 혈연적 태도를 기초로 혈연 외적 대상에 적합한 태도를 발전시키는 교육과정은 애시당초 필요 없다. 여기서 오해하지 말아야 할 것이 있다. 즉 주희가 혈연적 태도를 잘 육성하여야 혈연 외적 관계에 적합한 태도들도 잘 발현시킬 수 있음을 부정하지 않는다는 점이다. 그의 논리에 따르면, 애초에 혈연적 관계 속에서 인간의 마음이 성에 근거한 정을 발현시킬 수 있어야 마음 자체가 성장할 수 있고, 그럼으로써 점차 혈연 외적 관계 속에서도 성에 근거한 정을 발현시킬 수 있기 때문이다. 다만 주희의 입장에서 배제되는 논리는 혈연 외적 관계 속에서 발현되는 정이 혈연적 관계 속에서 발현되는

---

49 "孝弟爲仁之本. 此是由孝弟可以至仁否? 曰非也. 謂行仁自孝弟始, 孝弟是仁之一事. 謂之行仁之本則可, 謂是仁之本則不可." 『사서대전』. 이에 대한 논의로 다음을 참조할 만하다. 신정근, 『사람다움의 발견』(이학사, 2005), 367~373쪽.

50 다음 細註에 이런 이해가 잘 반영되어 있다. "孝弟是合當底事, 不是要仁民愛物, 方從孝弟做去. 或問如草木之有根, 方始枝葉繁茂. 曰固是但有根本則枝葉自然繁茂, 不是要得枝葉繁茂, 方始去培植本根." "問爲仁以孝弟爲本. 卽所謂親親而仁民, 仁民而愛物. 孩提之童, 無不知愛其親. 及其長也. 無不知敬其兄是皆發於心德之自然. 故論性以仁爲孝弟之本, 爲仁以孝弟爲本. 曰是道理都自仁裏發出, 首先是發出爲愛, 愛莫切於愛親, 其次便到弟其兄, 又其次便到事君, 以及於他, 皆從這裏出. 如水相似愛是箇源頭漸漸流出." 『사서대전』, 799쪽.

정에 근거하여 개발될 수 있다는 것이다. 마음은 이미 모든 관계 속에서 적합하게 대응할 수 있는 이치를 지니고 있고, 이 이치에 따라 반응할 수 있는 기본적인 능력을 잃지 않도록 할 필요가 있을 뿐이다. 인간의 심리적 그리고 인지적 발달의 모든 이치는 이미 내재되어 있다는 것이다. 이는 상당히 낙관적인 결정론이다.

6. 결론: 친친(親親)에서 친현(親賢)으로의 확장

주희식의 결정론적 입장에서야 혈연적 태도의 확장이 없어도 인간 교육상 전혀 문제될 것은 없다. 모든 이치가 인간 본성 안에 이미 내재되어 있으니, 인간은 이를 잘 보존하여 자연스럽게 발현될 수 있도록만 하면 된다. 그럼으로써 혈연 외적 관계에 적합한 다양한 윤리적 태도들을 자연스럽게 발휘할 수 있게 될 것이다. 그런데 이런 결정론을 현대적 입장에서 소화하기 쉽지 않다. 일반적으로 우리는 가정 안에서 익힌 여러 태도들을 선별적으로 확장함으로써 좋은 사회인이 될 수 있다고 여긴다. 게다가 성장기에 가장 가까운 사람들과의 교류 속에서 여러 윤리적 태도의 기초를 육성함은 인간 발달에 효율적이라고 생각하기도 한다. 때문에 혈연적 태도들을 어느 정도 변모시켜 혈연 외적 관계에 적합한 태도들을 응용해내는 것은 충분히 납득할만한 교육 방법이다.

게다가, 주희의 결정론적 입장이 『맹자』의 문맥에서 나올 수 있는 가장 체계적인 이론인지도 의심해볼 만하다. 예를 들어, 소위 "미단설(尾端說)"과 "두단설(頭端說)"의 차이를 이 맥락에서 재고해 볼 수 있다.[51] 이

---

51 이에 대한 상세한 논의는 다음을 참조하라. 신정근, 『사람다움의 발견』, 497~507쪽. 여기

구분에 따르면 주희의 맹자 이해는 미단설에 해당한다. 인간의 마음속에 내재된 이치의 단서들을 토대로 그 이치가 온전히 다 드러날 수 있도록 수양해야 한다는 입장이다. 반면 맹자 사상을 두단설로 이해할 경우, 인간의 마음속에 이미 온갖 이치가 내재되어 있다는 것은 부정된다. 이 입장에 따르면 인간은 특정한 윤리적 단초를 필두로 삼아 온전한 윤리적 태도들을 점차 육성하여야 한다. 본고에서 맹자를 미단설이 아닌 두단설로 해석해야 한다는 주장을 하는 것은 아니다. 다만 주희의 결정론적인 입장이 유일한 맹자 해석이 아닐 수 있음을 지적하고자 한다. 그렇다면, 중요한 것은 주희의 관점에서 배제되는 혈연적 태도의 확장이 『맹자』 문맥에서 아예 읽어낼 수 없는 것이라고 확정지을 수 없게 된다.[52]

기실 4절에서 논의하였듯이 『맹자』 원문만 놓고 보면, 혈연적 태도의

서 신정근은 주희의 입장을 미단설로, 조선 성리학자 丁若鏞의 맹자 이해를 두단설로 파악한다. Lee H. Yearley는 유사한 취지에서 소위 discovery model과 development model을 구분하고, 주희의 입장을 전자로, 맹자의 입장을 후자로 이해한다. 다음을 참조하라. "Virtue theories of the kind Mencius and Aquinas propound can rest on either a *development* or *discovery* model. Both Mencius and Aquinas utilize a development model, although Aquinas modifies it in substantial ways. (Their successors, however, often employ a discovery model and use it to interpret Mencius and Aquinas; as noted, this is one crucial reason why many Neo-Confucian and some Christian commentators produce powerful but misleading interpretations.) Mencius's model is developmental because capacities produce proper dispositions and actions only if they are nurtured and uninjured. ··· In a discovery model, however, human nature exists as a permanent set of dispositions that are obscured but that can be contacted or discovered. People do not cultivate inchoate capacities. Rather they discover a hidden ontological reality that defines them." Lee H. Yearley, 『Mencius and Aquinas』 (State University of New York Press, 1990), 59~60쪽.

52 이런 취지에서 다음과 같은 정약용 해석을 참조할 만하다. "[정약용]은 孝弟慈를 확충함으로써 모든 유형의 사회적 관계에 적절히 대응할 수 있다고 보았기 때문이다. [정약용]은 事親을 바탕으로 君道와 師道를 세울 수 있고 더 나아가 효제의 원리에 바탕해서 바람직한 부부관계와 붕우관계를 형성할 수 있다고 보았다." 백민정, 「丁若鏞 철학에서 '孝弟' 관념이 갖는 公的 의미」, 『韓國實學研究』 vol. 23 (2012), 291쪽.

확장을 맹자가 염두에 두는지 확정하기 쉽지 않다. 그러나 마지막으로 지적해야할 것이 있다. 동사로서의 친(親), 즉 친이란 태도의 적용 대상은 친족 범위를 넘어선다는 점이다. 『예기(禮記)』의 "친민(親民)", 『순자(荀子)』의 "친우(親友)", 『맹자』와 『순자』의 "친현(親賢)"이 그 예이다.[53] 이 용례들에서 친은 백성, 친구, 그리고 현명한 자에 대해 취하는 태도이다. 이 대상들은 혈연 외적 관계의 사람들이다. 특히 맹자는 현명한 자를 친히 대하는 것을 인(仁)을 실현하는 데 있어서의 급선무로서 언급한다. 이는 혈연적 관계에 영향 받지 않고 능력 위주로 인재를 선발하는 데 요구되는 태도이다. 비록 맹자는 명확하게 말하지 않지만, 친현은 친친의 확장으로 볼 수 있다. 친친을 인을 실현하는 데 있어 출발점이라고 본다면, 친현은 친친에서 익힌 태도를 혈연 외적 대상에게 적용한 예라고 볼 수 있기 때문이다.[54]

본고에서 결론적으로 말할 수 있는 것은 한정적이다. 『맹자』 텍스트에서 혈연적 태도의 확장을 읽어낼 가능성을 배제할 수 없다는 것이다. 물론 이 결론을 받아들인다고 하여도, 해명되어야 할 문제가 많다. 이를테면, 친친에서 친현으로의 확장이 정확히 어떠한 심리적 혹은 인지적 개발인지 설명할 수 있어야 한다. 물론 이는 원문에서 근거를 찾을 수 없는 창의적 해석을 요구한다. 혈연적 태도를 구성하는 것은 여러 가지이다. 예를 들어, 혈연이라는 공통성에 대한 애정, 혹은 특정한 유사성 인식에 따른 애착, 함께 보낸 시간에 대한 책임감, 문화적으로 형성된 혈

---

53 "大學之道, 在明明德, 在親民, 在止於至善." 『대학장구대전』, 1쪽. "故君子隆師而親友, 以致惡其賊." 『순자집석』, 23쪽. "不親賢用知, 故身死國亡也." ibid., 681쪽. "仁者無不愛也, 急親賢之爲務." 『맹자』 7A46.

54 김도일, 「고대 儒家 정치관에서의 확장논리에 대하여」, 2013年 第33次 中國學國際學術大會 발표문 참조.

연 의식과 의무감 등을 생각해 볼 수 있다. 친친이 친현으로 확장될 때 이 속성들 중 어느 것이 응용되어 적용되는지 설명될 필요가 있다.

이러한 창의적 해석과 연관하여 다음과 같은 의문이 제기될 수 있다. 혈연적 태도의 확장은 다름 아닌 순수하게 윤리적인 태도로서 이해되는 측은지심의 확장에 지나지 않는 것은 아니겠냐는 의문이다. 이와 연관하여 『맹자』 2A6의 한 구절에 주목할 필요가 있다. 인간은 측은지심 확충의 성공을 통해 모든 사람들을 보호할 수도 있지만, 그 실패는 제 가족도 건사하지 못하는 결과를 낳는다고 맹자는 말한다.[55] 이는 측은지심이 모든 윤리적 태도에 기본적으로 깔려 있음을 함축한다. 논의의 편의상 측은지심을 동정심으로 환치하여 생각해보자. 이를테면, 혈연적 태도의 확장은 다름 아닌 동정심의 확장으로 이해할 수도 있다.[56] 가장 가까운 혈연들과 교류하면서 익힌 동정심을 더 많은 사람들에게 적용시켜 나아가는 것이 결국 친친(親親)을 친현으로 혹은 인민(仁民)으로 확장시켜 나아가는 과정의 전부라고 볼 수 있다.

그러나 만일 우리가 주희의 결정론 혹은 미단설을 받아들이지 않는다면, 다시 말해 모든 윤리적 태도들이 이미 본성에 구조화되어 있다는 낙관론을 받아들이지 않는다면, 인간이 단순한 동정심의 확장만으로 혈연 외적 관계에서 요구되는 다양한 윤리적 태도들을 획득할 수 있다고 보기에는 무리가 있다. 혈연적 태도의 확장은 그 이상을 요구하는 확장 모형일 것이다.

---

55 『맹자』 2A6.

56 이 이해 방식을 다음 논문에서 제시한 적이 있다. 김도일, 「孟子의 感情모형 : 惻隱之心은 왜 兼愛와 다른가?」, 『東亞文化』 41집 (2003)

맹자(孟子)의 호연지기(浩然之氣) 연구

오석원(성균관대학교 명예교수)

1. 서론

유교는 적극적으로 현실참여를 실현하는 가운데, 인문정신을 바탕으로 하여 개인의 인격을 함양하고 인류의 공존과 상생의 가치를 창조하고자 하는 사상이다. 특히 마음의 수양과 실천의 문제를 집중적으로 논하고 있는 주제가 맹자의 '호연지기(浩然之氣)'이다. 그러므로 맹자의 호연지기에 대한 연구는 바로 유학의 실천적 윤리 내용과 직결되는 것이다. 맹자 사상의 특징은 '성선설(性善說)'에 기초하여 '사욕(私欲)'으로 인해 상실되는 '인간의 양심'을 회복하는 수양에 초점을 모았다는 점이다.

공자의 사상은 맹자에 이르러 다양한 분야에서 치밀한 이론과 구체적 방법론이 보완되었다. 그러므로 정자(程子)는 맹자의 '성선설(性善說)'과 '양기론(養氣論)'은 모두 이전의 성인(聖人)들이 미처 발명하지 못한 것이라고 논하면서 "공자께서는 다만 인(仁)자만을 말씀하셨는데, 맹자는 입만 열면 '인의(仁義)'를 말씀하셨으며, 공자께서는 다만 지(志)만을 말씀하셨는데, 맹자는 허다하게 '양기(養氣)'를 말씀하셨으니, 이 두 가지 일이 그 공로가 매우 큰 것이다."[1]라고 평가하였다. 성선설을 통하여 유교윤리의 철학적 기반을 확립하였다면, 양기설(養氣說)을 통하여 수양론의 방향과 방법을 제시한 것이다.

맹자 학문의 요점은 현실적 삶에서 잃어버린 마음을 되찾는 '구방심(求放心)'에 있다.[2] 유교에서 제시하고 있는 성학(聖學)은, 하늘로부터 부여 받은 인간의 본성을 얼마나 잘 회복하여 보존하느냐에 있는 것이다. 기질(氣質)의 차이, 무지(無知)와 사욕(私欲) 등으로 인하여 순수한 양심을 잃어버리기 쉬운 삶에서 상실된 마음을 찾는 것도 중요하지만, 평상시 수양이 더욱 중요하다고 하겠다. 이러한 수양론의 구체적인 내용과 방법에 대하여 밝혀 놓은 것이 『맹자(孟子)』「공손추장구상(公孫丑章句上)」 제2장으로, 일명 '호연장(浩然章)' 또는 '양기장(養氣章)'이라 부른다.

『맹자』, 「호연장」의 문답은 총 28개 구, 1천 96자로 이루어져 있으며, 『맹자』 전편 가운데서도 매우 난해한 것으로 정평이 나 있다. 본 논문은 이러한 「호연장」에 담긴 호연지기의 내용과 양기론(養氣論)의 구체적 방법론을 정리하여 맹자 수양론의 요지와 특성을 밝혀보는데 중점을 두었다.

---

1 『孟子』「序說」: "又曰 孟子性善養氣之論 皆前聖所未發 程子又曰 孟子有功於聖門 不可勝言 仲尼只說一箇仁字 孟子開口便說仁義 仲尼只說一箇志 孟子便說許多養氣出來 只此二字 其功甚多."

2 『孟子』「告子上」11: "學問之道 無他 求其放心而已矣."

2. 호연지기와 의리지용(義理之勇)

기(氣)는 자연과 인간을 포함한 생명체가 숨을 내뿜고 들이마실 때의 공기(空氣), 사람의 몸 안에 유통 순환하는 에너지로 형체가 의지해서 살아가는 생리기능으로서의 혈기(血氣), 모든 존재를 생성케 하는 구체적인 질료로서의 형기(形氣), 우주 사이에 충만해 있는 일종의 물질적 매개이며 빛과 소리가 전파되는 전기(電氣), 우주 만물의 근거가 되는 궁극적 존재로서의 태허(太虛)의 원기(元氣) 등을 포괄하는 용어이다.

맹자(孟子)가 말한 기(氣)는 심(心)을 싣고 있는 바탕으로, 몸속에 꽉 차 있으면서 몸의 움직임을 가능하게 하고 생명을 유지하게 하는 기운을 의미한다.[3] 『맹자』에는 야기(夜氣), 평단지기(平旦之氣) 등이 나오는데, 야기(夜氣)는 밤새 길러지는 맑고 깨끗한 기운을 말하며, 평단지기(平旦之氣)는 새벽의 맑고 깨끗한 청명한 기운을 말한다. 주자(朱子)는 "『맹자』의 「양기장」 또는 「호연장」의 핵심은 부동심(不動心)에 있고, 부동심의 핵심은 용기(勇氣)에 있고, 용기의 핵심은 기(氣)에 있다."[4]고 하였다. 그러므로 『맹자』의 「호연장」에 나오는 '호연지기(浩然之氣)'는 맹자 수양론의 핵심이 되는 용어라고 할 수 있다.

호연지기에 대하여 조기(趙岐, 108~201?)는 호연(浩然)이 크다는 의미로 보아 '호연(浩然)한 대기(大氣)'로, 안사고(顏師古, 581~645)는 '순일지기(純一之氣)'로 설명하였으며,[5] 정자(程子)는 하늘[天]과 사람[人]이 하나

---

3 『孟子』「公孫丑上」2: "氣 體之充也."

4 『朱子語類』卷52「四書語類」孟子2: "養氣一章在不動心 不動心在勇 勇在氣."

5 焦循, 『孟子正義』, 권6「公孫丑上」2章 註.

라는 입장에서 '오기(吾氣)'라고 설명하였으며,[6] 주자(朱子)는 '호연은 성대하게 흘러가는 모양으로 이 기는 내 몸에 가득 찬 것'이며 '이 기는 천지간에 생명을 받은 모든 인간에게 똑같이 주어진 천지의 정기'라고 하였다.[7] 이상의 내용을 종합해보면, 호연지기는 '모든 인간이 공유하고 있을 뿐만 아니라 내 몸에 가득 차있는 순수하고 성대한 천지(天地)의 정기(正氣)'라고 할 수 있다.

맹자는 호연지기에 대하여 "설명하기가 어렵다."[8]고 하였으며, "그 기는 지극히 크고, 지극히 강하다"[9]라고 설명하였다. 이 호연지기는 내 마음이 스스로 자득(自得)하여야 되는 것이며, 형상이 없는 그 기운을 쉽게 언어로 설명할 수 없기 때문에 말하기 어렵다고 한 것이다. 호연지기가 '지극히 크다[至大]'고 한 것은 우주에 가득한 기(氣)의 무한함을 말한 것이며, '지극히 강하다[至剛]'고 한 것은 우주에 가득한 기(氣)의 강한 힘을 말한 것이다. 즉 호연지기는 언어로 설명하기는 어려우나, 인간의 부귀(富貴), 빈천(貧賤), 위무(威武)로도 뜻을 빼앗거나 굴복시키지 못하는 천지의 순수한 기운임을 맹자가 밝힌 것이다.[10] 그러나 맹자의 호연지기에는 비록 천지지기(天地之氣)라는 존재론적 개념인 기(氣)의 용어로 되어 있으나, 궁극적 존재원리인 천리(天理)가 포함되어 있는 용어임을 유의해야 한다.

호연지기를 실천하는 과정에서 중요하게 대두되는 것이 용기라고 할

---

6 『孟子』「公孫丑上」2 程子 註: "程子曰 天人一也 更不分別 浩然之氣 乃吾氣也."

7 『孟子』「公孫丑上」2 朱子 註: "浩然盛大流行之貌 氣卽所謂體之充者 … 蓋天地之正氣 而人得以生者 其體段 本如是也."

8 『孟子』「公孫丑上」2: "敢問何謂浩然之氣 曰 難言也."

9 『孟子』「公孫丑上」2: "其爲氣也 至大至剛."

10 『朱子語類』卷52「四書語類」孟子2: "浩然之氣 淸明不足以言之 纔說浩然便有個廣大剛果意思 長江大河浩浩而來也 富貴貧賤威武 不能淫而屈之類皆低 不可以語此."

수 있다. 그러므로 공자는 "의를 보고 행하지 않음은 용기가 없는 것이
다."[11]라고 하였던 것이다. 맹자는 「호연장」에서 인간의 실천적 행동력으
로서의 용기에 대하여 혈기(血氣)의 단련을 통해서 이루어지는 '혈기지용
(血氣之勇)'과 진실과 정의의 도덕성을 기반으로 한 '의리지용(義理之勇)'
으로 나누어 설명하였다. '혈기지용'의 구체적 사례로서 북궁유(北宮黝)
와 맹시사(孟施舍)의 용기를 들었으며, '의리지용'의 구체적 사례로서 공
자의 용기를 계승한 증자(曾子, B.C.505~B.C.436)의 용기를 들었다.

북궁유는 자객의 부류이기 때문에 상대방을 이기는 것을 부동심을 이
루는 요체로 삼았고,[12] 맹시사는 역전(力戰)의 용사이므로 승패에 상관없
이 오직 내면의 두려움이 없는 것으로 부동심을 이루는 요체로 삼았으
며,[13] 증자는 스스로 돌이켜 정직하다면 비록 천만 명이라도 나가 대적
할 수 있는 도덕적 의리를 기반으로 하여 용기를 실천하였던 것이다.[14]

맹자는 외향적인 북궁유의 용기에 비하여 내향적인 맹시사의 용기가
요점을 얻은 것이라 하겠지만,[15] 이들의 용기는 모두 '혈기지용'에 그치
므로 '의리지용'을 지향하는 증자의 대용(大勇)에는 미치지 못하는 것이
라고 평가하였다. 그러므로 맹자가 지향하는 진정한 용기란 스스로 반
성하여 한 점 부끄러움이 없게 하늘이 부여한 도덕적 선성(善性)을 실현
하는 용기이며, 맹자가 부동심을 이룬 근원적 힘 또한 이러한 '의리지용'
에서 나온 것이라고 하겠다.

---

11 『論語』「爲政」24: "見義不爲 無勇也."
12 『孟子』「公孫丑上」2 朱子 註: "黝 蓋刺客之流 以必勝爲主 而不動心者也."
13 『孟子』「公孫丑上」2 朱子 註: "舍 蓋力戰之士 以無懼爲主 而不動心者也."
14 『孟子』「公孫丑上」2: "自反而縮 雖千萬人 吾往矣."
15 『孟子』「公孫丑上」2: "孟施舍 守約也."

3. 지언(知言)과 양기(養氣)의 수양론

맹자는 부동심을 이루는 구체적인 수양방법에 대하여 "나는 다른 사람의 말을 알며, 나의 호연지기를 잘 기른다."[16]고 하였다. 이를 통하여 맹자 수양론의 핵심은 남의 말을 알아듣는 지언(知言)과 호연지기를 함양하는 양기(養氣)에 있음을 알 수 있다. 즉 지언(知言)이 인간 존재의 형이상학적 본질을 인식하는 과정이라면, 양기(養氣)는 호연지기를 길러 직접 몸으로 체득하는 과정이라고 할 수 있다. 이에 대하여 주자는 "지언이 되면 도(道)와 의(義)에 밝아서 천하의 일에 의심스러운 바가 없게 되고, 양기가 되면 도와 의에 배합되어서 천하의 일에 두려운 바가 없으니, 이 때문에 큰 책임을 담당하여도 마음이 동요되지 않는 것이다."[17]라고 하였다.

지언(知言)과 양기(養氣)는 상호 보완적인 관계로 순서를 말할 수 없는 것이지만, 논리적 측면으로는 지언(知言)을 이룬 뒤에 양기(養氣)가 이루어진다고 할 수 있다. 그러므로 맹자는 부동심을 이루는 방법으로 양기(養氣)보다 지언(知言)을 먼저 말하였던 것이다. 비록 경문(經文)에서는 공손추(公孫丑)가 호연지기에 대하여 먼저 질문한 뒤에 지언(知言)을 물었으므로 맹자의 대답이 양기(養氣)에 대하여 먼저 말하였으나, 허다한 말들의 시비(是非)와 정사(正邪)에 의심이 없는 뒤에야 이 기(氣)를 기를 수 있는 것이므로 지언(知言)이 우선되어야 하는 것이다.[18] 그러므로 주자는

---

16 『孟子』「公孫丑上」2: "敢問夫子 惡乎長 曰 我知言 我善養吾浩然之氣."

17 『孟子』「公孫丑上」2 朱子 註: "蓋惟知言 則有以明夫道義 而於天下之事 無所疑 養氣 則有以配夫道義 而於天下之事 無所懼 此其所以當大任 而不動心也."

18 『朱子語類』卷52「四書語類」孟子2: "或謂養氣爲急 知言爲緩 曰 孟子須是先說我知言 然後說我善養 公孫丑先 問浩然之氣 次問知言者 因上面說氣來 故接續如此問 不知言 如何

"모름지기 먼저 지언(知言)을 해야 하며, 말을 알아들으면 의리가 정밀하고 이치가 밝아져서 호연지기를 잘 기를 수 있으니, 지언(知言)이 바로 『대학(大學)』의 격물치지(格物致知)다."[19]라고 하여 지언(知言)의 중요성을 강조하였던 것이다.

지언(知言)의 구체적인 내용에 대하여 맹자는 "편벽된 말[詖辭]에 그 가려진 바[蔽]를 알며, 과장된 말[淫辭]에 그 빠진 바[陷]를 알며, 부정(不正)한 말[邪辭]에 그 떠난 바[離]를 알며, 변명의 말[遁辭]에 그 궁한 바[窮]를 알 수 있다."[20]라고 하였다. 편벽된 말[詖辭]이란 한 쪽에 가려져서 전체를 보지 못하는 것을 가리키며, 실례로 양주(楊朱)의 위아설(爲我說)과 묵적(墨翟)의 겸애설(兼愛說)과 같은 말이다. 과장된 말[淫辭]이란 사악한 곳에 빠져서 바른 도리를 보지 못하는 것을 가리키며, 실례로 장자(莊子)와 열자(列子)의 허무설(虛無說)과 같은 말이다. 부정한 말[邪辭]이란 도리에 어긋나서 정도(正道)에서 크게 벗어난 것을 말하며, 실례로 소진(蘇秦)과 장의(張儀)의 권모술수와 같은 말이다. 변명의 말[遁辭]은 잘못을 감추고 얼버무려서 이론의 한계를 드러내는 것을 가리키며, 실례로 세속을 벗어나고자 하는 불타(佛陀)의 태도와 같은 말이다.

맹자가 위에서 언급한 피사(詖辭) · 음사(淫辭) · 사사(邪辭) · 둔사(遁辭)는 잘못된 말을 가리키며, 폐(蔽) · 함(陷) · 리(離) · 궁(窮)은 잘못된 마음을 가리키는 것이다. 그 잘못된 말을 통하여 그 잘못된 마음의 병통을

養得氣 知言然後養氣 先知得許多說話是非邪正無疑後 方能養此氣也."

19 『朱子語類』卷52「四書語類」孟子2: "問浩然之氣 集義是用功處否 曰 須是先知言 知言則義精而理明 所以能養浩然之氣 知言正是格物致知."

20 『孟子』「公孫丑上」2: "何謂知言 曰詖辭 知其所蔽 淫辭 知其所陷 邪辭 知其所離 遁辭 知其所窮."

읽어낼 수 있어야 하는 것이다.[21] 즉 말을 안다는 것은 그 말이 나온 그 사람의 마음을 안다는 것이고, 마음을 안다는 것은 그 마음의 뿌리인 도(道)·의(義)·리(理)를 안다는 것이다. 그러므로 올바른 수양을 위해서는 무엇보다 먼저 남의 말을 알아듣는 지언(知言)을 통하여 말하는 사람의 마음과 본성을 올바르게 알아야 하며, 궁극적으로는 그 이치를 궁구하여 시비(是非)와 득실(得失)의 소이연(所以然)을 알아야 함을 말한 것이다.[22] 『논어』에서 "말을 모르면 그 사람을 알 수 없다."[23]고 언급한 것은 지언(知言)의 중요성을 강조한 말이라고 할 수 있다.

상대방의 말을 통하여 상대방 마음을 올바르게 판단할 수 있기 위해서는, 무엇보다도 먼저 나의 주체가 확립되고 내 마음이 도에 통달한 뒤에야 가능한 것이라 할 수 있다.[24] 그러므로 맹자의 지언(知言)은 내가 먼저 올바른 가치관을 확립한 기반 위에서 상대방 말의 진위(眞僞), 선악(善惡), 시비(是非) 등을 판단한다는 말이다. 내 마음이 순수하지 못하거나 밝지 못하면 상대방의 말을 알아듣지 못할 뿐만 아니라, 공리적(功利的)인 이해(利害)와 득실(得失)에 치우쳐 만사를 그르치게 된다고 하겠다. 맹자가 "마음에서 생겨나 정사를 해치며, 정사에서 발로되어 일에 해를 끼치니, 성인이 다시 나오셔도 반드시 내 말을 따르실 것이다."[25]라고 단언한 것이 이러한 문제점을 지적한 것이다.

---

21 『孟子』「公孫丑上」2 朱子 註: "(詖淫邪遁) 四者相因 言之病也…(蔽陷離窮) 四者亦相因 則心之失也."

22 『孟子』「公孫丑上」2 朱子 註: "知言者 盡心知性 於凡天下之言 無不有以究極其理 而識其是非得失之所以然."

23 『論語』「堯曰」3: "不知言 無以知人也."

24 『孟子』「公孫丑上」2 程子 註: "心通乎道然後 能辨是非 如持權衡 以較輕重 孟子所謂知言是也."

25 『孟子』「公孫丑上」2: "生於其心 害於其政 發於其政 害於其事 聖人復起 必從吾言矣."

양기(養氣)는 '양호연지기(養浩然之氣)'를 줄인 말로, 호연지기를 지속적으로 기르는 것을 의미한다. 맹자는 호연지기를 함양하는 기반으로써의 직(直)을 강조하여 "직(直)으로 길러서 해침이 없으면, 천지 사이에 꽉차게 된다."[26]고 하였다. 여기에서의 직(直)자는 본성이 곧게 발휘되는 작용을 의미하며, 증자의 '자반이축(自反而縮)'에 해당되는 것이다. 공자는 사람이 이 세상에 태어난 본질이 직(直)에 있다고 하였다.[27] 또한 맹자는 "그 기(氣)됨이 의(義)와 도(道)에 배합해야 한다. 이것이 없으면 부족하게[餒] 된다."[28]고 하였다. 여기서의 뇌(餒)는 굶주리고 결핍되어 호연지기가 몸에 충만하지 못함을 말한 것이다.

위의 내용을 통하여 호연지기를 기르는 구체적 내용에 있어서 중요한 덕목은 직(直)·의(義)·도(道)임을 알 수 있다. 직(直)은 인간의 본질을 이루는 덕목이며, 의(義)는 인간이 사실과 가치의 세계에 적절하게 대처하는 태도를 의미한다. 도(道)는 인도(人道)와 천도(天道)를 합친 것으로, 직(直)을 바탕으로 한 의(義)가 구체적 현실에서 실천되어 행동화 된 것을 말한다. 그러므로 원리인 직(直)은 반드시 구체적이고 현실적인 의(義)를 갖춘 도(道)로 구현될 때에야 호연지기가 구현될 수 있음을 말한 것이다. 만약 직(直)을 기반으로 하였을지라도 현실적 상황성인 의(義)에 맞지 않거나 실천적 운행상의 도(道)에 어긋나면, 그 호연지기는 미흡하고 부족하게 되어 결국 올바르게 되지 못한다고 할 수 있다.[29] 따라서 진

---

26 『孟子』「公孫丑上」2: "其爲氣也 至大至剛 以直養而無害 則塞于天地之間."

27 『論語』「雍也」17: "人之生也 直."

28 『孟子』「公孫丑上」2: "其爲氣也 配義與道 無是 餒也."

29 『孟子』「公孫丑上」2 朱子 註: "人能養成此氣 則其氣合乎道義 而爲之助 使其行之勇決 無所疑憚 若無此氣 則其一時所爲 雖未必不出於道義 然其體有所不充 則亦不免於疑懼 而不足以有爲矣."

정한 호연지기의 발현은 이와 같이 직(直)을 기반으로 하여 의(義)와 도(道)에 합치될 때만이 올바르게 구현되는 것이라고 할 수 있다.

맹자는 "이 호연지기는 의(義)를 많이 축적하여 생기는 것이고, 의(義)가 하루아침에 갑자기 엄습하여 취해지는 것은 아니다. 행하고서 마음에 부족하게 여기는 바가 있으면 굶주리게 된다."[30]고 하였다. 이에 대하여 주자는 "사람들은 본래 스스로 호연(浩然)하였으나 기르지 않기 때문에 오그라든 것이다. 오직 맹자가 이 호연지기를 잘 길러서 그 처음을 회복하였다."[31]고 하였다. 인간이 본래 호연지기를 갖고 있는 것인데 어려서부터 사욕(私欲) 등으로 훼손시켰으므로 의(義)를 지속적으로 축적하는 집의(集義)를 통해서만 본래의 호연지기를 회복할 수 있다는 말이다.[32]

집의(集義)에 대하여 주자(朱子)는 "집의는 적선(積善)이란 말과 같으니, 일마다 선을 쌓아 모두 의에 합하고자 한 것이다."[33]라고 설명하였다. 호연지기의 함양은 한 두 번의 노력에 의해 이루어지는 것도 아니고, 우연히 의(義)에 맞는 행동을 함으로써 얻어지는 것도 아니다. 만약 실천하는 가운데 한 번이라도 의에 합하지 못해서 스스로 돌이켜 봄에 직(直)하지 못함이 있으면, 마음에 부족해서 호연지기가 충만하지 못하

---

30 『孟子』「公孫丑上」2: "是集義所生者 非義襲而取之也 行有不慊於心則餒矣."

31 『孟子』「公孫丑上」2 朱子 註: "本自浩然 失養故餒 惟孟子爲善養之 以復其初也."

32 이러한 朱子의 '浩然之氣 本有說'에 대하여 평요우란은 맹자는 호연지기에 대하여 '의를 축적하여 생기는 것'이라고 하였지 '의를 축적하여 회복하는 것이다.'라고 말하지 않은 점을 근거로 하여 朱子가 程子의 말에 얽매여 호연지기를 '本有'한 것으로 여겼기 때문에 결국 『맹자』 호연장의 대의를 명확하게 밝히지 못하였다고 비판하였다. (평요우란, 『중국철학사』上, 박성규 역, 까치글방, 2002) 그러나 맹자의 호연지기는 존재의 본질인 天地之氣와 존재의 궁극적 원리인 天理가 함께 포함된 용어이므로 단순히 '本有'의 해석이 잘못되었다고 단정하기 어려운 점이 있다고 할 수 있다.

33 『孟子』「公孫丑上」2 朱子 註: "集義 猶言積善 蓋欲事事皆合於義也."

는 것이다. 이처럼 호연지기는 도덕적 주체로서 자각과 더불어 한결 같은 마음을 유지하여 용기를 갖고 의(義)를 지속적으로 실천하는 가운데 함양되는 것이므로 맹자가 특히 집의를 강조한 것임을 알 수 있다.

4. 양지(養志)와 양기(養氣)의 병행

맹자 수양론의 기본구조는 내적 지(志)와 외적 기(氣)를 어느 한 쪽에 치우침이 없도록 하는 내외병행(內外並行)의 방법으로 이루어져 있다.[34] 즉 올바른 호연지기의 함양을 위해 지(志)를 함양하는 양지(養志)와 기(氣)를 배양하는 양기(養氣)가 동시에 이루어져야 한다는 것이다. 비록 양지(養志)와 양기(養氣)의 병행을 강조하지만, 상대적으로 비교할 때는 외적 양기(養氣)보다 내적 양지(養志)가 더 중요하다고 할 수 있다. 맹자는 이러한 지(志)와 기(氣)의 관계에 대하여 장수와 병졸의 관계로 보아 "지(志)는 기(氣)의 장수이다."[35]라고 하였다. 즉 지(志)를 기(氣)의 장수로, 기(氣)는 지(志)의 병졸로 보아서 장수에 해당되는 지(志)가 확립되면 기(氣)가 그의 명령에 따라가는 것[36]이라고 보았던 것이다.

지와 기의 상호 영향력에 대하여 정자(程子)는 "지가 기를 움직이도록 하는 것은 10분에 9할이고, 기가 지를 움직이도록 하는 것은 10분에 1할이다."[37]라고 하였다. 지(志)는 마음이 움직여 선(善)한 방향으로 확정

---

34 『孟子』「公孫丑上」2 朱子 註: "蓋其內外本末 交相培養."
35 『孟子』「公孫丑上」2: "夫志 氣之師."
36 『孟子』「公孫丑上」2: "志至焉 氣次焉."
37 『孟子』「公孫丑上」2 朱子 註: "程子曰 志動氣者 什九 氣動志者 什一."

된 마음을 가리킨다.[38] 이러한 지(志)의 구체적인 내용에 대하여 맹자는 인(仁)과 의(義)라고 말하였다.[39] 또한 맹자는 "지(志)의 향하는 바가 전일(專一)하면 기(氣)는 지(志)에 따라 움직인다."[40]고 하였다. 그러므로 맹자는 항상 지(志)를 잘 잡아야함을 강조하였던 것이다.[41]

비록 내적 지(志)의 중요성이 크다고 할지라도 외적 기(氣)를 무시하면 안 된다. 기(氣)는 사람의 몸에 가득 차있는 것이므로, 이 기(氣)가 약하면 올바른 수양이 이루어질 수 없기 때문이다. 또한 맹자는 "기(氣)가 전일(專一)하면 또한 도리어 지(志)를 움직일 수 있는 경우도 있다."[42]고 하였다. 이와 같이 기(氣)가 훼상(毁傷)되면 우리 몸을 잘 보존할 수 없으므로 맹자는 "기(氣)를 난폭하게 하지 말라."[43]고 하였던 것이다.

외적 기(氣)가 내적 지(志)를 움직일 수 있는 구체적인 사례로, 맹자는 '넘어지는 순간 발을 내딛어 겨우 수습할 경우'를 들었다.[44] 이에 대하여 주자(朱子)는 '넘어지고 달리는 동작'[45]이라고 설명하고 있으나, '넘어지려는 순간에 지의 통솔적 작용이 없이 기가 본능적으로 몸을 일으켜 세우려고 앞으로 내딛는 동작'으로 보아야 그 의미가 분명해진다. 이것이 맹자가 의도한 본래의 뜻이라 하겠다. 그러므로 왕대천(王大千)의 "넘어지는 것이 두려워, 그런 상황을 피하기 위해 즉시 몸을 일으키면서 내딛

---

38 「孟子」「公孫丑上」2 朱子 註: "志 固心之所之."
39 「孟子」「盡心上」33: "曰 何謂尙志 曰 仁義而已矣."
40 「孟子」「公孫丑上」2: "曰 志壹則動氣."
41 「孟子」「公孫丑上」2: "故曰 持其志."
42 「孟子」「公孫丑上」2: "曰 氣壹則動志."
43 「孟子」「公孫丑上」2: "故曰 無暴其氣."
44 「孟子」「公孫丑上」2: "曰 志壹則動氣 今夫蹶者趨者 是氣也而反動其心."
45 「孟子」「公孫丑上」2 朱子 註: "如人顚蹶趨走."

는 것이다."[46]라는 해석이 맹자의 원뜻을 올바로 해석한 것이라 할 수 있다.

맹자는 양지(養志)의 방법으로 야기(夜氣)를 보완하는 '존야기(存夜氣)'와 새벽의 평단지기(平旦之氣)를 유지하는 방법을 제시하였다.[47] 야기란 물욕이 일어나지 않는 야간의 청명(淸明)한 기운을 말한다. 비록 낮에 호연지기의 함양에 힘쓴다고 하더라도 물욕이 교차하는 가운데 있으므로 자칫 양기(養氣)가 부족할 수 있는 것이다. 그러므로 야간의 평정(平靜)하고 맑은 우주적 기운을 새롭게 보완하고 아침의 청명한 기운을 유지함을 강조함으로써, 지속적으로 호연지기 함양에 힘쓸 것을 요청한 것이다. 또한 맹자는 "마음을 기르는 데는 욕심을 줄이는 것[寡欲] 보다 좋은 것이 없다."[48]고 하였다. 인간의 자연생명의 감각적 욕구는 생존의 필수요건이지만 그 욕심이 지나치게 많은 것이 문제이다. 다만 맹자는 욕구 그 자체가 불선(不善)은 아니라고 보았으므로, 무욕(無欲)이 아니라 과욕(寡欲)을 주장하였던 것이다. 이러한 맹자의 과욕(寡欲)은 『중용(中庸)』에서 언급한 '중절(中節)'[49]된 욕구[節欲]를 의미한다.[50]고 할 수 있다.

맹자는 호연지기를 함양하는 구체적 방법에 대하여 "반드시 일삼음이 있되 효과를 미리 기필하지 말아야 한다."[51]고 하였다. 여기에서 '반드시 일삼음이 있어야 함'은 호연지기를 기르는 일로, 마음이 숙연해서 항상

---

46 王大千, 「餒者趡者 釋義」(『孔孟月刊』, 16卷 10期): "餒者趡者 言由顚餒生懼 而卽興走避之念也."

47 『孟子』「告子上」8: "其日夜之所息 平旦之氣 其好惡與人相近也者幾希 則其旦晝之所爲 有梏亡之矣 梏之反覆則其夜氣不足以存 夜氣不足以存則其違禽獸不遠矣."

48 『孟子』「盡心下」35: "養心 莫善於寡欲."

49 『中庸』, 1章: "發而皆中節 謂之和."

50 焦循, 『孟子正義』 권6 「公孫丑上」2章 註.

51 『孟子』「公孫丑上」2: "必有事焉 而勿正."

하는 바 일이 있는 듯이 하는 경(敬)의 자세로 의(義)를 모아 기르는 집의 (集義)를 말한 것이다.[52] 곧 의를 모아 기르는 집의(集義)를 말하며, '효과 를 미리 기필하지 말아야 함'은 너무 결과에 집착하여 매달리지 않도록 한 것이다. 맹자는 "대인(大人)은 자신의 말을 남이 믿어 주기를 기대하 지 말며, 행하는 데 있어 그 결과를 기대하지 말고 오로지 의가 있는 곳 을 따를 뿐이다."[53]라고 하였다. 즉 오직 의(義)에 따라 자연스럽게 언행 (言行)을 할 뿐이지, 만약 믿어주거나 결과를 집착하여 억지로 하게 되면 마음에 미혹함이 심하게 되어 결국에는 무너지게 됨을 경계한 것이라고 하겠다.

맹자는 호연지기를 함양하는 구체적 방법에 대하여 "마음에 잊지도 말아야 하며, 조장(助長)해서도 안 된다."[54]고 하였다. '마음에 잊지도 말 아야 함'은 농부가 김을 매지 않고 방치하고 있음을 비판한 것이고, '조 장해서도 안 됨'은 마치 송(宋)나라 농부가 자라는 벼 이삭을 뽑아 놓은 것과 같이 해서는 안 됨을 말한 것이다. 즉 중용(中庸)의 방법으로 의(義) 를 구현하도록 한 것이다. 특히 맹자는 조장(助長)의 문제점에 대하여 유 익함이 없을 뿐 아니라 도리어 해친다고 하여 지나침을 경계하였다. 이 는 공자가 과불급(過不及)의 문제에서 불급(不及)보다 과(過)의 문제가 더 큰 것을 지적한 것[55]과 같은 맥락이라고 할 수 있다.

---

52 『崇敬錄』, 卷4: "夫必有事焉者 敬之謂也."
53 『孟子』「離婁下」11: "孟子曰 大人者 言不必信 行不必果 惟義所在."
54 『孟子』「公孫丑上」2: "心勿忘 勿助長也."
55 『論語』「先進」15: "子曰 過猶不及 ; 朱子註: 道以中庸爲至賢 知之過 雖若勝於愚不肖之不 及 然其失中則一也."

5. 부동심의 경지와 대인(大人)

맹자는 호연지기를 잘 길러서 이루어진 경지에 대하여 "나는 40세이 므로 이미 부동심(不動心)을 이루었다."[56]고 말하였다. 부동심은 외부의 어떤 권세와 유혹에도 흔들림이나 두려움이 없는 초연한 마음의 상태를 말한다. 『예기(禮記)』에서는 인생에서 40세가 주는 의미에 대하여 '강이 사(强而仕)'로 설명하고 있다. 즉 군자가 도(道)가 밝아지고 덕(德)이 확립 되는 시기이다. 그러므로 이때는 체력(體力)이 강건하고 지기(志氣)가 견 고하여, 세속의 이해(利害)와 화복(禍福)에 얽매임 없이 벼슬에 나아가 역 할을 하는 나이라고 본 것이다.[57]

공자도 40세에 이르게 되는 경지에 대하여 '불혹(不惑)'으로 설명하였 다.[58] 공자의 '불혹(不惑)'이 인식론적인 지려(智慮)의 측면에서 의혹됨이 없음을 위주로 한 말이라면, 맹자의 '부동심'은 실천적인 기력(氣力)의 측 면에서 동요됨이 없음을 위주로 한 말이라고 볼 수 있다. 비록 강조점이 다르지만 흔들림 없는 지극한 경지의 마음상태에 있어서는 마찬가지라 고 할 수 있다. 지려(智慮)와 기력(氣力)이 굳세지 않으면 의혹(疑惑)이 생 기고 두려움이 생기게 되므로 이로 인하여 마음의 동요가 일어나기 때문 이다.

맹자(孟子)는 부동심이 안 되는 원인에 대하여 밝히지는 않았지만 조 기(趙岐)는 그 원인을 '두려움'이라 했고, 주자(朱子)는 '의혹'을 첨가했다.

---

56 『孟子』「公孫丑上」2: "我四十不動心."
57 『禮記』「曲禮上」四十曰强而仕條, 戴溪 註: "四十志氣堅定 强立不反 不奪於利害 不怵於 禍福 可以出仕矣."
58 『論語』「爲政」4: "四十而不惑."

두려움은 진정한 용기가 부족하여 생기는 것이므로 양기(養氣)를 통해 극복할 수 있으며, 의혹은 올바른 인식이 부족하여 생기는 것이므로 지언(知言)을 통해 극복할 수 있는 것이다.

대체로 일반 사람들은 높은 지위를 맡았을 때 곡학아세(曲學阿世)함으로써 마음의 동요가 일어나기 시작하는 것이다. 이에 비하여 맹자의 부동심은 '한번 불의(不義)를 행하고 한번 무고한 사람을 죽여서 천하를 얻는 것이라 해도, 이를 하지 않는 마음'을 견지하는 마음이다.[59] 그러므로 맹자의 부동심은 단순히 외부의 힘에 영향을 받지 않는다는 소극적 의미에서의 마음상태 뿐만 아니라, 스스로의 의지에 의해 인의(仁義)의 도를 실천하는 적극적 의미에서의 주체적 마음상태를 포괄하고 있다고 할 수 있다.

맹자는 고자(告子)의 부동심에 대하여 "심(心)에서 얻지 못하면 기(氣)에서 구하지 말라는 것은 옳지만, 언(言)에서 얻지 못하면 심(心)에서 구하지 말라는 것은 옳지 않다."[60]고 비판하였다. 사람의 말은 모두 마음에서 나오는 것이므로, 마음이 이치에 밝아서 가림이 없게 된 뒤에야 말이 공평하고 올바르며 통달하여 병통이 없는 것이다.[61] 그러므로 외적인 말[言]에서 얻지 못하면 마땅히 내적인 마음[心]에서 구하여 그 이치를 알아야 하는데, 이를 외면하고 이루어진 고자의 부동심은 문제가 있다고 본 것이다. 이처럼 고자는 말에서 이해되지 못하면 마음에서 찾기를 즐

---

59 焦循, 『孟子正義』 권6 「公孫丑上」2 註: "顧氏炎武日知錄云 凡人之動心與否 固在其加卿相行道之時也 枉道事人 曲學阿世 皆從此而始矣 我四十不動心者 不動其行一不義 殺一不辜 而得天下 有不爲也之心."

60 『孟子』「公孫丑上」2: "不得於心 勿求於氣 可 不得於言 勿求於心 不可."

61 『孟子』「公孫丑上」2 朱子 註: "人之有言 皆出於心 其心 明乎正理 而無蔽然後 其言 平正通達而無病."

겨하지 않기 때문에 지언(知言)이 되지 못하고, 나아가 폐(蔽)·함(陷)·리(離)·궁(窮)의 병통이 있게 됨을 면할 수 없다고 하겠다.[62]

고자(告子)는 어른을 보고난 뒤에야 어른을 공경하는 마음이 나오는 것이라고 하여, 의(義)의 실천이 외면적 경험에서 나온다는 '의외설(義外說)'을 주장한다.[63] 이는 객관적 사실에 중심을 둔 입장이다. 이에 비하여 어른을 보지 않아도 어른을 공경해야 하는 원리가 내 속에 이미 있는 것이라고 하여, 의(義)의 실천이 내면적 본질에서 나온다는 '의내설(義內說)'을 강조한 것이 맹자의 주장이다.[64] 이는 주관적 가치에 중심을 둔 입장이다. 고자(告子)의 부동심은 이처럼 내면적 본질을 외면하고 외형적 현실에만 집중하는 그의 '의외설(義外說)'과 연계되어 있다고 하겠다.

그러므로 맹자는 고자(告子)의 부동심에 대하여 "이 호연지기는 의(義)를 많이 축적하여 생기는 것이고, 의(義)가 하루아침에 갑자기 엄습하여 취해지는 것은 아니다. 행(行)하고서 마음에 부족하게 여기는 바가 있으면 굶주리게 된다. 그러므로 내가 '고자(告子)가 일찍이 의(義)를 알지 못한다.'고 말한 것이니, 그는 의(義)를 밖에 있는 것으로 여기기 때문이다."[65]라고 비판하였다.

자신의 행동에 약간이라도 의(義)에 합하지 못하여 스스로 돌이켜 봄에 직(直)하지 못함이 있으면, 오히려 내 마음에 부족함이 느껴져 그 몸[體]이 충만되지 못하는 바가 있는 것인데, 고자(告子)가 '의외설(義外說)'

---

62 『孟子』「公孫丑上」2 朱子 註: "彼告子者 不得於言 而不肯求之於心 至爲義外之說 則自不免於四者之病 其何以知天下之言 而無所疑哉."

63 『孟子』「告子上」4: "彼長而我長之 非有長於我也 …… 故謂之外也."

64 『孟子』「告子章句 上」5 朱子 註: "所敬之人 雖在外 然知其當敬 而行吾心之敬 以敬之 則不在外也."

65 『孟子』「公孫丑上」2: "是集義之所生者 非義襲而取之也 行有不慊於心則餒矣 我故曰 告子未嘗知義 以其外之也."

을 주장하는 입장에서 다시는 의(義)를 일삼지 않았기 때문에, 집의(集義)를 통한 호연지기가 아님을 지적한 것이다. 즉 올바른 호연지기의 함양은 내적 양지(養志)와 외적 양기(養氣)를 병행하여야 이루어지는 것인데, 고자(告子)는 내적 본질을 무시한 채 외적 경험에 치우쳐 있으므로, 비록 부동심을 이루었다 하더라고 거칠고 소략하여 진정한 부동심이 될 수 없다는 비판이다.

맹자는 "마음을 다하면 본성을 알 수 있고, 본성을 알면 하늘을 알 수 있다."[66]고 하였다. 인간의 본성이 마음에 있고 또 인간의 본성은 하늘로부터 품부 받은 것이기 때문에, 양심(良心)을 다하여 올바른 삶을 살면 본성을 알 수 있을 뿐만 아니라, 궁극적으로는 천명(天命)을 알고 실천하여 '천인합일(天人合一)'의 경지를 체득할 수 있는 것이다. 뿐만 아니라 지속적인 수양을 통하여 호연지기를 올바르게 함양(涵養)하면, 본래 가득 차 있는 내 몸의 '천지지기(天地之氣)'와 일체가 되어 '천인합일(天人合一)'의 삶을 영위할 수 있는 것이다.

이와 같이 호연지기를 잘 함양하여 지극한 경지에 이른 사람을 맹자는 '대장부(大丈夫)'라 언급하면서, "천하의 넓은 집에 살고, 천하의 바른 자리에 서고, 천하의 큰 도를 행하여 뜻을 얻으면 백성과 함께한다. 뜻을 얻지 못하면 홀로 그 도를 행하여, 부귀도 그 마음을 유혹하지 못하고, 빈천도 그의 지조를 바꾸지 못하고, 위엄과 무력도 그의 뜻을 꺾지 못한다."[67]고 하였다. 천하의 넓은 집은 인(仁)이며, 천하의 바른 자리는 예(禮)이며, 천하의 큰 도는 의(義)를 의미하며, 뜻을 얻어 백성과 함께

---

66 『孟子』「盡心上」1: "孟子曰 盡其心者 知其性也 知其性則知天矣."

67 『孟子』「滕文公下」2: "居天下之廣居 立天下之正位 行天下之大道 得志 與民由之 不得之 獨行其道 富貴不能淫 貧賤不能移 威武不能屈 此之謂大丈夫."

도를 행함은 천하에 왕도를 구현함을 의미하며, 홀로 도를 행함은 그 얻은 바를 자기 몸에 지켜 지조를 실천함을 의미한다.

맹자는 인격의 수준에 따라 선(善)을 하고자 하는 '선인(善人)', 선(善)을 실천하고 있는 '신인(信人)', 선행(善行)이 쌓여 충만 된 '미인(美人)', 화순(和順)으로 광휘(光輝)가 있고 덕업(德業)이 있는 '대인(大人)', 덕화(德化)가 자연스럽게 남에게 미치는 '성인(聖人)', 성인(聖人)이면서 변화(變化)를 측량할 수 없는 '신인(神人)'의 단계로 설정하고 있다.[68] 비록 위상은 다르지만 모두가 인간이 지향해야 할 이상적인 인간상이다.

맹자가 말한 대장부는 대인(大人)이며 군자(君子)를 말한다. 대인(大人)은 그 맑고 순수한 어린 아이의 마음을 잃지 않고,[69] 이목지관(耳目之官)의 유혹에 빠지지 않는 수양된 인격체이며,[70] 인의(仁義)의 도를 구현하여[71] 자신을 바르게 할 뿐만 아니라 남을 바르게 하는 사람이다.[72] 그러므로 맹자는 이를 칭송하여 "군자는 지나는 곳에 교화(敎化)가 되며, 마음에 두고 있으면 신묘해진다. 그러므로 상하가 천지와 함께 흐르니, 어찌 조금의 보탬만 있다고 하겠는가?"[73]라고 하였다.

또한 맹자는 군자가 깊이 학문을 탐구하고 수양을 지속하여 지극한 경지를 이루고자 노력함은, 무엇보다도 자득(自得)에 있음을 강조하였다.[74] 인간이 올바른 삶을 추구하는 동기와 목적이 바로 인간존재의 자

---

68 『孟子』「盡心下」25: "可欲之謂善 有諸己之謂信 充實之謂美 充實而有光輝之謂大 大而化之之謂聖 聖而不可知之之謂神."

69 『孟子』「離婁下」12: "孟子曰 大人者 不失其赤子之心者也."

70 『孟子』「告子上」15: "從其大體 爲大人."

71 『孟子』「盡心上」33: "居仁由義 大人之事備矣."

72 『孟子』「盡心上」19: "有大人者 正己而物正者也."

73 『孟子』「盡心上」13: "夫君子所過者化 所存者神 上下與天地同流 豈曰 小補之哉."

74 『孟子』「離婁下」14: "孟子曰 君子深造之以道 欲其自得之也."

기실현에 있는 것이다. 인간 자체의 존재원리가 도덕적 삶을 살 수 있도록 되어 있으니까, 최선의 힘으로 인간의 도리를 다하여 자기의 존재가치를 구현하고 자기의 생을 마치는 것이다. 이것이 바로 공자가 언급한 '위기지학(爲己之學)'[75]이다.

군자는 이러한 위기지학을 실천하기 때문에 자기 행위에 대하여 남이 알아주지 않거나 대가가 없더라도 다른 사람을 탓하지 않으며, 궁극적으로는 하늘에게조차 원망하지 않을 수 있는 것이다.[76] 오직 인간의 도리를 다하고 하늘의 명을 기다릴 뿐이다.[77] 그러므로 호연지기를 추구하는 맹자의 이념 속에는 참된 자기의 존재가치를 인식할 수 있는 자득처(自得處)와 인간의 삶을 관조할 수 있는 높은 경지의 자락처(自樂處)가 담겨 있다고 하겠다.

6. 결론

선진유학에서 도덕적 실천윤리가 강조되었던 공자의 사상은, 맹자에 이르러 인간의 본성에 대한 철학적 분석과 인간의 수양을 위한 구체적인 방법론이 보완되었으며, 더 나아가 종교적 천명론(天命論)까지 연계되는 이론 체계를 확립하였다. 맹자는 인간의 순수한 본질을 신뢰하는 입장에서 성선설(性善說)을 주장하였으며, 사단(四端)의 마음을 확충하여 인간에 본유한 인의예지(仁義禮智)의 사덕(四德)을 구현하도록 요청하였고,

---

75 『論語』「憲問」25: "子曰 古之學者 爲己."
76 『論語』「憲問」37: "子曰 不怨天 不尤人."
77 『孟子』「盡心上」1: "孟子曰 修身以俟之 所以立命也."

부동심을 이루기 위해 구체적 방법으로 호연지기(浩然之氣)를 기르는 양기설(養氣說)을 제기하였다.

맹자가 주장한 호연지기는 우주와 인간에 충만된 순수한 정기(正氣)로서의 '천지지기(天地之氣)'이다. 그는 인간의 공통된 본질로서 의(義)와 리(理)를 언급하고 있다. 그러므로 맹자가 주장하고 있는 이 호연지기에는 천기(天氣)뿐만 아니라 인간의 보편적 본질인 천리(天理)가 내재되어 있는 것이다. 동시에 올바름을 판단하고 실천할 수 있는 의리(義理)의 근거도 될 수 있다고 하겠다. 호연지기를 실천하는 과정에서 중요하게 대두되는 것이 용기라고 할 수 있다. 맹자는 인간의 실천적 행동력으로서의 용기에 대하여, 혈기의 단련을 통해서 이루어지는 '혈기지용(血氣之勇)'과 진실과 정의의 도덕성을 기반으로 한 '의리지용(義理之勇)'으로 나누어 설명하면서 진정한 용기란 '의리지용'에서 나온다고 하였다.

맹자의 수양론의 핵심은 상대방의 말을 올바르게 이해해야 하는 지언(知言)과 호연지기를 기른 양기(養氣)의 두 축으로 이루어져 있다. 즉 상대방의 말에 담겨 있는 마음, 그리고 더 본질적인 이치를 정확하게 인식해야 그 사람을 올바르게 알 수 있다. 이러함은 사회생활에서 가치판단의 기준이 되어 올바르게 일을 처리할 수 있는 원동력이 되는 것이니, 인간은 자기에 충만된 호연지기를 지속적으로 함양하는 수양과정을 통하여 부동심에 이르고, 궁극적으로는 '천인합일(天人合一)'의 경지에 다다를 수 있는 것이다.

맹자는 호연지기를 함양하는 양기론(養氣論)의 구체적 내용으로 인간의 본질인 직(直)을 강조하고, 이것을 바탕으로 하여 의(義)를 구현하고 도(道)에 합치시키는 의행(義行)을 지속적으로 실천하는 '집의(集義)'가 있어야 함을 주장하였다. 또한 호연지기를 함양하는 양기론(養氣論)의 기본구조에 대하여 맹자는 내적 마음을 수양하는 양지(養志)와 외적 기운을 수양하는 양기(養氣)의 병행을 강조하였으며, 나태하여 잊지도 않고 [勿忘] 조급하여 조장하지도 않는[勿助長] 중용의 방법론을 제시하였다. 맹자는 양지(養志)의 구체적인 내용으로 잃어버린 마음을 다시 회복하는 구방심(求放心), 사욕을 억제하는 과욕(寡欲) 등을 제시하였으며, 양기의 구체적인 내용으로 낮에는 의를 축적하는 집의(集義), 밤과 새벽에는 맑은 정기(精氣)를 보존하는 존야기(存夜氣) 등을 논하였다.

지언(知言)과 양기(養氣)를 통하여 이루어지는 수양론의 지극한 경지는 부동심(不動心)이다. 이 부동심이란 진리에 대한 확고한 신념과 용기를 갖고 물욕(物欲)과 사욕(私欲)에 유혹됨 없이 한 치의 두려움과 동요가 없는 경지를 의미한다. 궁극적으로는 삶과 죽음에도 흔들림이 없는 초월의 경지이기도 하다. 이처럼 천인합일(天人合一)의 경지를 갖고 인간의 본질인 인의(仁義)의 도를 실천하는 사람을 맹자는 대장부(大丈夫)와 대인(大人) 또는 군자(君子)라고 불렀다. 이러한 군자는 수양론의 목적이 자득(自得)에 있음을 알기 때문에, 안분(安分)과 자락(自樂)의 자세로 천명(天命)을 다하고 '위기지학(爲己之學)'을 실천할 수 있는 것이다.

인간의 본질인 정직(正直)을 바탕으로 천리(天理)를 올바르게 인식하여 사람의 본질을 알고 인도(仁道)와 의리(義理)를 실천하려는 맹자의 수양론은, 이기적인 사욕(私欲)을 극복하여 개인적으로는 마음의 안정과 평화를 얻고, 사회적으로는 성숙된 인격을 기반으로 하여 정의를 실현하고 인류의 평화를 구현할 수 있다. 그러므로 건전한 의식과 도덕성을 요구하고 있는 정치사회의 영역, 진·선·미를 추구하는 예술분야, 진정한 사랑을 실천하여야 하는 종교계, 현대인들의 정신병을 근본적으로 치료하고자 하는 정신의학에 이르기까지 그 활용방안이 극대화될 수 있다. 뿐만 아니라 전 세계인이 올바른 가치의식을 함양하여 모든 나라가 평화적으로 공존하기 위한 실천적 기반으로서의 첫 시발점이기도 하다.

선진유가전쟁관(先秦儒家戰爭觀)에 대한 소고(小考)
– 공자(孔子)와 맹자(孟子)의 전쟁관(戰爭觀)을 중심으로 –

윤지원(단국대학교 일본연구소 HK교수)

1. 들어가는 말

20세기는 인류 역사상 가장 특이한 시대 즉 극단의 시대이자 가장 피비린내 나는 시기였다. 세계대전으로 인한 대규모 인명살상이 일어났으며 물질적으로는 유례없는 발전을 이루었다. 기술 경제활동과 세계화라는 서로 연결된 두 가지 현상이 지배하는 세계의 무대에서 지구 개발뿐 아니라 파괴까지 가능한, 인류의 역량이 커졌고 피비린내 나는 전쟁으로 인해 당시 세계인구의 10%에 해당하는 1억8700만 명의 직간접적인 사망자가 발생하기도 하였다.

20세기 전쟁의 시기는 독일을 축으로 한 세계대전의 시대(1914~1945)와 미국과 소련의 양극 냉전시대(1945~1989) 그리고 고전적인 국제질서가 끝난 이후의 시대로 나누어 볼 수 있다. 이 시기 전쟁은 반드시 국가가 일으킨다는 고전적 개념이 붕괴되기 시작하였고 전투원과 비전투원의 구분이 불분명해졌으며 전쟁의 부담은 점차 민간인에게로 확산되었다.[1] 이후 전쟁으로 인한 피해의 확산은 세계화의 추세와 함께 그 영향력이 더욱 커지고 있다.

전쟁은 인류와 함께 태어났으며 인류사 초기에는 아무도 문제 삼지 않는 단순한 현실이었다. 하지만 인류가 진화하면서 정의로운 전쟁과 정의롭지 못한 전쟁의 구별이 생겼다. 이 구별의 기준은 전쟁의 목적이 방어인가, 전쟁이 최후의 수단으로 이용되었는가, 그리고 양민에 대한 폭력이 예방 되었는지의 여부였다.[2]

'정의로운 전쟁'의 기준은 언제부터 이야기되기 시작했을까?[3] 선진 유가에서는 '명분 있는 전쟁'의 규칙을 강조하였다. 반란 진압이라든가 '중화를 괴롭히는 야만인'의 정벌 등은 '정의로운 전쟁'으로 받아들였지만 민력(民力)을 고갈시키는 침략전쟁은 원칙상 반대했다. 맹자(B.C. 372~289)는 침략적 군주에 대해 "저들이 자기 백성의 농사철을 빼앗아 밭 갈고 김매어 그들의 부모를 봉양하지 못하게 하면 부모가 추위에 얼

---

1 폭력 사용 의지를 제외하면 전쟁의 성격, 위상 목표 등에서 공통점을 찾기 힘들어 졌으며 1960년대 중반부터 국가 간 전쟁이 감소하고 내전이 빈번해지기 시작하였다. 민간인의 피해 역시 세계대전 당시 총력전 개념으로 민간인이 참여하여 피해를 입은 이래 그 범위가 확장되고 있다. 1차 대전 사망자 중 민간인의 피해 5%, 2차대전 66%. 최근 80~90%로 민간인 피해가 확산되고 있다.

2 1899년과 1907년 두 차례에 걸쳐 전쟁 규약을 명문화한 헤이그 조약에 따르면 전쟁은 주권국가 사이에서 발생하는 것을 원칙으로 하며 특정 국가 내에서 일어날 경우 다른 주권국가들이 교전 상대로 인정할 정도로 조직화된 세력 간에서 벌어져야 한다. 또 전쟁은 평화와 명확히 구분해야 하며, 선전포고로 시작하고 평화조약으로 끝내야 한다. 또한 군사작전은 전투원과 비전투 민간인을 확실히 구분해야 하며 전쟁은 전투원들 간에 이뤄져야 하고 전시, 비전투원들은 가능한 한도 내에서 보호되어야 한다.

3 B.C. 5~4세기의 그리스 철학자인 플라톤(B.C. 428~348)은 『국가론』에서 필요 없는 약탈전을 "사치를 염원하는 邪心에서 비롯한다."고 비판하고 이상적 국가에서는 군인들이 오랑캐를 상대로 정벌할 때도 약탈, 비전투원 살해와 노예화, 성폭행 등을 삼가야 한다고 강조했다. 비록 '우리'가 '남'을 상대로 하는 전쟁이라 해도 전쟁이란 필요악일 뿐이고 각종 규칙에 따라 그 진행 방법이라도 규제되어야 한다는 의식이 그리스 철학의 일각에 존재하고 있었다.

고 굶주리며 형제와 처자가 헤어져 흩어질 것이다"[4]라고 이야기하며 인정(仁政)을 베푸는 군주가 침략적 폭군을 제압할 수 있다고 주장했다. 맹자의 이 같은 주장은 전쟁을 최후 수단으로 보고 반란자나 침략자에 대한 정벌 내지 방어전만 인정하려는 현대의 정의 전쟁론과 유사해 보인다.

본 논문은 선진시기 유가의 전쟁관에 대해 살펴보는 것을 목적으로 한다. 이를 위해 먼저 전쟁의 본질에 대해 살펴보고, 나아가 선진 유가 문헌인 『논어』와 『맹자』에 나타나는 공자와 맹자의 언명을 통해 그들의 전쟁관을 분석할 것이다. 이 작업을 통해 전쟁의 본질과 유가의 전쟁에 대한 사유 그리고 그 현대적 의미에 대해 생각해 볼 수 있을 것이다.

2. 전쟁의 본질

1932년 국제연맹은 아인슈타인에게 인간에게 가장 중요하다고 생각되는 문제를 골라 가장 의견을 나누고 싶은 상대와 편지를 교환해 주기를 의뢰한다. 당시 아인슈타인이 선택한 문제는 전쟁이었으며, 상대는 프로이트였다. 그는 편지의 서두에서 다음과 같이 말한다.

"기술이 크게 진보해 전쟁은 우리 문명인의 운명을 결정하게 되었습니다. 지금 이것을 모르는 사람은 없습니다. 문제를 해결하기 위한 진지한 노력도 기울이고 있습니다. 그렇지만 아직 해결책을 찾지 못했습니다. ……전문가로서 전쟁 문제에 관여하고 있는 사람들조차 자신들의 힘으로 문제를 해결하지 못

---

4 『孟子 · 梁惠王上』: "彼奪其民時, 使不得耕耨以養其父母, 父母凍餓, 兄弟妻子離散."

하고 누군가의 도움을 구하고 있는 것 같습니다. 그들은 진심으로 바라고 있습니다. 학문에 깊이 정통한 사람, 인간의 생활에 통달한 사람에게서 의견을 듣고 싶다고."[5]

아인슈타인이 말하듯 전쟁이 우리의 운명을 결정한다면 그 본질적 의미는 무엇일까? 인류가 존재한 이래 생존과 번영을 위해 인류는 반드시 스스로를 지키는 일과 먹을 것을 구하는 일을 중시해야 했다. 생존하기 위해서는 노동을 통해 물질적 생활을 위한 물자들을 생산하고 모아야 했으며, 물자를 지키기 위하여 필요한 조치와 수단을 강구해야 했다. 즉 전쟁은 먹고사는 일과 밀접한 관계였으며 자신을 지키는 중요한 수단이었다. 그리고 먹고사는 일과 자신을 지키는 일은 개인의 생존과 나라의 번영을 위한 큰일이 되었다.

『응용윤리학 백과사전』에 나와 있는 전쟁에 대한 정의를 살펴보면 다음과 같다.

"두 나라 간, 또는 한 나라에 있는 정당 간 여러 가지 이유로 무력이 동원되어 대립된 상태 제한전쟁, 일반전쟁, 핵전쟁 등 다양한 종류의 전쟁이 있다. 전쟁은 국가의 가장 심각한 안보가 관련된 상황으로 최대의 긴장이 요구되는 상황으로 간주된다."[6]

전쟁의 사전적 의미는 국가와 국가, 또는 교전 단체 사이에 무력을 사

---

5 톨스토이, 아인슈타인, 프로이트 지음, 이시언 엮고 옮김, 『어떻게 전쟁을 끝낼 것인가』, 해례원, 2013, 173~174쪽.

6 *Encyclopedia of Applied Ethics*, Vol. 4, p. 507.

용하는 적대적 싸움이다. 이와 같은 전쟁이 일어나는 원인은 사회진화의 과정에서 적자생존의 원리에 따라 자연적으로 발생한다는 사회적 다원주의와 인간의 성향이 본래 공격적이기 때문에 공격 본능 상 전쟁은 불가피하다는 공격본능 이론, 그리고 개개인의 공격성이 문화로 전이되어 전쟁으로 나타난다는 사회학습이론 등 여러 가지 다양한 이론으로 설명될 수 있다. 또한 국가사회의 성격과 집단행동 때문에 전쟁이 일어나게 된다는 사회심리학적 이론과, 계급간의 갈등을 해소하기 위한 한 방편이라는 공산주의 이론 역시 전쟁의 원인을 설명할 수 있다. 하지만 이 모든 이론들을 포괄하며 전쟁의 본질을 가장 잘 표현한 것으로 평가되는 이론은 클라우제비츠의 전쟁론이다.

19세기 러시아의 전략가 카를 폰 클라우제비츠는 『전쟁론』에서 "전쟁이란 다른(물리)수단을 동원한 정치의 연장이며 단순한 군사 행위가 아닌, (우리의 의지를 상대에게 관철시키는)정치 행위"라 주장한다.[7] 그에 의하면 전쟁은 중요한 목적 달성을 위한 수단으로서 다른 방법에 의한 정치의 연속이다. 따라서 전쟁은 언제나 정치적 조건에서 출발하며 동시에 정치적 동기에서 야기된다. 클라우제비츠에 의하면 전쟁은 정치적으로 중요한 목적 달성을 위한 수단이라는 데 그 본질이 있다.[8]

---

7 카롤 폰 클라우제비츠 저, 유승제 역, 『전쟁론』, 책세상, 1998, 112쪽.

8 클라우제비츠의 전쟁에 대한 이론은 소개된 이래 오늘날까지 많은 정치인, 학자, 군인들에게 커다란 영향을 끼쳐왔다. 전쟁에 관한 어떤 논의에도 그의 견해가 논의 되지 않는 경우는 없었을 것이다. 하지만 그럼에도 불구하고 그의 전쟁에 관한 이론은 다음과 같은 몇 가지 문제점을 가지고 있다. ①"전쟁은 중요한 정치적 목적 달성을 위한 수단이다."라는 말의 적용은 서로 상반되는 두 개의 관점에서도 동일하게 이해될 수 있다. 즉 클라우제비츠의 전쟁정의는 침략전쟁과 방어전쟁을 모두 정당화 시킬 수 있다. ②전쟁이 "다른 방법을 이용한 정치의 연속이다."라고 말한다면 이 방법 속에 핵무기의 사용이 포함될 수 있는가의 문제이다. 핵무기의 사용은 인류의 공멸을 초래할 것이다. ③마지막 문제점은 클라우제비츠의 전쟁관에는 도덕성에 대한 언급이 없다는 것이다. 이 모든 문제점은 전쟁과 정치적 목적과의 연관에 대한 그의 생각에서 비롯된 것이다.

3. 유가(儒家)의 전쟁관(戰爭觀)

모든 전쟁에는 특정한 정치적 목적과 의도가 있다는 점에서 전쟁은 정치적 수단이 분명하다. "전쟁은 반드시 정치적인 상황에서 연원하며 정치적 동기에 의해 야기된다."[9]는 클라우제비츠의 주장은 전쟁이 정치적 수단임을 명확하게 보여준다. 전쟁이 만일 순수하게 정치 목적 달성을 위한 수단이라면, 전쟁의 도덕성은 정치 목적의 도덕성에 의존할 수밖에 없다. 정치의 목적은 최종적으로 정치의 이상을 지향한다. 비록 정치의 현실적 모습이 지배와 통제로 인식되지만 대립과 분쟁의 조정, 사회질서 유지 등의 통치행위가 지향하는 것이 궁극적으로 정치 이상을 실현하는 것이라는 점에서 정치적 이상과 실제는 하나이다.[10]

1) 유가전쟁관(儒家戰爭觀)의 기초: 인정(仁政)과 민본주의(民本主義)

고대 유가의 정치는 공자와 맹자가 주장하듯 선이나 윤리적 삶의 방식과 결부되어 생각되었다. 특히 공자에게 있어 정치적 이상사회는 윤리공동체였으며 인간 삶의 궁극적 목적은 윤리적 생활이었다. 정치적 이상과 도덕적 이상은 유가의 공통목표로서 공자나 맹자에게 다르지 않았다.

춘추시대(春秋時代)는 중국 역사에 있어 가장 혼란스럽고 복잡한 시기였다. 주나라의 혈연 중심의 봉건제도가 붕괴되었으며 평민 출신의 새로운 계급인 사(士)를 중심으로 중앙집권적 관료제도가 태동, 정치구조

---

9 카롤 폰 클라우제비츠 저, 유승제 역, 『전쟁론』, 책세상, 1998, 53쪽.

10 김진만, 「전쟁의 윤리적 인식과 정당화 가능성」, 『윤리연구』 제109호, 290쪽.

에 있어 거대한 변화가 일어났다. 제후국들 사이에는 겸병을 위한 전쟁이 계속되어 정치사회가 혼란스러웠다.[11] 전국시대(戰國時代) 주나라 왕실의 권위는 소멸되었고 정치적 주도권을 위한 제후들의 겸병전쟁은 더욱 본격화 되었다. 매년 지속되는 전쟁으로 인해 백성들의 생활은 나날이 피폐해졌으며,[12] 가장 세력이 강한 군주가 중앙집권화를 위해 주변 열국들을 방벌하고 전쟁을 일으키는 것은 피할 수 없는 운명이었다.

"지금 세상은 전염병이 나돌고 있고 백성들 대부분이 수고롭게 부지런히 일해도 추위에 떨거나 굶주리며 죽은 자를 방치하여 도랑과 구덩이에 굴러다니는 경우가 매우 많았다."[13]

인간의 생존권 자체가 위협받던 암울한 시대[14]를 살았던 공자는 사회 혼란과 전쟁의 원인이 인간의 도덕적 타락에 있다고 생각, 요순시대와 하(夏)·은(殷)·주(周) 삼대의 문화적 바탕 위에 유학을 제창하며 도덕성의 회복을 자신의 사명으로 삼았다. 그는 올바른 사회를 이룩하기 위해 인간의 도덕적 본성인 인(仁)의 회복을 주장하였다. 공자가 주장한 인(仁)은 인간의 인간다움의 조건이며 배려의 정신이었다. 그는 충(忠)·서(恕)의 실천을 통한 사회적 화합을 목표로 하였으며 이를 위해 인을 바탕

---

11 司馬遷, 『史記』 卷130 : "春秋之中, 殺君三十六, 亡國五十二, 諸侯走, 不得保其社者, 數不可勝數."

12 『墨子·非樂上』: "民有三患, 飢者不得食, 寒者不得衣, 勞者不得息, 三者民之巨患也."

13 『墨子·兼愛下』: "今歲有癘疫, 萬民多有勤苦凍餒, 轉死溝壑中者, 旣已衆矣."

14 朱寶慶의 「춘추좌전전쟁연표」에 따르면 『春秋左傳』에서 다룬 B.C. 722~468년간의 역사 기록가운데 전쟁은 총 531건에 달하며, 전쟁이 없었던 기간은 34년뿐이었다. 또한 공자(BC 551~479)가 살았던 시기에도 전쟁과 반란 등이 149건에 달하였다. 朱寶慶, 『左傳兵法』, 「春秋左傳戰事年表」, 陝西人民出版社, 1991. 282~306쪽.

으로 하는 인정(仁政)이 사회적 평화와 안정의 필수적이라 생각했다.

또한 공자는 인간의 내면적 도덕성인 인과 함께 외면적 사회규범인 예를 중시하였다. 왜냐하면 인은 예를 통해 밖으로 실현될 때 비로소 그 의미를 지니며 예 또한 인을 바탕으로 했을 때 그 도덕적 정당성을 확보할 수 있기 때문이었다.

주나라의 예악문화를 숭상하였던 공자는 당시의 예가 지나치게 형식화되고 개인의 사욕으로 인해 사회의 질서가 붕괴되는 것을 걱정하여 개인의 사욕을 극복하고 예를 회복하자는 극기복례(克己復禮)를 주장했다. 그는 진정한 예의 회복과 실현은 도덕성을 갖춘 인격자만이 가능하다고 생각하였고 그러한 사람을 군자라 부르며 소인과 구별하였다. 공자에게 있어 극기복례(克己復禮)는 남의 강요에 의하지 않고 스스로의 내면적 도덕성의 자각을 통해 자기 자신의 자율적인 의지를 따르는 것이었다.

공자는 인과 예를 통하여 올바른 윤리기준을 확립하고 건전한 사회질서를 회복함으로서 전쟁 없는 평화로운 사회에서 서로 배려하며 더불어 사는 대동사회(大同社會)[15]를 궁극의 목적으로 삼았다. 그리고 이러한 대동사회 만들기 위해 가장 우선적으로 고려해야 할 것은 민생의 안정이라 생각했다. 때문에 공자는 그의 제자 염구가 노나라의 귀족인 계씨의 관리가 되어 백성들로부터 더 많은 세금을 거두어들이는 일에 대하여 분노한다.

"계씨는 주공보다 더 부유한데 염구가 그를 위하여 세금을 거두어 더욱 그를

---

15 『禮記·禮運大同』: "大道之行也, 天下爲公, 選賢與能, 講信修睦. 故人不獨親其親, 不獨子其子, 使老有所終, 壯有所用, 幼有所長, 矜寡孤獨廢疾者皆有所養, 男有分, 女有歸. 貨惡其弃於地也, 不必藏於己; 力惡其不出於身也, 不必爲己. 是故謀閉而不興, 盜竊亂賊而不作, 故外戶而不閉, 是謂大同."

부유하게 해주었다. 공자가 말했다. '그는 나의 제자가 아니다.'"[16]

그는 위정자와 백성들이 인정(仁政)을 통해 화합하는 사회건설을 염원
하였다. 공자의 제자 자로가 그에게 그의 뜻을 물었을 때 공자는 다음과
같이 말한다.

"노인들은 편안히 해주고 친구들과 믿음으로 함께 하며 어린이들은 가슴에
품어주고 싶다."[17]

공자는 당시의 혼란 속에서 위정자들이 인정(仁政)에 힘쓰고, 백성들
을 아끼고 보호해주며 동료와 친구들 사이에 신의를 가질 수 있는 이상
적 공동체를 실현하려 하였던 것이다. 때문에 공동체를 위협하는 전쟁
에 대하여는 대체로 부정적이며 조심스러운 입장을 취할 수밖에 없었
다.[18] 그는 전쟁을 통하여 새로운 시대를 열려 하기 보다는 주나라의 질
서를 회복함으로서 도덕적 평화세계를 꿈꾸었다.

공자가 살았던 시대가 권력의 이동을 통해 대부들이 집정하던 시대였
다면 맹자가 살았던 시대는 군주가 국가권력을 장악하여 행사하던 시대
였다. 춘추시대의 겸병전쟁으로 인해 100여 개의 국가가 전국 7웅으로
재편되고 있었으며, 당시 군주들은 약육강식이 지배하던 사회에서 부국
강병을 추진하며 무력전쟁으로 국가 간의 문제를 해결하려 하였다. 점
점 격렬해지는 겸병전쟁 속에서 맹자가 목격한 현실은 참혹했다. "땅을

---

16 『論語 · 先進』: "季氏富於周公, 而求也爲之聚斂而附益之. 子曰, 非吾徒也."
17 『論語 · 公冶長』: "子曰: 老者安之, 朋友信之, 少者懷之."
18 『論語 · 述而』: "子之所愼, 齊, 戰, 疾."

차지하기 위하여 전쟁을 하면 하면 시체가 들판에 가득하고, 성을 빼앗기 위해 전쟁을 하면 시체가 성안에 가득했다.”[19] 또한 백성들은 농사지을 시기를 빼앗겨 부모들을 모실 수 없었으며 그들의 부모들은 동상에 걸리거나 굶주렸고 형제들과 처자식들을 뿔뿔이 흩어졌다.[20] 전쟁으로 인한 민생의 고통을 맹자는 외면할 수 없었다. 때문에 그는 인(仁)에 기초한 왕도정치와 민본주의를 주장한다.[21] 맹자는 말한다.

"농사철을 어기지 않게 하면 곡식을 이루 다 먹을 수 없으며, 촘촘한 그물을 웅덩이와 연못에 넣지 않으면 물고기와 자라를 이루 다 먹을 수 없으며, 도끼와 자귀를 때에 따라 산림에 들어가게 하면 재목을 이루 다 쓸 수 없을 것입니다. 곡식과 물고기와 자라를 이루 다 먹을 수 없으며 재목을 이루 다 쓸 수 없으면 이는 백성으로 하여금 산 이를 봉양하고 죽은 이를 장사를 지내는데 유감이 없게 하는 것이니 산 이를 봉양하고 죽은 이를 장사지냄에 있어 유감이 없게 하는 것이 왕도의 시작입니다.”[22]

당시 군주들은 부국강병을 위해 무리한 변법과 겸병전쟁에만 몰두하여 패도로써 백성을 다스렸다. 맹자는 무력에 의하여 다스리는 패도정치를 반대하고 덕으로 다스리는 왕도정치를 주장한다. 맹자는 힘에 의거하여 타국을 겸병해나가는 정치를 패도라 부르며 다음과 같이 말한다.

---

19 『孟子 · 離婁上』: "爭地以戰, 殺人盈野; 爭城以戰, 殺人盈城."

20 『孟子 · 梁惠王上』: "彼奪其民時, 使不得耕耨以養其父母, 父母凍餓, 兄弟妻子離散."

21 『孟子 · 滕文公下』: "昔者禹抑洪水而天下平, 周公兼夷狄驅猛獸而百姓寧, 孔子成春秋而亂臣賊子懼 …… 我亦欲正人心, 息邪說, 距詖行, 放淫辭, 以承三聖者."

22 『孟子 · 梁惠王上』: "不違農時, 穀不可勝食也; 數罟不入洿池, 魚鼈不可勝食也; 斧斤以時入山林, 材木不可勝用也. 穀与魚鼈不可勝食, 材木不可勝用, 是使民養生喪死無憾也. 養生喪死無憾, 王道之始也."

"힘으로 인을 가장하는 것은 패자이다. 패자는 반드시 대국을 소유해야 한다. 덕으로 인을 실행하는 것이 왕도이다"[23]

그가 주장한 왕도정치의 힘은 도덕적 감화에서 나오고 패도정치의 힘은 물리적 강제력에서 나온다. 맹자는 "힘으로써 남을 복종시키면 힘이 부족해서 복종하는 것이지 진심으로 복종하는 것이 아니며, 덕으로써 남을 복종시키면 진심으로 기뻐하여 복종하는 것이다."[24]라고 말하며 백성을 왕도로써 다스릴 것을 주장한다. 맹자의 이러한 주장은 공자의 인(仁)의 사상을 기반으로 하고 있다. 맹자는 말한다.

"삼대가 천하를 얻은 것은 인(仁)으로써였고, 천하를 잃은 것은 불인으로써였다. 제후의 나라가 쇠하고 흥하고 존하고 망함도 또한 그러하다. 천자가 불인하면 사해를 보전하지 못하고 제후가 불인하면 보전하지 못하고 경대부가 불인하면 종묘를 보전하지 못하며 사와 서인이 불인하면 사지를 보존하지 못한다."[25]

맹자가 왕도정치를 통해 추구하였던 이상사회는 여민동락(與民同樂)[26]의 사회였다. 즉 그는 위정자와 백성들이 소통하고 위정자가 그들의 마음을 얻어 같이 즐거워 할 수 있는 사회를 꿈꾸었으며 이를 왕도정치의

---

23 『孟子 · 公孫丑上』: "以力假仁者霸, 霸必有大國, 以德行仁者王, 王不待大."

24 『孟子 · 公孫丑上』: "以力服人者, 非心服也, 力不贍也; 以德服人者, 中心悅而誠服也."

25 『孟子 · 離婁上』: "三代之得天下也以仁, 其失天下也以不仁. 國之所以廢興存亡者亦然. 天子不仁, 不保四海; 諸侯不仁, 不保社稷; 卿大夫不仁, 不保宗廟; 士庶人不仁, 不保四体."

26 『孟子集註 · 梁惠王章句下』: "與民同樂者, 推好樂之心, 以行仁政, 使民各得其所也."

이상으로 삼았다.

맹자의 이러한 정치이상 역시 민본사상을 그 바탕으로 한다. 그는 백성이 가장 귀하고 국가가 그 다음이며 군주가 마지막이라고 이야기하며 민본사상을 강조한다.[27] 맹자는 백성을 단순히 국가 부국강병의 수단으로 보지 않고 군주가 이들에게 생활을 보장해주어야 한다는 민본주의 사상을 표명하고 있다. 그리고 그의 이러한 정치적 이상의 실현은 항산(恒産)과 항심(恒心)의 주장을 통해 드러난다. 위정자는 백성들에게 일정한 생산을 보장해 주어야 하며 이를 통해 백성들은 항심(恒心)을 가지고 위정자와 동락할 수 있다.

맹자의 이 같은 사상은 기본적으로 공자의 그것과 크게 다르지 않지만 왕도와 패도를 구분한 점 공자가 인을 강조한 것에 비해 의를 강조한 점 그리고 마지막으로 공자가 인과 예를 통해 도덕사회인 대동사회(大同社會)를 꿈꾸었다면 맹자는 백성과 더불어 즐기는 여민 정치를 그 왕도정치의 이상으로 삼았다는 점에서 공자의 사상을 적극적으로 발전시켰다고 볼 수 있다.

2) 『논어』와 『맹자』에 나타나는 전쟁관(戰爭觀)

사실 유가에 대해 언급하고자 하면 가장 먼저 떠오르는 것은 인(仁)과 의(義) 그리고 예(禮)의 사상이다. 펑유란은 그의 『유가논병(儒家論兵)』의 서문에서 다음과 같이 말한다. "어떤 사람들은 이 제목을 보고 크게 웃을지 모른다. 그들은 유가는 인의예악(仁義禮樂)을 이야기하는 사람들인데 어떻게 전쟁에 대하여 이야기 할 수 있는가?라고 생각할 것이다." 하

---

27 『孟子 · 梁惠王上』: "民爲貴社稷次軍爲輕."

지만 전란의 시대를 살았던 공자와 맹자에게 있어 전쟁은 피할 수 없는 현실이었다. 전쟁에 대한 그들의 생각은 『논어』와 『맹자』를 통해 확인할 수 있다.

앞서 말한 바와 같이 정치의 궁극적 목적은 정치의 이상에 수렴된다. 클라우제비츠의 정의와 같이 전쟁이 정치에 있어 중요한 목적을 달성하기 위한 수단이라면 유가의 전쟁관 역시 공자의 인정(仁政)과 맹자의 왕도정치(王道政治) 그리고 민본주의(民本主義)를 그 지향점으로 삼을 수밖에 없다.

『논어』	정당한 이유	진성자가 간공을 시해하자 공자께서 목욕하고 조회하시어 애공에게 아뢰셨다. 진항이 그 군주를 시해하였으니 토벌하소서.[28]
	합법적 권위	계씨가 전유를 치려하였는데 …… 공자가 말하기를 전유는 옛적에 선왕께서 동몽산의 제주로 삼으셨고, 또한 우리나라의 안에 위치하고 있으니, 이는 사직의 신하이다. 어찌 정벌할 수 있겠는가.[29]
	정당한 목적	공자께서 말씀하셨다. 천하에 도가 있으면 예악과 정벌이 천자로부터 나오고 천하에 도가 없으면 예악과 정벌이 제후로부터 나온다.[30]
『맹자』	정당한 이유	시경에서 말하기를 왕께서 혁란히 노하여 이에 그 군대를 정돈하여 침략하러 가는 무리들을 막아서 주나라의 복을 돈독히 하여 천하에 보답하였다. 하였으니 이것은 문왕의 용이니 문왕이 한번 노하시어 천하의 백성을 편안히 하셨습니다.[31]

---

28 『論語 · 憲問』: "陳成子弒簡公. 孔子沐浴而朝, 告於哀公曰, '陳恒弒其君, 請討之.'"

29 『論語 · 季氏』: "季氏將伐顓臾 …… 孔子曰: '夫顓臾, 昔者先王以爲東蒙主, 且在邦域之中矣, 是社稷之臣也. 何以伐爲?'"

30 『論語 · 季氏』: "孔子曰, 天下有道, 則禮樂征伐自天子出, 天下無道, 則禮樂征伐自諸侯出."

31 『孟子 · 梁惠王下』: "詩云: 王赫斯怒, 爰整其旅, 以遏徂莒, 以篤周祜, 以对於天下. 此文王之勇也. 文王一怒而安天下之民."

32 『孟子 · 梁惠王下』: "一人衡行於天下, 武王恥之. 此武王之勇也. 而武王亦一怒而安天下之民."

『맹자』		한사람이 천하에 횡행하거늘 무왕이 이것을 부끄러워하셨으니 이것은 무왕의 용이니 무왕이 또한 한번 노하여 천하의 백성을 편안히 하셨습니다.[32]
		인을 해치는 자를 적이라 이르고 의를 해치는 자를 잔이라 이르고 잔적한 사람을 일부라 이르니 일부인 걸을 베었다는 말은 들었고 군주를 시해하였다는 말은 듣지 못하였습니다.[33]
		포악한 군주를 주벌하고 백성들을 위문하시니 단비가 내린 듯 백성들이 크게 기뻐하였다 …… 지금 연나라가 그 백성에게 포학하게 하거늘 왕께서 가서 정벌하시니, 연나라백성들은 장차 자신들을 수화의 가운데에서 구원해줄 것이라고 여겨 대바구니에 밥을 담고 병에 장물을 담아서 왕의 군대를 환영할 것입니다.[34]
		심동(沈同)이 개인적으로 묻기를 연나라를 정벌할 수 있습니까? 하자 맹자께서 말씀하셨다. 할 수 있다. 자쾌(子噲)도 연나라를 남에게 줄 수 없으며 자지(子之)도 연나라를 자쾌(子噲)에게 받을 수 없는 것이다. 여기에 벼슬하는 자가 있는데 자네가 그를 좋아하여 왕에게 아뢰지 않고 그대의 녹봉을 그에게 사사로이 주거든 그 선비 또한 왕명이 없이 사사로이 그대에게서 받는다면 가능하겠는가? 어찌 이와 다르겠는가[35]
	합법적 권위	제나라 사람이 연나라를 정벌하자 혹자가 묻기를 제나라를 권하여 연나라를 치게 하셨다 하니 그런 일이 있었습니까? 맹자가 말하기를 아니다 심동이 묻기를 연나라를 정벌할 수 있습니까? 하고 묻기에 내가 대답하기를 가하다 하였더니 저 사람이 내말을 옳게 여겨 정벌한 것이다. 저 사람이 만일 누가 정벌 할 수 있겠습니까? 하고 물었다면 나는 장차 대답하기를 천리(天吏)가 되면 정벌할 수 있다 하였을 것이다 …… 지금에 연나라로써 연나라를 징벌하였으니 내 어찌 권 하였겠는가"[36]

---

33 『孟子·梁惠王下』: "賊仁者謂之賊, 賊義者謂之殘, 殘賊之人謂之一夫. 聞誅一夫紂矣, 未聞弑君也."

34 『孟子·梁惠王下』: "誅其君而弔其民, 若時雨降, 民大悅 …… 今燕虐其民, 王往而征之. 民以爲將拯己於水火之中也, 簞食壺漿, 以迎王師.

35 『孟子·公孫丑下』: "沈同以其私問曰: 「燕可伐與?」孟子曰: 「可. 子噲不得与人燕, 子之不得受燕於子噲. 有仕於此, 而子悅之, 不告於王而私与之吾子之祿爵; 夫士也, 亦無王命而私受之於子, 則可乎? 何以異於是?"

36 『孟子·公孫丑下』: "齊人伐燕. 或問曰:「勸齊伐燕, 有諸?」曰:「未也. 沈同問『燕可伐与?』吾応之曰『可』彼然而伐之也. 彼如曰『孰可以伐之?』則將応之曰:『爲天吏, 則可以伐之.』 …… 今以燕伐燕. 何爲勸之哉?"

『맹자』	합법적 권위	『춘추』에 의로운 전쟁이 없으니, 그 중에 저것이 이것보다 나은 것은 있다. 정(征)은 윗사람이 아랫사람을 정벌하는 것이니 대등한 나라끼리는 서로 정벌할 수 없다.[37]
		천자는 죄를 성토만 하고 정벌하지 않으며, 제후는 정벌하기만 하고 성토하지 않는다. 그런데 오패는 제후를 이끌어 제후를 정벌하였다. 그러므로 오패는 삼왕의 죄인이라고 말하는 것이다.[38]
	정당한 목적	만승의 나라를 가지고 만승의 나라를 정벌하였는데 대바구니에 밥을 담고 병에 장물을 담아서 왕의 군대를 환영함은 어찌 딴 이유가 있겠습니까? 수화를 피하기 위해서일 것이니 만일 물이 더욱 깊어지며 불이 더욱 뜨거워진다면 또한 딴 곳으로 전향할 뿐입니다.[39]
	최후의 수단	탕왕이 박읍에 거주할 때에 갈 나라와 이웃하였는데 갈백이 방탕하여 제사를 지내지 않자 탕왕이 사람을 시켜 물었다. 왜 제사를 지내지 않는가? 갈백이 대답하기를 제물로 바칠 것이 없기 때문입니다. 하였다. 탕왕이 사람들로 하여금 소와 양을 보내주게 하였는데 갈백이 이것을 먹고 또 제사를 지내지 않았다. 탕왕이 또 사람을 시켜 물었다. 어찌하여 제사를 지내지 않는가? 갈백이 대답하기를 자성(粢盛)을 바칠 것이 없기 때문입니다. 하였다. 탕왕이 박읍의 백성들로 하여금 갈(葛)나라에 가서 밭을 갈아주게 하시니, 노약자들이 밥을 내다 먹었다. 이에 갈백이 그의 백성을 거느리고 가서 술과 밥과 기장밥 쌀밥을 내온 자들을 가로막고 빼앗으며 주지 않는 자를 죽였는데, 어떤 동자가 기장밥과 고기를 가지고 와서 밥을 먹이자 그를 죽이고 빼앗았다. 『서경』에서 이르기를 갈백이 밥을 먹이는 자를 원수로 여겼다 하였는데 이것을 말하는 것이다. 이 동자를 죽였기 때문에 갈나라를 정벌하였다.[40]

이상은 『논어』와 『맹자』에 보이는 공자와 맹자의 전쟁에 관한 언명을

---

37 『孟子·滕文公下』: "湯居亳, 与葛爲鄰, 葛伯放而不祀. 湯使人問之曰: 『何爲不祀?』曰: 『無以供犠牲也.』湯使遺之牛羊. 葛伯食之, 又不以祀. 湯又使人問之曰: 『何爲不祀?』曰: 『無以供粢盛也.』湯使亳衆往爲之耕, 老弱饋食. 葛伯率民, 要其有酒食黍稻者奪之, 不授者殺之. 有童子以黍肉餉, 殺而奪之. 書曰: 『葛伯仇餉.』此之謂也. 爲其殺是童子而征之."

38 『孟子·盡心下』: "春秋無義戰, 彼善於此, 則有之矣. 征者上伐下也, 敵国不相征也."

39 『孟子·告子下』: "子討而不伐, 諸侯伐而不討. 五霸者, 摟諸侯以伐諸侯者也, 故曰: 五霸者, 三王之罪人也."

40 『孟子·梁惠王下』: "以万乘之国伐万乘之国, 箪食壺漿, 以迎王師. 豈有他哉? 避水火也. 如水益深, 如火益熱, 亦運而已矣."

서양의 정의전쟁론에서 제시하고 있는 주요 기준[41]으로 정리한 것이다. 공자와 맹자가 비록 직접적으로 전쟁과 도덕의 관계에 대하여 언급하고 있지는 않지만 정치와 전쟁에 관한 위의 언명을 통해 그들의 전쟁에 대한 생각을 알 수 있다. 공자의 이상은 "천하의 사람들이 인으로 돌아가는" 세계이다. 그는 사회정치의 영역에서 예로써 나라를 다스리는 것[禮治]을 주장하였으며 전쟁은 정치의 도구로서 공자에게는 예제(禮制)를 옹호하기 위한 수단으로 사용되었다. 진항이 군주를 시해하자 그를 토벌하기를 청원한 것이 그 사례이다. 예제(禮制)가 강조하는 것은 사회의 등급화와 질서화이다. 공자에게 있어 사회의 예제(禮制)는 자연 질서의 체현이었고 가장 신성한 것이었다. 그가 주장하는 정명론의 "군군 신신 부부 자자"의 등급 질서 가운데 군주의 지위는 신성불가침의 것이었으며 예제(禮制)의 가장 중요한 원칙이었다. 때문에 공자의 전쟁관은 군주를 가장 중시여기는 특징을 보인다.

위의 글에서 확인할 수 있듯 공자는 천하의 질서를 유지하기 위해 천자가 그의 제후나 귀족의 부당한 도발을 바로잡거나 토벌하는 천자의 정벌 전쟁만을 인정하였다. 공자는 당시 전쟁의 주체가 천자가 아닌 제후나 귀족들이었기 때문에 천하의 질서가 없다고 생각했다. 그에게 있어 천자가 천하의 통치를 안정시키기 위한 정벌 전쟁만이 정당한 전쟁이었으며, 제후나 귀족들 간의 전쟁은 사회혼란의 원인이었던 것이다. 공자

---

41 서양의 전쟁사상은 오거스틴으로부터 지금에 이르기 까지 약 1000년의 역사를 가지고 있으며 신학으로부터 시작해서 정치철학 군사학설 국제법 국가정책 제정 등의 영역으로 확장되어 왔다. 서로 다른 시기 각 사상가들이 주목한 내용에 차이가 있었으며 심지어 서로 충돌하기까지 했다. 때문에 서양은 하나의 정의정쟁이론이 존재하는 것이 아니라 단지 그 사상전통이 존재한다. 서양의 정의전쟁의 전통가운데 일반적으로 제시되는 開戰의 주요 기준은 다음과 같다. (1)정당한 이유의 원칙(just cause) (2)합법적 권위의 원칙(proper authority) (3)정당한 목적의 원칙 (proper purpose) (4)성공적 가능성의 원칙(reasonable hope of success) (5)비례성의 원칙(proportionality) (6)최후 수단의 원칙(last restore)

는 요, 순, 우, 탕, 문왕, 무왕의 정치를 찬양하며 당대 제후나 귀족들의 겸병전쟁으로 인한 민생의 불안함과 피폐를 반대했다.

맹자는 공자의 전쟁관을 계승 진일보 발전시킨다. 비록 그가 공자의 인의 사상을 계승했지만 그는 인정(仁政)과 예제(禮制)를 중심으로 하는 군주 중심의 전쟁관이 아닌 백성을 중심으로 하는 전쟁관을 주장한다. 그는 "정(征)이란 말은 바로잡는다는 뜻이다. 각기 자기 나라를 바로잡아 주기를 바라니 어찌 전쟁을 쓰겠는가?"[42]라고 말하며 천하의 사람들이 모두 스스로 도덕적 수양을 강화하면 천하가 자연스럽게 통일될 것이라 생각했다.

그는 또한 공자의 전쟁관을 기초로 의전(義戰)[43]을 주장한다. 맹자는 부국강병을 앞세워 백성들의 삶을 불안하게 하는 당대의 군주들은 정도의 차이는 있으나 모두 패도를 따르는 의롭지 못한 군주들이라 생각하며 다음과 같이 말한다.

"전쟁을 잘하는 자는 극형을 받아야 하고, 제후들과 외교를 잘하여 연합하는 자가 그 다음의 형벌을 받아야 하고, 풀밭과 쑥밭을 개간하여 백성들에게 토지를 경작하게 하는 자가 그 다음의 형벌을 받아야 한다."[44]

"나는 진을 잘 치고 나는 전쟁을 잘한다고 말한다면 큰 죄인이다."[45]

---

42 『孟子 · 盡心下』: "征之爲言正, 各欲正己也, 焉用戰."
43 孟子는 義戰의 명확한 기준을 제시하고 있다. 표『孟子』의 정당한 이유 參考.
44 『孟子 · 離婁上』: "故善戰者服上刑, 連諸侯者次之, 辟草萊任土地者次之."
45 『孟子 · 盡心下』: "有人曰:我善爲陳, 我善爲戰. 大罪也."

맹자는 땅을 차지하기 위하여 전쟁을 하면 시체가 들판에 가득하고, 성을 빼앗기 위해 전쟁을 하면 시체가 성안에 가득한 사회현실에 강하게 반대하며 침략전쟁을 주장하는 주전론자들을 비판한다. 그는 왕도정치를 행하면 천하의 모든 백성이 그 왕을 진심으로 따르게 되고 결국 더 이상 적이 없는 여민동락(與民同樂)의 사회를 만들 수 있을 거라 생각했다.

맹자는 전쟁의 참혹한 현실 속에서 불의의 전쟁을 반대했으며, 정의로운 전쟁을 통해 백성을 위로하고 죄 있는 자는 토벌하여 백성들의 고통을 해결해야 한다고 주장한다. 그리고 백성을 위로하고 죄를 토벌하는 정의로운 전쟁은 반드시 승리한다고 말한다.

4. 나가는 말

이상의 내용을 정리하면 다음과 같다. 춘추전국시대 공자와 맹자가 추구했던 정치 이상은 민본주의를 바탕으로 하는 인정과 왕도정치였다. 공자는 충(忠)·서(恕)의 실천을 통한 사회적 화합을 목표로 하였고 이를 위해 인을 바탕으로 하는 인정(仁政)을 주장한다. 그는 인과 예를 통하여 올바른 윤리기준을 확립하고 건전한 사회질서를 회복함으로써 전쟁 없이 서로 배려하며 더불어 사는 대동사회(大同社會)를 정치의 최종목적으로 삼았다. 맹자는 인(仁)에 기초한 왕도정치와 민본주의를 주장한다. 그는 위정자와 백성들이 소통하고 위정자가 그들의 마음을 얻어 같이 즐거워할 수 있는 여민동락의 사회를 왕도정치의 이상으로 삼았다. 공자와 맹자는 민본주의에 기초한 인정과 왕도정치를 추구하였으며 공자의 전쟁관은 군주를 가장 중시여기는 군본위의 특징을, 맹자의 전쟁관은 민본위의 특징을 보인다.

공자와 맹자가 정의로운 전쟁을 주장한다고 해도 과연 전쟁의 실상이 바뀌었을까? 전쟁을 수행하는 위정자들의 '명분 찾기' 노력이 간절해졌을 뿐 전쟁의 야만성은 전혀 바뀌지 않았다. 공자와 맹자의 영향에도 불구하고 역대 중국 왕조들도 '침략'전쟁을 끊임없이 일으켰다. 다만 침략이라는 표현 대신 정벌, 토벌 등으로 부르며 전쟁을 포장했을 뿐이었다.

하지만 개개인의 도덕적 완성과 사회적 평화를 실현하려는 공자와 맹자의 이상은 당시 절박한 민생의 위협 속에 오직 폭력적 수단인 전쟁을 통해서만 해결할 수 있다고 생각했던 법가나 병가의 현실주의적인 주전론과 구별되는 철학적 의의를 가진다.

공맹(孔孟)의 국제평화(國際平和) 이론

조남욱(부산대학교 명예교수)

1. 서언

공자(孔子)와 맹자(孟子)는 춘추전국시대(春秋戰國時代)를 살면서 고대 요순지치(堯舜之治)와 하은주삼대(夏殷周三代)의 왕조문화(王朝文化)에서 형성된 도덕적 정치교육사상을 종합 집대성하여 유가(儒家)의 핵심 인물로 존숭되어 왔다. 공맹(孔孟)에 의한 유가사상은 동아시아 수 천년의 역사에서 사상적 주류를 이루었으며 현대정치문화 발전에도 긍정적으로 작용하는 측면이 있다.[1] 왜냐하면 공맹의 사상체계는 평화공존의 질서의식과 실천 가능한 도덕적 태도를 중시하는 입장이었기 때문이다.

공맹은 난세(亂世)를 극복하고자 평화(平和)를 향한 덕치(德治)의 인정

---

[1] 林孝善은, "진정한 정치발전은 '지배 아니면 피지배'의 논리와 '교환관계'가 주류를 이루는 '상업공화국'의 형성이 아니라 '정치적 인간공동체'의 구현이다."라고 정의하면서, 특히 공자의 正名論과 孔孟의 德治·仁政論에서 그 실마리를 찾고 있다. 림효선, 「진정한 정치발전의 의미」, 『한국정치학회보』제16집, 한국정치학회, 77~95쪽.

론(仁政論)을 펼치면서 많은 사람들로부터 주목을 받아왔다. 노자(老子)의 소국과민론(小國寡民論)이나 묵자(墨子)의 겸애교리론(兼愛交利論)도 평화사회(平和社會)를 지향하는 것이었지만 그 실천 가능성의 측면에서는 한계를 가질 수밖에 없었다.

사람들은 흔히 인간의 존엄(尊嚴)과 선행(善行)의 가치를 강조하면서도 현실적으로는 갈등이나 대립투쟁의 모습을 당연시하고 있으며, 위정자들은 민생과 평화를 외치면서도 부국강병의 명분을 내세워 불안과 고난의 상황을 만들기도 한다. 그러나 그것은 사회 구성원들에게 평화로운 인생을 보장할 수 없다. 특히 나라 사이의 대립투쟁은 그 관련국가 인민들의 안위에 직결된다는 점에서 더 큰 문제이다. 나라가 어지러우면 그 어떠한 애민(愛民)·위민(爲民)의 정치를 기대할 수가 없다. 이러한 사실을 직접 경험한 공맹(孔孟)은 그와 같은 난세를 극복하고자 '천하태평(天下太平)'을 염원하면서 그 구체적인 방법론을 제시하였다.

오늘의 세계에서도 살생 테러행위를 비롯하여 크고 작은 국제적 분쟁이 계속되고 있다. 그 근본원인은 정치지도자들이 입으로는 평화(平和)·공존(共存)을 말하면서도 실제로는 자국의 이익을 가장 중시하려는데에 있다. 따라서 국가 사이에 이해관계가 원만히 조정되지 못하면 그 분쟁상황은 계속되기 마련이다. 이러한 난국을 극복하고 예방할 수 있도록 하는 적극적인 방안을 제시하는 것 또한 현대 지성인에게 주어진 공동과제이기도 하다. 현직의 정치 지도자가 노벨평화상을 수상하는 것 또한 그러한 입장에서 의미가 크다.[2]

---

2 그 한 사례로서는 노벨위원회가 2009년 10월 노벨평화상에 부임한 지 9개월 밖에 되지 않은 버락 오바마 미국 대통령을 선정한 경우에서 볼 수 있다. 그가 그동안 악화된 여러 가지 국제 분쟁을 대화와 협상을 통해 평화 안정의 방향으로 전환시키기는 데 노력한 점이 높이 평가되던 것이다.

여기서는 공맹 정치론의 기본 맥락에서 전개되는 평화적 국제관계론의 실제를 파악하고, 나아가 그것의 현대적 기여요소를 찾아보고자 한다. 비록 시대가 멀고 문화가 달랐다 하더라도 난세를 극복하여 치세(治世)로 나가려는 공맹의 이상과 논지에서는 그 보편적 원리를 찾을 수 있다고 생각되기 때문이다.

흔히 국제적 불안요소로 작용하는 패권주의와 자국이익주의는 일찍이 공맹을 중심으로 한 유자(儒者)들도 경험하였으며 또한 그 극복의 방안 마련을 위하여 지혜로운 담론들을 전개하였다. 그리하여 그들은 천명의식과 인간존중의 신념에 따라 도덕적 인생과 보민(保民)의 정치 및 평화적 국제관계의 원론을 분명히 제시할 수 있었다. 이제 그 원전에 근거하여 관련 내용을 살펴보기로 한다.

2. 공자의 평천하론(平天下論)

공자는 제자 자로(子路)로부터 "스승님 희망을 듣고 싶습니다."라는 질문을 받고 답하기를 "노인들이 편안하고 친구 사이에 신뢰가 있으며 어린이들이 잘 보살펴지는 것이다."[3]라고 답했다. 여기서 우리는 공자의 이상상이 어떠한 성격의 것인지를 알 수 있다. 위로는 소외되기 쉬운 노인들이 주변 사람들로부터 공경을 받아 편안함을 느끼게 하고, 대등한 인간관계에서는 신의로써 돈독해지며, 아래로의 어린이들은 사랑으로 양육되는 등의 안정된 생활환경을 가장 높이 여기고 있는 것이다. 이것은 곧 사회 구성원 모두가 안전하게 살 수 있는 '인간존중의 사회'로 평

---

3 『論語』「公冶長」: "子路曰 願聞子之志 子曰 老者安之 朋友信之 少者懷之."

가된다. 그러면 그것은 어떻게 실현될 수 있는 것일까? 바로 여기서 인간애를 구현하는 위정자의 정치 능력이 요구된다.

그러므로 공자는 바람직한 정치 현상에 대하여 특히 '덕(德)'을 핵심요소로 강조했다.

> "덕(德)으로 정치하는 것은, 비유하자면 북극성이 제자리 있음에 여러 별들이 모두 그곳을 향하는 것과 같다. … 법으로만 이끌고 형벌로만 제재해 간다면 백성들은 그 벌을 받지 않으려 하지만 염치는 없어지고, 덕으로 이끌고 예(禮)로써 제재해 간다면 염치가 있으며 바르게 한다."[4]

정치의 이상은 외적 복종의 수준을 넘어 마음으로부터 공감하는 내적 복종의 경지에서 찾아진다는 발언이다. 즉 위정자는 힘으로 저항할 수 없는 백성들의 속마음 상태까지 살필 수 있어야 한다고 본다. 이처럼 공자는 정치영역을 국가 구성원의 정신세계에까지 확장하고 있는 것이다. 이것은 국가가 지나치게 개인적 영역에까지 간여한다는 지적을 받을 수도 있다. 그러나 이것은, 인간에게 도덕은 서로 다를 수가 없는 것이고 또 인간은 반드시 도덕적으로 살아야 한다는 점, 그리고 치자와 피치자 사이에 요구되는 공감의 소통역할은 반드시 위정자로부터 시작되어야 한다는 점 등의 의미를 담고 있는 것으로서, 사람들에게 어떠한 구속을 가하는 것으로 평가될 수는 없다. 공자가 '정치란 바로잡는 것[政者 正也]'이라고 천명했던 것[5]도 이와 성격을 같이한다.

---

4 『論語』「爲政」: "子曰 爲政以德 譬如北辰 居其所而衆星共之 … 子曰 道之以政 齊之以刑 民免而無恥 道之以德 齊之以禮 有恥且格."

5 『論語』「顔淵」: "季康子 問政於孔子 孔子對曰 政者 正也 子帥以正 孰敢不正." 여기서의 '正'에 대하여 朱子는 '다른 사람들의 바르지 못함을 바르게 하는 것[正人之不正]'으로 해석하여

그러한 내적 공감성은 인간 공유의 보편적 가치 지향으로 가능하다. 이것의 포괄용어가 바로 '덕(德)'이었다. 그러므로 '덕(德)'을 제일원리로 삼는다면, 국내적으로는 구성원들의 공감성을 제고시켜 안전한 삶을 누릴 수 있게 하고, 국제적으로는 갈등이 없는 평화의 상태에 이를 수 있게 된다고 본다.

이러한 성격의 구성 내용은 『대학』경1장(經一章)에서 다음과 같이 체계화되었다.

"대학의 도(道)는, 명덕(明德)을 밝힘에 있고, 백성을 친애함에 있으며, ①지선(至善)에 이름에 있다[在止於至善]. … ②옛날에 천하에 명덕을 밝히고자 하면[古之欲明明德於天下者] 먼저 그 나라를 잘 다스려야 하고, 그 나라를 잘 다스리려면 먼저 그 집안을 가지런히 해야 하며, 그 집안을 가지런히 하려면 먼저 자기 몸을 잘 닦아야 하며, 자기 몸을 닦으려면 먼저 그 마음을 바로해야 하고, 그 마음을 바로 하려면 먼저 그 생각을 참되게 해야 하고, 생각을 참되게 하려면 먼저 그 앎을 지극히 다해야 하는데, 그 앎을 다하는 것은 사물의 이치를 꿰뚫는 데에 있다. 사물의 이치를 꿰뚫은 뒤에 앎이 지극해질 수 있고, 앎이 지극해진 뒤에 생각이 참될 수 있으며, 생각이 참된 뒤에 마음이 바를 수 있고, 마음이 바른 뒤에 몸이 닦아질 수 있고, 몸이 닦여진 뒤에 집안이 가지런해질 수 있고, 집안이 가지런한 뒤에 나라가 잘 다스려질 수 있고, 나라가 잘 다스려진 뒤에 ③천하가 태평해질 수 있다[天下平]."

이와 같은 『대학』의 삼강령·팔조목 내용체계는 유교국가 건설의 학

'修己治人'의 논리를 강화하였다.

자와 정치인들에게 실천적 핵심 과제로 중시되어 왔다.[6] 위 표시의 ①은 그 이상경을 표현한 것이고, ②는 그러한 경지의 내용요소를 밝힌 것이며, ③은 이 ②의 결과적 양상이다. 즉 '천하'라고 하는 세계에 평화의 모습을 보일 수 있는 정치란, 기본적으로 온 세상의 이치를 올바로 파악하는 일로부터 시작하여 그것을 의심의 여지없이 깊이 익히며 안팎으로 적극 실천하는 '수기치인(修己治人)'의 태도로 가능하다는 점을 나타내고 있다. 이것의 포괄적 표현이 바로 ②중의 '명명덕(明明德)'이다.

우리는 여기서 진정한 세계평화는 오직 덕성의 실현으로서만이 가능하다고 보는 특성을 발견할 수 있다. 이를테면 완전한 태평 시대는 지배 권력의 확장이나 어떤 무력적 통일의 방식으로 되는 것이 아니라 오직 인간 공유의 보편적 덕성에 의해서만이 가능하다고 보았다는 점이다. 이것이 강령의 맥락에서는 '지선(至善)'으로 표현되었고, 그 실현 단계는 '팔조목(八條目)'으로 설명되었다.

이러한 내용의 이론적 기반은 주자(朱子)의 '명덕(明德)' 개념 정리로 더욱 분명해 진다.

"명덕이란, 사람이 하늘에서 얻은 바의 청허하고 신령스러우며 어둡지 않은 상태로서 여러 이치가 갖추어져 있어서 모든 일에 대응해가는 것이다."[7]

---

6 그와 같은 사례로는, 朱子가 군주의 강학 교재로 우선 그『大學』을 택한 점, 眞德秀는 『大學』 의 맥락에 역사적 실천 방법을 찾아 『大學衍義』를 지어 올렸던 점, 또 조선의 李太祖가 유교국 가 건설을 위해 그 탐독의 모범을 보인 점, 李退溪는 『聖學十圖』에 「大學圖』를 설정하여 선조 에게 그 요지를 밝히고 또 李栗谷은 『大學』의 이론체계를 따라 『聖學輯要』를 지어 올린 점 등 을 들 수 있다. 梁大淵은 주자 이후 「대학」이 큰 유학자들에 의하여 거듭 재해석되고 유교 정치 문화의 제1교재로 중시된 점을 주목하여 「大學體系의 硏究 上·下」(『成大論文集』 10~12집) 라는 제목으로 종합적인 연구를 진행했다.

7 『大學』經一章 朱子註: "明德者 人之所得乎天而虛靈不昧以具衆理而應萬事者也."

'명덕을 밝힘[明明德]'에서의 '명덕(明德)'이란 천부적으로 타고난 인간 본유의 밝은 이치를 따라 만사를 판단하고 처리할 수 있는 실천 능력이라는 것이다. 이것은 근본적으로 사람에 따라 다를 수 없다고 보는 점에서 공감과 소통의 기본 요인이 된다. 즉 명덕을 지향하는 상황에서는 사회 구성원들로 하여금 정신적 내면세계로부터 화응의 호감을 가지게 한다는 것이다. 그 총화적인 모습을 『대학』에서는 바로 '천하평(天下平)'이라 했다.

그리하여 『대학』의 '전(傳)'에서는 그 '치국(治國)-천하평(天下平)'의 실천 방안이 다음과 같이 설명되기도 한다.

"이른바 천하를 평화롭게 하는 것이 그 나라를 다스리는 데 있다고 하는 것은, 윗사람이 노인을 노인으로 대하면 백성들은 효성을 일으키고, 윗사람이 연장자를 연장자로 대하면 백성들은 공경하는 마음을 일으키며, 윗사람이 외로운 자를 불쌍히 여기면 백성들은 등지지 않는 것이니, 이러므로 군자에게는 '혈구지도(絜矩之道)'가 있는 것이다. 위에서 싫은 것으로 아래에 대하지 않고 아래에서 싫은 것으로 위에 옮기지 않으며, 앞에서 싫은 것으로 뒤에 대하지 않고 뒤에서 싫은 것으로 앞에 따르지 않으며, 우측에서 싫은 것으로 좌측에 사귀지 않고 좌측에서 싫은 것으로 우측에 사귀지 않는 것, 이런 것들을 '혈구지도(絜矩之道)'라 한다."[8]

국가를 잘 다스리고 세계를 평화롭게 하는 것은 바로 아랫사람들에게

---

8 『大學』傳10章: "所謂平天下在治其國者 上老老而民興孝 上長長而民興弟 上恤孤而民不倍 是以君子有絜矩之道 所惡於上 毋以使下 所惡於下 毋以事上 所惡於前 毋以先後 所惡於後 毋以從前 所惡於右 毋以交於左 所惡於左 毋以交於右 此之謂絜矩之道."

모범이 될 수 있는 윗사람의 도덕적 행위에 달려있다고 보는 것이다. 여기서의 '윗사람'이란 바로 군주를 비롯한 지도층을 의미한다. 따라서 정치 지위에 따라 그와 같은 덕행의 의무감은 비례적으로 요구된다. 이것의 보편론이 위와 같은 '혈구지도(絜矩之道)'로 설명되고 있는 것이다. 평천하의 요체는 인간존중의 도덕성 확장에 있다는 사실을 확인하면서, 비록 남이 자기에게 좋지 않게 대하더라도 그것을 남에게 옮기지 않는다는 이성적 배려의 태도를 강조하고 있는 것이다.

이와 같은 '혈구지도'는 바로 공자가 제자에게 평생의 좌우명으로 제시했던 '자기가 바라지 않은 것을 남에게 하지 말라[己所不欲 勿施於人].'[9]라는 의미의 구체적인 모습이다. 이러한 타인존중(他人尊重)과 역지사지(易地思之)의 태도는 그 누구로부터 원망을 사지 않게 되는 것은 물론이다.[10] 따라서 개인관계나 사회관계 및 국제관계 등의 그 모든 측면에서 그와 같은 배려 행위는 화해공존의 활력소로서 높이 평가된다.

이러한 맥락에서 공자는 다음과 같은 천하 국가 경영론을 제시했다.

"천하 국가를 경영함에는 아홉 가지 원칙이 있으니, 자기 몸을 닦는 것, 현자를 높이는 것, 친족을 친애하는 것, 대신을 공경하는 것, 여러 신하들을 자기 몸처럼 여기는 것, 서민을 자식처럼 여기는 것, 여러 기술자들을 오도록 하는 것, 먼 지방 사람들을 부드럽게 대하는 것, 제후들을 품어주는 것 등을 말한다. 몸을 닦으면 도리가 세워지고, 현자를 높이면 의혹이 없어지며, 친족을 사랑하면 부모 형제 사이에 원한이 없어지며, 대신을 공경하면 매사에 어둠

9 『論語』「衛靈公」: "子貢問曰 有一言而可以終身行之者乎 子曰 其恕乎 己所不欲 勿施於人."
10 공자는 위 '己所不欲 勿施於人'의 결과적 모습에 대하여 "나라에 원망이 없고 집안에도 원망이 없게 된다.[在邦無怨 在家無怨]"라고 말했다. 『論語』「顏淵」

이 없어지며, 여러 신하들을 자기 몸처럼 여기면 선비들이 예의로 대함을 중히 여기게 되며, 서민을 자식처럼 대하면 백성들이 부지런히 힘쓰며, 여러 기술자들을 오도록 하면 재용이 풍족해지고, 먼 지방 사람들을 부드럽게 대하면 사방의 사람들이 따라오게 되며, 제후들을 품어주면 천하가 경외하게 되는 것이다."[11]

이 '구경(九經)'론에서 우리는, 위정자 자신의 인격수양 문제로부터 먼지방 사람들에게도 사랑을 미치게 하는 위무의 과제에 이르기까지 폭넓게 덕성을 실현하고, 또 국가 구성원들에게는 각 처소에 따라 능력의 가치를 높여줌으로써 모두가 서로 어울려 공존하게 하는 리더십의 실상을 확인하게 된다. 즉 인격적 측면에서나 기능적 측면 등의 다방면에서 그 누구도 소외됨이 없도록 하는 총화의 지도역량을 발휘하고 있다는 것이다.

특히 천자의 제후에 대한 태도로서는 "끊긴 세대를 이어주고 망하는 나라를 일으켜주며, 어지러움을 다스리고 위태로움을 잡아주며, 조회와 초빙 행사는 때를 고려하며, 보내는 것은 많게 하되 받는 것은 적게 하는 것이 제후를 품어주는 것이 된다."[12]고 설명했다. 이를 보면, 상위자는 하위자에 대하여 힘의 우월성을 이용하여 착취와 지배의 복종관계를 낳게 할 것이 아니라 어려운 부분을 돕고 살펴줌으로써 공감대를 높이는 의존관계를 조성하는 문제가 강조되고 있다는 사실을 알 수 있다.

---

11 『中庸』20章: "凡爲天下國家 有九經 曰修身也 尊賢也 親親也 敬大臣也 體群臣也 子庶民也 來百工也 柔遠人也 懷諸侯也 修身則道立 尊賢則不惑 親親則諸父昆弟不怨 敬大臣則不眩 體群臣則士之報禮重 子庶民則百姓勸 來百工則財用足 柔遠人則四方歸之 懷諸侯則天下畏之."

12 위와 같은 곳: "繼絶世 擧廢國 治亂持危 朝聘之時 厚往薄來 所以懷諸侯也."

또한 공자는 덕(德)에 의한 천하태평의 경지를 추구하는 과정에서 정벌(征伐)의 현실을 무조건 부정하지는 않았다. 다만 그것이 어디에서 시작된 것인가에 따라서 그 당(當) · 부(否)를 달리하는 것으로 말한다.

"천하에 도(道)가 있으면 예악정벌(禮樂征伐)이 천자(天子)로부터 나오고, 천하에 도가 없으면 예악정벌이 제후로부터 나온다. 제후로부터 나오면 십세(十世)에 망하지 않음이 드물고, 대부로부터 나오면 오세(五世)에 망하지 않음이 드물며, 신하가 나라 운명을 잡으면 삼세(三世) 안에 망하지 않음이 드물다."[13]

여기에는 천하의 모든 것을 올바로 헤아리고 영도하는 천자의 위상이 전제되어 있다. 유교에서의 '천자(天子)'란 천인합일(天人合一)의 이상을 따라 천명도덕정치(天命道德政治)의 핵으로서 세상의 중심 역할을 다하는 자임을 의미한다.[14] 즉 천자가 하늘에 통할만한 큰 덕성을 갖춘 상태로서 제반의 행정 원칙이 그를 중심으로 작동하는 모습이다. 따라서 그의 역할은 무도(無道)의 난세를 촉발시키는 것이 아니라, 세계의 안정(安定)과 평화(平和)를 위한 '행도(行道)'의 길을 순화롭게 열어가는 데에 있다고 보는 것이다.

이러한 내용을 총괄해 볼 때, 인간 존중의 도덕사회 구현을 위해서는 왕조시대의 절대 권력에 비례하여 군주의 교화적 리더십이 긴요하며, 나아가 '천하유도(天下有道)'로서의 평화세계 구현 문제는 천자를 중심으

---

13 『論語』「季氏」: "孔子曰 天下有道 則禮樂征伐自天子出 天下無道 則禮樂征伐自諸侯出 自諸侯出 蓋十世希不失矣 自大夫出 五世希不失矣 陪臣執國命 三世希不失矣."
14 『禮記』「曲禮上」: "君天下曰天子 朝諸侯 分職授政."

로 한 구성원 모두의 공통 과제로 인식되고 있었다는 점을 알 수 있다.

3. 맹자의 국제평화이론

1) 인정(仁政)과 왕패론(王覇論)

칠웅(七雄) 할거의 전국시대를 살았던 맹자는 당시의 난세를 극복하기 위하여 공자의 애민(愛民)·평천하론(平天下論)을 계승하는 입장에서 자신의 정치론을 개진하였다. 그는 국가의 구성 요소와 관련하여 '천자(天子)-제후(諸侯)-대부(大夫)-사서인(士庶人)'의 신분질서를 긍정하면서도 특히 백성의 위상을 중시했다.

> "백성이 귀하고 사직은 다음이며 군주는 가볍다. 이러므로 온 백성들로부터 신망을 얻음으로써 천자가 되고 천자에게서 얻어 제후가 되며 제후에게서 얻어 대부가 된다."[15]

이러한 존귀차서론(尊貴次序論)은 왕조시대의 정치문화에서 보기 어려운 혁명적인 의미를 갖는다. 당대의 정치현실에서는 천자나 군주가 최고의 절대적 통치자로 간주될 뿐이었다. 그런데 맹자는 그 천자에 앞서서 백성을 말하고 있는 것이다. 이것은 맹자도 확인했던 『서경(書經)』에서의 이른바 "하늘이 보는 것은 우리 백성들이 보는 것으로부터 하고,

---

15 『孟子』「盡心下」: "孟子曰 民爲貴 社稷次之 君爲輕 是故得乎丘民而爲天子 得乎天子爲諸侯 得乎諸侯爲大夫."

하늘이 듣는 것은 우리 백성들이 듣는 것으로부터 한다."[16]라는 말에 내재한 '천민일치관(天民一致觀)'에 따른 것이다. 따라서 천자에게는 일단 '온 백성들로부터 신망을 얻는 것[得乎丘民]'을 위해 항상 민의(民意)의 향배를 상세히 살펴야할 과제가 있다.

이처럼 맹자는 제반 정치 행정의 이상을 논함에 있어서는 반드시 백성과의 유대관계를 확인하는 모습을 보였다. 이것은 공자의 이른바 "자신을 수양하여서 백성을 편안히 하는 일은 요순도 어렵게 여기는 것이었다."[17]라는 백성 중시의 정치 이상을 계승하는 의미를 갖는다.

그리하여 맹자는 '백성들과 즐거움을 같이하는 것[與民同樂]'이 진정 임금다운 모습, 즉 '왕도(王道)'가 되는 것이라고 주장한다.

"지금 임금이 수렵을 나섬에 백성들이 그 수레와 말 등의 소리를 듣고 행렬의 깃발 아름다운 것을 보고서는 머리 아파하고 인상을 쓰며 서로 말하기를 '임금 수렵 좋아하심이 어찌 우리들로 하여금 이 지경에 이르게 했는가?'라고 말하면서, 부모 자식이 서로 볼 수 없고 형제와 처자들이 흩어지게 되는 것은, 다른 것이 아니라 백성들과 즐거움을 함께 하지 않기 때문이다. 지금 임금이 수렵을 나섬에 백성들이 그 수레와 말 등의 소리를 듣고 행렬의 깃발 아름다운 것을 보고서는 기뻐하면서 서로 말하기를 '임금께서는 혹 병이라도 없으실까, 수렵도 하실 수 있네!'라고 말하게 되는 것은, 다른 것이 아니라 백성들과 즐거움을 함께 하기 때문이다. 지금 임금께서 백성들과 즐거움을 함께한다면 임금다울 수 있다."[18]

---

16 『書經』「周書」泰誓中 : "天視自我民視 天聽自我民聽."

17 『論語』「憲問」: "子曰 … 修己以安百姓 堯舜其猶病諸."

18 『孟子』「梁惠王下」: "孟子曰 … 今王田獵於此 百姓聞王車馬之音 見羽旄之美 擧疾首蹙頞 而相告曰 吾王之好田獵夫何使我至於此極也 父子不相見 兄弟妻子離散 此無他 不與民

군주의 교외 행렬을 보면서 백성들이 서로 달리 말하게 되는 그 상반된 모습의 원인은 바로 군주가 자신의 호오(好惡)를 백성들과 함께 하려는 태도 즉 '여민동락(與民同樂)'의 여부에 달려있다고 본 것이다. 이러한 관점은 오늘날에도 시대를 넘어서는 보편적 의미로 평가된다.[19]

그러면 그 경지에 이를 가능성은 어디서 찾아질 수 있는 것인가? 여기서 우리는 곧 백성을 결코 가엾게 볼 수 없다는 군주의 자발적 애정 문제를 말하지 않을 수 없다. 만일 군주에게 백성을 진실로 사랑하는 마음이 없다면, 정치는 통치자 자신들만을 위한 것으로 간주되어 결국 백성은 국가 운영의 수단으로 전락되고, 이로 말미암아 여민동락의 정치는 처음부터 불가능할 것임은 자명하기 때문이다.

이러한 측면을 주목하여 공맹은 '인간 사랑[愛人]'으로서의 '인(仁)'[20]의 정신을 인생의 보편 원리로 파악하고 또 그것이 행정적으로 구현되는 인정(仁政)을 정치의 이상으로 삼았던 것이다. 그러므로 맹자는 "요순(堯舜)의 길에서도 인정(仁政)이 아니었다면 천하를 태평하게 할 수 없다."[21]라고 단언하면서, 인정에 대한 사람들의 호응을 이렇게 그렸다.

"지금 임금께서 정치를 펼침에 인(仁)을 베푸신다면[發政施仁], 천하에서 벼슬하는 자들로 하여금 모두 임금의 조정에 나가려 하고, 농민들로 하여금 모두 임금의 들판에서 일하고 싶어지게 되며, 장사들은 모두 임금의 시장에 저

同樂也. 今王田獵於此 百姓聞王車馬之音 見羽旄之美 擧欣欣然有喜色 而相告曰 吾王庶幾無病與 何以能田獵也 此無他 與民同樂也. 今王與百姓同樂則王矣."

19 權仁浩는 유교 리더십의 핵심 요소로 '與民同樂'의 가치관을 주목하고 그 이상경을 '大同社會'로 보면서 오늘날의 정치문화를 본질적으로 개선해 갈 수 있는 대안으로 강조했다. 권인호, 「유교 리더십의 현대적 가치」, 『儒教思想研究』제31집, 한국유교학회, 117~145쪽.

20 『論語』「顏淵」: "樊遲 問仁 子曰愛人." 『孟子』「離婁下」: "孟子曰 … 仁者 愛人."

21 『孟子』「離婁上」: "堯舜之道 不以仁政 不能平治天下."

장해두고 싶어 하며, 여행하는 이들은 모두 임금의 길에 나가고 싶어 하며, 천하에서 자기 군주를 싫어하는 자들은 모두 임금께 와서 호소하고자 할 것이니, 이렇게 되는 것을 그 누가 막을 수 있으랴."[22]

　진정으로 어진 정치를 전개했을 때 세상의 모든 사람들이 그에 귀의하게 된다는 설명이다. 그것은 무슨 이유에서일까? 그 답은 바로 '인(仁)'의 의미에서 찾을 수 있다. '인(仁)'이란 공자의 '극기복례(克己復禮)'라는 말로 나타나는 데[23]에서 알 수 있듯이 개인적으로는 예절을 잘 갖춘 모습을 가리키는 것이요, 또 앞서 보았듯이 인(仁)은 '사람을 사랑하는 것[愛人]'으로서 남들을 너그러이 포용할 수 있는 자애의 사회적 실천을 의미한다. 맹자는 이러한 면을 모두 포괄하는 입장에서 '인간다움'을 인(仁)의 의미로 정리한 바 있다.[24] 따라서 '인정(仁政)'이란 인간으로서 인간다운 삶을 보장해주는 정치 사회를 가리키는 셈이다. 이러한 상황이 전개됨으로써 천하의 사람들로 하여금 기꺼이 모여들 수 있게 했던 것이다.

　그리하여 맹자는 인간 화응의 키워드로서 부단히 '인(仁)'이라는 용어를 사용하였다. 그 사용 영역은 나라의 안과 밖을 넘나들었다. 이를테면 세계평화와 사회 안정의 이상향은 바로 그와 같은 맥락에서 설명되는 것이었다. 이러한 사실은 다음과 같은 왕패론(王覇論)에서 확인된다.

　"힘으로 인(仁)을 가식해 가는 것은 패도[覇]이고, 덕으로 인(仁)을 실행해 가

22　『孟子』「梁惠王上」: "孟子曰 今王 發政施仁 使天下仕者皆欲立於王之朝 耕者皆欲耕於王之野 商賈皆欲藏於王之市 行旅皆欲出於王之途 天下之欲疾其君者 皆欲赴愬於王 其如是孰能禦之."

23　『論語』「顔淵」: "顔淵 問仁 子曰克己復禮爲仁."

24　『孟子』「盡心下」: "孟子曰 仁也者 人也 合而言之 道也."

는 것은 왕도[王]이다. 왕도에서는 큰 것을 기대하지 않으니 탕(湯) 임금은 칠십리로 하였고 문왕(文王)은 백리로 하였다. 힘으로 사람들을 복종시키는 것은 마음으로부터의 복종이 아니라 힘을 감당하지 못하는 것일 뿐이다. 덕(德)으로 사람들을 복종시키는 것은 속마음이 기뻐하여 진실로 따르는 것이니 칠십 제자가 공자에게 따르는 것과 같다. 『시경(詩經)』에 이르기를 '동서남북 모든 곳에서 복종하지 않음이 없다'고 하는 것은 이를 가리킨 것이다."[25]

이것은, 국내외적 정치행위에 대한 복종의 양상을 '힘에 못 이겨서 따를 수밖에 없는 경우'와 '마음으로부터 공감하여 순응하는 경우'의 두 가지로 나누어 본 것이다. 즉 외면적으로는 왕(王)과 패(霸) 모두가 '인(仁)'을 표방하지만 그 정치행위로서의 통치방법이 '힘에 의한 것인가?' 아니면 '덕(德)에 의한 것인가?'의 차이에서 민심의 향배는 갈라지게 된다는 것이다.

이러한 두 모습은 앞서 살핀 바와 같이 이미 공자의 '위정이덕(爲政以德)'론에서 밝혀진 바 있다. 맹자는 바로 그러한 선행 이론을 이어가면서 위정자들에게 백성들로 하여금 마음으로부터 따르도록 하는 것이 진정으로 '왕다운 길'이라는 사실을 거듭 확인시키고 있었던 것이다. 여기에서도 그는 바로 '인(仁)'자를 잊지 않았다. 즉 하나의 정치이념을 '인(仁)'에 놓고 그 실천방법으로는 '덕(德)'을 강조하고 있었던 것이다. 이처럼 '인(仁)'자와 '덕(德)'자를 체용관계로 다룬 것은 공자와 다른 점이다.

이러한 맥락에서 맹자도 국가 사이의 전쟁에 대하여 언급한 바 있다.

---

25 『孟子』「公孫丑上」: "孟子曰 以力假仁者 霸 霸必有大國 以德行仁者 王 王不待大 湯 以七十里 文王 以百里 以力服人者 非心服也 力不贍也 以德服人者 中心悅而誠服也 如七十子之服孔子也 詩云自西自東自南自北 無思不服 此之謂也."

즉 그는 춘추시대에는 의로운 전쟁이 없었다고 평가하고 또 전쟁을 잘 하는 것은 곧 대죄라고 비판하면서도 인(仁)을 내세우는 경우만큼은 그 누가 대적할 수 없는 것으로 높이 평가하였다.[26] 인(仁)의 깃발에서는 백성들이 지금까지의 학정에서 벗어날 절호의 기회로 여겨 먼저 구제해 줄 것을 염원할 정도라는 것이다. 그 구체적인 사례는 주(周)의 무왕이 작은 병력을 가지고서도 마침내 은(殷)을 정벌하게 되었던 점을 들고 있다. 이처럼 맹자는 국가 운영의 내면적 측면은 물론이요 그 외면적 측면에서도 인(仁)의 가치를 제일로 삼았다. 이 외적 측면은, 오늘날 인도주의의 이념 속에 세계평화유지군을 운영하는 UN의 입장과 성격을 같이하는 것으로 평가될 수 있다.

2) 사대사소론(事大事小論)

고대 중국의 국가관에는 크게 천자국과 제후국의 두 유형이 있었다. 그 사이에는 칠묘제(七廟制)와 오묘제(五廟制)로서 서로의 다름이 지향되어 왔다.[27] 그리고 천자가 제후에 나아가 정사를 확인하는 '순수(巡狩)'와 제후가 천자에 가서 정사를 아뢰는 '술직(述職)'이라는 종적 소통의식의 전통도 있었다.

---

26 맹자는 "春秋 無義戰 彼善於此 則有之矣.(『孟子』「盡心下」)"라고 춘추시대를 평가하고, 또 "어떤 사람이 '나는 진을 잘 치고 전쟁을 잘 한다.'고 한다면 큰 죄이다. 군주가 仁을 좋아한다면 천하에서 대적할 자가 없게 된다. 남쪽을 향해 정벌하면 북쪽 사람들이 원망하고 동쪽을 향해 정벌하면 서쪽 사람들이 원망하며 '어찌 우리들을 뒤로 하는가.'라고 말한다.[孟子曰 有人曰 我善爲陣 我善爲戰 大罪也 國君好仁 天下無敵焉 南面而征 北狄怨 東面而征 西戎而怨 曰奚爲後我.「盡心下」]"라고 말했다.

27 『禮記』「王制」: "天子 七廟 三昭三穆與太祖之廟而七 諸侯 五廟 二昭二穆與太祖之廟而五 大夫 三廟 一昭一穆與太祖之廟而三 士一廟 庶人祭於寢."

그러나 한편으로는 '나라[國]'라는 이름의 국가들이 크거나 작은 모습으로 수많은 국경선을 이루며[28] 침탈의 긴장상태가 계속되기도 했다. 맹자는 그와 같은 현실을 직시하면서 상호 존경의 교린(交隣) 원칙을 제시하였다. 즉 그는 제(齊)나라 임금으로부터 '이웃 나라와의 교제에 어떤 도리가 있겠는가?'라는 질문을 받고 다음과 같이 말했다.

"오직 인자(仁者)라야 ①대국으로서 소국을 받들 수 있다[以大事小]. 그러므로 탕(湯)임금이 갈(葛)을 받들었고 문왕(文王)이 곤이(昆夷)를 받들었다. 오직 지자(智者)라야 ②소국으로서 대국을 섬길 수 있다[以小事大]. 그러므로 태왕(太王)이 훈육(獯鬻)을 섬겼고 구천(句踐)이 오(吳)를 섬겼다. 큰 것으로 작은 것을 받드는 자는 낙천자(樂天者)요, 작은 것으로 큰 것을 섬기는 자는 외천자(畏天者)이다. 낙천자(樂天者)는 천하를 보전할 수가 있고 외천자(畏天者)는 그 나라를 보전할 수 있다."[29]

큰 나라가 작은 나라를 대하는 경우나 작은 나라가 큰 나라를 대하는 경우를 다르게 보지 않으면서 공히 '높인다'는 의미의 '사(事)'자로써 양자 관계의 원칙을 밝히고 있는 것이다. 즉 나라 사이의 관계는 그 크고 작음의 차이에 따라 대응 방식이 달라질 수는 없다는 점을 강조하고 있는 것이다. 이러한 국제관계론은 국내 정치에서 힘의 논리를 비판하는 입장과 맥락을 같이한다.

---

28 「禮記」「王制」에서는 天下를 四海-九州의 영역으로 설명하면서 국가의 수는 1,773에 이른다고 하였다.

29 「孟子」「梁惠王下」: "齊宣王問曰 交隣國有道乎 孟子對曰 惟仁者 爲能以大事小 是故湯事葛 文王事昆夷 惟智者 爲能以小事大 故太王事獯鬻句踐事吳 以大事小者 樂天者也 以小事大者 畏天者也 樂天者保天下 畏天者保其國."

공자에서 긍정하는 전통의 국제 관계는 '천자국(天子國)-제후국(諸侯國)'의 세계관에 따라 상하의식이 없지 않았다. 그러나 맹자가 살았던 당시는 현실적으로는 부국강병의 경쟁 속에 약육강식의 분쟁이 그치지 않았던 난세로서 그와 같은 천자국 중심의 국제 관계는 회복하기 어려운 상황이었다. 이와 같은 현실을 그대로 보면서 맹자는 그와 같은 '사대사소론(事大事小論)'을 밝히고 있었던 것이다.

예나 지금이나 나라의 크고 작음은 상존하기 마련이고, 또 큰 나라는 작은 나라에 대하여 힘으로 복종시킴으로써 자국의 이익을 도모하기 마련이다. 따라서 소국은 스스로의 생존전략차원에서 사대의식(事大儀式)을 표하지 않을 수 없었고 또 대국은 그것을 느긋하게 받아주며 위엄을 보이는 것이 대국과 소국 관계의 일반적인 양상이다. 이와 같은 경우의 국제 관계를 '사대자소(事大字小)'라 한다.

이러한 사실은 맹자의 사대사소론에 대한 주자(朱子)의 해석에서도 볼 수 있다.

"어진 사람의 마음은 너그럽고 아껴주는 것이어서 대소(大小)나 강약(强弱)을 따지는 사사로움이 없다. 그러므로 소국이 혹 공손하지 못하더라도 내가 사랑하는 마음은 그만둘 수 없는 것이다. 지혜로운 자는 의리에 밝고 시세를 잘 안다. 그러므로 대국이 비록 억누르는 것을 보더라도 내가 섬기는 예는 또한 감히 버리지 않는 것이다. 하늘이란 이치일 뿐이다. '큰 것이 작은 것을 사랑하고[大之字小]' '작은 것이 큰 것을 섬기는 것[小之事大]'은 모두 이치의 당연함이다."[30]

---

30 『孟子』「梁惠王下」3장 '朱子註' : "仁人之心 寬洪惻怛而無計較大小强弱之私 故小國雖或
不恭 而吾所以字之之心 自不能已 智者 明義理識時勢 故大國雖見侵陵 而吾所以事之之
禮 尤不敢廢 天者理而已矣 大之字小 小之事大 皆理之當然也."

이것은 맹자에서 '이대사소(以大事小)'의 주체가 인자(仁者)이고 '이소사대(以小事大)'의 주체가 지자(智者)로 표현되었음에 유의하여, 그 인자(仁者)·지자(智者)의 실상을 재확인하면서 혹시 상대가 곤란하게 대하는 경우가 있다 하더라도 각각 그 본래의 모습을 저버리지 않는다는 점을 하늘의 이치로 연계하여 말한 것이다. 이는 맹자의 논지를 더욱 분명히 설명해준다는 점에서 그 의의를 찾을 수 있다.

하지만 여기 주자(朱子)의 문자사용에서는 맹자와 같지 않았다는 사실을 발견하게 된다. 즉 '대지자소(大之字小)'라는 부분에서 나타나듯이 주자는 맹자의 이른바 '이대사소(以大事小)'에서의 '사소(事小)'를 그대로 쓰지 않았다는 점이다. 만일 맹자 그대로의 입장을 따른다면 '대지자소(大之字小)'가 아닌 '대지사소(大之事小)'라고 표현해야 맞다. 그럼에도 불구하고 주자는 '섬긴다'는 의미의 '사(事)'자를 '사랑한다'라는 의미의 '자(字)'자로 환치시켜 버렸다. 즉 대국과 소국의 관계를 맹자에서의 '사대(事大)-사소(事小)' 그대로 이어가지 않고 '사대(事大)-자소(字小)'로 그 표현을 바꾸었다는 사실이다. 이러한 해석은 크고 작음의 그 각각에 주체적 가치를 두는 것이 아니라 서로 다름의 힘을 전제한 경우로서 맹자가 견지한 호혜평등의 원론을 약화시키는 요인으로 작용할 수 있다.

이러한 문제점을 모를 리 없는 주자가 어찌 표현을 그렇게 바꾸는 것이었을까? 여기서 우리는 두 측면을 생각해 볼 수 있다. 하나는 유가에서 이상으로 여기는 '천자국-제후국' 관계를 의식하여 크고 작음의 차이를 반영했다는 점이요, 또 하나는 국제관계에서 도덕성이 중시된다 하더라도 현실적으로는 규모의 크고 작음에는 힘의 논리가 간과될 수 없다는 사실을 반영하고 있다는 점이다.

바로 이 후자에 유의해 볼 때 '사대(事大)'와 '사소(事小)'의 교린에서 대국에게 말하는 '사소(事小)'가 더 어려운 문제라고 생각된다. 왜냐하면 비록 이론적으로는 평등적 상호존중의 가치가 중시된다 하더라도 크고 작음의 역학관계는 현실에서 은연중 작용하기 마련이고, 또 중국역사에서는 상하 주종의 차서의식이 부단히 작용했기 때문이다.

비록 그러하다 하더라도, 우리는 '사(事)'자를 소국의 대국을 향한 경우에서뿐만 아니라 대국의 소국을 향한 경우에서도 동일하게 사용하였던 맹자의 깊은 뜻을 헤아리지 않을 수 없다. 그것은 대국과 소국 사이에 발생하기 쉬운 차등관계를 평등의 가치로 전환시키면서 공존공영을 향한 기본 원칙으로 적절할 뿐만 아니라, 상호존중의 국제의식을 심화시킬 수 있는 요건으로 평가된다.

4. 공맹 국제평화론의 현대적 의의

이상에서 살핀 바와 같이 공자와 맹자는 춘추전국이라고 하는 난세를 살면서도 치세를 향한 현실 극복의 적극적 대안을 제시했다. 왕조시대의 정치는 왕실이나 위정자 중심으로 전개되기 쉽지만 공맹은 항상 공존해야 할 백성을 직시하면서 도덕정치를 강조했다. 즉 모든 정치 구성원들로 하여금 소통과 공감 및 평화의 경지에 이를 수 있게 하는 기본원리로서 '덕(德)'이 말해지고 있었던 것이다. 즉 공자는 '위정이덕(爲政以德)'의 원칙을 제시하며 '평천하(平天下)'의 정도(正道)로서 '명명덕(明明德)'을 강조했고 맹자는 '이덕행인(以德行仁)'으로 왕도(王道)의 이상(理想)을 밝혔다. 여기서 우리에게는 '덕(德)이란 무엇인가?'에 대한 물음이 다시 제기된다.

'덕(德)'의 본자가 '덕(悳)'이므로 그 자의는 '직심(直心)'이다. 일찍이『예기(禮記)』「악기(樂記)」에서는 "덕야자 득어신야(德也者 得於身也)"라 정의

했고, 허신(許愼)의 『설문해자(說文解字)』에서는 '외득어인 내득어기(外得於人 內得於己)'라고 풀이한 점에 유의하면서, '덕(德)'자의 용례를 따라 그 의미를 확인하자면 다양하게 풀이되지만[31], 그것은 대체로 천지만물에 내재한 '천도(天道)', '생리(生理)', '사리(事理)' 등의 존재원리를 포괄하는 용어로서 인간에게는 그 실천능력이 체득된 상태를 가리킨다는 점을 알 수 있다. 즉 그것은 인간으로서 인간답게 살아갈 수 있는 삶의 공통 기반을 제공한다는 사실이다.

따라서 '덕(德)'을 뒤로하면 어떤 인간다움이나 바른 정치를 말하기 어렵지만, '덕'을 앞세우면 인간다운 세상을 향해 구성원들로 하여금 소통성·공감성·정당성 등을 제고시켜 화해적 평화공존관계를 이룰 수 있게 된다. 이러한 측면에서 "덕은 외롭지 않으니 반드시 이웃이 있다."[32] "하느님은 누구만을 친애함은 없으나 오직 유덕자를 돕는다."[33] "세상을 도우며 백성을 이끄는 데에는 덕만한 것이 없다."[34] 등의 발언이 나타나기도 했다.

오늘날의 현대사회에 있어서도 그와 같은 '덕'의 보편적 의의는 중시

---

31 고전에 나타나는 '德'자의 주요 용례를 따라 그 의미를 정리해 보면 다음과 같다. ① "天地之大德曰生"(『周易』「繫辭下」) "化育萬物 謂之德"(『管子』「心術」) "盛德在木"(『禮記』「月令」) "有天德 有地德 有人德 此謂三德."(『大戴禮』「四代」)의 경우와 같은 '天地萬物之理'로서의 의미, ② "天生德於予"(『論語』「述而」) "德者 性之端者也"(『禮記』「樂記」) "得天下之理之謂德"(『性理大全』卷34 '德') "德性者 吾所受於天之正理"(『中庸』27章 朱子註)의 경우와 같은 '天賦的 人間本然性'으로서의 의미, ③ "夫大人者 與天地合其德"(『周易』「乾卦文言」) "通於天地者 德也"(『莊子』「天地」) "德之爲言得也 行道而有得於心也."(『論語』「爲政」1章 朱子註)의 경우와 같은 '天人合一的 人間道理의 實踐能力'으로서의 의미, ④ "行有九德 … 寬而栗 柔而立 愿而恭 亂而敬 擾而毅 直而溫 簡而廉 剛而塞 彊而義."(『書經』「虞書」皐陶謨') "何以報德"(『論語』「憲問」) "不愛其親而愛他人者 謂之悖德"(『孝經』「聖治」)의 경우와 같은 '恩惠와 愛情의 中庸의 發現'로서의 의미 등이다.

32 『論語』「里仁」: "德不孤 必有鄰."

33 『書經』「周書」蔡仲之命': "皇天無親 惟德是輔."

34 『孟子』「公孫丑下」: "輔世長民 莫如德."

된다. 왜냐하면 사람들이 '덕'을 제일의 가치로 여기며 그 실천에 진력한다면, 개인적으로는 자신의 인격수준을 높일 수 있고, 사회적으로는 상호존중의 안전망을 구축할 수 있으며, 민족적으로는 이질문화에 대한 관용의 폭을 넓힐 수 있고, 국제적으로는 분쟁극복의 평화관계를 이룰 수 있게 될 것이기 때문이다. 따라서 위정자의 덕성함양문제는 과거 유교국가의 경우에서뿐만이 아니라 오늘날의 정치지도자들에게도 주어진 기본과제가 아닐 수 없다.

공맹에서의 위정자란, 백성들로 하여금 대립투쟁의 난세를 벗어나 평안한 삶을 누리게 하는 치세 환경조성의 지도자로 보았다. 그리하여 순자(荀子)는 욕구본능으로 발생하는 사회적 혼란은 성군의 재임으로 해결될 수 있다는 입장을 강조하기도 했다. 즉 정치사회의 지도자들에게는 평화공존의 사자적(使者的) 의무(義務)를 가지고 있다고 보는 것이다.

그것은 기본적으로 자신들의 이욕의식을 극복하는 일로부터 기대될 수 있다. 그러므로 공자는 "군자는 의(義)에 밝고 소인은 리(利)에 밝다."[35]고 했고, 맹자는 "만일 의(義)를 뒤로하고 리(利)를 앞세운다면 빼앗지 않고서는 만족하지 못한다."[36]라고 했으며, 순자는 "의(義)를 먼저하고 리(利)를 뒤로하는 자는 영화롭고 리(利)를 앞세우고 의(義)를 뒤로하는 자는 욕보게 된다."[37]고 말했다. 여기서의 '리(利)'란 상대에게는 해를 끼치더라도 자기에게만은 이익을 도모하는 것을 의미한다.

그러나 쌍방이 함께 누리는 공익의 경우에는 의(義)가 전제된 경우로서 문제 될 수 없다. 오늘날의 국제관계는 대부분 이러한 입장에 따라

---

35 『論語』「里仁」: "君子喩於義 小人喩於利."
36 『孟子』「梁惠王上」: "苟後義而先利 不奪不饜."
37 『荀子』「榮辱」: "先義而後利者榮 先利而後義者辱."

문화교류가 빈번하고 경제활동이 활발하다. 따라서 언제나 쌍방이 공감할 수 있는 정의의 길을 모색하는 것이 바람직한 국제관계 형성의 선결요건이 되는 것이다. 여기서 평화를 지향하는 국제관계로서 역지사지(易地思之)의 공존의식(共存意識)과 상호존중(相互尊重)의 예절행위(禮節行爲)가 요구된다.

이제 이상에서 살핀 공맹의 정치론과 국제관계론에 근거하여 현대의 정치문화발전에 기여할 수 있는 요소를 제시해보면 다음과 같이 말할 수 있겠다.

첫째, '천하평(天下平)'을 이상으로 삼는 공맹의 덕치주의는 오늘날 세계평화의 증진에 기본 요인으로 작용할 수 있다는 점이다. 도덕의식은 기본적으로 선(善)의 가치를 지향하는 것이기 때문에 그 누구에게도 해를 끼치지는 않는다. 또 그러한 입장은 자기에게는 인격함양의 과제를 심화시키며 타자에게는 용서와 관용의 폭을 넓히게 함으로써 화해공존의 기반을 튼튼하게 한다. 따라서 이 덕(德) 중시의 국제관계에서는 그 어떠한 부국강병주의로서 부당한 힘을 가지게 하거나 사생결단의 테러행위도 정당화시킬 수는 없는 것이다. 정벌과 전쟁의 당위성이 확보될 수 있는 것은 공자에게서는 도(道)의 구현 속에서, 그리고 맹자에서는 인의(仁義)의 깃발을 전제해서만이 가능한 것이었다.

둘째, 공맹의 국제관계론은 호혜평등의 외교관계를 성숙시키는 데에 기여할 수 있다는 점이다. 이와 관련한 사상적 근거는 앞에서 살핀 바와 같거니와, 특히 공자의 '기소불욕 물시어인(己所不欲 勿施於人)'론이나 『대학』에서의 '혈구지도(絜矩之道)'론 및 맹자의 '사대사소(事大事小)'론은 그 핵심 내용이다. 한자문화권의 전통사회에서는 비록 천자국 중심의 국가의식과 '사대자소(事大字小)'의 주종적 국제관계가 지속되기도 했지만, 공맹의 정치사상에서는 오히려 그와 같지만은 않은 역지사지의 애정과 호혜 교린정신이 확장되고 있었다는 사실을 주목할 필요가 있다.

셋째, 공맹 위정론은 인간 존중의 정치문화 창달에 기여할 수 있다는 점이다. 공맹에서는 처음부터 '정치란 과연 누구를 위한 것이어야 하는가?'에 대한 문제의식을 놓치지 않았다. 즉 정치가 특수 집권자나 왕가만의 것으로 해석되어 일반인을 겁박하거나 소외시킬 수는 없다는 입장이다. 이를 위하여 천민일치관(天民一致觀)을 부각시키면서 덕치론을 강조했던 것이다. 특히 공자가 정치영역을 구성원의 내심(內心)에까지 확장시켰던 점이나, 맹자의 '민위귀 사직차지 군위경(民爲貴 社稷次之 君爲輕)'의 차서론(次序論)과 '천자득어구민(天子得於丘民)'의 요건론(要件論) 및 '존왕천패(尊王賤霸)'의 인정론(仁政論) 등은 오늘날에도 요구되는 위민정치의 원론으로 가능하다.

이상과 같이 국가의 안팎에서 인간의 상호 존중과 평화 관계를 중시하는 공맹의 정치이론은 오늘날의 정치문화에서 인도주의의 가치 구현을 제고시키는 발전요인이 될 수 있다고 본다. 이러한 관점은, 공자 정치사상에는 인본성 · 윤리성 · 인치성 등이 포괄되었으므로 그 현대적 의의를 말할 수 있다는 입장[38]과 성격을 같이 한다.

5. 결어

도덕적 삶은, 내가 먼저 상대를 선(善)으로 대함으로써 그로 하여금 호감을 낳게 하고 선린관계를 이룰 수 있게 한다는 데에 특징이 있다. 공

---

[38] 全樂熙, 「공자 정치사상의 현대적 의의」, 『동양정치사상연구』(단국대출판부, 1995.), 67~78쪽.

맹은 이러한 생존원리를 개인생활과 정치사회 및 국가관계 등의 모든 영역에 확장시켰다. 즉 인간은 도덕적 공동체의 성격을 벗어날 수 없다는 입장이다. 각국의 정치지도자는 이 점을 자각하고 학행(學行)에 힘쓰면서 그 선구자적 역할을 다하면 결국 '천하평(天下平)'이라는 세계평화를 이룰 수 있다는 보는 것이다. 그리하여 사람들로 하여금 고통을 벗어나 안전한 삶을 누리게 하고, 국정은 소모적 분쟁상태에서 벗어나 더 큰 정의구현(正義具現)에 모범을 보여야 한다는 점을 강조했다.

그러나 도덕적 인생을 말하면서도 특히 국제관계의 측면에서는 그렇지 못한 경우가 많다. 즉 세계의 여러 나라들은 은연중 주종의 역학관계(力學關係)를 긍정하면서 부국강병(富國强兵)의 정치노선을 견지하는 것이 작금의 모습이다. 따라서 대(大)·소(小)의 우방국 사이에는 '사대자소(事大字小)'적 관계의식이 지속되고 있으며, 선린관계에 이르지 못한 경우에는 적대적 긴장감이 고조되기도 한다. 이것은 국제적인 호생안정(互生安定)과 공익추구(共益追求)의 측면에서도 바람직한 모습이 될 수 없다.

국내외의 정치사회에서 어떠한 불안감을 조장하는 근본원인은 지나친 자국의식 즉 자기입장만을 의식하는 '사(私)'에 치우친 나머지 상대방에까지 그 영역을 넓히지 못하는 데에 있다. 이러한 점을 주목하여 조선조의 이퇴계(李退溪)는 "'사(私)'란 한 마음을 파먹는 벌레[蟊賊]요 만악(萬惡)의 근본이다. 예로부터 국가가 잘 다스려지는 날이 항상 적고 혼란한 날이 항상 많아서 자신을 파멸하고 나라를 망하게 하는 데에 치닫는 것은 바로 군주가 하나의 '사(私)'자를 다 제거할 수 없었기 때문이다."[39]라

---

39 『退溪集』권7「戊辰經筵啓箚二」: "私者 一心之蟊賊 而萬惡之根本也 自古國家治日常少亂 日常多 馴致於滅身亡國者 盡是人君不能去一私字故也."

고 평가하면서, 사람들에게 '극기복례(克己復禮)'와 같은 '승사공부(勝私工夫)'를 강조하기도 했다.

오늘날 나라 사이의 교류는 종교의식에서부터 경제생활에 이르기까지 다방면에서 빈번하게 전개되고 있다. 그리고 출신이 다른 가운데 같은 공간을 살아감으로써 다문화시대를 열어가는 실정이다. 따라서 국적이 다르다는 이유로 상대를 하시하거나 부정해서는 안 된다. 그러한 무례한 행위는 최소한의 보상심리에 비춰보더라도 결국 그 누구에게도 득이 될 수 없다는 점을 알 수 있다. 조선시대에 병자호란과 임진왜란을 겪으면서도 우리 선현들은 명(明)나라를 높일지언정, 힘을 앞세우던 침략자들을 결코 예의의 문화국가로는 간주하지 않으면서 질시했던 사실은 바로 그 선례이다. 만일 전쟁을 논한다면 그 상대국의 백성들도 환영하는 의로운 정벌이어야 한다는 것이 공맹의 입장이다.

이러한 점에 유의해 볼 때, 특히 공자의 '명명덕(明明德)=천하평(天下平)'의 논리와 맹자의 '사대사소(事大事小)'적 교린론은 오늘날의 세계인들로 하여금 인간 존중과 호혜평등의 가치 속에 항구적 평화관계를 제고시키는 활력소로 작용할 수 있다는 사실을 알 수 있다.

따라서 이제 우리 지성인은 자국이익주의(自國利益主義)에 편승하여 고도의 지배전략탐색에 열중할 것이 아니라, 절대적 인간애(人間愛)로서의 보편 가치와 역지사지(易地思之)의 입장을 따라 진정으로 세계인들의 공생공영을 위해 고민하며 또 그 대안 모색에 지혜를 모으도록 노력해야 할 것이다. 그러한 결과가 세계 각국의 정치지도자들에게까지 미쳐서 적극 실천해 갈 수 있게 된다면, 지구촌 사람들은 이른바 '살아가는 즐거움[生生之樂]'을 함께 누리게 될 것이다. 여기서 공맹사상을 살펴 본 것도 바로 이를 위한 것이다. 항구적인 평화와 안정 및 공생공영의 기반 형성은 어떤 일방의 힘이나 무력의 방법으로는 결코 기대될 수 없는 것이다.

2부

시대별 맹자 이해

맹자와 순자 사상의 결정적 차이

신정근(성균관대학교 유학대학 교수)

1. 문제제기

맹자와 순자의 차이를 물으면 그 답은 동아시아 철학의 전공자만이 아니라 고등학생조차 이미 알고 있는 내용이다. 그 정답은 누구나 알고 있듯이 '맹자는 성선설, 순자는 성악설'이다.[1] 지금의 상황을 고려하면 사실 이 정답에 대해 다른 말을 하기란 여간 어렵지 않다. 왜냐하면 고등학생조차 알고 있는 내용을 "그렇지 않다"고 사람들에게 새삼스럽게 정색하고 말해보았자 설득하기가 쉽지 않기 때문이다.

철학(유학)이 끊임없이 상식에 도전하면서 발전해왔던 것만큼 맹자와 순자의 대립 구도를 성선과 성악으로 환원해서 설명하는 방식도 한 번쯤 도전해볼 만한 주제이다. 도전이 실패한다면 그 구도가 한층 더 강력해

---

[1] 이 주장은 전문 서적과 논문만이 아니라 현행 고등학교 윤리 교과서를 비롯해서 각종 교재와 사전에 두루 반영되어있기 때문에 출처를 옹호자를 밝힐 필요가 없을 정도이다.

질 것이다. 반대로 도전이 성공한다면 그 구도가 그렇게 철옹성마냥 난공불락의 요새가 아니라는 점이 밝혀질 것이다.

사실 맹자와 순자의 차이가 성선과 성악의 도식으로만 정착되면서 사실 여부와 상관없이 많은 문제점이 생겨났다. 두 사람은 풍부한 사상의 자원을 펼쳐보였지만 이 도식으로 인해 제대로 논의되지 못하고 도매 값으로 평가되었다. 예컨대 한유는 이 도식에 의거해서 맹자를 순정하고 순정하다고 보았고 순자를 양웅과 함께 전체적으로 순정하지만 부분적으로 문제가 있다고 평가했다.[2]

이 평가는 별다른 논의 없이 송나라 신유학자들에게 그대로 수용되었다. 글자 그대로 순자는 '대순(大醇)'보다 '소자(少疵)'의 측면에 더 큰 주목을 받았다. 그 결과 소자는 순자에게 일종의 낙인처럼 작용해서 그의 책은 읽어볼 필요가 없다는 식으로 저평가되었다. 이는 분명 유학사에서 순자의 불행이라고 할 수 있다.

이이(李珥)는 5,000여 자의 『노자』를 2,098자로 발췌하여 풀이하면서 『순언(醇言)』이라는 제목을 달았다. 홍계희(洪啓禧)의 발문에서 따르면 송익필(宋翼弼)이 이이의 『노자』 작업을 괜한 일로 만류했다고 한다.[3] 이는 이이가 유가와 도가를 넘나든다고 좋게 평가되기보다 유가 이외의 이단에 관심을 갖는다고 나쁘게 평가받을까 염려했기 때문이리라.

홍계희는 한유가 순자를 대순(大醇)과 소자(少疵)를 평가하면서 성인의 도리에 맞고 맞지 않는 것을 구별했던 사례를 끌어들이며 이이의 『노자』 작업을 변증하고 제목에 쓰인 '순(醇)'의 의미를 상기시키고 있다.[4] 도통

---

2 「讀荀子」: "孟氏醇乎醇者也, 荀與揚, 大醇而少疵."

3 이이, 김학목 옮김, 『율곡 이이의 노자』 부록, 예문서원, 2001 참조.

4 이이, 김학목 옮김, 『율곡 이이의 노자』 부록, 예문서원, 2001 참조.

에 따른 정통과 이단의 구분이 남아있었던 상황을 감안하면 이이는 괜한 오해를 살 일이라는 우려에도 불구하고 『노자』를 읽고 연구했던 것이다. 이 작업은 학자의 용기로만 볼 수 없다. 거기에는 아마 이단을 정통으로 포섭하려는 의도도 들어있을 것이다. 그럼에도 불구하고 그는 『노자』를 소통할 수 있는 이단으로 보고 완전히 배척하지 않았다.

순자는 성악의 주창자로 지목되면서 유교의 중심에 들지도 못한 채 전근대의 철학사에서 미아 신세가 되었다. 즉 순자는 유학의 도통에서 "진정한 유자인가?"와 관련해서 의심받는 존재가 되었다. 그 위에 또 법가의 이사(李斯)가 순자에게 배웠다는 사마천(司馬遷)의 언급으로 인해 그는 커다란 사고를 친 인물로 평가되었다.[5] 바로 이 때문에 소식은 순자를 "이설을 내놓으며 양보하지 않고 고론을 일삼으며 주위를 돌아보지 않는다."거나 "사람됨이 강퍅하여 겸손하지 못하고 스스로 잘난 체한 게 너무 지나치다."는 인신공격을 퍼부었다.[6]

하지만 철학사(유학사)에서는 이이처럼 상대를 객관적으로 평가하기보다도 낙인찍기가 더 성행했다. 맹자는 유학사에서 성선을 말한 덕택으로 도통(道統)에 포함해서 아성(亞聖)의 빛나는 지위를 누렸지만, 순자는 성악을 말했기 때문에 자서(子書) 이상의 평가를 받지 못했다. 이것은 순자만이 아니라 맹자에게도 불행한 일이다. 왜냐하면 이처럼 당연시된 고평가와 저평가는 실상에 주목하기보다는 부풀려진 상징 권력에 관심을 두게 만들기 때문이다. 따라서 맹자와 순자의 결정적 차이를 성선과

---

5 『사기』「李斯列傳」: "乃從荀卿學帝王之術. 學已成, 度楚王不足事, 而六國皆弱, 無可爲建功者, 欲西入秦."

6 『蘇東坡全集』, 「荀卿論」: "荀卿者, 喜爲異說而不讓, 敢爲高論而不顧者也. 其言愚人之所驚, 小人之所喜也. 子思·孟軻, 世之所謂賢人君子也. 荀卿獨曰: 亂天下者, 子思·孟軻也. 天下之人, 如此其衆也. 仁人義士, 如此其多也. 荀卿獨曰: 人性惡, 桀·紂, 性也. 堯·舜, 僞也. 由是觀之, 意其爲人也必也剛愎不遜, 而自許太過. 彼李斯者, 又特甚者耳."

성악의 대립 구도에서 벗어나서 보려고 할 때 두 사람의 진면목을 찾아가는 여정이 될 수 있다.

나는 이 글에서 맹자와 순자를 성선과 성악의 대립 구도로 환원할 수 있는지 재검토를 하고자 한다. 또 이런 대립 구도가 놓치고 있는 사항을 살펴보려고 한다. 나아가 나는 맹자와 순자가 지식—맹자의 시비지심(是非之心)과 순자의 지려(知慮)— 을 본성의 내부와 외부 중 어디에 두는가에 주목하고자 한다.

이에 따라 맹자의 수양은 존심양성(存心養性)으로 이어지고 순자의 그것은 화성양지(化性養知)로 이어지게 된다는 점을 밝히고자 한다. 마지막으로 두 사람의 차이는 좁게는 유학사, 넓게는 동아시아 철학사(유학사)에서 동감(공감(共感))과 신지(新知) 중 어느 것을 사회적 도덕적 문제 해결의 중심에 두느냐, 라는 논쟁의 근원이 된다는 점을 밝히고자 한다.

2. '성선(性善)과 성악(性惡)'의 대립 구도는 과연 전면적 인가?

1) 대립 구도의 형성

현행『맹자』와『순자』의 문헌 자료에 근거하는 한 성선과 성악의 대립 구조는 부정할 수 없는 사실이다.

먼저『맹자』를 살펴보자. 맹자는「공손추」상 6,「등문공」상 1,「고자」상 6, 7 등 네 곳에서 성선과 관련되는 주장을 하고 있다.

사람은 모두 차마하지 못하는 마음이 있다. …… 지금 어떤 사람이 문득 어린 아이가 우물에 빠지려는 장면을 본다면, 누구나 깜짝 놀라서 함께 아파하는 마음을 겪게 된다. 이런 반응은 어린아이의 부모와 교분을 터기 위한 것이 아니고, 마을 사람과 친구들로부터 칭찬을 듣기 위한 것이 아니고, 모른 척 했다는 비난의 소리를 듣기 싫어서 그렇게 한 것은 아니다. …… 이로부터 살펴본다면 놀라서 함께 아파하는 마음이 없으면 사람이 아니다. …… 놀라서 함께 아파하는 마음은 인(仁)의 싹이고, 부끄러워하고 미워하는 마음은 의(義)의 싹이고, 겸손하고 양보하는 마음은 예(禮)의 싹이고, 적절함과 부적절함을 가리는 마음은 지(知)의 싹이다. 사람이 이 네 가지 싹을 경험하는 것은 사람이 사지를 가지고 있는 것만큼이나 확실하다.[7]

물론 맹자는 「공손추」상 6에서 직접적으로 성선을 말하지 않았다. 하지만 문맥으로 보면 그는 사람이 이해를 초월해서 무조건적으로 타자를 위기에서 구출하는 행위를 할 수 있다. 맹자는 이러한 마음이 없다면 사람이 아니라는 배제를 주장함으로써 위의 상황에서 사람은 타자를 구출해야 한다고 주장하고 있다. 마음은 사람이 타자를 구출할 수 있고 구출해야 하도록 이끄는 기관이다.

여기만 주목하면 맹자의 주장은 심선(心善)이라고 할 수 있다. 그는 분명히 놀라서 함께 아파하는 마음이 바로 인(仁)이 아니라 인(仁)의 싹이라 말하고 있기 때문이다. 이에 따르면 놀라서 함께 아파하는 마음이 인(仁)의 싹에 대응한다면 또 다른 무엇이 인(仁)에 대응한다는 것을 상정하고 있는 것이다. '또 다른 무엇'이 성(性)이라고 한다면 위 구절은 성선

---

7 「공손추」상 6: "人皆有不忍人之心. …… 今人乍見孺子將入於井, 皆有怵惕惻隱之心. 非所以內交於孺子之父母也. 非所以要譽於鄉黨朋友也. 非惡其聲而然也. 由是觀之, 無惻隱之心, 非人也. …… 惻隱之心, 仁之端也. 羞惡之心, 義之端也. 辭讓之心, 禮之端也. 是非之心, 知之端也. 人之有是四端也, 猶其有四體也."

(性善)을 말한다고 볼 수 있다.

맹자는 「공손추」상 6에서 자신의 성선(과 심선)을 밝히면서 그것의 대립 구도를 설정하지 않았다. 그의 주장을 반대로 읽는다면, 사람들은 아이의 부모와 교분을 맺으려고 하는 등 이해에 따라 행동한다고 할 수 있다. 이는 미래의 순자 그리고 상앙과 한비가 줄기차게 주장하는 호리피해(好利避害)의 인간관이라고 할 수 있다.[8]

이제 순자를 살펴볼 때가 되었다.

순자는 그의 이름만큼이나 널리 알려진 「성악(性惡)」에서 맹자와 다른 인간관을 분명하게 펼치고 있다.

사람의 본성은 악하고 선은 인위의 결과이다. 지금 사람의 본성은 나면서부터 이익을 좋아한다. 이를 그대로 따르면 다툼과 빼앗기가 생겨나고 양보가 사라지게 된다. 사람은 나면서부터 타자를 질투하고 미워한다. 이를 그대로 따르면 손상과 살상이 생겨나고 충실과 신뢰가 사라지게 된다. 사람은 나면서부터 귀와 눈의 욕망을 가지고서 아름다운 소리(음악)와 여색(아름다움)을 좋아한다. 이를 그대로 따르면 중독과 혼란이 생기고 예의와 조리가 사라진다.

그렇다면 사람의 본성을 그대로 따라가고 사람의 감정을 그대로 따라가면 반드시 다툼과 빼앗기가 일어나고, 분수를 어기고 이치를 어지럽혀서 폭력으로 귀결될 것이다. 그러므로 반드시 스승의 법도에 의한 교화와 예의에 따른 교도가 있어야 한다. 그 다음에라야 양보가 생겨나고 조리에 맞게 되어 안정으로 귀결될 것이다.[9]

---

8 신정근, 「상앙 法사상의 내재적 특성」, 「동양철학」 제28집, 2007 참조.

9 "人之性惡, 其善者僞也. 今人之性, 生而有好利焉, 順是, 故爭奪生而辭讓亡焉. 生而有疾

순자는 분명이 사람의 본성이 악하며 선한 것은 인위적인 노력(수양)의 결과라고 단정하고 있다. 그 근거를 제시하는 방식은 맹자의 논증 방식과 사뭇 다르다. 맹자는 사람을 어떤 상황에 놓아두고서 어떤 반응을 보일까 실험을 하고 있다. 일종의 사유실험(thought experiment)이라고 할 수 있다. 즉 그는 변수를 아주 축소해서 사람으로 하여금 "예스 아니면 노"만을 대답을 하게하고서 특정 상황에서 사람이 보일 수 있는 반응을 끌어내서 성선을 입증하고자 했다.

반면 순자는 장기간의 관찰을 통해서 사람의 행위 유형에 대한 지배적인 사회 현상을 뽑아낸다. 이어서 그는 그것을 성악의 근거로 내놓고 있다. 즉 오랫동안 관찰을 해보니 사람들은 쟁탈(爭奪) · 잔적(殘賊) · 음란(淫亂)의 행위를 반복하고 있다는 것이다. 그 원인을 찾아보니 사람은 결국 호리(好利) · 질오(疾惡) · 이목지욕(耳目之欲)이라는 성정에 의해서 추동되기 때문에 피할 수 없이 그러한 행위를 하는 것이었다.

여기서 순자는 사람의 행위를 지배하는 정신적 심리적 기관으로 성정을 지목하고 있다. 맹자가 심(心) 너머의 심층적인 성(性)으로 탐구의 가능성을 열어둔 반면 순자는 성(性)과 정(情)을 주로 동일한 차원에서 논의하므로 사람의 심리를 지시와 피지시의 관계처럼 중층적으로 규정하지 않고 있다.[10]

惡焉, 順是, 故殘賊生而忠信亡焉. 生而有耳目之欲, 有好聲色焉, 順是, 故淫亂生而禮義文理亡焉. 然則從人之性, 順人之情, 必出於爭奪, 合於犯分亂理而歸於暴. 故必將有師法之化, 禮義之道, 然後出於辭讓, 合於文理而歸於治."

10 순자는 性과 情을 두 가지 방식으로 사용한다. 예컨대 「정명」에서 "性者, 天之就也. 情者, 性之質也. 欲者, 情之應也."라고 할 때, 성과 정과 욕은 심층화의 구분이 있다. 순자는 많은 경우 性情 또는 情性을 연칭하면서 둘 사이를 구별하지 않고 쓰기도 한다. 이글은 후자의 측면에서 주목하고 있다. 순자의 人性 · 性情과 관련해서 이장희, 「순자 심성론에 관한 소고: 심의 자율성을 중심으로」, 『공자학』 제8집, 2001; 정재상, 「자연적 情과 당위적 情: 순자의 성정론에 대한 소고」, 『동양철학』 제35집, 2011 참조.

우리는 두 자료를 통해서 맹자가 심선(心善)을 포함해서 성선(性善)을 주장하고 순자가 정악(情惡)을 포함해서 성악(性惡)을 주장했다고 할 수 있다. 위의 논의만으로 둘 사이의 대립 구도가 아직 뚜렷하게 형성되었다고 볼 수는 없다. 순자는 「비십이자(非十二子)」와 「성악」 두 곳에서 맹자를 비판하고 있다.

순자는 「비십이자」에서 동시대의 사상가들이 안고 있는 문제와 한계를 비판한다. 그 중에 자사(子思)와 맹자(孟子)도 평가의 대상으로 들어 있다. 순자의 지적을 보면 자사와 맹자는 지식이 잡다하고 기존의 것을 짜깁기해서 오행(五行)으로 부르며, 주장이 극단적이어서 일반화시킬 수 없고 무엇을 말하는지 분명하지 않아 설명하기도 어렵고 이해하기도 쉽지 않았다.[11] 우선 그는 두 사람을 상당히 낮게 평가하고 있다.

순자는 「비십이자」에서 다른 사상가를 논리적이며 체계적으로 비판했지만 맹자의 경우 논리적이라기보다 감정적이고 객관적이라기보다 자의적인 잣대를 들이대고 있다. 또 그는 맹자의 사상을 오행(五行)으로 규정했다. 오행이 무엇을 가리킬까? 종래 주석에서 오행을 목화토금수(木火土金水)나 인의예지신(仁義禮知信)으로 보았다. 하지만 맹자는 자신의 사상을 오행(五行)으로 규정한 적이 없다. 또 그는 목화토금수(木火土金水)와 인의예지신(仁義禮知信)을 통합적으로 사용해서 체계적인 이론으로 만들지 않았다. 순자의 맹자에 대한 '오행'의 규정은 지금의 텍스트로만 보면 적실하고 정확한 평가라고 하기가 어렵다.

그럼에도 불구하고 오(五)가 규범과 가치와 관련해서 쓰이는 사례를 『맹자』에서 찾아보면 세 가지 나타난다. 예컨대 「등문공」상 4의 오륜(五倫), 「이루」하 30의 오불효(五不孝), 「진심」상 40의 오교(五敎) 등이 있

---

11 "聞見雜博, 案往舊造說, 謂之五行. 甚僻違而無類, 幽隱而無說, 閉約而無解."

다.[12] 이 세 가지는 문맥으로 보면 순자가 말했듯이 '안왕구조설(案往舊造說)'에 해당된다고 할 수 있다. 하지만 이 세 가지가 맹자 사상에서 중요하면서 대표적인 지위를 갖지 않을 뿐만 아니라 순자 자신도 그 가치를 완전히 부정할 수는 없는 부분이다. 따라서 「비십이자」에서 맹자와 순자의 경쟁적 구도가 보이지만 둘 사이의 성선과 성악의 대립 구조를 확인하려면 다시 「성악」을 살펴보지 않을 수 없다.

순자는 「성악」에서 모두 3단락에서 걸쳐서 성(性)과 위(僞)의 구별을 토대로 성선을 부정하고 성악을 옹호하고 있다. 순자에 따르면 성(性)은 자연적으로 나아가는 것으로 배워서 되는 것도 아니고 노력해서(힘들여서) 되는 것이 아니다. 예컨대 배고프면 먹고 싶고 추우면 따뜻하게 하고 싶고 피곤하면 쉬고 싶은 것이다.[13] 즉 선천적 특성을 나타낸다. 위(僞)는 배워야 잘하고 노력해야(힘들여야) 이룰 수 있는 것으로 원래 사람에게 없다가 새로 생기는 것이다.[14] 즉 후천적 특성을 나타낸다.

이때 순자에 의하면 사람이 예의를 차리고 사양하고 충실하게 한다면 이는 모두 자연적인 성이 아니라 인위적인 위와 관련된다. 이 논리에 따르면 맹자가 성선을 주장했지만 그것은 성립될 수가 없다. 그는 성과 위의 구분하지 못하면서 성선을 주장하고 있기 때문이다. 아울러 맹자는

---

12 「등문공」상4 "后稷敎民稼穡, 樹藝五穀. 五穀熟而民人育. 人之有道也, 飽食‧煖衣‧逸居而無敎, 則近於禽獸. 聖人有憂之, 使契爲司徒, 敎以人倫. 父子有親, 君臣有義, 夫婦有別, 長幼有序, 朋友有信." 「이루」하30 "孟子曰: 世俗所謂不孝者五. 惰其四肢, 不顧父母之養, 一不孝也. 博奕好飮酒, 不顧父母之養, 二不孝也. 好貨財私妻子, 不顧父母之養, 三不孝也. 從耳目之欲, 以爲父母戮, 四不孝也. 好勇鬪狠, 以危父母, 五不孝也." 「진심」상40 "孟子曰: 君子之所以敎者五: 有如時雨化之者, 有成德者, 有達財者, 有答問者, 有私淑艾者. 此五者, 君子之所以敎也."

13 "凡性者, 天之就也, 不可學, 不可事. …… 今人之性, 飢而欲飽, 寒而暴煖, 勞而欲休, 此人之情性也."

14 "可學而能, 可事而成之在人者, 謂之僞."

후천적인 학습과 같은 위(僞)의 가치를 부정하고, 제3자(성인)가 사람들의 성을 교정하기 위해서 개인에게 개입(간섭)할 수 있는 근거를 부정한 셈이다.

이제 비로소 맹자와 순자의 성선과 성악이 대립 구도로 형성되게 되었다. 물론 그 구도는 맹자의 의지와 무관하게 전적으로 순자에 의해서 짜인 것이라고 할 수 있다. 만약 두 사람의 활동 시기가 바뀌었다면, 맹자는 순자의 성(性) 정의, 성(性)과 위(僞)의 구분을 인정하면서 예의가 위가 아니라 성이라는 점을 논증할 것이다. 사실 「공손추」상 6의 논증이 바로 순자의 성악에 대한 답변이기도 하다.

두 사람이 각각 나름의 근거를 가지고 있더라도 상대를 완전히 배제할 수는 없다. 왜냐하면 성선과 성악이 서로 배제하고 싶다고 해서 배제되는 것이 아니라 둘 다 성의 부분에 주목하고 있기 때문이다. 맹자가 악의 환경의 영향이라고 하더라도 사람이 그것의 영향을 극복하지 못했다면 환경으로부터 자유롭지 못한 성의 측면을 인정할 수밖에 없다. 물론 훗날의 이야기이지만 성리학의 본연지성(本然之性)과 기질지성(氣質之性)의 구분은 바로 성선과 성악이 가지고 있던 성의 부분성을 종합한 기도라고 할 수 있다.

2) 대립 구도의 약점

순자에 의해서 맹자와 순자 사이의 성선과 성악을 두고 대립적 구도가 형성되었다는 점을 살펴보았다. 이는 종래 철학사 서술과 다를 바 없는 사실이다. 이제 둘 사이의 대립 구도가 완전히 타당하고 확실해서 결코 의심할 수 없는 것인지 3가지 측면에서 살펴보기로 하자.

사실 맹자가 성선을 주장한 것은 주지의 사실이다. 하지만 제대로 알려지지 않는 것이 하나 있다. 맹자가 성선을 주장했다고 하더라도『맹자』에는 맹자가 직접 화법으로 성선을 말한 적이 없다.

성선과 관련해서 빠짐없이 인용되는 구절은「공손추」상 6,「등문공」상 1,「고자」상 6, 7 등 네 곳이다.「공손추」상 6에는 타자에게 차마 하지 못하는 마음으로 불인인지심(不忍人之心), 네 가지 도덕 싹으로서 사단(四端)이 나오지 성선은 언급조차 되지 않고 있다. 등나라 문공이 세자 시절에 초(楚)로 가던 중 송(宋)을 지나다가 맹자를 만난 적이 있었다. 그때 맹자는 미래의 등나라 문공을 상대로 유세를 펼쳤다. 이 부분을「등문공」상 1에서 "맹자는 성선을 말하면서 말끝마다 요와 순임금을 들먹였다."라고 표현되고 있다.[15] 물론 이 구절은 맹자의 말을 있는 그대로 기록한 것이 아니라 옆에 있던 제자가 대화 장면을 압축해서 기록하는 형태를 취하고 있다.

「고자」상 6에서 공도자(公都子)는 당시 다양한 성론을 정리하고서 그것을 맹자와 대립시키면서 마지막에 인용 형식으로 "선생님이 '성선이다'라고 하니 저들은 모두 틀린 것인가요?"라고 말하고 있다. 질문을 받고서 맹자는 사람이 "자신의 바탕대로 따른다면 선하게 될 수 있으니, 이게 소위 선이다. 가령 불선하게 된다고 하더라도 자질의 탓이 아니다."[16] 여기서도 맹자는 성선을 말할 듯하지만 '선'만 말한다. 물론 그 선 앞에 성이 생략되었다고 볼 수는 있다.「고자」상 7에는 귀의 동청(同聽)에 대비해서 마음의 소동연(所同然)을 말하지 성선을 말하지 않는다.

네 구절을 근거로 삼더라도 맹자가 성선을 주장한 것을 부정할 수는

---

15 "滕文公爲世子, 將之楚, 過宋而見孟子. 孟子道性善, 言必稱堯舜."

16 "公都子曰: …… 今曰'性善', 然則彼皆非與? 孟子曰: 乃若其情, 則可以爲善矣. 乃所謂善也. 若夫爲不善, 非才之罪也."

없다. 다만 성선이 철학사에서 맹자의 트레이드마크로 알려져 있음에도 불구하고 맹자가『맹자』에서 성선을 그렇게 중요하고도 빈번하게 사용하지 않았다는 것을 확인할 수 있다. 따라서 성선은 최고 공리로서 맹자의 모든 사상을 정초시키고 모든 사상이 성선으로부터 도출되는 것으로 볼 수 없을 듯하다.

그러므로 맹자는 성선을 분명히 발견했지만 그것을 자기 사상의 최고 공리로 보지 않은 만큼 맹자와 순자 사상의 결정적 차이를 성선과 성악의 대립으로 부각시킬 수 없을 듯하다.

다음으로 순자의 상황을 살펴보도록 하자. 맹자와 순자의 차이를 성선과 성악의 대립 도식으로 설정할 경우 순자는 맹자보다 더 불리하다. 이제 그 근거를 하나씩 알아보자.

맹자의 성선만큼이나 성악은 순자의 트레이드마크이다. 우리는 자연히 '성악(性惡)'이『순자』제20권 제32편 중 곳곳에 언급되리라 예상할 수 있다. '성악'은 모두 19차례 쓰이지만 제23편「성악」에만 보이고 다른 편에는 전혀 언급조차 되지 않고 있다. 또 순자는 맹자의 '성선'을 비판하면 그 용어를 6차례 사용하는데 역시「성악」에만 보인다.[17] 이는 맹자가 성선을 직접 화법을 말하지 않는 것과 비슷하다. 이 사실은 순자의 사상에 다양한 지층이 있어서 시기별 차이를 보인다고 할 수도 있고 또 순자가 성악을 자기 사상의 최고 공리로 간주하지 않을 수 있다는 가능성을 시사해준다.

그리고 성악(性惡)의 '악(惡)' 의미도 좀 더 자세하게 살펴볼 필요가 있

---

17 김승혜,『원시유교: 논어 · 맹자 · 순자에 대한 해석학적 접근』, 서울: 민음사, 1994, 244쪽 참조. 이 책의 개정판이 2001년에 지식의풍경에서『유교의 뿌리를 찾아서』라는 제목으로 출간되었다. 가나야 오사무는 이런 맥락에서「성악」이 순자의 사상을 반영하는 문헌으로 보지 않는다. 金谷治,「荀子文獻學的硏究」,『日本學士院紀要』9-1, 1951 참조.

다. 듑스(H. Dubs)와 같은 서양의 동양학 연구자는 성악을, 사람이 본성에 의해 의도적으로 악을 저지르도록 되어 있어서 악을 저지르면서 희열을 느낀다는 맥락으로 파악했다. 아울러 성악은 이미 결정된 특성으로 선의 상태로 회복 불가능하다고 보았다.[18] 이러한 악의 관점은 많은 말을 빌릴 필요가 없이 순자의 성악과 전혀 들어맞지 않는다.

순자는 성악이라고 진단했더라도 그것이 영구히 지속되는 것이 아니라 후천적 노력에 의해서 선으로 전환될 수 있다고 보았다. 이것이 바로 성(性)과 위(僞)의 구분이며 이를 바탕으로 화성기위(化性起僞)가 나오는 것이다.[19] 그는 나무와 숫돌의 작업 공정을 예로 들고 있다. 굽은 나무도 은괄(檃栝, 일종의 도지개)로 고정시켜 찌게 되면 바른 나무로 변하고, 무딘 쇠도 숫돌에 갈면 날카로운 쇠가 되듯이 사람의 성악도 스승과 법도의 지도를 받으면 바르게 되고 예의를 차리게 되면 제자리 잡게 된다고 보았다.[20] 이로써 우리는 순자의 악이 비결정론의 맥락에서 상황에 따라 변화될 수 있는 특성으로 볼 수 있다.

순자는 선을 올바르고 가지런하며 공변되고 다스리지는 것으로 보고, 악을 치우고 비뚤어지며 어그러지고 어수선한 것으로 보고 있다.[21] 여기서 악은 선과 완전한 적대적 상태가 아니라 선의 상대적 결여 상태이다. 순자가 성선과 성악을 동시에 거론할 때 분명히 대립 관계로 설명했지만 선과 악의 정의를 내릴 때 악은 선을 지향하지만 아직 도달하지 못한 만

---

18 H. Dubs, "Mencius and Sun-dz on Human Nature," *Philosophy East & West*, 6, 1965, 213~222. P. 아이반호, 신정근 옮김, 『유학, 우리 삶의 철학[원제: Confucian Moral Ethic Cultivation, 2000]』, 서울: 동아시아, 2008, 94~96쪽 재인용.

19 「성악」: "聖人化性而起僞, 僞起而生禮義, 禮義生而制法度."

20 「성악」: "枸木必將待檃栝烝矯然後直, 鈍金必將待礱厲然後利. 今人之性惡, 必將待師法然後正, 得禮義然後治."

21 「성악」: "凡古今天下之所謂善者, 正理平治也, 所謂惡者, 偏險悖亂也. 是善惡之分也已."

큼 문제가 되는 영역을 가리킨다. 그래서 순자는 선과 악을 호(好)와 오(惡)만이 아니라 미(美)와 추(醜)의 맥락으로 사용하고 있는 것이다. 이로써 악은 변화 불가능한 사악하다(evil)가 아니라 좋지 않다(not good)거나 세련되지 못하고 거칠다(coarse)에 가깝다고 할 수 있다.[22]

더 중요한 것은 순자가 「예론(禮論)」에서 예의 층위를 나누면서 정문구진(情文俱盡)을 최상의 상태로 보면서[23] 각종 의례, 특히 상례에서 성정을 긍정적으로 설명하고 있는 것이다. 그는 간인(姦人)과 군자(君子)를 구분하고서 간인은 산 사람을 후대하고 죽은 사람을 박대하지만 군자는 그렇게 하면 부끄러움을 느낀다고 보았다.[24] 또 하루아침에 부모를 잃고서 슬퍼하지도 않고 공경하지도 않으면 짐승과 다를 바 없다고 말하고 있다.[25]

이렇게 성정에 긍정적인 평가를 하다가 순자는 "성이 없으면 위가 베풀 곳이 없고 위가 없으면 성이 스스로 아름다울 수 없다. 성과 위가 하나로 합쳐야만 성인에 어울리는 이름과 천하를 하나로 만드는 공적이 이루어진다."는 결론을 내린다.[26] 따라서 간인이 아니라 군자의 경우 「성악」의 성 또는 성·위가 「예론」의 성 또는 성(性)·위(僞)가 다르게 된다. 「성악」에서 성위지분(性僞之分)이 화성기위(化性起僞)로 진행되지만 「예론」에서 성위합(性僞合)이 정문구진(情文俱盡)으로 진행되고 있다. 결국 순자는 성정을 악만이 아니라 선의 측면에 분명히 주목했다고 할 수

---

22 신정근, 「관계의 고착성과 탈바꿈의 자유 사이의 긴장」, 『철학연구』 제51집, 2000, 85~87쪽.

23 "至備, 情文俱盡. 其次, 情文代勝. 其下, 復情以歸大(太)一."

24 「예론」: "夫厚其生而薄其死, 是敬其有知而慢其無知也, 是姦人之道而倍叛之心也. 君子以倍叛之心接臧穀, 猶且羞之, 而況以事其所隆親乎!"

25 「예론」: "一朝而喪其嚴親, 而所以送葬之者不哀不敬, 則嫌於禽獸矣, 君子恥之."

26 「예론」: "性者, 本始材朴也. 僞者, 文理隆盛也. 無性則僞之無所加, 無僞則性不能自美. 性僞合, 然後成聖人之名, 一天下之功, 於是就也."

있다.

정리를 하자면 맹자와 순자의 차이를 성선과 성악의 대립적인 도식으로 파악할 수 있다. 이 대립 구도는 분명 문헌적 근거를 가지고 있다. 하지만 그 대립은 전면적 적대 관계가 아니라 부분적 적대 관계로 수위를 낮추어야 한다. 따라서 성선과 성악을 두 사람의 결정적 차이라고 할 수는 없는 것이다.

3. 지식은 본성의 내부인가 외부인가?

1) 대립 구도의 확인

『맹자』에서 맹자와 고자(告子)는 서로 합의되지 않은 논쟁을 벌인다. 맹자는 고자를 통해 자신의 사상을 한층 더 날카롭게 벼릴 수 있었다. 두 사람은 두 가지 주제에서 의견이 극명하게 갈리고 있다. 사실 고자는 훗날 순자의 탄생을 예고할 정도로 둘은 비슷한 측면이 많다. 첫째, 고자는 생지위성(生之謂性), 즉 타고난 경향을 본성으로 보고 있다.(「고자」상 3) 이는 순자가 본성을 천지취(天之就), 즉 자연적인 경향성으로 보는 것과 상당히 유사하다고 할 수 있다. 이에 대해 맹자는 성선(性善)을 주장했다. 따라서 맹자는 고자를 통해서 순자와 대립한다는 점을 간접적으로 확인할 수 있다.

둘째, 고자는 인내의외(仁內義外), 즉 인은 내재적이고 의는 외재적이고 주장했다.(「고자」상4, 5) 이는 순자가 「예론」에서 성정을 긍정하면서 성인이 만든 예의(禮義)와 사법(師法)으로 사람을 변화시켜야 한다는 주장과 일맥상통한다고 볼 수 있다. 이에 대해 맹자는 인내의내(仁內義內)를 주장했다. 마찬가지로 맹자는 고자를 통해서 순자와 대립하는 것을 간접적으로 확인할 수 있다.

두 가지 논의는 철학사에 이미 교과서적으로 정리되어 있을 정도로 별다른 설명을 필요로 하지 않는다. 나는 고자를 통하지 않고 맹자와 순자를 직접적으로 비교할 수 있는 도식을 논의하고자 한다. 나는 맹자와 고자의 인내의내(仁內義內)와 인내의외(仁內義外)라는 대립 구도를 빌린다면, 맹자와 순자의 결정적 차이를 인내지내(仁內知內)와 인내지외(仁內知外) 또는 인외지외(仁外知外)[27]로 볼 수 있다는 점을 밝히고자 한다. 즉 맹자는 지식을 본성의 안에 끌어안지만 순자는 지식을 본성 밖에 두면서 본성을 규제하도록 하고 있다. 이는 지금까지 제대로 주목을 받지 못했지만 두 사람을 전면적으로 대립하게 만드는 결정적 차이라고 할 수 있다.

먼저 맹자를 살펴보자.

이로부터 살펴본다면 놀라서 함께 아파하는 마음이 없으면 사람이 아니다. 부끄러워하고 미워하는 마음이 없으면 사람이 아니다. 겸손하고 양보하는 마음이 없으면 사람이 아니다. 적절함과 부적절함을 가리는 마음이 없으면 사람이 아니다. 놀라서 함께 아파하는 마음은 인(仁)의 싹이고, 부끄러워하고 미워하는 마음은 의(義)의 싹이고, 겸손하고 양보하는 마음은 예(禮)의 싹이고, 적절함과 부적절함을 가리는 마음은 지(知)의 싹이다. 사람이 이 네 가지 싹을 경험하는 것은 사람이 사지를 가지고 있는 것만큼이나 확실하다. …… 무릇 네 가지 싹을 나의 마음에서 경험하고 모든 상황으로 넓혀 나갈 줄 안다

---

27 앞에서 논의했듯이 순자의 경우 仁은 「성악」에 주목하면 '仁外'이지만 「예론」에 주목하고 '仁內'라고 할 수 있다.

면, 이런 과정은 불이 처음 타오르고 샘이 처음 솟아나는 형세와 유사하다. 만약 완전히 채워나간다면 사해를 지킬 수 있다. 만약 채워 나가지 못한다면 부모조차 섬길 수 없게 된다.[28]

맹자는 인(仁)과 지(知)에 초점을 맞추지 않고 인의예지(仁義禮知)를 한 꺼번에 다루고 있다. 그의 설명에 따르면 사람은 선천적으로 인의예지의 사덕을 갖추고 있고 사덕은 제각각 어울리는 상황을 맞이해서 사단의 형태로 드러난다. 사단을 보면 측은·수오·사양과 시비는 성격이 다르다. 정서와 이지로 구분한다면 세 가지는 이지보다는 정서적 계기가 강한 반면 시비는 정서보다 이지적 계기가 강하다고 할 수 있다. 구체적인 상황에서 사단이 개별적으로 작용하지 않고 복합적으로 작용할 수도 있다.

예컨대 「양혜왕」상7에 나오는 제나라 선왕(宣王)의 이야기를 살펴보자. 그가 우연히 구슬피 울면서 어딘가로 끌려가는 소를 보게 되었다. 그가 신하에게 소를 어디로 데려가는지 묻자, 신하는 동물의 피로 주조한 종의 틈새를 메우는 흔종(釁鐘) 의식을 치르기 위해서 소를 데리고 간다는 대답했다. 그는 소 울음에 마음이 걸려서 이양역우(以羊易牛), 즉 양으로 소를 바꾸라는 지시를 내렸다. 선왕이 소 울음을 듣고서 구해야 겠다는 마음이 든 것은 측은지심의 발로라고 할 수 있다.

흔종을 하지 않을 수 없다는 것은 시비지심의 발로라고 할 수 있다. 물론 그는 —맹자가 보기에— 두 가지를 이양역우(以羊易牛)로 절충하면서 곳간에 곡식이 썩어나면서 백성들의 고통을 알지도 못한 채 해결하

---

28 "由是觀之, 無惻隱之心, 非人也. 無羞惡之心, 非人也. 無辭讓之心, 非人也. 無是非之心, 非人也. 惻隱之心, 仁之端也. 羞惡之心, 義之端也. 辭讓之心, 禮之端也, 是非之心, 知之端也. 人之有是四端也, 猶其有四體也. …… 凡有四端於我者, 知皆擴而充之矣. 若火之始然, 泉之始達. 苟能充之, 足以保四海. 苟不充之, 不足以事父母."

려는 자세를 털끝만큼도 보이지 않았다. 여기서 측은지심과 시비지심이 제대로 결합한다면 소에게서 느꼈던 측은지심을, 고통에 찬 세월을 보내는 사람(백성)에게로 옮겨갈 수 있어야 하는 것이다.

우리는 선왕이 도덕 실패를 했다고 하더라도 측은(惻隱)과 시비(是非) 또는 인(仁)과 지(知)가 본성의 내부에 있으면서 때로는 개별적으로 때로 복합적으로 작용한다고 것을 알 수 있다. 특히 후자의 경우 그 결합이 도덕적으로 성공하거나 실패하는 차이를 나타낼 수도 있다. 측은과 시비 또는 인과 지가 실패의 결합으로 이어지는 가능성을 배제할 수 없다고 하더라도 둘은 공통의 목적으로 나아가면서 협력하는 관계에 있는 것이다.

이제 순자의 경우를 살펴보자.

사람이 사람다운 까닭은 무엇인가? 분별력[辨]이 있기 때문이다. 사람이 배고프면 먹고 싶고 추우면 따뜻하게 하고 싶고 피곤하면 쉬고 싶고 이익을 좋아하고 손해를 싫어한다. 이것은 사람이 나면서부터 가진 본성이다. 또 그것은 다른 것에 의지해서 그렇게 되는 것이 아니고 성군이었던 우와 폭군이었던 걸이 같은 바이다. 그러므로 사람이 사람다운 까닭은 다만 두 발로 직립하고 털이 없다는 데 있는 것이 아니라 분별력이 있다는 데에 있다.[29]

맹자가 늘 인의예지의 사덕을 묶어서 이야기를 끌어가는 반면에 순자는 늘 본성과 지능을 대비시키면서 논의를 이끌어간다. 여기서도 순자

---

29 「非相」: "人之所以爲人者, 何已也? 曰: 以其有辨也. 飢而欲食, 寒而欲煖, 勞而欲息, 好利而惡害, 是人之所生而有也, 是無待而然者也, 是禹桀之所同也. 然則人之所以爲人者, 非特以二足而無毛也, 以其有辨也." 여기에 「공손추」상 6의 성선과 반대되는 好利惡害가 보인다.

는 식(食)·난(煖)·식(息)·호리(好利)라는 사람의 네 가지 본성을 언급하면서, 그것이 후천적 학습의 결과가 아니며 사람에게 공통적으로 나타나는 현상이라고 밝히고 있다. 그는 이를 두 발로 직립하고 털이 없어 옷을 입어야 하는 사람의 동물적 특성을 상징적으로 표현하고 있다.

이어서 그는 본성으로 흡수되지 않는 분별력을 사람다운 특징으로 제시하고 있다. 이 부분은 순자가 「왕제」에서 물불·초목·금수와 사람의 차이를 해명하면서 사람은 동물 단계의 기·생명·지각을 가지고 있으면서도 그 위에 군집생활과 분업 활동을 가능하게 하는 의(義)를 발휘할 수 있다고 보는 주장과 일맥상통한다.[30]

이처럼 순자는 사람의 본성과 대비되면서 지성을 발휘해서 해낼 수 있는 능력과 결과를 강조하고 있다. 즉 그는 「비상」의 변(辨), 「왕제」의 군(羣)과 분(分)을 함축한 의(義), 「예론」의 도량(度量)과 분계(分界)를 정하는 예(禮, 또는 禮義)[31], 「성악」의 예의(禮義)와 사법(師法)을 통해서 사람이 본성대로만 움직이지 않도록 견제하고자 했다. 비유를 들자면 본성(성정)이 휘발유를 태워서 앞으로 나갈 수 있는 차체라면 지성(지식)은 핸들이면서 브레이크와 같다.

정리를 하면 맹자는 사람의 다양한 도덕적 능력을 네 가지로 본성으로 수렴해서 그들 상호의 협력 관계를 구축하고자 했다. 성인이 아니라면 도덕 실패를 완전히 배제할 수는 없다. 사람이 군이 경전(문자)과 스승(기억)에 의존하지 않더라도 사덕(四德)에 연원을 둔 사단(四端)이 도

---

30 「왕제」: "水火有氣而無生, 草木有生而無知, 禽獸有知而無義. 人有氣有生有知, 亦且有義, 故最爲天下貴也. 力不若牛, 走不若馬, 而牛馬爲用何也? 曰: 人能羣, 彼不能羣也. 人何以能羣? 曰分. 分何以能行? 曰義."

31 "禮起於何也? 曰人生而有欲, 欲而部得, 則不能無求, 構而無度量分界, 則不能不爭. 爭則亂, 亂則窮. 先王惡其亂也. 故制禮義以分之."

덕 성공을 위해 서로 협업할 수 있다. 반면 순자는 본성과 지성 또는 정성과 지려(知慮, 지식)에서 사람이 전자에만 의존하면 도덕 실패를 하지만 후자가 전자를 적절하게 견인하게 되면 도덕 성공을 하게 된다. 이때 양자는 엄밀하게 서로 다른 질적 존재로 상대를 포함할 수는 없다. 바로 이러한 측면이 맹자와 순자의 질적인 차이라고 할 수 있다.

2) 대립 구도의 의의

우리가 맹자와 순자의 결정적 차이를 성선과 성악의 부분적 대립 구도가 아니라 본성과 지성 또는 성정과 지려(지식)에서 찾았다고 하더라도 그것만으로 충분하지 않다. 앞으로 두 사람의 이러한 차이가 도덕 행위를 어떻게 가능하게 하는지 살펴볼 필요가 있다.

이번에는 지금까지 서술 방식과 달리 먼저 순자를 살펴보도록 하자.

하고 싶고 싫어하는 것과 취하고 버리는 것의 저울질, 즉 선택의 문제를 알아보자. 하고 싶은 것을 보면, 반드시 그것을 앞뒤로 싫어할 수 있는 가능성(측면)을 따져봐야(고려해야) 한다. 이익이 될 만한 것을 보면 반드시 그것이 앞뒤로 손해가 될 수 있는 가능성(측면)을 따져봐야 한다. 욕오(欲惡)와 이해(利害)를 아울러(종합적으로) 저울질해 보고 깊이 있게 계산해본(숙고해본) 다음에 하고 싶고 싫어하는 것과 취하고 버리는 것을 결정해야 한다. 이와 같다면 늘 잘못에 빠지는 일이 없을 것이다.

사람이 빠지는 문제는 한쪽으로 치우쳐서 그르치는 데에 있다. 하고 싶은 것을 보면 그것을 싫어할 수 있는 가능성을 따져보지 않는다. 또 이익이 될 만한 것을 보면 그것이 손해가 날 가능성을 고려하지 않는다. 이렇기 때문에 사람이 움직이면 반드시 실패하고 사람이 무엇을 하게 되면 반드시 치욕을 당

한다. 이것이 바로 한쪽으로 치우쳐서 그르치는 문제이다.[32]

사실 종래 순자의 이 구절은 그렇게 주목을 받지 못했다. 핑가레트는 공자의 한정해서 말하고 있지만 유가에는 도덕적 선택(moral choice)의 사고가 없다고 보았다. 그에 따르면 공자 사상에서 사람은 어떠한 도덕 규범에 절대적 가치를 두지 않고 자유로운 상태에서 이것을 할까 저것을 할까를 선택하지 않는다. 만약 누군가가 도덕을 주체의 선택 문제로 몰고 간다면, 그 사람은 지식이 부족하거나 문제 상황에 놓여있다고 볼 수 있다. 사람은 일정한 도덕적 식견을 가지고 있다면, 당연히 이미 정해진 도덕규범을 향해 나아갈지 결의하고서 어떻게 하면 도덕 실패를 하지 않을까 숙고하게 된다.[33]

핑가레트의 주장은 적어도 순자에게는 적용되지 않는다. 사람이 욕망과 이익의 대상을 마주하게 되면, 본성대로라면 사람은 자연히 그것을 소유하려고 나아가게 된다. 당장 눈에 보이는 것과 일시적으로 보이는 것으로 판단하면 욕망과 이익의 대상은 사람이 기대하는 욕망과 이익을 가져다 줄 수 있다. 하지만 당장 눈에 보이지 않는 것과 장기적으로 보는 것으로 판단하면 욕망과 이익의 대상은 언제 증오와 손해의 대상으로 뒤바뀔 수도 있다. 오늘날 소비사회에서 사람이 충동구매를 하고서 금세 후회를 하는 경우와 흡사하다고 할 수 있다.

여기서 순자는 욕망과 이익이 충족된다고 하더라도, 사람이 본성대

---

32 「不苟」: "欲惡取舍之權, 見其可欲也, 則必前後慮其可惡也者, 見其可利也, 則必前後慮其可害也自, 而兼權之, 孰計之, 然後定其欲惡取舍. 如是則常不失陷矣. 凡人之患, 偏傷之也. 見其可欲也, 則不慮其可惡也者. 見其可利也, 則不顧其可害也者. 是以動則必陷, 爲則必辱, 是偏傷之患也."

33 핑가레트, 송영배 옮김, 『공자의 철학: 서양에서 바라본 예에 대한 새로운 이해』, 서광사, 1991 참조.

로 움직이지 말 것을 요구하고 있다. 그는 욕망과 이익이 기대된다고 하
더라도, 당장 보이지 않는 욕망과 이익의 이면, 즉 증오와 손해의 측면
에서 미리 고려할 것을 강하게 요구하고 있다. 이를 위해서 그는 겸권
(兼權)과 숙계(孰計) 또는 숙계(熟計)를 제시하고 있다. 겸권은 저울에 욕
망과 증오, 이익과 손해 둘 다를 올려놓고 검토해보라는 것이고, 숙계는
즉흥적이나 즉흥적으로 판단하지 말고 시간적 여유를 가지고 심사숙고
하라는 것이다. 이처럼 순자는 도덕 실패를 예방하기 위해서 욕망과 증
오, 이익과 손해라는 기준을 가지고 겸권과 숙계의 방법으로 욕오취사
(欲惡取舍)를 신중하게 선택할 것을 요구하고 있다.[34]

이제 맹자를 살펴볼 차례이다.

맹자가 대답했다. 자신의 큰 몸을 따르면 큰 사람이 되고, 자신의 작은 몸을
따르면 작은 사람이 된다. 공도자가 물었다. 모두가 사람인데 어떤 사람은 자
신의 큰 몸을 따르고, 어떤 사람은 자신의 작은 몸을 따른다고 하니 무슨 까
닭인가요? 맹자가 대답했다. 눈과 귀의 기관은 반성(집중)하지 못해 물에 가
리어진다. 물(외물)이 물(감관)을 만나면 감관을 끌고 갈 뿐이다. 마음의 기관
은 반성(집중)한다. 반성하면 얻게 되고, 반성하지 않으면 얻지 못한다.[35]

---

34 도덕 선택과 관련해서 또 하나의 주장을 살펴볼 만하다. 정약용은 『맹자요의』에서 自主之權
을 통해 도덕 계발 가능성의 근거로서 자유 의지를 주장하고 있다. 이런 사유의 근원을 마테
오 리치가 『천주실의』에서 자유 의지를 선과 악의 근원으로 보는 것과 연결 짓고 있다. 즉 자
유 의지와 도덕 선택이 동양과 다른 지적 전통을 가진 서양 선교사들의 영향으로 간주하고 있
는 것이다. 송영배·금장태 외, 『한국유학과 리기철학』, 서울: 예문서원, 2000, 264~267,
282~283쪽 참조. 도덕 선택의 기원 문제와 관련해서 나는 서양의 영향만 아니라 순자의 사
유 방식도 함께 고려해볼 만하다고 생각한다.

35 「고자」상 15 "孟子曰: 從其大體爲大人, 從其小體爲小人. 曰: 鈞是人也, 或從其大體, 或
從其小體, 何也? 曰: 耳目之官不思, 而蔽於物, 物交物, 則引之而已矣. 心之官則思. 思
則得之, 不思則不得也."

얼핏 보면 맹자도 큰 사람과 작은 사람의 갈림길을 선택의 문제로 보는 듯하다. 이것은 문맥을 오독한 탓이다. 맹자는 사람이 대인이 되느냐 소인이 되느냐를 선택의 문제로 보지 않는다. 이미 소인이 되어서는 안 되고 대인이 되어야 한다는 전제가 깔려있다. 그는 다만 전제가 이미 있는 데도 불구하고 사람이 대인이 되지 못하고 소인이 될까 라는 이유를 밝히고 있다.

맹자는 대인과 소인 문제의 관건을 사(思)에서 찾고 있다. 이 사(思)는 순자가 말하는 겸권(兼權)이나 숙계(孰計)와 다르다. 사덕이 사람의 의식에 현전할 때, 즉 사람이 사단을 경험할 때, 사(思)는 사람이 사단을 존중하고 그것에 따라서 생각하고 그것에 집중해서 그대로 행동하도록 하는 것이다. 「공손추」상 6의 어린아이 이야기를 실례로 든다면, 겸권과 숙계는 호리피해의 입장에서 심사숙고하는 것이라면 사는 측은과 시비의 맥락에 주목해서 아이를 구하는 것이다.

반면 측은과 시비에 주목하지 않으면 아이를 구하지 않거나 구하더라도 이해의 관점을 취할 것이다. 이와 관련해서 맹자는 「고자」상 8에서 한때 나무로 무성해서 아름다웠던 우산(牛山) 이야기를 실례로 들고 있다. 우산이 아름답다는 것은 사람이 본성(사덕)을 존중해서 그대로 행위 하는 것이다. 우산이 민둥산으로 변한 것은 사람들이 나무를 마구잡이 베어내는 등 제대로 관리하지 않는 것을 나타낸다. 우산이 원래 무성해서 아름답기 때문에 사람이 우산의 본성을 존중하고 제대로 관리한다면 계속해서 아름다움을 유지하겠지만, 그렇지 않으면 민둥산인 채로 황폐하게 될 것이다. 즉 맹자는 사람의 시선을 외부의 조건과 상황으로 향하지 않고 내면의 도덕의식으로 집중하도록 이끌고 있다.

정리하면 도덕 성공과 실패를, 순자는 탁월한 선택과 연관 지어서 논의를 끌어간다면 맹자는 내면의 응시로 끌어가고 있다. 이것도 맹자와 순자의 사상을 결정적으로 구별하게 만드는 계기이다.

4. 수양은 존심양성(存心養性)인가 화성양지(化性養知)인가?

1) 개인 수양의 방법

지금까지 우리는 성선과 성악이 맹자와 순자의 부분적 대립을 나타내고, 본성과 지성(지식)의 관계가 두 사람의 결정적 차이라는 점을 논증해왔다. 두 사람 사이에는 지금까지 살펴본 차이만 있는 것이 아니라 실제로 많은 공통점이 있다. 그들은 사회 운영에서 제도보다는 군자(성인)의 존재를 결정적으로 요소로 간주하고 있다.

아울러 그들은 인의예지와 같은 공자(유학)의 가치를 함께 긍정하고 있다. 거칠게 말한다면 두 사람은 출발점과 방법을 달리하지만 목표를 상당 부분 공유한다고 할 수 있다. 이미 출발점의 차이를 살펴보았으므로 이제 같은 목표에 이르는 방법의 차이를 살펴볼 차례가 되었다.

방법의 차이는 살펴보기 위해서 개인 수양의 문제에 주목해보자. 사단(四端)에 집중하지 못하거나(맹자) 겸권(兼權)과 숙계(熟計)에 의한 선택을 잘하지 못하면(순자), 개인은 도덕 실패를 할 수밖에 없다. 따라서 도덕 실패를 하지 않으면 집중을 잘하고 선택을 탁월하게 하도록 해야한다.

먼저 맹자를 살펴보자.

자신의 마음을 온전히 다 발휘하면 본성을 알게 된다. 본성을 알면 하늘을 알게 된다. 마음을 있게 하고 본성을 기르면 그것이 하늘을 받들어 모시는 길이

다.[36]

맹자는 「고자」상 11에서 닭과 개가 우리를 벗어나면 사람이 찾아나서는 비유를 들어서 사람은 왜 마음을 놓고 있으면서 그것을 굳게 지키려고 하지 않는 세태를 풍자하고 있다. 맹자는 이를 놓은 마음을 찾는다는 구방심(求放心)으로 표현하고 있다.[37] 맹자는 구방심의 연장선상에서 도덕 성공을 위해서 외적 조건이 아니라 내면의 심과 성에 주목하고 있다.

사람은 심이 가진 모든 능력을 최대로 발휘하게 되면 성을 만나게 된다. 비유로 설명하는 바위에 깔린 물건을 꺼내려고 할 때, 바위를 조금 들면 물건의 부분을 볼 수 있지만 전체를 온전히 꺼낼 수 없다. 바위를 완전히 들어 올릴 때에만 비로소 물건의 실체를 제대로 확인할 수 있고 손상 없이 온전히 꺼낼 수 있다.

마찬가지로 사람이 측은한 마음을 온전히 하게 되면, 타자를 향한 사랑(구원)이 중도에 멈추거나 증오로 바뀌지 않는다. 측은한 마음을 반쯤 가지거나 확 밀려오는 측은한 마음을 밀쳐낸다면 사람은 타자를 향해 사랑(구원)을 시작조차 하지 않거나 중간에 그만둘 수 있다. 그래서 맹자는 "완전히 성(誠)하면서(진실하면서) 타자를 감동시키지 못한 경우가 없고, 성(誠)하지 않으면서 타자를 감동시키는 경우가 없다."[38]고 말하면서, 마음의 진실성과 진정성을 강조했던 것이다.

맹자는 심(心)과 성(性)의 진실한 수양을 최종적으로 존심양성(存心養性)으로 귀결시킨다. 진심(盡心)이 사태마다 마음(사단)의 충실성과 진실

---

36 「진심」상 1 "盡其心者, 知其性也. 知其性, 則知天矣. 存其心, 養其性, 所以事天也."

37 "仁, 人心也. 義, 人路也. 舍其路而不由, 放其心而不知求. 哀哉! 人有鷄犬放, 則知求之. 有放心, 而不知求. 學問之道無他, 求其放心而已矣."

38 「이루」상 12 "至誠而不動者, 未之有也. 不誠, 未有能動者也."

성을 말하는 반면 존심(存心)은 마음(사단)의 항구적인 지속과 충만을 가리킨다. 즉 존심은 사단이 들락날락하는 것이 아니라 언제 어디서나 드러나도록 하는 것이다. 양성(養性)은 성 자체가 늘 관심의 초점에 놓여서 주목을 받으면서 성이 실현되는 세계를 최대로 확장하는 계기를 가리킨다. 이로써 맹자의 수양은 존심양성을 유지할 때 도덕 성공을 견인해낼 수 있는 것이다.

이제 순자를 살펴보자.

어떤 사람이 순자를 찾아와 공자의 말이라며 다음같이 전했다. 주나라의 주공(周公)은 위대한 인물이다. 자신이 존귀해질수록 공손하고 부유해질수록 검소하여 모범을 보였지만 적, 즉 은(殷)나라와 싸워 이길수록 위험을 느껴 경계를 엄격하게 했다.[39] 순자는 다음처럼 어떤 사람의 전언을 부정했다.

온 세상 사람들이 마음을 고쳐먹고 사려를 바꿔서 주공에게 감화되어 순종하게 되었다. 그러므로 집밖의 문을 닫지 않고 온 천하에 걸쳐서 경계를 나누지 않았다. 이때를 당해서 누구를 위해 경계를 엄격하게 했겠는가?[40]

순자는 은(殷)과 주(周)의 교체기에 주공이 조직적인 저항을 받지 않고 통일 과업을 이룩했던 과정을 설명하고 있다. 순조로운 왕조의 교체를, 사람들이 자발적으로 변심(變心)과 역려(易慮), 즉 마음을 고쳐먹고 사려 방식을 바꾼 것으로 설명하고 있다. 우리는 이를 앞에서 본 순자의 겸권

---

39 「유효」: "客有道曰: 孔子曰: 周公其盛乎! 身貴而愈恭, 家富而愈儉, 勝敵而愈戒."

40 「유효」: "四海之內, 莫不變心易慮以化順之. 故外闔不閉, 跨天下而無蘄. 當是時也, 夫又誰爲戒矣哉!"

(兼權)・숙계(孰計)와 함께 검토해보자. 겸권과 숙계가 무엇을 하고 무엇을 하지 말아야 하는지 취사선택하는 문제이다.

변심과 역려는 겸권과 숙계를 포함하면서도 또 겸권과 숙계의 원칙 자체를 바꾸는 것이다. 즉 은(殷)이 지배 왕조일 때 변심과 역려는 은을 부정하지 않고 겸권과 숙계를 하지만, 지배 왕조가 은(殷)에서 주(周)로 바뀌면 변심과 역려는 은을 부정하는 것을 포함해서 겸권과 숙계를 하게 된다. 그만큼 변심과 역려는 겸권과 숙계에 비해서 근원적이라고 할 수 있다.

따라서 겸권과 숙계가 통상적인 상황에서 욕오(欲惡)와 이해(利害)를 계산하는 방식이라면 변심과 역려는 근본적인 상황에서 겸권과 숙계를 포함하면서 그것을 계산하는 사고 원칙 자체의 변화를 가리킨다고 볼 수 있다. 이러한 논법은 개인 수양에도 그대로 적용할 수 있다. 결국 사람이 도덕 성공을 하려면 통상적인 상황에서 겸권과 숙계에 따라 탁월한 선택을 하면 충분하지만 전환의 시대 상황에서 변심과 역려를 통해 사고 방식 자체를 수정해야 한다.

그렇다면 사람은 어떻게 하면 변심역려(變心易慮)를 통해서 사고의 근본적인 전환을 이룰 수 있을까? 이와 관련해서 「성악」에 나오는 화성기위(化性起偽)와 「예론」에 나오는 정문구진(情文俱盡)은 앞에서 이미 검토한 적이 있다. 여기서 나아가 순자가 말하는 양정(養情)과 양지(養知)를 살펴보자. 양정은 생명을 길러주는 양생(養生), 재물을 불리는 양재(養財), 편안함을 더해주는 양안(養安)과 마찬가지로 예의(禮義)와 문리(文理)를 통해서 정감을 길러내는 것이다.[41]

---

41 「예론」: "孰知夫出死要節之所以養生也, 孰知夫出費用之所以養財也, 孰知夫恭敬辭讓之 所以養安也, 孰知夫禮義文理之所以養情也." 원의는 신하와 군주 사이의 일이지만 이를 일

양지(養知)는 사람이 지식의 힘으로 문제를 해결하므로 그러한 능력을 지속적으로 유지하기 위해서 지식을 키우는 것이다.[42] 사람은 "세상의 핵심을 총괄하여 세상의 많은 것(사람)을 다스리면 한 사람을 다스리는 것과 같고 거실을 벗어나지 않으면서 세상의 모든 실정(정보)을 자기가까이 쌓아 두면"[43] 도덕 실패로부터 상대적으로 자유로울 수 있게 된다. 결국 순자는 지식과 정보의 축적을 통해서 사람이 세계에 대처하는 조술(操術)을 장악하게 되고, 장악하는 만큼 실패의 확률을 줄일 수 있다는 것이다.

정리하면 맹자는 존심양성(存心養性)을 통해서 도덕 성공으로 나아가고 순자는 변심역려(變心易慮)와 양정양지(養情養知)를 통해 도덕 실패의 가능성을 줄이려고 했다. 이처럼 우리는 결국 맹자와 순자의 성선과 성악의 부분적 대립 도식에서 벗어날 때 둘 사이의 객관적인 차이를 확인할 수 있는 것이다.

2) 개인 수양의 한계와 사회 문제의 해결

과연 개인의 수양이 개인의 도덕 성공을 이끌어내며 동시에 도덕적 사회를 이룩해낼 수 있을까? 여기서 맹자와 순자의 수양 방식이 달랐던만큼 둘의 차이가 극명하게 난다.

우리는 앞에서 맹자가 도덕 성공을 존심양성(存心養性)이라는 내면의

반적인 관계로 확대해서 해석하고 있다.

42 「부국」: "百姓誠賴其知也, 故相率而爲之勞苦, 以務佚之, 以養其知也." 원의는 백성과 仁人의 군왕 관계를 나타내지만 개인의 맥락으로 확대해서 풀이했다.

43 「불구」: "推禮義之統, 分是非之分, 總天下之要, 治海內之衆, 若使一人. 故操彌約而事彌大. 五寸之矩, 盡天下之方也. 故君子不下室堂, 而海內之情擧積此者, 則操術然也."

응시에서 찾았다고 했다. 과연 외적 세계의 고려 없이 내면의 응시가 사람에게 도덕 성공을 가져다 줄 수 있을까? 이 질문에 대답을 찾는 실마리는 맹자 자신의 말에 있다.

「등문공」상 1에 따르면 맹자는 성선을 말하면서 말끝마다 요와 순임금을 들먹였다고 한다.[44] 성선과 요순이 도대체 무슨 상관이 있는 것일까? 이를 「진심」상 30에서 말하듯이 요와 순이 본성을 타고난 듯이 실행했다는 것과 연결 지을 수 있다.[45] 즉 요순이 본성을 타고난 듯이 별다른 어려움 없이 도덕 성공을 거두었다는 뜻이다. 노력없이 합성적(合性的) 행위가 가능한 것이다. 하지만 이는 성선을 타인에게 설득하는 데에 별다른 도움이 되지 않는다. 요순과 같지 않은 사람에게 성(性)은 너무 멀어서 초월적인 것으로 비춰질 수 있기 때문이다.

성선과 요순 관계의 실마리를 풀기 위해서 「고자」상 7을 살펴보자. 젊은이들이 풍년에 게을러지고 흉년에 난폭해지는데, 맹자는 이를 타고난 재질의 문제가 아니라 마음에 끼치는 환경의 영향으로 설명하고 있다.[46] 맹자는 사람이 환경의 영향으로부터 절대적으로 자유로울 수 없다고 본 것이다. 이런 맥락에서 보면 그는 항산(恒産)을 강조하고 이를 현실화시키기 위해서 정전제(井田制)를 이야기할 수밖에 없었던 것이다. 항산이 없으면 성선이 좌초에 부딪칠 수 있기 때문이다.

그렇다면 누가 과연 토지의 사유화가 진전되는 전국시대의 상황에서 그것과 반대되는 정전제를 시행할 수 있을까?[47] 그것은 바로 성인만이

---

44 "滕文公爲世子, 將之楚, 過宋而見孟子. 孟子道性善, 言必稱堯舜."

45 "堯舜性之, 湯武身之, 五覇假之."

46 "富歲, 子弟多賴. 凶歲, 子弟多暴. 非天之降才爾殊也, 其所以陷溺其心者然也."

47 전국시대 토지 사유화와 공유화와 관련해서 이성규, 『중국고대제국성립사연구』, 일조각, 1997 참조.

실현할 수 있는 것이다. 이로써 우리는 맹자가 왜 성선(性善)과 성인(聖人)인 요순(堯舜)을 연결시켜서 이야기할 수밖에 없는 맥락을 이해할 수 있다. 맹자에서 성선은 자립적인 이론이 아니라 성인론 및 정전제와 결부되어야만 성립될 수 있었던 것이다.(군자라면 다른 이야기가 가능할 수 있다. 여기서는 사람 일반을 두고 논의를 하고 있다.) 그래서 맹자는 한편으로 마음의 응시를 강조하지만 다른 한편으로 사회 제도와 그 운영 주체를 말하지 않을 수 없었던 것이다.

순자의 경우는 맹자와 처지가 다르다.

그는 개인이 도덕적 존재가 되려면 변심역려(變心易慮)와 양정양지(養情養知)의 수양을 해야 한다고 보았다. 그의 심(心)과 려(慮), 정(情)과 지(知)는 개인이 관여하는 계기와 사회가 연루되는 계기를 동시에 포함하고 있다. 변심역려는 통상적인 상황만이 아니라 가치관이 근본적으로 전환하는 변혁의 시대와 관련이 된다. 따라서 변심역려는 개인의 변화만이 아니라 사회의 변화가 동시에 함축되어있다고 할 수 있다. 물론 모든 사람이 동시에 한꺼번에 심(心)과 려(慮)를 근본적으로 수정한다는 뜻은 아니다. 가치관의 혁명적 변화를 전제하고 있으므로 개인의 변화와 사회의 변화 사이의 간극이 그만큼 좁을 수 있다.[48]

양정양지의 정과 지는 개인의 순수한 정신세계가 아니라 사람과 사람의 합례적(合禮的)인 교류의 장과 연관이 있다. 양정과 양지는 사람과 합례적인 교제를 통해서 상호 우애와 이해가 두터워지는 것이다. 상호 우애와 이해가 두터워지는 만큼 개인은 만족과 평안을 느끼고 사회에 평

---

48 나는 여기서 순자가 민주적인 의사 결정을 한다고 주장하려는 것은 아니다. 성인(요순)이 권위주의적이면서 간섭주의의 경향을 가지고 있다면, 變心易慮는 전제적 사회의 출현을 방조할 수도 있다. 순자의 변심역려는 반드시 어떤 하나의 방향과 폐쇄적으로 연결된다기보다 방향이 열려있다고 보는 면이 더 타당할 듯하다.

화와 질서가 증대된다. 이렇게 보면 순자는 수양 단계에서 개인과 개인, 개인과 사회의 관계를 포섭함으로써 개인과 사회의 변화가 동시적으로 진행될 수 있는 길을 마련했던 것이다.

도덕적 개인과 도덕적 사회의 완성을 위해서 맹자는 내면에 집중하여 관념적인 지향을 나타내는 만큼이나 제도 개선을 위해 현실 지향적 특징을 드러낼 수밖에 없었다. 반면 순자는 합례적(合禮的)인 교제를 통해 정서와 지식의 증대를 강조했던 만큼 현실 지향적이지만 정작 그것을 가능하게 하는 물적 토대에 대한 사유를 집중적으로 전개하지 않고 있다. 그는 교육을 통한 학습과 사법의 권위를 강조하고 있다.

5. 맺음말

철학사(유학사)에서 통상적으로 맹자와 순자의 차이를 성선과 성악의 대립 구도로 설명해왔다. 하지만 그것은 부분적 대립일 뿐 전면적 대립이 될 수 없다. 둘 사이의 전면적 대립을 찾는다면, 그것은 두 사람이 지식(지려)을 본성의 내부로 포섭하느냐 외부에 두느냐에 있다. 맹자는 지식을 본성 안에 포섭해서, 사덕 또는 사단이 상호 협력하여 사람이 도덕 성공으로 나아가게 했다. 순자는 지식(지려)이 본성 밖에 있으면서 본성을 규제해서 사람이 도덕 성공으로 나아가게 했다.

이러한 본질적 차이는 두 사람의 수양 방법에도 그대로 반영되었다. 맹자는 내면의 주시를 통해서 본성이 교란되지 않도록 하는 데에 중점을 두었다. 순자는 개인의 탁월한 선택을 통해서 본성이 상황을 일방적으로 주도하지 못하게 했다. 아울러 개인과 사회의 도덕화를 위해서 맹자는 성선(性善)이 성인(聖人)만이 아니라 정전제와 결합되어야 한다고 보았다. 순자는 지식(정보)의 축적 속에 개인과 사회의 변화를 포섭함으로써 도덕의 물적 토대에 대한 논의를 집중적으로 논의하지 않았다.

이상의 논의를 통해서 도덕적 개인과 사회를 위해서 맹자는 공감(共感)을, 순자는 신지(新知)를 중시한다고 결론을 끌어낼 수 있다. 이 특징은 두 사람에게만 나타나지 않고 유학사(철학사)에서 색깔을 달리하면서 되풀이해서 나타났다. 예컨대 캉유웨이는 맹자의 불인인지심(不忍人之心), 즉 공감에 호소하여 국가적 경쟁과 국제적 대립을 해결할 수 있다고 보았다.[49] 천두슈(陳獨秀)는 과학적 지식이 신중국을 건설하는 토대하고 보았다. 그리고 과현(科玄) 논쟁(과학과 인생관 논쟁)도 공감과 신지의 변형이라고 할 수 있다.[50] 이처럼 우리는 맹자와 순자의 대립 지점을 성선과 성악으로부터 벗어날 때 두 사람의 정확한 대립 지점을 확인할 수 있을 뿐만 아니라 철학사를 새롭게 이해할 수 있다. 나아가 인간의 자기 변혁과 사회의 개선을 위해서 동아시아의 철학은 지적 자양분을 제공할 수 있을 것이다. 맹자는 사람의 본성 자체가 개인과 사회를 구원할 수 있는 동력으로 보았다면, 순자는 지식이 본성으로 하여금 그 자체를 초월하게 하는 동력이 된다고 보았다.

---

49 캉유웨이, 이성애 옮김, 『대동서』, 서울: 을유문화사, 2006; 조경란, 『중국 근현대 사상의 탐색: 캉유웨이에서 덩샤오핑까지』, 삼인, 2003 참조.

50 과현논쟁의 발생과 전개에 대해 이용주, 『세계관 전쟁: 근대 중국에서 과학신앙과 전통주의 논쟁』, 서울: 성균관대학교출판부, 2020 참조.

『맹자(孟子)』에 나타난 여민동락(與民同樂)의 음악 사상
―묵자(墨子)의 예악(禮樂) 비판에 대한 반향으로서―

박소정(성균관대학교 유학대학 부교수)

1. 시작하는 말

여러 연구자들이 유가(儒家)를 이해하기 위해서는 예악(禮樂) 사상을 제대로 살려내는 일이 중요하다는 점을 지적해왔다.[1] 시대에 따른 외형적인 변화에도 불구하고 인간관계와 행위규범 속에 면면히 흐르는 예(禮)의 근본정신을 이해하는 것도 쉬운 일은 아니겠지만, 유가에서 지향했던 악(樂)의 내용과 정신이 무엇인지 해명하는 일은 더욱 어려움이 많은 직업이다. 악(樂)에 대해서는 오늘날 남아 있는 문헌이 절대 부족할 뿐 아니라, 음악[2]이라는 것 자체가 설명을 통해 그 원형(原形)을 추론하

---

[1] 李相殷, 「유가의 예악사상에 관한 연구―예술론적 이해를 중심으로」, 성균관대학교 박사학위논문, 1991; 謝謙, 『中國古代宗敎與禮樂文化』, 四川: 四川人民出版社, 1996; 楊華, 『先秦礒惡文化』, 湖北: 湖北敎育出版社, 1997. 등을 참조할 만하다.

[2] 이미 곽말약이 지적하여 오늘날 널리 받아들여지는 것처럼 유가의 樂은 오늘날 쓰이는 '음악'이라는 개념의 범위를 뛰어넘는 것으로서 詩·歌·舞를 아우르는 종합적인 예술을 가리킨다. 다만 고대의 '樂'이라는 개념이 오늘날 '音樂'이라는 개념으로 이어지는 데에서도 알 수 있듯이

기 어려운 특성을 지니고 있기 때문이다. 그래서 이제까지의 연구에서는 실제적인 음악현상과의 관련성을 염두에 두며 해당 문헌의 실질적 의미를 추적해가기보다는 문헌의 표면적 의미를 논구하는 데 그치는 경우가 많았다. 그러다 보니 유가 악론(樂論)에 대한 기존의 연구에서 주로 부각되었던 부분은 유가 사상가들이 제기한 음악의 사회적 효용성 문제였고, 이러한 관점의 연장선에서 유가가 음악예술을 정치에 종속시키는 결과를 낳았다는 비판적 평가가 나오기도 하였다.[3]

맹자(孟子: B.C. 약 372~289)는 공자(孔子: B.C. 551~479)의 사상을 계승하여 당시의 사상적 맥락에 맞게 해명하고 되살려냄으로써 후대의 신유학자들에 의해 유가의 정통(正統)으로 간주되는 인물이다. 그런데 유독 음악 사상에 대해서만큼은 대개의 연구자들이 『순자(荀子)』「악론(樂論)」 및 『예기(禮記)』「악기(樂記)」를 통해서 공자사상을 이해하려 할 뿐 맹자의 견해를 검토하는 데 인색하다. 『맹자』 안에는 그의 음악 사상을 엿볼 수 있는 단편적인 단서들이 존재할 뿐 본격적으로 악론(樂論)을 전개하는 부분을 딱히 찾기 어렵다는 점도 그 이유가 되겠지만, 앞서 언급했던 것처럼 유가 음악 사상 전체에 대한 평면적인 이해로 말미암아 맹자

'樂'을 이루는 요소 가운데 가장 중심이 되는 것은 역시 현재 우리가 음악이라고 부르는 소리 예술의 측면이었다고 볼 수 있다. 또 『묵자』에서는 '樂'이라는 개념을 청각을 통한 즐거움과 긴밀하게 연결시키고 있으며(目之所美, 耳之所樂, 口之所甘 「非樂上」), 『孟子』에서도 오늘날 '음악'이라고 번역해야 할 내용(鍾鼓之聲, 管籥之音)을 '樂(世俗之樂, 先王之樂 등)'이라고 표현하고 있으므로, 본 논문에서는 논의의 편의에 따라 '樂'이라는 개념을 잠정적으로 '음악'이라 번역해둔다.

3 유가들이 예술을 예술 자체로서가 아니라 도구적으로 이용했다는 생각은 대체로 공유되는 평가인데, 예악 사상에 대한 보다 신랄한 비판에 해당하는 것으로 吳毓淸의 다음과 같은 구절을 들 수 있다. 그는 吳毓淸, 「莊子"天樂"思想試論」, 『藝術美學文選』, 重慶: 重慶出版社, 1996, 285쪽에서 서슴없이 "통치계급에 의해 이용되었던 사회미(예를 들어 예악)는 분명히 매우 허위적인 것이었다[爲統治階級利用的社會美(如「禮樂), 那的確是很虛僞的.]"고 주장하고 있다.

역시 음악의 사회적 기능에 주목한 유가의 한 사람이겠거니 당연시하여[4] 순자와 구별되는 맹자 특유의 목소리를 연구자들이 외면하게 되었던 탓도 있다.

맹자가 공자의 인격은 훌륭한 인간성의 여러 양상이 집약되어 이루어진 것임을 설명하기 위해 여러 악기들이 어우러지면서도 가락과 리듬이 제 길을 찾아 연주되는 합주에 비유했던 것[5]을 보면, 맹자는 실제 음악에 대해 깊은 감흥을 지녔던 사람이었던 것 같다. 그런데 맹자는 "자신은 단지 세속의 음악을 좋아할 뿐"이라는 당시의 제후왕을 찾아가서 "오늘날 유행하는 음악은 옛적 선왕이 지으신 음악과 다를 바 없다[今之樂, 由古之樂](『맹자(孟子)』「양혜왕하(梁惠王下)」)"[6]는 파격적인 선언을 한다. 이것은 "음악이라면 '소(韶)'와 '무(武)'를 쓸 것"[7]이라 하면서 고악(古樂)을 높이고, 당시 유행하던 정나라 음악[鄭聲]을 힘껏 배격했던 공자의 음악관에 대해 마치 반기라도 드는 듯한 표현이다. 그래서 역대로 주석가들

---

4 李澤厚 · 劉綱紀 主編의 『중국미학사』에서도 맹자의 "與民同樂"에 대해 "인류 심미활동의 사회성의 표현"이라고 지적하며 사회적인 의의를 부여할 뿐 "今之樂, 由古之樂"이라는 맹자의 一喝이 당시의 실제 음악 현상에 대해 지니는 의미에 대해서는 아무런 언급이 없다.

5 『孟子』「萬章下」: "孔子之謂集大成. 集大成也者, 金聲而玉振之也. 金聲也者, 始條理也; 玉振之也者, 終條理也. 始條理者, 智之事也; 終條理者, 聖之事也." 다만 편종과 편경의 음악 소리로 도덕적 완성을 은유하는 부분인 "金聲而玉振之"는 맹자가 만들어낸 표현이 아니라 당시에 널리 받아들여졌던 공통적 은유였을 가능성이 높다. 이 구절이 출토문헌인 『五行』편(마왕퇴 백서 및 곽점 초간 모두)에도 나온다는 사실에 주목할 필요가 있다.

6 "今之樂, 由古之樂"의 "由"자에 대해서는 阮元의 『孟子注疏校勘記』에서 "猶"로 되어있는 몇몇 판본을 제시함에 따라 대부분의 주해서에서 "오늘날의 음악은 옛적의 음악과 같다"는 뜻으로 풀이하고 있다. "由"의 본래 의미를 살려서 "오늘날 유행하는 음악은 옛적의 음악에서 유래한 것이다"라고 번역해도 그 의미가 충분히 깊을 듯 하나 여기서는 일단 일반론을 따랐다.

7 『논어』「衛靈公」에 나오는 이 대목의 원문은 "樂則韶舞"이며, 이에 대한 일반적인 해석은 '盡善盡美한 韶라는 악무를 숭상한다'는 것이다. 하지만 俞樾이 『群經平議』에서 지적했듯이 "舞"는 "武"로 읽어야 한다. 「악기」의 賓牟賈편은 공자가 빈모고에게 大武樂의 의미를 상세하게 일러주고 있는 내용으로 이루어져 있으며, 이로부터 짐작할 수 있듯이 공자는 大武樂을 단순하게 낮추어본 것이 아니라 오히려 예술적으로 형상화가 잘 이루어진 악곡으로 취급하고 있다.

은 『맹자』의 이 부분을 어떻게 처리해야 할지 난감해하면서 맹자의 의도
는 공자에 반대하려던 것이 아니라 백성을 구제하기에 다급하다보니 미
처 음악의 문제를 바로잡지 못한 것뿐이라고 변명하곤 했다.[8] 물론 맹자
가 공자를 반박하기 위해 "오늘날의 음악은 선왕의 음악과 같다"고 말한
것은 아니다. 하지만 그렇다고 어느 왕이 음악을 좋아한다는 말을 듣고
는 옳거니 하고 달려가 이 기회를 틈타 여민동락(與民同樂)의 의의를 설
파하려고 "오늘날의 음악[今之樂]"에 대해 부정하는 데도 불구하고 마음
에도 없는 소리를 했다고 본다면 맹자를 너무 일관성 없고 충동적인 사
람으로 이해하는 셈이 될 것이다.

맹자는 자신이 처한 시대의 학술계를 "양주(楊朱)·묵적(墨翟)의 학설
이 천하에 가득하여 천하의 학설이 양주에게 쏠리지 않으면 묵적에게 돌
아가는"[9] 상황으로 파악하였고 이들에 대한 비판을 통해 공자 학술을 구
별해냄으로써 유가의 정체성을 확립하려 했다. 맹자에 의해 "양주"로 대
표되는 도가 계열의 사상가들도 근원적인 도의 관점에서 유가의 예악 사
상에 대한 비판을 가하기는 했지만, 묵자는 '예악 비판[非樂]'을 그의 대
표적인 학설 가운데 하나로 꼽을 수 있을 만큼 강도 높게 유가의 예악

---

8 주자는 『맹자집주』에서 범씨설을 인용하여 "맹자는 백성들을 구제하려는 마음이 간절했으므
로 제나라 왕이 음악을 좋아한다는 점에 말미암아 그의 선한 마음을 열어주며 여민동락의 도리
를 깊이 깨우쳐주려고 하였기 때문에 금악과 고악이 같다고 말한 것이다. 사실상 금악과 고악
이 어떻게 같을 수가 있겠는가? 다만 여민동락의 의미에서 보자면 옛적과 지금의 차이가 없을
뿐이다.("孟子切於救民, 故因齊王之好樂, 開導其善心, 深勸其與民同樂, 而謂今樂猶古樂.
其實今樂古樂, 何可同也? 但與民同樂之意, 則無古今之異耳.")라고 해명하고 있고 다산 정
약용 역시 『孟子要義』 공자는 정성을 배격하라고 했으나 맹자는 금악이 고악과 같다고 말한 것
은 백성을 구하려는 마음이 다급하여 음악에 대한 논의를 바로잡을 겨를이 없었던 것이다("孔
子放鄭聲, 而孟子謂今樂猶古樂者, 急於救民, 未暇正樂也.")라고 하여 우발적으로 나온 말
로 취급하고 있다. 현대 중국음악학자인 蔡仲德 역시 『中國音樂美學史』, 北京: 人民音樂出
版社, 1995, 131~132쪽에서 "今之樂由古之樂"을 今樂, 鄭聲, 民間淫樂에 대한 긍정으로
보아서는 결코 안 된다고 강조하면서 『주자집주』의 견해를 그대로 인용하고 있다.

9 『孟子』 「滕文公下」: "楊朱,墨翟之言, 盈天下, 天下之言, 不歸楊, 則歸墨."

사상을 비판하였다. 그렇다면 맹자는 이러한 묵자의 비판에 무관심할 수 없을 것이다. 아래에서 살펴보게 될 음악과 관련된 맹자의 일련의 주장들은 이른바 "선왕의 음악"을 교조적으로 고수하려는 태도에서 벗어났다는 점에서 볼 때 어쩌면 묵자의 비판을 수용하여 겸허하고 철저하게 자기반성을 수행한 결과라고도 할 수 있다. 묵자의 유가 예악 비판과 이에 대한 맹자의 대응을 살펴보면 선진 시기 여러 학파[諸子]들의 사상은 상호영향을 주고받으며 형성되었으며, 그러기에 단순히 사변적인 논변을 주고 받았던 것이 아니라 실질적인 대화가 일어났음을 알 수 있다. 아래에서는 묵자의 비판에 대한 맹자의 반향을 주목하면서 논의를 전개해감으로써 유가 악론의 중요한 흐름으로서 맹자 음악 사상의 독립적인 가능성과 의의를 발견하고자 한다.

2. 묵자의 예악 비판: 백성의 이익에 부합하지 않는다

묵자(墨子: B.C. 약 468~376)의 사상은 선진(先秦) 이후 중국의 주류 사상계에서 거의 학풍이 끊어지다시피 되었기 때문에 오늘날 그의 영향력을 과소평가하기 쉽지만, 『장자』 「제물론」에서는 "유가와 묵가가 시비를 다투는 일[儒墨之是非]"을 엎치락뒤치락하는 논쟁의 대명사로 사용하기도 하였고 『한비자』 「현학」에서도 "오늘날 이름난 학파는 유가와 묵가"[10]라고 하였다. 이를 통해 묵가는 한비(韓非: B.C. 약 280~233)가 살았던 시대까지도 유가 못지않게 영향력이 컸던 학파였음을 알 수 있으므로, 맹자가 "묵적(墨翟)의 학설이 천하에 가득하다"고 여겼던 것이 그리 과장된

---

10 『韓非子』 「顯學」: "世之顯學, 儒墨也."

말은 아닐 것이다. 어떤 집단에 몸담았던 사람이 그 집단의 문제점에 대해서 가장 잘 알 수 있듯이, 묵자는 한때 유가 학설을 배우고 공자의 사상을 받아들였으나 유가 사상이 잘못 전개되었을 때 나타나는 문제점을 통감하고 백성들의 입장에 서서 비판을 가했다[11]고 한다. 『묵자(墨子)』 「비악(非樂)」편을 보면 세련된 음악을 추구하고 즐기는 행위 뿐 아니라 이를 포함한 모든 귀족 취향의 향락 행위에 대한 통렬한 비판을 담고 있다.

> 묵자가 말하였다. "사랑을 실천하는 사람은 반드시 천하 사람들에게 이로운 일을 일으키고 천하 사람들에게 해로운 일을 제거하려고 노력하니, 천하 사람들에게 본보기로 삼을 만하고 사람을 이롭게 하는 일이면 하고 사람을 이롭게 하지 않는 일이면 그만둔다. 어진 사람은 천하를 위해 도모하려 하지 눈이 아름답게 여기는 것들, 귀가 즐거이 여기는 것, 입이 달게 여기는 것들, 몸이 편히 여기는 것들을 위하지 않으니 이러한 것들은 백성들이 입고 먹는 재화를 축내고 빼앗기 때문에 어진 사람이 추구하지 않는 것이다." 그러므로 묵자가 음악/향락을 비판하는 것은 갖가지 악기를 갖추어 연주하는 음악소리가 즐겁지 않다고 여겨서가 아니다…비록 귀로는 그것이 즐거운 줄을 알지만 위로 고찰해보아도 성왕이 하신 일에 들어맞지 않고 아래로 헤아려보아도 만 백성의 이익에 들어맞지 않으니 이 때문에 묵자는 "음악/향락을 추구하는 것은 잘못이라"고 말하는 것이다.[12]

---

11 『淮南子』「要略」: "墨子學儒者之業, 受孔子之術, 以爲其禮煩擾而不說, 厚葬靡財而貧民, 服傷生而害事, 故背周道而用夏政"

12 『墨子』「兼愛下」: "子墨子言曰: '仁之事者, 必務求興天下之利, 除天下之害, 將以爲法乎天下. 利人乎, 卽爲, 不利人乎, 卽止. 且夫仁者之爲天下度也, 非爲其目之所美, 耳之所樂, 口之所甘, 身體之所安, 以此虧奪民衣食之財, 仁者弗爲也.' 是故子墨子之所以非樂者, 非以大鍾 · 鳴鼓 · 琴瑟 · 竽笙之聲, 以爲不樂也, …雖…耳知其樂也, 然上考之不中聖

묵자의 논리는 명쾌하다. 모름지기 어질다고 자처하는 사람이라면 자신의 감각적 쾌락을 추구할 것이 아니라 백성들을 이롭게 하는 일을 해야 한다는 것이다. 묵자가 보기에 귀족입네 하는 사람들은 고대광실에 앉아 격식에 맞는 옷을 차려 입고 때맞춰 대령하는 음식을 맛보며 가지각색 악기들로 연주하는 음악소리를 즐기는데, 그것이 정말 백성을 위하는 정치일 수 있냐는 것이다. 귀족들이 그처럼 즐길 수 있는 것은 백성들의 피땀 어린 수고가 있었기 때문이다.

백성들에게는 세 가지 근심거리가 있으니 굶주린 사람이 먹을 것을 얻지 못하는 것이며, 추위에 떠는 사람이 입을 것을 얻지 못하는 것이며, 노동에 지친 사람이 휴식을 취하지 못하는 것이다. 이 세 가지는 백성들의 큰 근심거리이다. 그런데 그들을 위하여 큰 종을 치며 북을 두들기며 금과 슬을 연주하며 생황을 불고 간척 등을 들고 춤을 춘다면 백성들이 먹고 입을 재화를 어디에서 얻을 수 있겠는가?[13]

백성들은 굶주리고 추위에 떨며 쉴 틈 없이 일하는데도 백성을 돌보아야 할 사람들이 이를 아랑곳하지 않고 음악을 즐긴다면 백성들의 삶은 피폐해질 수밖에 없을 것이다. 이러한 묵자의 목소리는 절절하고 간곡하지만, 사회 상황을 외면하고 개인적 욕구충족을 위해 추구되는 음악 및 향락 행위를 비판하는 것을 넘어서 음악 행위 전반에 대한 부정으로 이어짐으로써 이미 묵가 집단 내에서 의문이 제기된다. 세공(細工)에 능

王之事, 下度之, 不中萬民之利. 是故子墨子曰: '爲樂非也.'"
13 『墨子』「非樂上」: "民有三患, 飢者不得食, 寒者不得衣, 勞者不得息, 三者民之巨患也. 然卽當爲之撞巨鍾, 擊鳴鼓, 彈琴瑟, 吹竽笙, 而揚干戚, 民衣食之財, 將安可得乎?"

했던 장인으로 알려진 정번(程繁)[14]은 묵자에게 다음과 같이 묻는다.

> 선생님께서는 '성왕(聖王)은 음악을 추구하지 않았다'고 하셨습니다. 옛날 제후들은 정사를 돌보다 지치면 종과 북으로 연주하는 음악을 들으면서 쉬었고 사대부들은 정사를 돌보다 지치면 관악기, 현악기로 음악을 연주하며 쉬었고 농부들은 봄에 밭 갈고 여름에 김매며 가을에 거두고 겨울에 갈무리하면서 항아리와 질그릇 따위를 악기로 삼아 노래하며 쉬었습니다. 이제 선생님께서는 '성왕(聖王)은 음악을 추구하지 않았다'고 하시니 이는 비유하자면 말에 멍에를 씌운 채 벗겨주지 않고 활에 활시위를 메운 채 풀어놓지 않는 것과 같습니다. 혈기를 가진 사람으로서 도저히 할 수 없는 일이 아니겠습니까?[15]

제후들이 정사를 돌보는 일에 전념하다가 잠시 마음을 한가롭게 하기 위해 즐기는 음악도 있을 수 있지만, 농부들이 고된 일을 마치고 피로를 달래려 소박한 악기 반주로 즐기는 노래도 역시 음악이다. 이런 것조차 도외시한다면 보통 사람들의 정서에 받아들여지기 힘들 것이다. 그래서 정번은 묵자가 음악을 전면적으로 비판하는 것에 대해 이의를 제기하고

---

14 이운구, 「先秦諸子의 '樂論'批判-『墨子』「非樂」편을 중심으로」, 『대동문화연구』 24집, 1990, 217~241쪽.

15 『墨子』 「三辯」: 程繁問於子墨子曰, "夫子曰'聖王不爲樂', 昔諸侯倦於聽治, 息於鐘鼓之樂, 士大夫倦於聽治, 息於竽瑟之樂, 農夫春耕夏耘, 秋斂冬藏, 息於聆缶之樂. 今夫子曰'聖王不爲樂', 此譬之猶馬駕而不稅, 弓張而不弛, 無乃非有血氣者之所不能至邪." 본문은 "鐘鼓之樂", "竽瑟之樂", "聆缶之樂"이라 하여 똑같이 樂이라고 표현되어 있지만 제후와 사대부와 농민들이 즐기는 음악의 연행형태와 사용악기가 다르기 때문에 각각 "종과 북으로 연주하는 음악을 들으면서", "관악기, 현악기로 음악을 연주하며", "항아리와 질그릇 따위를 악기로 삼아 노래하며"라고 번역을 달리 하였다. "鐘鼓之樂"은 갖추어진 악대가 있는 연주이며 제후가 직접 연주한다고 보기 어렵다. "竽瑟之樂"은 독주 및 합주가 가능한 관악기 및 현악기로 연주하는 것으로 흔히 선비들이 젓대불고 거문고 타며 즐겼던 연주형태를 떠올려 볼 수 있다. "聆缶之樂"은 주변에서 쉽게 구할 수 있는 도구를 타악기 삼아 두드리며 피로를 풀던 연주형태라고 할 수 있다.

있는 것이다. 이에 대해 묵자는 요순(堯舜)으로부터 탕(湯)임금, 무(武)임금으로 이어지는 역사를 통해 볼 때 음악이 늘어나고 정교해질수록 정치는 점점 전만 못해지게 되었으므로, 음악은 없을수록 좋은 것이고 나라를 다스리는 데 도움이 되지 않는다고 대답한다.[16]

사실상 묵자가 목도하고 비판했던 당시의 음악은 그 목표와 기능이 변질되어 번거로운 형식만 남은 궁중음악으로서 공자가 추구했던 음악 정신이 잘 살려진 음악이었다고 하기는 어렵다. 종[巨鐘]과 북[鳴鼓], 현악기[琴瑟]와 관악기[竽笙] 및 춤을 위한 도구[干戚] 등 규모 및 형식면에서는 유가 예악의 틀을 가지고 있었을 런지 모르나 실질적으로는 당시에 백성의 고통을 아랑곳하지 않는 부도덕한 위정자들 사이에서 유행했던 음악이었을 것이므로 『맹자(孟子)』의 표현을 빌자면 차라리 '금지악(今之樂)'이나 '세속지악(世俗之樂)'으로 불리어질 만한 것들이라 해야 옳다.[17] 「악기」에서 위문후(魏文侯)가 고백하고 있듯이 당시의 위정자들이 즐겨듣던 것은 정위지음(鄭衛之音)이지 고악(古樂)이 아니었기 때문이다.[18] 당시

---

16 『墨子』「三辯」: "子墨子曰, 昔者堯舜有茅茨者, 且以爲禮, 且以爲樂 ; 湯放桀於大水, 環天下自立以爲王, 事成功立, 無大後患, 因先王之樂, 又自作樂, 命曰『護』, 又脩『九招』, 武王勝殷殺紂, 環天下自立以爲王, 事成功立, 無大後患, 因先王之樂, 又自作樂, 命曰『象』, 周成王因先王之樂, 又自作樂, 命曰『騶虞』. 周成王之治天下也, 不若武王, 武王之治天下, 不若成湯, 成湯之治天下也, 不若堯舜. 故其樂逾繁者, 其治逾寡. 自此觀之, 樂非所以治天下也."

17 이런 점에서 이운구 선생이 앞의 논문(226~227쪽)에서 묵자의 비악 사상은 음악예술 일반에 대한 거부가 아니라 오로지 "전통적인 예악에 한정된 것이었다"고 하면서 묵자가 鄭聲에 대해서는 비판하지 않았다고 여긴 것은 다시 생각해 볼 필요가 있다. 묵자의 논지는 백성들의 이익에 반하는 지나친 쾌락추구를 반대하는 데 있었으므로 당시 위정자들이 즐겼던 정위지음에 대해 긍정했다고 보기 어렵다. * 2005년에 이 논문을 출판한 이후로 朴素晶, 『流動的音樂思維—先秦諸子音樂論新探』, 北京: 中國人民大學出版社, 2016. 및 Park, So-Jeong, "Danger of Sound: Mozi's Criticism of Confucian Ritual Music," *The Philosophical Forum: a quarterly*, Vol. 51(1), 2020.에서 묵자가 비판한 음악과 비판 논리에 대해 더 상세히 서술한 바 있다.

18 『禮記』「樂記」: "魏文侯問於子夏曰, '吾端冕而聽古樂, 則唯恐臥, 聽鄭衛之音, 則不知倦.

의 음악 현상에 대한 묵자의 비판은 오로지 사회적인 차원에서의 당위성
을 중심으로 전개되었으며 묵자는 최소한의 욕구충족을 인정하되 이것
을 넘어선 쾌락 추구[爲樂]에 대해서는 단호하게 거부했다고 할 수 있을
것이다.

3. 묵자의 "비악"에 대한 맹자의 대응: 음악의 본질은 도덕적 본성의 즐거움

맹자든 순자(荀子: B.C. 약 325~238)든 공자 사상의 계승자를 자임하는
사람들로서 위와 같은 묵자의 격렬한 비판에 대해 그저 침묵할 수는 없
었을 것이다. 순자는 아예 본격적으로 「악론(樂論)」이라는 편을 지어 묵
자의 견해를 조목조목 비판한다. 순자는 「악론(樂論)」의 첫머리에서 음악
[樂] 및 즐거움[樂]이란 인간 정감의 차원에서 빼놓을 수 없는 것임을 지
적하고 이어서 선왕(先王)이 음악을 지은 의도와 방식, 효과 등을 낱낱이
설명하고는 이러한 내용을 알지 못하고 음악을 비판하는 묵자는 잘못되
었다고 매 단락마다 쐐기를 박는다. 순자가 보기에 묵자는 검약함만을
중시하여 사회에는 차이와 등급이 있을 수밖에 없다는 것은 볼 줄 몰랐
던, 한마디로 세상이 돌아가는 이치를 제대로 알지 못하면서도 말에는
조리가 있어 세상 사람들을 현혹시켰던 사람[19]이며 실용적인 것을 강조
하는데 가리워져서 인간이 지니는 문화의 의미에 대해서 이해하지 못했

___

敢問, 古樂之如彼何也, 新樂之如此何也."

19 『荀子』 「非十二子」: "不知壹天下建國家之權稱, 上功用大儉約而僈差等, 曾不足以容辨異
縣君臣, 然而其持之有故, 其言之成理, 足以欺惑愚衆, 是墨翟宋銒也."

던 사람[20]이다.

그런데 맹자의 묵자에 대한 평가는 순자가 지적하는 방식과는 사뭇 다르다. 맹자가 보기에 묵자는 "정수리로부터 발뒤꿈치까지 온몸이 닳아 없어질지라도 남을 이롭게 하는 일이라면 하는 사람"[21]이다. 이 말은 아이러니하게도 묵자가 지녔던 헌신적인 구세의식을 집약적으로 드러내 준다. 맹자는 묵자가 자기 희생이라는 측면에서는 헌신의 정신을 극도로 발휘하였음을 인정하면서도 묵자의 방식이 인간의 삶에서 반드시 필요한 도덕성의 큰 축인 "부자 관계에 대한 고려를 잃었음[無父]"을 비판한다. 그런데 바로 이어서 맹자는 설사 양주·묵적에 비해 중도(中道)를 발휘했다 할 수 있는 유가적인 방식이라 할지라도 만약 유연성을 잃어 때와 장소에 맞게 변화하지 못하게 되면[無權] 그것 역시 하나만 고집하는 셈이며 결국은 도의 실현을 망치게 된다고 지적한다.[22] 이로부터 우리는 맹자가 유가의 기존 설명 방식을 고수하여 방어적인 자세로만 일관하여 묵자를 비판하려는 것이 아니라 열린 자세로 묵자 및 다른 학파들의 유가 비판을 수용하고 대처해나가려는 태도를 지니고 있음을 엿볼 수 있다.

맹자는 묵자 사상이 당시 대중들의 공감을 얻고 있다는 사실을 잘 알고 있으면서도 그의 학설에는 문제가 있다고 생각하였으며 묵자 사상이 가지는 문제점을 변별하여 논증하는 일이 당시 사람들에게 공자의 사상을 제대로 이해시키는 데 필수적이라고 보았다. 이를테면 '사람들이 선생님더러 잘 따진다고 하는데 어째서 그러느냐'고 묻는 제자에게 맹자는

---

20 『荀子』「解蔽」: "墨子蔽於用而不知文"

21 『孟子』「盡心上」: "摩頂放踵利天下, 爲之."

22 『孟子』「盡心上」: "墨子兼愛, 摩頂放踵利天下, 爲之. 子莫, 執中. 執中, 爲近之, 執中無權, 猶執一也. 所惡執一者, 爲其賊道也, 擧一而廢百也."

자신이 따지기를 좋아하는 것이 아니라 현 시점이 따지지 않을 수 없는 상황이기 때문이라고 해명하면서 묵자 학설에 대한 대결의식을 내보이기도 한다.[23] 묵자의 사상은 얼핏 보면 모든 사람들에 공평한 사랑을 주장하는 것 같지만 사실은 가장 기본이 되는 인간관계인 혈연관계에 대한 실감 없이 정당성만을 주장[24]하기 때문에 실제로는 보편적인 사랑의 실천으로 발전하기 어렵다. 맹자는 사람들이 '남을 사랑해야 한다'는 구호의 당위성을 납득하여 '남을 사랑하게 된다'기보다는 자기 어버이에 대한 사랑을 가슴 깊이 느껴서 그 진실한 마음을 미루어감으로써 남도 나의 어버이처럼 사랑할 줄 알게 된다고 보았기 때문이다.

묵자가 사람의 감관을 최대한 자극하기 위해 갖가지 악기와 도구가 대규모로 동원되어 연주되는 세련된 악무(樂舞)가 백성들의 삶을 해친다는 점에서 그 부당성을 고발하고 있다면, 맹자는 음악이 생겨나온 소박한 근원으로 돌아가 음악을 논하며, 인간의 삶으로부터 자연스럽게 우러나오는 즐거움이 음악정신의 근본을 구성해야 한다는 분명한 입장을 취한다.

인(仁)의 실질적인 내용은 어버이를 잘 섬기는 것이며 의(義)의 실질적인 내용은 손윗사람을 잘 따르는 것이다. …악(樂)의 실질적인 내용은 이 두 가지를 즐거워하는 것이다. 즐거워하게 되면 샘솟듯 생겨나게 되고, 한번 이러한 마음이 생겨나게 되면 그만둘 수 없게 되고, 그만둘 수 없게 되면 의식하지

---

23 「孟子」「滕文公下」: "公都子曰, 外人, 皆稱夫子好辯, 敢問何也? 孟子曰, 予豈好辯哉? 予不得已也. … 聖王不作, 諸侯放恣, 處士橫議, 楊朱,墨翟之言盈天下. 天下之言, 不歸楊, 則歸墨. 楊氏爲我, 是無君也; 墨氏兼愛, 是無父也." 이 구절에서 맹자는 양주와 묵적의 언론이 득세한 현실을 타개하기 위해 "어쩔 수 없이[不得已]" 논변에 응하는 것이지 결코 자신이 논변 자체를 좋아하는 것이 아니라고 해명한다.

24 이것이 맹자가 말하는 "墨氏, 兼愛, 是無父也"의 실질적인 내용이라고 할 수 있다.

못하는 사이에 발을 구르고 손을 저으며 춤추게 될 것이다.[25]

맹자가 보기에 음악이 중요한 것은 진실한 정감에 기초하여 우리의 도덕성을 자연스럽게 계발시켜 주기 때문이다. 사람의 삶은 복잡다단하지만 근본으로 돌아가 보면 하늘이 맺어준 인간관계인 가족관계[親親]와 의리에 따라 맺어지는 인간관계인 사회적 관계[尊尊], 이 둘에 불과하다. 이 두 가지 관계에서 벗어날 수 있는 사람은 없다. 음악은 가장 원초적으로 인간이 살면서 느끼는 즐거움의 표현이다. 그런데 자기의 욕심을 채웠을 때 느끼는 만족감과는 달리 자신의 본성을 충족했을 때의 즐거움은 한없이 자라날 수 있는 것이다. 사람이 즐거움을 느끼면 읊조리게 되고 노래를 읊조리는 것으로 부족하면 저도 모르게 덩실덩실 춤추게 되는 것은 자연스러운 정감의 표현이다. 묵자의 "겸애(兼愛)"가 성공할 수 없는 것은 사람들이 기본적 인간관계에서 느끼는 정감을 무시했기 때문이며 "비악(非樂)"이 힘을 얻을 수 없는 것은 사람에게서 진실한 정감을 없앨 수 없기 때문이다.

맹자가 묵자를 비판하는 근거는 한편으로 이와 같이 사람의 진실한 정감에 대한 신뢰에서 나오며, 다른 한편으로는 지식인의 역할에 대한 자각으로부터 나온다고 할 수 있다. 세상에는 지식인으로서 살아가는 사람도 있고, 생산자로서 살아가는 사람도 있는데 한 사람이 이것도 하고 저것도 모두 다 맡을 수는 없다. 사람들 모두의 필요와 욕구를 만족시켜주려면 어떤 방향으로 국가를 이끌어가야 하며 어떻게 인간관계를

---

25 『孟子』「離婁上」: "孟子曰, 仁之實, 事親是也. 義之實, 從兄是也. 智之實, 知斯二者弗去是也. 禮之實, 節文斯二者是也. 樂之實, 樂斯二者, 樂則生矣, 生則惡可已也, 惡可已, 則不知足之蹈之, 手之舞之."

조정해야 할지를 노심초사(勞心焦思) 고민하는 사람이 있다면 사람에게 필수적인 재화를 생산하기 위해 밤낮으로 땀 흘리는 사람이 있다. 생산을 위해 땀도 흘리지 않고 노심초사 세상을 걱정하지도 않으면서 놀며 먹는 사람이 있다면 이것은 큰 문제겠지만, 맹자는 역사를 고찰하고 미래를 내다보며 세상을 경영하는 사람 없이는 땀 흘려 일하는 사람의 진정한 만족도 이룩될 수 없다고 보는 유가(儒家)이다.

천하를 다스리는데 혼자서 농사도 짓고 동시에 정사도 볼 수 있겠는가? 대인의 일이 있고 소인의 일이 있다. … 어떤 사람은 마음으로 수고하고 어떤 사람은 근력을 써서 수고하니, 정신노동을 하는 사람은 다른 사람들을 다스리고 육체노동을 하는 사람은 다른 사람들의 다스림을 받게 마련이고, 남에게 다스림을 받는 사람은 생산에 종사하여 다른 사람들에게 먹을 것을 주고 남을 다스리는 사람은 다른 사람들이 생산한 것을 먹게 마련이니 이것이 천하에 두루 통할 수 있는 원리이다.[26]

위의 인용문은 자칫하면 오해를 살 수 있으나, 맹자의 의도는 마음으로 수고하는 사람[勞心者]과 힘으로 수고하는 사람[勞力者]을 본성의 차원에서 나누려는 것이 아니라, 어느 사회에나 존재하는 노심자(勞心者)와 노력자(勞力者)의 사회적 역할의 차이를 설명하려는 것이며 간접적으로는 사회적 혼란을 해결해야 할 지식인으로서 자신의 역할에 대한 사명감을 피력하기 위한 것이기도 하다. 맹자는 묵자와 마찬가지로 춘추

---

26 『孟子』「滕文公上」: "然則治天下獨可耕且爲與? 有大人之事, 有小人之事. 且一人之身, 而百工之所爲備. 如必自爲而後用之, 是率天下而路也. 故曰, 或勞心, 或勞力; 勞心者治人, 勞力者治於人, 治於人者食人, 治人者食於人, 天下之通義也."

전국시대라는 혼란기를 겪었으나 그 해법과 포부는 서로 다르다. 맹자가 꿈꾸었던 참된 지식인은 최소한 500년을 단위로 역사와 사회를 조감할 수 있는 인물[27]이다. 그렇게 되기 위해서는 손발을 부지런히 놀려 땀흘리는 정직한 노력을 상회하는 끊임없는 자기 연마의 과정이 필요할 것이며, 자신이 맞이한 시대에 대한 깊고 넓은 이해를 가지기 위한 반성적 사유의 과정을 거쳐야 할 것이다. 그는 이런 점에서 대단한 자부심을 가지고 있었다. "아직 하늘이 천하를 태평성대로 만들고자 하지 않을 뿐이지, 만약 천하를 태평성대로 만들겠다고 한다면 오늘날 이 시대에 나를 젖혀두고 그 누가 있을 것인가?"[28]라는 말에서 엿볼 수 있듯이, 맹자는 끝내 현실정치에 참여하여 뜻을 펴지는 못했지만 포부만큼은 원대하고 당당하였다.

맹자의 묵자 비판이 남다른 점은 그가 묵자의 비판을 정면으로 받아서 위정자의 입장이 아닌 백성들의 입장에 서서 소박한 음악이 지니는 본성으로부터 논의를 시작한다는 점이다. 그는 당시의 제후들이 추구하던 궁중 음악의 세련화를 정당화해주지도 않지만 그렇다고 당시의 유가들이 했던 것처럼 선왕의 음악으로 돌아가라고 고답적인 설교를 늘어놓지도 않는다. 그 대신 지위고하에 관계없이 음악의 본질이란 내면의 도덕성에 대한 즐거움이라고 단언하고, 과연 제후들이 현재 즐기는 음악이 백성들과 함께 즐길 수 있는 음악인지를 묻는다. 음악을 천하를 경영하는데 유효한 도구로 파악하고 대일통(大一統)이라는 시대적 대세를 준거삼아 옹호해나간 순자와는 구별되는 대응방식이다. 맹자는 당시 문헌

---

27 『孟子』「公孫丑下」: "彼一時, 此一時也. 五百年必有王者興, 其間必有名世者. 由周而來, 七百有餘歲矣. 以其數則過矣, 以其時考之, 則可矣."

28 『孟子』「公孫丑下」: "夫天, 未欲平治天下也, 如欲平治天下, 當今之世, 舍我其誰也?"

을 통해 겨우 명맥이 유지되고 있던 아악(雅樂)의 특징과 효과를 들어 음악을 옹호하는 대신에, 질동이를 두드리는 음악이든 관악기와 현악기로 연주하는 음악이든 온갖 악기와 무용으로 반주하는 음악이든 그것이 음악이라면 없을 수 없는 즐거움을 기초로 묵자 비악 사상의 협소함을 나무란다.

4. 맹자의 음악 사상: 백성과 더불어 즐길 수 있는 음악

묵자 사상을 가지고는 인간다움을 온전히 실현하기 어렵다고 생각하여 적극 비판하면서도 묵자의 음악 비판의 근저에 깔려 있는 백성들의 신음소리를 외면할 수 없었던 맹자는 유가 악론을 피상적으로 이해하는 사람이라면 일대 전환이라 생각할 법한 음악 사상을 전개하였다. 선왕의 음악이니 세속의 음악이니 하는 구분이 중요한 것이 아니라 음악의 즐거움을 윗자리에 있는 사람이나 아래에 있는 백성들이 두루 공유하는 것이 더욱 중요하다는 여민동락(與民同樂)의 관념을 제기한 것이다.

"왕께서 일전에 장포에게 음악을 좋아한다고 말씀하신 일이 있습니까?" 제선왕(齊宣王)이 얼굴빛이 달라지며 말했다. "과인은 선왕의 음악을 좋아할 줄 아는 것이 아니라 단지 세속에서 유행하는 음악을 좋아할 뿐입니다" 맹자가 말했다. "왕이 음악을 깊이 좋아하신다면 제나라는 아마 잘 다스려질 수 있을 것입니다. 오늘날 유행하는 음악은 옛날 선왕이 지으신 음악과 다를 것이 없습니다." 제선왕이 말했다. "무슨 말씀인지 이야기해주시겠습니까?" 맹자가 말했다. "혼자 음악을 즐기는 것과 다른 사람과 함께 음악을 즐기는 것 가운데 어느 것이 더 즐겁겠습니까?" 제선왕이 말했다. "다른 사람과 함께 하는 것이 더 즐겁겠지요." 맹자가 말했다. "몇 안 되는 사람들과 즐기는 것과 많은 사람들과 더불어 음악을 즐기는 것 가운데 어느 것이 더 즐겁겠습니까?" 제선왕이 말했다. "많은 사람들과 함께 하는 것이 더 즐겁겠지요." 맹자가 말했다. "청컨대 음악의 즐거움에 대해 말씀드리겠습니다. 만약 왕께서 음악을 연주하며 즐기고 있는데 백성들이 왕이 즐기는 종과 북, 젓대와 피리로 연주하는 음악소리를 듣고서 모두들 머리 아파하며 이맛살을 찌푸리며 서로에게 이야기하기를 '우리 임금은 음악을 즐기면서 어째서 나를 이 지경에 이르게 하였는가? 부모 자식 간에도 서로 만날 수 없고 형제와 처자식도 뿔뿔이 흩어져 버렸네.'라고 한다면 … 이것은 다름이 아니라 백성들과 즐거움을 함께 하지 않았기 때문입니다. 만약 왕께서 음악을 연주하며 즐기고 있는데 백성들이 왕이 즐기는 종과 북, 젓대와 피리로 연주하는 음악소리를 듣고서 모두들 희희낙락 기쁜 얼굴로 서로에게 이야기하기를 '우리 임금께서 아픈 데가 없으신가 보다. 그렇지 않다면 어떻게 음악을 연주하실 수 있겠는가'라고 한다면 … 이것은 다름이 아니라 백성들과 즐거움을 함께 했기 때문입니다. 만약 왕께서 백성들과 즐거움을 함께 하신다면 천하에서 왕 노릇하실 수 있을 것입니다."[29]

윗글의 첫머리는 「악기」에 나오는 위문후(魏文侯)와 자하(子夏)의 대화와 선명한 대비를 이룬다. 의관을 가다듬고 고악(古樂)을 듣고 있노라

---

29 『孟子』「梁惠王下」: "王嘗語莊子以好樂, 有諸? 王變乎色, 曰, 寡人非能好先王之樂也, 直好世俗之樂耳. 曰, 王之好樂甚, 則齊其庶幾乎! 今之樂, 猶古之樂也. 曰, 可得聞與? 曰, 獨樂樂, 與人樂樂, 孰樂? 曰, 不若與人. 曰, 與少樂樂, 與衆樂樂, 孰樂? 曰, 不若與衆. 臣請爲王言樂. 今王鼓樂於此, 百姓聞王鐘鼓之聲, 管籥之音, 擧疾首蹙頞而相告曰, 吾王之好鼓樂, 夫何使我至於此極也? 父子不相見, 兄弟妻子離散. … 此無他, 不與民同樂也. 今王鼓樂於此, 百姓聞王鐘鼓之聲, 管籥之音, 擧欣欣然有喜色而相告曰, 吾王庶幾無疾病與? 何以能鼓樂也? … 此無他, 與民同樂也. 今王與百姓同樂, 則王矣."

면 졸음이 쏟아지는데 정위지음(鄭衛之音)을 듣고 있노라면 피곤한 줄을 모르겠다고 털어놓는 위문후에게 자하는 그건 음조[音]만을 알 뿐 덕음(德音)으로서의 악(樂)을 이해하지 못하기 때문이라고 일러주고는 정(鄭)나라, 송(宋)나라, 위(衛)나라, 제(齊)나라 음악 모두 제사에서 사용해서는 안 될 음악이라고 주의를 덧붙인다.[30] 즉, 즐겁든 지루하든 상관 없이 "고악"은 마땅히 들어야만 하는 음악이고 "세속지악"은 금지해야 하는 음악이라는 것인데 이것이 유가의 대표적인 입장으로 흔히 알려져 있다. 이러한 맥락에 견주어 보면 선왕의 음악이냐 세속의 음악이냐를 가릴 것 없이 백성들과 즐거움을 함께 할 수만 있다면 무방하다는 맹자의 발언은 파격적인 것으로 보인다. 나아가 맹자는 아악이 되었든 속악이 되었든 음악을 즐거워할 수 있는 마음가짐을 가지고 있다는 사실은 본성에서 우러나온 정감을 통해 다른 사람의 심정에 공감할 수 있다는 점에서 일단 바람직한 것으로 간주하고 오히려 이를 말미암아 미루어 가면 왕업을 이룰 수 있는 가능성을 지닌 것으로 평가한다.

이것은 묵자의 비판을 수용하면서도 음악의 본질에 대해 깊이 반성한 결과 나오게 된 견해라고 생각된다. 백성들의 감흥이 없다면 당시 위정자들이 대규모 악대를 동원하여 즐기던 세속지악은 물론 고대 성왕으로부터 전해져 내려온 음악이라 할지라도 아무리 뛰어난 연주자가 아무리 공들여 제작한 악기를 써서 제아무리 고매한 스타일로 연주한다 해도 공허할 뿐이다. 본래 선왕이 음악을 창작한 참뜻 역시 지위와 처지가 서로 다른 사람들의 마음을 화합하는 데 있었으므로[31] 만일 선왕의 음악을 우

---

30 『禮記』「樂記」魏文侯 참조.

31 『禮記』「樂記」樂化 참조. "是故樂在宗廟之中, 君臣上下同聽之則莫不和敬, 在族長鄕里之中, 長幼同聽之則莫不和順, 在閨門之內, 父子兄弟同聽之則莫不和親. 故樂者審一以定和, 比物以飾節, 節奏合以成文. 所以合和父子君臣, 附親萬民也, 是先王立樂之方也."

아하게 감상할 줄만 알고 고통에 허덕이는 백성들에 대해서 무관심하다면 그것은 허위의식에 불과하다. 제례작악(制禮作樂)의 시원을 들여다보더라도 그것은 하늘에서 뚝 떨어진 것이 아니라 천하 사람들과 기쁨과 슬픔을 같이 함으로써 천하 사람의 마음을 얻은 이가 천자가 되고 난 후 그 공감할 수 있는 정서를 음악에 담은 것이므로 이러한 음악은 시대에 따라 변화하지 않을 수 없는 것이다.[32]

하지만 맹자의 이러한 생각이 흔히 생각하듯 공자 음악 사상에 대한 부정으로 이어지는 것은 결코 아니다. 반대로 공자 음악 사상의 속내를 들여다볼 수 있게 해준다. 이것은 『논어』에서도 찾아볼 수 있는 생각이다. 공자는 예와 악의 중요성을 강조하면서도 그것이 실질적인 의미를 잃어버리고 표면적인 형식에 그치게 될까봐 우려했었다.

사람으로서 사람답지 못하다면 예는 해서 무엇하며 사람으로서 사람답지 못하다면 음악은 해서 무엇하리오[33]

예라 예라 하는데 그것이 옥과 비단 같은 예물을 두고 하는 말이겠는가? 음악 음악 하는데 그것이 종과 북과 같은 악기를 두고 하는 말이겠는가?[34]

유가에서 예악을 말하는 것은 사람다움을 개인적으로 실현할 뿐 아니라 사회적으로 확대하기 위해서이다. 묵자가 비판하듯이 백성의 피땀으

---

32 『禮記』「樂記」樂禮: "王者功成作樂, 治定制禮. 其功大者其樂備, 其治辯者其禮具. 干戚之舞非備樂也, 孰亨而祀非達禮也. 五帝殊時, 不相沿樂, 三王異世, 不相襲禮. 樂極則憂, 禮粗則偏矣. 及夫敦樂而無憂, 禮備而不偏者, 其唯大聖乎?"

33 『論語』「八佾」: "子曰, 人而不仁, 如禮何? 人而不仁, 如樂何?"

34 『論語』「陽貨」: "子曰, 禮云禮云, 玉帛云乎哉? 樂云樂云, 鍾鼓云乎哉?"

로 이루어진 재물을 쏟아 부어 특정 계급만이 향유하도록 만들어진 음악이라면 사람다움의 사회적 실현을 가로막는 것이므로 공자가 찬성했을리가 없다. 공자가 당시의 전통적인 음악이었던 "아악(雅樂)"을 중시했던것은 그 음악에 깃든 정신을 소중하게 여겼기 때문이며 악기의 편성 등과 같은 표면적 형식을 고수하고자 연연했던 것은 아니다. 공자가 제나라에서 들었다는 '소(韶)' 음악 역시 순(舜) 임금 당시의 형식을 그대로 따르고 있었을 리 만무하고 당연히 당시의 제나라 악공들에 의해 재해석되고 변형된 음악이었을 테지만 다행히 그 음악의 원형을 잘 살려 순임금의 정신과 아취를 느낄 수 있게 승화시킨 연주였기에 공자가 그토록 깊이 감동을 받았다[35]고 보아야 할 것이다.

이로부터 볼 때 맹자의 '여민동락(與民同樂)'의 음악사상은 공자의 음악사상을 계승하여 전개시킨 것으로서, 그야말로 글자에 얽매이지 않고마음으로 작자의 뜻을 이해하고자 하는 "이의역지(以意逆志)"[36]의 방법론을 가지고 공자를 절묘하게 이해해낸 결과라고 할 수 있을 것이다. 공자를 계승하는 방법에는 공자가 남긴 말 한마디 한마디를 견고하게 부여잡는 방법도 있지만 공자의 함축적인 말과 말 사이에 숨어있는 뜻을 살려내는 방법도 있을 것이다. 후대에 예악 사상이 전개될수록 악(樂)이 예(禮)에 종속되는 양상을 띠게 됨에 따라 공자의 음악사상이 본래 의도와달리 오해되곤 했던 것을 생각한다면, 공자 사상을 맹자의 방식으로 고찰해보는 일은 우리에게 유가 악론을 이해하는 또 다른 시야를 열어줄수 있다고 본다.

---

35 『論語』「述而」: "子在齊聞韶, 三月不知肉味, 曰, 不圖爲樂之至於斯也." 공자가 제나라에서들었던 소 음악에 대해서는 朴素晶, 『流動的音樂思維—先秦諸子音樂論新探』, 北京: 中國人民大學出版社, 2016, 60~71쪽 참조.

36 『孟子』「萬章上」: "故說詩者, 不以文害辭, 不以辭害志. 以意逆志, 是爲得之."

5. 맺는 말

이제까지 맹자의 '여민동락(與民同樂)' 사상은 묵자의 유가 악론 비판에 대한 대응이자 자기비판의 결과로서 형성된 것임을 보였고, 이것이 공자의 음악사상을 모순 없이 원만하게 이해하는 데 중요한 고리가 될 수 있음을 설명했다. 이로써 밝혀진 내용들은 유가 악론의 새로운 면모를 보여준다. 맹자의 악론은 공자 예악론의 두 갈래 방향 가운데 반성적 계승이라고 할 수 있으며, 어떤 의미에서는 유가의 예악 사상이 후대에까지 지속적으로 설득력을 가지면서 영향을 줄 수 있게 만든 숨은 공로자라고도 말할 수 있다. 공자의 악론이 보여주는 함축적이나 단편적인 언급에 대해 그 의미를 풍부하게 만듦으로써 생명력을 불어넣어주었기 때문이다.

오늘날 유가 악론을 대표하는 저작으로 첫손 꼽히는 「악기(樂記)」는 "서한 중기 이전의 유가들이 음악[樂]을 논한 종합적인 저작이며, 주로 순자학파의 작품"[37]이라고 볼 수 있다. 그런데 공자가 '악(樂)'에 대해서 한 말은 간략하고 함축적이라 해석의 여지가 많으나, 순자의 경우 "소리[聲] 가운데 무릇 아성(雅聲)이 아닌 것은 모두 폐지해야 한다"[38]고 주장하는 등 선왕의 음악에 우선권을 부여함으로써, 자칫하면 유가 음악론이 실제 음악의 전개에서 생겨날 수밖에 없는 자연스러운 변화를 거부하고 무비판적인 전통의 고수(固守)나 편협한 자기 방어인 것으로 여겨지

---

37 孫堯年, 「〈樂記〉作者問題考辨」『〈樂記〉論辨』(人民音樂出版社編輯部編), 北京: 人民音樂出版社, 1983, 148~175쪽 참조. 孫堯年은 공자의 제자인 子夏 일파가 계승한 예악설이 순자에게로 이어져 크게 발양 광대되었으며 그의 견해를 충실히 체현하고 있는 것이 「악기」라고 본다.

38 『荀子』「王制」: "聲, 則凡非雅聲者擧廢"

게 만들 가능성이 있다.

맹자는 고압적으로 대응하는 데에서 벗어나 정직하고 소박하게 다가간다. 그는 "오늘날 유행하는 음악은 고전적인 음악과 그 정신에 있어서 다를 것이 없다[今之樂, 由古之樂]"는 생각을 피력하며 시시각각 아래로부터 불어 닥치는 음악적 변화에 늘 열려 있고자[39] 하였고 "백성들과 함께 음악을 즐긴다[與民同樂]"는 선언을 통해 특정 계층이 부당하게 음악을 독점해서는 안 되며 음악의 본래적 기능을 다할 수 있으려면 백성들과 함께 즐기고 공감대를 형성할 수 있어야 한다는 점을 지적했다. 이런 점에서 맹자 역시 분명 음악의 사회적 기능에 주목했다고 할 수 있겠으나 악론의 방향과 양상은 이제까지 흔히 논의되었던 방식과는 딴판으로 나타난다. 이제껏 유가 악론(樂論)의 핵심이 선왕이 지은 음악을 통해 백성들을 교화하고 풍속을 아름답게 하려는 데 있다고 보아왔다면 이것은 위에서 아래로 베풀어지는 형태를 띨 수밖에 없으나, 맹자가 제시한 것은 백성의 목소리에 귀를 기울이고 그들이 즐거워하는 음악을 통해 음악 정신이 발휘되고 완성되는 방식이기 때문이다. 예악사상이 지속적으로 전개될 수 있기 위해서는 여민동락적인 발상이 반드시 필요하다는 의미에서 맹자는 공자의 예악사상이 현실화될 수 있는 가능성을 열어주었다고 할 수 있다.

본고에서는 문헌자료를 토대로 맹자의 여민동락의 음악사상의 의미를 밝혀보았다. 그런데 이 논의는 흥미롭게도 실제 음악에서 구현된 사

---

39 실제 음악의 양상에 있어서는 동서고금을 막론하고 클래식과 대중음악이니 고급음악과 통속음악이니 하는 구분이 늘 있어왔다. 雅樂과 鄭聲, 正樂과 民俗樂, 先王之樂과 世俗之樂, 古之樂과 今之樂, 古樂과 新樂 등 기준을 어떻게 세우느냐에 따라 다양할 수 있는 대립항들 가운데 어느 조합을 선택하든 음악의 실제에 있어서 이 양항은 서로 넘나드는 관계일 수밖에 없다.

례를 통해 더욱 발전적으로 전개될 수 있다. 우리나라 전통음악 가운데 세종 때 창제되어 지금까지도 연주되고 있는 〈여민락(與民樂)〉이라는 악곡이 있다. 논자는 〈여민락(與民樂)〉이라는 제목은 맹자의 음악관과 무관할 수 없다고 본다. 맹자의 음악론과 〈여민락(與民樂)〉이라는 악곡의 창작과 계승을 둘러싼 포부와 지향, 그리고 음악의 실제와 이론적 지향의 일치의 문제 등은 앞으로 심층적으로 논의해야 할 과제로 남겨둔다.

맹자의 인성(人性) 개념에 대한 주자학적 해석

안재호(중앙대학교 인문대학 철학과 교수)

1. 이끄는 말

인간의 본성에 대한 논의는 동서고금을 통해 다양하게 진행되었다. 그중에서도 특히 유학의 인성론은 각 철학자의 이론체계를 결정하는 매우 중요한 요소였다. 맹자는 성선설을 주장하여 인간의 가치와 존엄성을 확보했고, 순자는 비록 인간의 도덕적 완성 가능성을 인정했지만 성악설을 주장해서 도덕가치의 의의와 도덕실천의 능동성에 문제를 야기하기도 했다. 그 밖에도 '생지위성(生之謂性)'의 전통을 따라 무선무악론(無善無惡論)이나 삼품설(三品說), 혼재설(混在說) 등이 등장하기도 했지만, 송대(宋代)에 이르러 유학의 전통이 다시 세워지는 과정에서 맹자의 성선설을 기초로 하는 주장들이 나타나 기타 인성론들을 일소(一掃)해버렸다.

송대의 신유학은 맹자의 성선설을 철학적 신념으로 견지했지만, 시대적 요청에 따라 형이상학 체계를 건립해야 했고 그 과정에서 보편적이고 절대적인 성 개념만이 아니라 현실에서의 구체적인 개체성에 관해서도 설명해야 하는 필요가 생겼다. 그에 따라 장재는 보편적이고 절대적인 천지지성(天地之性)을 위시해서 본능적 욕구를 위주로 하는 공취지성(攻取之性), 그리고 개체의 특성을 표현할 수 있는 기질지성(氣質之性) 등의 개념을 제기하였다. 정이와 주희는 이런 성 개념들이 현실적 정합성을 가질 수 있도록 하나의 체계 안에 모두 수용했다. 그런 체계에서 보았을 때, 맹자 성선의 성은 "성의 근원"(정이)이요 "성의 본체"(주희)로, 보편적이고 절대적인 천지지성에 해당한다. 그러나 천지지성은 기실 천지만물에 공통적인 존재 기반으로, 사람만의 특성[人之所以爲人]을 주장한 맹자의 인성과는 사뭇 다른 개념으로 이해될 수 있다. 맹자의 인성 개념은, 정주(程朱)의 논리를 따른다면, 오히려 현실적 인간의 본성이기 때문에 기질지성이라고 보아야 타당할 듯하다. 그렇다면, 정주는 맹자의 인성 개념을 잘못 정의한 것인가?

이런 의문을 해결하기 위해서 우리는 우선 송대 유학자 중에서 가장 먼저 여러 가지 성 개념을 제시한 장재의 사상을 간략하게 살펴보고, 정이와 주희의 두 가지 성 개념을 고찰하여 그들의 주장이 어떤 체계 안에서 어떻게 이루어진 것이며 또 무슨 의미를 갖는지 차례대로 검토하도록 하겠다.

2. 장재(張載)의 삼성설(三性說)

장재에게는 사실 네 가지 성 개념이 있었다.[1] 천성(天性), 천지지성, 공

---

1 이하 장재의 성 개념에 관한 내용은 필자의 다음 논문을 수정 정리한 것이다. 「장재 性命學說

취지성, 기질지성 등이 그것인데, 이 중에서 천성은 모든 성 개념을 포함하는 것이기 때문에 장재의 성론에서는 일반적으로 크게 다루지 않는다.

장재는 우선 천(天)과 도(道)와 성(性)을 다음과 같이 정의했다.[2] 본체인 기(氣)로 충만한 천은 기의 가장 근본적인 상태인 태허(太虛)로부터 설명될 수 있고, 과정과 규율을 뜻하는 도는 근본적인 태허에서 운동 변화가 일어남을 뜻하는 기화(氣化)에 의해 설명될 수 있다. 그리고 성은 "허"와 "기"로 설명할 수 있는데, 이때의 허는 위에서 말한 태허요, 기는 바로 기화를 가리킨다.[3] 태허는 본체의 정적인 측면[無·虛]을 대표하고, 기화는 그 본체가 지닌 운동성에 근거한 유행과정으로 동적인 측면[有·實]을 나타낸다. 이런 두 측면을 합하여 성이 이루어졌다면, 성에는 본체와 동일한 체용(體用)이 갖춰져 있을 것이다. 그래서 장재에 의하면, 본체 자신이 지닌 동력으로 만물을 낳고 기르는 측면(형이상의 실현원리)을 강조해서 신(神)이라 하고, 본체가 만물을 낳고 기르는 과정과 규율을 설명하여 도(道)라 하며, 세상의 모든 존재가 존재할 수 있도록 하는 근거를 가리켜 성(性)이라 한 것이다.[4] 이는 본체의 입장에서 설명한 것인데, 인간의 입장에서 볼 때 우리의 천부적 본성은 형이상의 실현원리인 '신'이 표현된 것으로 '신' 자체와 동일한 것(신의 개체적 구체화)이기 때문에 그 원리의 실현과정과 질서를 대표하는 '도'와 맞닿을 수 있고, 나아가 각 개체가 품수 받은 기질에 차이가 난다고 해도 이런 본성의 실현을

비판」(중국학보제65집, 2012년6월, 413~432쪽)

2 「太和」(『張載集』)의 『正蒙』, 臺北: 漢京, 1983), 9쪽: 由太虛, 有天之名; 由氣化, 有道之名; 合虛與氣, 有性之名. 이후 『정몽』은 편명만 명기하고, 나머지는 『장재집』만 생략함.

3 왕부지, 『張子正蒙注, 太和篇』(長沙: 嶽麓書社, 1992), 33쪽 참조.

4 「乾稱」, 63-4쪽: 所以妙萬物而謂之神(說卦傳6장), 通萬物而謂之道, 體萬物而謂之性.

방해할 수는 없다.[5] 그래서 장재는 "성이란 만물의 동일한 근원으로, 내가 사사롭게 얻은 것이 아니다."[6]라고 말했다. 이런 성을 인간의 입장에서 살핀다면, 그 내용은 바로 선(善), 즉 도덕성이다. "성은 사람에게 있어 선하지 않음이 없다. 그가 잘 돌이키는지 돌이키지 못하는지에 달렸을 뿐이다."[7] 사람의 본성은 도덕성이자 선 그 자체이다. 다만 그것은 잠재성인 관계로 온전히 키워내야 하는 공부가 필요할 뿐이지, 선 이외의 다른 어떤 것일 수 없다.

이상과 같은 성 개념이 바로 이른바 천지지성이다. 그것은 보편적이고 절대적이다. 그런데 장재에게는 비록 천지지성처럼 절대적인 것은 아니지만 보편적이요 일반성을 띠는 성 개념이 하나 더 있으니, 그것은 바로 "공취지성"이다.[8] 장재에 따르면, 천지지성은 건(乾), 즉 본체의 작용성인 '신(神)'이 우리 안에 품부된 것이다. 그래서 그것을 "깊고 고요하게 하나인 것"이라고 표현했다. 그런데 우리의 몸은 곤(坤), 즉 유순하게 따르고 받아들이는 기운을 따라 이루어지고 "기가 하고자 하는바"를 바탕으로 하여 유지된다. 따라서 그것에는 나름의 규칙 혹은 조리가 있으며, 몸(이목구비) 자체가 원하는 것, 즉 본능과 같은 것이 있을 수밖에 없다. 장재는 이것을 공취지성이라 정의했다.[9] 그래서 "음식남녀는 모두

---

5 「誠明」, 21쪽: 天所性者通極於道, 氣之昏明不足以蔽之. 기질에 관한 설명은 아래에서 진행될 것임.

6 同上: 性者萬物之一源, 非有我之得私也.

7 「誠明」, 22쪽: 性於人無不善, 繫其善反不善反而已.

8 공취지성은 비록 氣에 속하는 것이지만, 적어도 생명체에게 있어서, 그 작용의 측면에 있어서는 필수불가결한 것이라는 의미에서 보편이요 일반이라고 말할 수 있을 것이다.

9 「誠明」, 22쪽: 湛一, 氣之本; 攻取, 氣之欲. 口腹於飮食, 鼻舌於臭味, 皆攻取之性也. 공취는 聚散과 같이 상대적인 개념으로 '밀어내거나 선택한다.'라는 의미이지 '공격하여 취한다.'라는 의미가 아니다.

성이다. 이것을 어찌 없앨 수 있는가?"[10]라고 말했다. 이런 측면에서 볼 때, 공취지성은 천지지성과 마찬가지로 보편적인 것이다. 이런 공취지성은 생리 욕구와 직접 연계되기 때문에, 이것만을 중시하여 추구하게 되면 본래의 도덕성을 상실하게 되는 부정적인 측면이 있다. 그러나 원초적인 의미에서 살피자면, 도덕실천 또한 삶의 활동이다. 따라서 공취지성에 따른 욕구의 만족은 삶의 자연스러운 표현이자 도덕실천의 기반이 되기도 하기 때문에 완전히 부정할 수는 없다. 최소한 건전한 삶을 위해 적절하게 추구되는 욕구는 마땅히 긍정되어야 한다.[11]

둘 다 기(氣)의 특성으로부터 규정되지만, 보편적인 공취지성과 달리 기질지성은 천지 만물의 개별적 특성을 나타내는 개념이다. 장재의 철학에서 그것은 또한 천지지성과도 다른 또 하나의 성이다. 기질지성은 개체의 특성을 표현할 수 있고, 나아가 종(種)과 류(類)의 본질 및 인간에게 악이 어떻게 발생할 수 있는지에 대한 존재론적 근거라고 할 수 있다. 그러므로 이 개념의 제시는 철학사적 의의가 매우 큰 장재의 공헌이라고 말할 수 있다.

장재에 따르면, 태허의 기체가 유행하여, 즉 기화를 통해 천지 만물들이 생성된다. 이는 달리 표현하자면, 초월적 본체인 기체가 시간과 공간의 제약속으로 들어가 운동하면서 특정한 형태와 성질을 형성하여 각각의 현실 사물들을 창생(創生)하는 것이다. 모든 현실적 존재는 형체를 갖춘 구체적인 존재이기 때문에 그 구체화의 조건, 즉 기질이라는 것이 등장하고 그 기질은 이미 본래의 천지지성으로부터 독립된 하나의 특성

---

10 「乾稱」, 63쪽: 飮食男女皆性也, 是烏可滅?

11 『橫渠易說·繫辭上』, 187쪽: 一陰一陽是道也, ……"百姓日用而不知." 蓋所[以]用莫非在道, 飮食男女皆性也, 但己不自察.

을 지니게 된다.[12] 세계의 현상적 다양성은 이렇게 확보되는 것이다. 기질지성은 개별적 특성이기 때문에 각각의 사물마다 서로 다르게 표현된다. 종적인 차이를 보자면, 사람은 그 기질이 "통하고 열리지만" 동식물을 포함한 사물은 "가리고 막힌" 기질을 갖는다. 나아가 같은 종에 속하는, 즉 모두 사람이지만 서로 다른 모습을 보이는 까닭은 그 기질에 "두텁고 얇은" 차이가 있기 때문이다. 이런 차이에 근거하는 다양한 모습은, 특히 사람에게 있어서는 성격("강하거나 부드럽고 느리거나 급하며")과 추구하는 것("지향과 식견")의 차이로 드러난다. 그러나 우리에게는 또한 보편적이고 절대적인 성체 – 천지지성이 갖춰져 있다. 이 천지지성을 온전히 실현해낸다면, 기질지성에 의한 우리의 여러 차별상 – 급하거나 느리고, 정열적이거나 온유함 등등 – 은 말 그대로 개성이 될 뿐, 어떤 장애가 되지 않는다.[13] 그래서 장재는 "형체 이후에 기질지성이 생긴다. 잘 돌이키면 천지지성이 존재한다. 그러므로 기질지성에 대해 군자는 성으로 여기지 않음이 있다."[14]고 말했다. 우리는 천지지성을 온전히 실

---

12 예를 들어, "氣有剛柔, 緩速, 淸濁之氣也, 質, 才也, 氣質是一物, 若草木之生亦可言氣質."(『經學理窟 · 學大原上』, 281쪽) 陳來에 의하면, "기 또한 자기만의 속성을 갖게 된다. 이는 마치 물의 본성이 비록 얼음에 부여되지만, 얼음 또한 자기만의 속성을 갖는 것과 같다." (송명성리학, 예문, 110쪽) 勞思光도 "기질 자체는 또 다른 '성'이 있다."(『新編中國哲學史』 第5冊[臺北: 三民, 1981], 182쪽)고 설명했다.

13 『橫渠易說 · 說卦』, 235쪽: 凡人剛柔緩急, 趣識無有同者, 此'乾道變化, 各正性命'也, 及盡性則皆忘之.

14 「誠明」, 23쪽: 形而後有氣質之性, 善反之則天地之性存焉. 故氣質之性, 君子有弗性者焉. "잘 돌이키면"이라는 표현 때문에 오해를 불러일으키기도 한다. 예를 들어, 박경환은 돌이킴은 회복이고, 회복이란 다른 것으로 변하는 것이 아니라 원래의 상태로 돌아가는 것이기 때문에, 기질지성이 천지지성과 다른 또 하나의 성이 아니라, 주희의 주장처럼 '기질 속에 천지지성이 들어간 것'이라고 생각했다.(『장재의 기론적 인성론에 관한 연구』[중국철학, 2001], 166-8쪽) 그러나 이는 큰 오해일 뿐이다. 이때의 돌이킴은 결코 기질지성 자체를 회복한다는 의미가 아니다. 기질지성을 원래의 상태로 돌이키고 회복시켜봐야 강유완급이나 지향과 성격일 뿐이니, 그것에서 어떻게 性體인 천지지성을 발견할 수 있겠는가? 돌이킴이란 마땅히 앞의 注7)에서 인용한 것처럼 '잠재성을 온전히 키워내는 것'을 가리킨다. 장재에게 있어 천지지

현해내어 기질지성으로 하여금 개성이 되게 할 수 있지만, 기질지성 자체를 맹자가 성선을 주장할 때의 그 본성이라고 말할 수는 없다. 장재는 맹자가 주장하는 인간의 본성을 천지지성에 근거하여 인식하였다. 물론, 천지지성은 인간만이 아니라 모든 존재에 보편적이요 공통적인 '성체(性體)'이다. 그러나 오직 인간 존재만이 훌륭한 기품(氣稟)을 받아서 그것을 온전히 실현해낼 수 있다.

궁극적 성체를 말한다면, 그것은 태허의 기로부터 설명되는 것이기 때문에 본래 조화로워 치우침이 있을 수 없다. 그러나 그것이 구체화하는 과정, 즉 시간과 공간이라는 제약 중에서 표현될 때는 본래의 조화와 온전함을 그대로 유지할 수 없다. 이처럼 구체적 경험 세계와 그 존재들은 한계를 지닐 수밖에 없고, 따라서 여러 다양한 현상이 나타나게 된다. 이를 다시 가치론적으로 적용한다면, 성체는 본래 순선무악(純善無惡)하지만 시공간의 제약과 구체화라는 과정을 거치면서 본래 그대로의 순선무악과는 별도의 다양한 개체적 품성을 형성하게 된다. 그리고 현실의 경험 세계에서는 선악을 말할 수 없는 본능인 공취지성이 기질의 참치(參差)에 따라 과불급하게 되고 그렇게 해서 선과 악이 나타나게 되는 것이다. 현실적 존재의 다양한 성격과 도덕을 실현할 수 있는 품성의 차이는 바로 이런 기질과 그 특성에 의해 결정된다. 그러나 우리는 이것 이외에 본래의 천지지성도 갖추고 있다. 그러므로 우리가 기질의 제약에 얽매이지 않고 근원적 '기체'의 조화로움을 회복하도록 노력한다면, '성체'를 온전히 할 수 있고 그에 따라 천도와 합일하는 경지에 이르게 될 것이다. 이렇게 되면 성체가 적절하게 정현(呈現)되어 기질과 거리낌

성과 기질지성은 결코 하나가 아니며, 확연히 구분되는 둘이다.

이 없어지고, 기질 자체도 막히지 않아 성체를 따르게 되는 것이다.[15]

종합하자면, 장재는 비록 모두 네 가지 성 개념을 언급했지만, 개체 사물의 입장에서는 결국 두 가지로 정리될 수 있다. 그것은 바로 지리(至理)로서 성체 그대로인 천지지성과 현상적 다양성을 설명하기 위한 조리(條理)로서의 기질지성이다. 전자는 절대적이고 보편적인 것으로 순선무악하며, 본능과 같은 공취지성과 결합하여 궁극적 본성을 표현하기도 한다. 후자는 형체가 이루어진 이후의 개별적인 것으로, 성체와는 별도의 자연적인 개체특성이며 선악과 무관한 공취지성과 달리 기의 치우침에 따라 선하기도 하고 혹은 그렇지 않기도 한 것이다. 그러므로 이 둘은 결코 하나일 수 없다.

3. 정이(程頤)와 주희(朱熹)의 이성설(二性說)

정이는 "성이 곧 리이다[性卽理]."라는 주장을 처음 제기했고, 주희는 이 주장이 유가사상의 근간이라고 여겼다. 여기에서 정주(程朱)가 말하는 성은 바로 장재의 천지지성으로, 그것은 장재에서와 같이 보편적이고 절대적인 것이기 때문에 세상 모든 것에 동일한 최후 근거라고 말할 수 있다. 그러나 정주는 기질의 편차에 의해 천지지성이 현실적으로 서로 다른 모습으로 표현될 수밖에 없는데, 이렇게 서로 다른 만물의 개별적 품성을 기질지성이라 명명했다. 이는 앞에서 살펴본 장재의 그것과 분명 차이가 있는 것이다. 아래에서 이를 좀 더 상세하게 설명해보자.

---

15 「誠明」, 23쪽: 人之剛柔, 緩急, 有才與不才, 氣之偏也. 天本參和不偏, 養其氣, 反之本而不偏, 則盡性而天矣. 性未成則善惡混.

정이가 생각하기에, 사람의 성이 서로 비슷하다는 공자의 주장은 품수받은 성을 말하는 것이지 '성의 근본'을 말하는 것이 아니다. 맹자가 말한 것이 바로 정확하게 성의 근본이다.[16] 즉, 맹자가 선(善)이라고 주장한 성이야말로 '궁극적인 근원의 성'을 가리킨다. 공자의 성은 "그저 성질지성(性質之性)일 따름이다. 세상 사람들이 성질이 급하다거나 느리다고 말하는 종류의 성과 같은 것인데, 성에 어찌 급함과 느림이 있겠는가? 여기에서 말하는 성은 생지위성(生之謂性)이다." 정이는 이처럼 맹자 이전의 전통적인 성 개념 – 생지위성을 성격 등을 가리키는 "성질지성"과 같은 것으로 여겼다. 그런데 "무릇 성을 말하는 곳에서는 반드시 그 뜻이 어디에 있는지 살펴야 한다. 게다가 인성이 선하다고 말한 것은 성의 본원을 가리키고, 생지위성은 그 품수받은 것을 논한 것이다."[17] 여기에서 알 수 있듯이, 정이는 본원으로서의 성과 생지위성, 즉 품수받은 재질[才]을 구분해야 한다고 생각했다.[18] 그러나 공자의 성 내지 고자 등이 주장한 전통적인 생지위성은 비록 '궁극적인 근원의 성'이 아니라 태어난 이후의 성이지만, 이 또한 성이 아니라고 부정할 수는 없다.[19] 그런데 "재질이라면 선도 있고 불선도 있지만, 성에는 불선이 없다."[20] 문제는 현실적 인간은 본성과 재질의 결합으로 구성된다는, 그래서 사람

---

16 『河南程氏遺書』(『二程集』, 中華書局, 1981), 卷第十九, 252쪽: "性相近也", 此言所稟之性, 不是言性之本. 孟子所言, 便正言性之本.

17 同上, 卷第十八, 207쪽: 只是性質之性, 如俗言性急性緩之類. 性安有緩急? 此言性者, 生之謂性也. 凡言性處, 須看他立意如何. 且如言人性善, 性之本也; 生之謂性, 論其所稟也.

18 同上: 須理會得性與才所以分處.

19 同上, 卷第三, 63쪽: 孟子言性, 當隨文看. 不以告子"生之謂性"爲不然者, 此亦性也, 彼命受生之後謂之性爾, 故不同. ……若乃孟子之言善者, 乃極本窮源之性.

20 同上, 卷第十九, 252쪽: 才則有善有不善, 性則無不善.

에게는 '궁극적인 근원의 성'만이 아니라 재질도 있다는 점이다. 이런 까닭에 정이는 "성을 논하면서 기를 말하지 않으면 완전하지 못하고, 기를 논하면서 성을 말하지 않으면 분명하지 못하다."[21]고 주장했다. 다시 말해서, 본성과 재질 이 둘을 모두 아우를 수 있는 개념으로 사람을 설명해야 비교적 완전한 설명이 된다는 것이다.

그런데 공자와 고자는 재질의 측면에만 입각하였고, 반면에 맹자는 순수한 본질만을 중시해서 그들 누구도 완전한 견해를 제출하지 못했다. 이에 따라, 제시된 개념이 바로 기질지성이다. 간단히 말해서, 기질지성은 순수한 본질과 선악으로 나뉘는 재질을 모두 아우를 수 있는 완벽한 성 개념인 것이다. 하지만, 앞에서 살핀 것처럼, 이런 개념은 장재가 제시한 것과는 거리가 있는 것으로, 정이의 창조적 재해석이라고 말할 수 있을 것이다. 이런 기질지성에 대해 그는 이렇게 말했다.

개와 소와 사람은 버리고 취할 바를 알아서 그 성은 본래 같지만, 형체로 제한되어서 고쳐질 수 없다. 마치 틈새로 비추는 햇볕처럼, (틈새의) 네모와 원은 바뀌지 않지만 그 빛은 하나인 것과 같다.[22]

형체가 바뀌면 성이 바뀌는데, 성은 바뀐 것이 아니라 기가 그렇게 하도록 한 것이다.

정이가 생각하기에, 세상 모든 존재 ― 개나 소나 사람을 막론하고 ― 의 본성은 동일하다. 이는 마치 햇볕이 네모난 창이나 둥근 창에 따라

21 同上, 卷第六, 81쪽: 論性, 不論氣, 不備; 論氣, 不論性, 不明.
22 同上, 卷二十四, 312쪽: 犬牛人, 知所去就, 其性本同, 但限以形, 故不可易. 如隙中日光, 方圓不移, 其光一也.
23 同上, 卷二十五, 323쪽: 形易則性易, 性非易也, 氣使之然也.

다른 모습과 면적으로 비치지만, 그것이 햇볕임에는 차이가 없는 것과 같다. 개나 소나 사람의 성은 모두 '리(理)'이다. 그러나 그 형체가 달라서 표현되는 형태도 다른 것이다. 그런데 형체는 품수받은 기, 즉 기질에 의해 이루어진다.[24] 그러므로 현실적인 각 종(種)의 본성은 기질의 직접적인 영향을 받게 되며, 이것이 바로 순수한 본질과 선악이 뒤섞인 재질의 결합인 기질지성인 것이다.[25]

주희는 정이의 이런 관점을 보다 분명하게 설명했다.[26] 그는 이렇게 말했다. "천명지성 혹은 본연지성[天地之性]을 논할 때는 전적으로 리를 가리켜 말하는 것이고, 기질지성을 논할 때는 리와 기를 함께 말하는 것이다."[27] 한마디로 말해서, 천지지성은 천리 그 자체의 또 다른 명칭이지만, 기질지성이란 천지지성이 기질의 영향을 받아 나타나는 현실적이고 현상적인 성품이다. 이를 보다 구체적으로 설명하면 아래와 같다.

주희의 근원적 형이상학 논리에 따르면, 천지 사이에는 리(理)도 있고 기(氣)도 있어서, 사람과 사물의 생성은 모두 천지의 기를 품수 받아 형체를 이루고 천지의 리를 품부 받아 본성을 이룬다. 따라서 사람의 본성

---

24 이하 참조. 同上, 卷第十九, 252쪽: 性出於天, 才出於氣, 氣淸則才淸, 氣濁則才濁. 『周易程氏傳』(同上), 卷第三, 889쪽: 生物萬殊, 睽也; 然而得天地之和, 稟陰陽之氣, 則相類也. 物雖異而理本同.

25 牟宗三은 정이의 기질지성이 "기품의 차이(여러 특색)에 대해 성을 말한 것이지, 주희처럼 義理之性이 기질 안에 떨어져 있는 것으로 해석한 것이 아니"(『心體與性體』(二), 315쪽)라고 주장했다. 그러나 우리의 인용문을 보았을 때, 정이는 비록 기질지성이라는 개념을 직접 사용하지 않았지만 분명 주희와 같은 생각을 하고 있었음을 알 수 있다. 唐君毅는 그것을 직접적으로 '기질지성'이라고 명명했다(『中國哲學原論性篇』[臺北: 學生, 1984], 355-6쪽). 또한 여기에서 정이의 기질지성이 "天命之謂性과 전혀 다른 또 하나의 성"(龐萬里, 『二程哲學體系』, 192쪽)이 아님도 분명하게 이해할 수 있다.

26 陳來는 본연지성과 기질지성의 관계에 대한 주희의 이해를 두 가지 인성론이 아니라 "일원론적이지만 다층적인 형식"(『朱子哲學硏究』, 華東師範, 2000, 208쪽)이라고 해석했다.

27 『朱文公文集』卷五十八, 「答鄭子上」14: 論天地之性則是專指理言, 論氣質之性則以理與氣雜而言之.

과 천지의 리 사이에는 직접적인 우주론적 연계가 생기게 된다. 이때, 천리가 개체로서의 사람과 사물에 품부되어 형성된 성을 천지지성이라 부른다. 그런데, 이는 사람에게 있는 천리와 같아서 '선'만 설명할 뿐 현실적인 '악'에 대해서는 설명하지 못한다. 주희는 악한 성품 또한 천지지성과 마찬가지로 선천적인 근거를 갖는다고 생각했다. 그것은 '기질(氣質)'로부터 형성된다.[28] 기질에는 청탁수박(淸濁粹駁)의 차이가 있고, 이에 따라 성의 본래 모습이 가려지고 끊기게 되는데, 이것이 결과적으로 악한 성품으로 나타난다는 것이다.[29] 현실 세계의 사람과 사물들은 그 성이 형성될 때 리와 기 둘 모두의 영향과 제약을 받는다. 따라서 그 둘, 즉 천지지성과 기질을 종합할 수 있는 개념이 등장해야 한다. 그렇게 해서 주희의 기질지성이라는 개념이 형성되었다. 이는 분명 장재의 그것과 다른 의미를 갖는 개념으로, 정이의 관점을 계승한 것이라고 할 수 있다. 주희는 이렇게 말했다.

"사람은 태어나면서 고요하다."라는 것은 미발일 때이고, "그 이전"이란 사람과 사물이 아직 생기기 전으로, 성이라고 말할 수 없다. 성이라고 말하는 것은 사람이 태어난 이후에 이 리가 형기(形氣) 안에 떨어져 들어온 것으로, 온전한 성의 본래 모습이 아니다. 그러나 그 본래 모습이라는 것은 또한 그것

---

28 주희는 기질을 이렇게 설명했다.
『朱子語類』卷十四, 林恪錄: 氣是那初稟的, 質是成這模樣了底. 如金之礦, 木之萌芽相似. 又云, 只是一箇陰陽五行之氣, 滾在天地中, 精英者爲人, 渣滓者爲物, 精英之中又精英者爲聖爲賢, 精英之中粗渣者爲愚爲不肖.

29 이런 내용을 설명하는 주희의 문장은 굉장히 많다. 아래에 몇 가지를 예로 들겠다.
『朱子語類』卷四, 潘時擧錄: 只說箇仁義禮智是性, 世間卻有生出來便無狀底, 是如何? 只是氣稟如此, 若不論那氣, 這道理便不周匝, 所以'不備'; 若只論氣稟, 這箇善這箇惡, 卻不論那一源處只是這箇道理, 又都'不明'. 同上, 滕璘錄: 人性皆善, 然而有生下來善底, 有生下來便惡底, 此是氣稟不同.

바깥에 있는 것이 아니므로, 사람들은 그것에서 그것과 섞이지 않은 것을 알아내야 한다.[30]

천리는 무소부재(無所不在)하지만, 그것이 성이기 위해서는 특정한 형기에 품부된 다음에야 가능하다. 그러나 성이 된 천리는 이미 형기에 진입했기 때문에 더 이상 자신의 순수한 모습을 견지하지 못하고 형기라는 기질의 제약을 받게 된다. 그런데 기질은 각각의 종과 류, 나아가 개체마다 상이하다. 따라서 경험 세계의 모든 사물의 성은 서로 다른 모습으로 드러나게 되는 것이다. 이것이 바로 기질지성이다. 그러므로 현실적으로는 기질지성으로부터 독립한 천지지성이란 있을 수 없다. 현상세계의 사람과 사물의 성은 오직 하나, 기질지성이 있을 뿐이다.

4. 맹자 성선(性善)의 성(性)과 정주(程朱)의 해석

맹자는 중국 고대의 전통적인 성 개념, 즉 생지위성(生之謂性)에 반대했고 그것을 비판했다. 여기에서 말하는 생지위성이란 생명활동을 유지할 수 있도록 자연스럽게 주어진 욕구와 그것을 실현할 수 있는 능력(자연속성)[生之自然之質]을 성(性)으로 규정한 것이다. 여기에는 식욕(食欲)과 색욕(色欲), 그리고 이성의 인지적 활동까지도 모두 포함된다. 그러나 맹자가 생각하기에, 그것들은 비록 사실적인 측면에서 인간과 동물을 구

---

30 『朱文公文集』卷六十一, 「答嚴時亨」: "人生而靜"是未發時, "以上"則人物未生時, 不可謂性, 才謂之性便是人生以后, 此理墮在形氣之中, 不全是性之本體矣, 然其本體又未嘗外此, 要人卽此而見得其不雜于此者耳.

별해줄 수 있을지라도, 즉 인간을 동물과 같은 차원에서 구분할 수 있을지라도 차원을 달리하는 인간의 가치를 동물로부터 구분해 낼 수는 없다. 그 활동 자체로 보자면, 식색과 인지적 활동 등은 인간만이 지닌 것이라고 할 수 없다. 그러나 그 활동의 표현은 분명하게 차이가 난다. 인간은 개처럼 먹거나 섹스하지 않고 이성 활동 또한 대단히 특출하다. 그 표현의 차이는 도대체 어디에 근거하는 것인가? 맹자는 오직 이런 차이가 드러나는 근거만이 인간을 인간이게 하는 특성으로서의 인성(人性)이라고 생각했다. 그는 이렇게 말했다.

> 사람과 동물이 다른 것은 단지 아주 적은 부분일 뿐으로, 일반사람들은 그것을 버리지만, 군자는 그것을 보존한다. 순임금은 사물의 도리를 이해하고 인간의 상정(常情)을 깨달아, 인의(仁義)로부터 행동했지 (외재적인 규범으로서의) 인의를 실천한 것이 아니다.[31]

인간도 동물이기 때문에 근본적으로 동물과 커다란 차이를 갖고 있지 못하다. 다만 아주 미세한 부분이 다를 뿐이다. 그러나 바로 이 미세한 차이가 인간을 다른 동물과 구분해주고 인간일 수 있게 하는 근거가 된다. 그것은 생지위성의 원칙으로는 설명되지 않는다. 그것은 우리에게 내재되어 있는, 그래서 여건만 주어지면 직접적으로 드러나는 인의(仁義) 등의 도덕성이다. 오직 이런 도덕성만이 인간을 인간일 수 있게 하는, 즉 다른 존재와 달리 자신의 존엄성과 가치를 표현해낼 수 있는 근거가 된다. 따라서 인성(人性)이란 바로 이런 도덕성일 뿐이다.

---

31 『孟子』(楊伯峻譯註, 香港: 中華, 1992), 「離婁下」19: 人之所以異於禽獸者幾希; 庶民去之, 君子存之. 舜明於庶物, 察於人倫, 由仁義行, 非行仁義也.

다른 한편, 맹자는 사물의 본성을 탐구하기 위해서는 이미 드러난 형적(形迹)을 살펴야 한다고 생각했다. 이미 드러난 형적이란 바로 그 자연스러운 형세를 따른 것으로 이를 통해 그 특성을 알 수 있기 때문이다. 사물의 본성을 이런 방식으로 살핀다면, 천 년 이후의 동지(冬至)도 알아낼 수 있을 것이다.[32] 인성(人性)에 대한 탐구도 마찬가지이다. 사람이 이미 드러낸 형적에 따라 그 자연스러운 형세를 살피기만 하면 우리는 충분히 그것을 알아낼 수 있다. 그렇다면, 인간이 그 자연스러운 형세에 따라 드러낸 형적은 어떠한가?

입은 맛있는 것을, 눈은 아름다운 것을, 귀는 좋은 소리를, 코는 향기를, 사지는 편안함을 (좋아하는 바), 이는 모두 자연속성[性]이다. (그러나 그것을 얻을 수 있는지의 여부는 스스로 어찌할 수 없는) 객관적 제약[命]이 따른다. 그래서 군자는 이것들을 본성이라고 말하지 않는다. 부자지간에서의 인, 군신지간에서의 의, 손님과 주인 사이에서의 예, 현자의 지혜, 성인의 천도 등등(의 실현)에는 모두 객관적 제약이 따른다. (그러나 그 실현여부를 떠나서 인간이 주체적으로 실천할 수 있는) 본성이 있기 때문에, 군자는 이것들을 객관적 제약이라 말하지 않는다.[33]

맹자는 인간이 그 자연스러운 형세에 따라 드러내는 형적에는 크게 두 측면이 있다고 생각했다. 그 하나는 이목구비 등의 감각기관과 그에

---

32 「同上」26: 天下之言性也, 則[法]故而已. 故者以利[順]爲本. …… 天之高也, 星辰之遠也, 苟求其故, 千歲之日至, 可坐而致也.

33 「盡心下」24: 口之於味也, 目之於色也, 耳之於聲也, 鼻之於臭也, 四肢之於安佚也, 性也, 有命焉, 君子不謂性也. 仁之於父子也, 義之於君臣也, 禮之於賓主也, 智之於賢者也, 聖人之於天道[天道之於聖人]也, 命也, 有性焉, 君子不謂命也.

따르는 욕망인데, 이는 생지위성의 원칙에 부합하는 것이다[장재의 공취지성]. 다른 하나는 인의예지와 같은 도덕성이다[천지지성]. 따라서 이 둘은 기본적으로 모두 인간의 성을 형성하는 것이라고 할 수 있다. 이처럼 맹자도 생지위성의 원칙을 무조건 반대하거나 비판하지는 않았다. 그렇지만 전자는 우선 인간을 가치의 차원에서 다른 동물들과 구별해주기 어려우며, 또한 그것을 "추구하는 데에도 일정한 방식이 있고, 획득하는 데에도 객관적인 제약[命]이 따른다. 이는 추구함이 그 획득에 도움이 되지 못하는 것으로, 추구하는 바가 외재적인 것이기 때문이다." 다시 말해서, 본능적 욕망을 만족시키는 일은 우리 인간에 의해 완벽하게 주재되는 것이 아니기 때문에, 인간이 인간일 수 있는 가치를 드러낼 수 없다. 맹자는 오직 후자만이 그런 가치를 표현해준다고 생각했다. 그것은 "추구하면 얻고 버리면 잃는다. 이는 추구함이 그 획득에 도움이 되는 것으로, 구하는 바가 내 안에 있기 때문이다."[34] 다시 말해서, 도덕성이란 우리 인간에 의해 완벽하게 좌우되는 것이며, 또한 인간을 인간답게 만드는 근거가 되는 것이다. 따라서 인의 등의 도덕성만이 인간을 특징짓는 진정한 본성이며, 그것이 선(善)임은 자명하다.

위와 같은 맹자의 인성 개념에 대해, 정이는 "맹자가 말한 것이 바로 성의 근본이다."[35]라고 말했고, 주희도 "맹자는 성의 본체를 말하여 선한 것이라고 여겼다."[36]고 말했다. 여기에서 정이와 주희가 말하는 "성의 근본"과 "성의 본체"는 사실 모두 천지지성(본연지성, 천명지성)을 가리킨다. 그러므로 그들은 맹자가 주장한 성선의 성이 곧 천지 만물에 공통적으로

---

34 「盡心上」3: 求則得之, 舍則失之, 是求有益於得也, 求在我者也. 求之有道, 得之有命, 是求無益於得也, 求在外者也.

35 『河南程氏遺書』卷第十九, 252쪽: 孟子所言, 便正言性之本.

36 『朱子語類』卷四, 余大雅錄: "孟子言性之本體以爲善者也."

적용되는 보편적인 존재근거[理]라고 주장한 것이다. 그러나 이런 주장은 분명 맹자의 성 개념과 편차가 있어 보인다. 맹자는 사람만의 특성을 인성으로 여겼고, 그것이 도덕성이기 때문에 선이라고 주장했다. 따라서 그것은 결코 정주가 말하는 보편적 존재근거인 천지지성이 아니라 오히려 기질지성 – 적어도 인간이라는 류(類)의 특성을 나타내는 기질지성이라고 보아야 논리적으로 무리가 없을 것이다. 그렇다면 정이와 주희는 맹자의 성론을 오해한 것인가?

결론부터 말하자면, 정주의 오해라고 단정하기 어렵다. 맹자의 성론에는 우리가 주의해야 할 또 다른 점이 있기 때문이다. 맹자는 성선의 성을 사람이 다른 동물과 구별되는 본질적인 것으로 정의했지만, 다른 한편 도덕심을 온전히 다 발휘한다면 본성뿐만 아니라 우주의 보편 원리까지도 체현할 수 있다[37]고 생각했고, "만물이 모두 나에게 갖춰져 있다."[38]고 주장했으며 또한 군자는 그 작용이 "위아래로 천지와 함께 유행한다."[39]고 설명했다. 이런 주장들은 물론 최고의 경지에서 언급될 수 있는 것이지만, 만약 나와 천지 만물 사이에 상통할 수 있는 내용이 조금도 없다면 논리적으로 성립 불가능한 억지가 될 것이다. 이처럼 맹자에게도, 비록 선명하지는 않지만, 사람을 포함한 천지 만물에 공통으로 적용될 수 있는 존재론적 근거가 있다고 추론할 수 있다. 이런 추론은 비교적 후기 유학에 속하는 『중용(中庸)』과 『역전(易傳)』의 사상 내용을 통해 좀더 분명하게 확인할 수 있다. 주지하다시피, 『계사전(繫辭傳)』은 천지의 위대한 기능 혹은 작용이 바로 생성이고, 음양이 갈마들며 운행하

---

37 『孟子』「盡心上」1: 盡其心者, 知其性也. 知其性, 則知天矣.

38 同上, 4: 萬物皆備於我矣.

39 同上, 13: 上下與天地同流.

는 것이 도이며 그것을 계승하는 것이 훌륭함이고 그것을 완성한 것이 성이라고 설명했다.[40] 『중용(中庸)』은 하늘이 명한 것을 성이라 하고, 진실무망한 것은 하늘의 도리요 그렇게 하려는 것은 사람의 도리라고 말했다.[41] 여기에서 말하는 성은 만물에 공통으로 적용할 수 있는 개념이고, 인간은 그중에서 특별한 존재일 뿐 천지 만물과 전혀 다른 존재는 아니다. 이런 주장은 원시 유학에 있어 공통적인 것으로 그 연원은 매우 깊다. 예를 들면, 『시경』에서 하늘이 인류를 낳으매 사물이 있으면 그에 따른 규칙이 있다. 그래서 사람들에게는 변화하지 않는 공통점이 있는데 훌륭한 덕행을 좋아하고 나쁜 행동을 싫어하는 등이 그것이라거나[42], 『좌전(左傳)』에서처럼, 사람은 천지의 가장 조화로운 기운을 받아서 생성된다는[43] 등이 그 연원이라고 할 수 있다.

정주 등의 송대(宋代) 유학자들은 도불(道佛)의 형이상학 체계에 자극을 받고 위와 같은 전통을 계승하여, 유학 자체의 형이상학을 구축하였다. 그 과정에서 이른바 천지지성과 기질지성 등의 개념이 등장한 것이다. 그들의 입장에서 볼 때, 맹자의 성론은 현실적으로 출현하는 악의 근원을 분명하게 설명하지 못할 뿐만 아니라, 인간 외부의 자연 세계에 대한 인식과 설명, 나아가 인간과 자연 세계의 관계 문제에 대해서도 충분한 의견표명이 불가능하다. 그래서 그들은 "성즉리(性卽理)"라는 명제를 통해 근본적인 선을 확보하고, 다른 한편 재질이나 기질 등의 개념을 통해 악의 근원을 설명하려 했다. 나아가 『중용』과 『역전』의 논리를 응용

---

40 天地之大德曰生. 一陰一陽之謂道. 繼之者善, 成之者性.

41 天命之謂性. 誠者天之道, 誠之者人之道.

42 『詩經』大雅 · 蕩之什 · 烝民: 天生烝民, 有物有則. 民之秉彝, 好是懿德.

43 『春秋左傳』成公十三年: 民受天地之中以生.

하여 두 번째 문제를 해결하려 했다. 예를 들어, 주희는 맹자가 대체적으로 성선을 주장했을 뿐 성이 선인 형이상학적 근거[性之所以善處]에 대해서는 거의 설명하지 않았으며[44], 성을 그 근원까지 설명하지 못하여 상부의 한 차원[上面一截]을 생략했고 오직 "그것을 완성한 것이 성"이라는 정도까지만 설명했을 뿐이라고[45] 생각했다. 여기에서 주희가 형이상학적 근거나 상부의 한 차원이라고 말하는 것은 천리(천지지성)를 가리키고, "그것을 완성한 것이 성"이라는 명제는 사람과 사물의 성[理在氣中]을 말한 것이다. 그러므로 주희는 맹자의 인성론이 성즉리(性卽理)라는 형이상학적 측면을 직접 설명한 것도 아니며, 다만 기질(氣質) 중의 리(理)("그것을 완성한 것이 성")를 말하면서도 그 전체가 아니라 기질은 배제한 채 '리'만을 가리켜 사람의 본성이라고 주장한 것이라고 생각했다. 기실 정호(程顥) 이래로, 송유(宋儒)들은 성이라는 개념을 "사람과 사물이 생성된 이후의 일"이라고 명확하게 제한했다.[46] 다시 말해서, 천리가 특정한 기질에 들어간 다음에야 성이라는 개념을 사용할 수 있다는 것이다. 천리는 비록 무소부재(無所不在)하지만, 그것이 기 혹은 기질과 관계를 맺은 이후에는 순수한 천리 그 자체일 수 없기 때문에, 즉 기질의 제한을 받을 수밖에 없기 때문에 '성'이라는 이름으로 불러야 하는 것이다. 이런 논리에 따라 정주는 세상 모든 것들에게는 현실적으로 오직 '기질지성'만이 있으며, '천지지성'이란 사실 기질 중에 "떨어져 있는[墮在]" 천리로서, 현실의 경험 세계에서는 직접적으로 작용하지 못하는 것이라고 주장했다.

---

44 『朱子語類』卷二十八, 潘時擧錄: 孟子只是大槪說性善, 至於性之所以善處也少得說.

45 同上, 卷四, 黃義剛錄: 孟子不曾推原源頭, 不曾說上面一截, 只是說'成之者性'也.

46 『河南程氏遺書』卷第一, 10쪽: 蓋"生之謂性", "人生而靜"以上不容說, 才說性時, 便已不是性也.

이상을 종합해볼 때, 정주의 기본주장 – "맹자가 말한 것은 바로 성의 근본"이라거나 "맹자는 성의 본체를 말하여 선한 것이라고 여겼다."라는 주장은 그들의 논리에 어긋나는 것처럼 보인다. 맹자가 선(善)으로 정의한 성(性)은 사람만의 본성을 가리키므로 정주의 분류에 따르면, 그것은 현실적인 것으로 마땅히 기질지성이어야 하는데 천지지성이라고 간주한 것이기 때문이다.

그러나 여기에서 우리가 그들의 또 하나의 주장을 기억한다면, 이런 의심은 어느 정도 해소될 수 있게 된다. 그것은 바로 정이가 주장한 "성을 논하면서 기를 말하지 않으면 완전하지 못하다."라는 명제이다. 정주가 보기에, 맹자의 성선이라는 주장은 천리인 천지지성을 말하는 것이기 때문에 선한 것이고, 이런 측면에서는 훌륭한 설명이라고 말할 수 있다. 그래서 "성의 근본"이라거나 "성의 본체"라고 설명한 것이다. 그러나 다른 한편, 천리인 천지지성이 비록 "성의 근본"이고 "성의 본체"이기는 하지만, 결코 그것만이 현실의 구체적인 사람과 사물의 성일 수 없다. 현실의 구체적인 성은 반드시 기질과 결합한 상태로 존재할 수 있을 뿐이다. 맹자는 천리일 수밖에 없는 성선의 성을 기질 속에 "떨어져 있는", 그래서 기질과 불가분의 관계에 있는 현실의 구체적 인성이라고 주장했다. 정주의 이론체계에서 볼 때, 이런 주장은 매우 심각한 이론적 문제일 수 있다. 비록 "기질 중의 리"인 성(性)이더라도, 리(理)이기 때문에 궁극적으로는 선(善)이라는 원론적인 주장이 바로 맹자의 성선론인데, 인성이 리이긴 하지만 기질 중의 리이고, 그래서 다른 존재와 구분된다는 측면은 설명되지 못하기 때문이다. 한마디로 말해서, 정주는 맹자가 천지 만물에 보편적으로 적용될 수 있는 성선을 인간만의 특성으로 설명했다고 생각한 것이다. 그래서 그들은 맹자의 성론이 완전하지 못하다[不備]고 평가한 것이다.

5. 맺는말

맹자의 성선설은 유학의 가치론에 있어 가장 심층적, 최종적인 철학적 신념이다. 그러나 성선의 성 개념은 본래 형식적인 것에 불과하다. 그것은 오직 사람을 다른 존재로부터 구별해낼 수 있는 근거, 즉 사람을 사람일 수 있게 하는 근거로 제시되었을 뿐이고, 그 내용은 사단(四端) 등의 도덕심(道德心)을 통해 설명되기 때문이다. 그러므로 맹자의 성 개념은 존재론적인 의미(없는 것은 아니지만)보다 가치론적인 의미, 즉 도덕 실천의 가능 근거라는 의미가 더 중요하다고 말할 수 있다.

송대에 이르러 유학은 자기 체계를 보다 완정(完整)하게 갖춰야 하는 절대적 요구에 봉착했다. 그중에서 가장 시급하고 중요했던 분야가 바로 형이상학이었다. 그래서 송유(宋儒)들은 천도(天道), 리(理), 기(氣) 등 등의 개념을 통해 우주를 설명했고, 천지지성과 기질지성 등을 통해 우주의 보편적 이치와 사람을 포함한 만물의 관계를 설명했다. 그들도 맹자의 성선이라는 철학적 신념을 견지했다. 그러나 그것에는 형이상학적으로 해결해야 하는 문제가 있었다. 그래서 그들은 맹자의 인성 개념을 현실의 구체적인 성을 설명할 수 있는 기질지성이 아니라, 기질이 배제된, 그래서 순수하고 온전한 천리인 천지지성이라고 생각하고, 그 한계를 지적했던 것이다. 이런 사실에 근거해서 우리들은 송유를 신유학자라고 말하는 것이다.

맹자가 선이라고 정의한 인성(人性)은 현실의 구체적인 인간의 성만을 가리키는 것이기 때문에, 정주의 이론체계에 따른다면 마땅히 인류에게 공통적인 류적(類的) 기질지성이어야 한다. 즉, 우리가 정주의 논리에 따르지만, 맹자의 입장에서 그의 인성을 긍정적으로 정의한다면, 다음과 같이 할 수 있을 것이다. 인류를 구성하는 기질은 매우 특별해서 아무리

악인일지라도 기본적으로 다른 어떤 존재보다도 훌륭하고, 그래서 비록 어렵기는 할지라도 누구나 수양 공부를 통해서 천지지성—천리를 실현해낼 수는 있다. 따라서 맹자가 다른 존재와 구분되는 특성으로 설명한 인성은 인간이라는 류적(類的) 특성으로서의 기질지성이다. 그 안에서 다시 각 개인의 개체성으로서 기질지성이 구분되어지고, 그에 따라 다양한 양태의 성품들 – 성인과 현인, 평범한 사람과 악한(惡漢) 등등이 출현하게 될 뿐이다.

그러나 정주가 보기에, 성선(性善)은 성즉리(性卽理)라는 명제와 다를 바 없고, 그렇다면 그것은 인류라는 종의 기질 중의 리(기질지성) 전체를 가리키는 것이 아니라 기질은 배제한 채, 천지 만물의 공통적인 기반인 '리'만을 따로 떼어내 그것이 인성이라고 말한 것이다. 물론, 맹자의 인성론에는 이처럼 불명확하거나 부족한 점이 있다. 예를 들어, 사람과 사물 간의 차이, 나아가 사람들 사이의 차이에 대한 가치론적 해석이 아닌 존재론적 근거 등에 대해서 맹자는 분명하게 설명하지 못했다. 기실, 맹자에게 있어서 그런 문제는 중요한 일이 아니었을 것이다. 그의 관심은 온통 가치론적인 분야에 있었기 때문이다. 그러나 완정한 철학 체계를 건립하려 한다면, 존재론적 측면의 결핍은 분명 문제일 수밖에 없다.

비록 그렇다고는 해도, 맹자의 입장에서 정주의 이런 평가가 쉽게 용납될 수 있겠는가? 정주가 말하는 기질지성은 맹자가 보기에 온전한 성 개념일 수 있는가? 그의 대답은 부정적일 것이다. 그 이유를 간단하게 분석하기 위해서 아래의 도식을 살펴보자.

맹자(孟子)	장재(張載)			정주(程朱)		
성선지성(性善之性)	천지지성(天地之性)	지리(至理)	보편적 일반	기질지성(氣質之性)	리(천지지성)(理(天地之性))	
생지위성(生之謂性)	공취지성(攻取之性)	조리(條理)			기(질)(氣(質))	
	기질지성(氣質之性)	조리(條理)	개별적 특수			

　도식에서 보이는 것처럼, 맹자는 분명 '개별적 특수' – 기질지성에 관한 내용은 언급하지 않았다. 그것은 장재가 창안해낸 개념으로 철학사적 의미를 갖는 것이다. 그러나 맹자는 분명 '보편적 일반' 중에서 '지리(至理)'와 '조리(條理)'를 구분했다. 맹자가 중점을 둔 도덕과 가치는 여기에서 선명하게 드러난다. 장재도 이를 따랐다. 다만 현실적인 여러 특수성을 보완하려 했을 뿐이다. 그러나 정주는 현실의 구체적인 존재가 갖는 특성을 이렇게 여러 가지로 분석하는 것에 반대해서 그것들 모두를 하나로 통합했다. 그것이 바로 장재의 개념을 차용했지만, 그와는 다르게 정의된 정주의 기질지성이다. 그것에는 비록 맹자나 장재가 말한 '지리'가 포함되지만, 그와는 엄격하게 구분되는 '조리'도 마치 그것과 하나인 것처럼, 혼재(混在)하게 되었다. 여기에서 정주 인성론의 복잡한 문제가 야기되는 것이다. 한마디로 말해서, 기질지성의 성은 '지리'만이 아니라 '조리'까지 포함하는, 그래서 그 자체가 박잡(駁雜)한 것이 되어버리는 것이다. 정주의 성론에는 이런 문제가 은함(隱含)되어 있었기 때문에, 그 학문을 유학의 정통으로 여기고 이를 계승하고 완성하려 한 조선의 유학자들은 인물성동이론(人物性同異論)과 같은, 일견 허황한 논쟁까지 벌이게 되었다고 말할 수 있을 것이다. 물론, 인물성동이론은 매우 치열한 학술적 토론을 통해 위대한 학문적 성과를 이뤄냈지만.

『맹자(孟子)』「고자(告子)」편의 성선론(性善論)에 대한 주자의 해석

전병욱(중국 남창대학교 철학과 교수)

1. 들어가는 말

맹자의 성선설은 매우 익숙한 주제이고 그에 대한 주자의 해석도 그에 못지않게 익숙하다. 주자는 도학이 맹자의 학문을 계승한다고 표방하면서도 맹자의 인성론에 대해서는 상당한 불만을 가졌다. 주자는 맹자의 성선설을 기초로 삼되 거기에 다시 현실의 인간 본성에 대한 설명을 추가하여 성선설을 조금 더 완벽한 형태로 구성하고자 하였다. 주자가 보기에 맹자가 말하는 선한 본성이란 세계의 본질인 리(理)이다. 주자는 선한 감정과 선한 행위를 통해 본성의 순선함을 증명하는 맹자의 방식에 찬사를 보낸다. 맹자의 성선설에서 없던 본체론이 주자의 철학에 나타난 것이 둘 사이의 이론적 분기점인지 아니면 자연스러운 이론적 발전인지는 연구자마다 관점이 다를 것이다. 다만 맹자의 성선설이 현실적 본성에 대한 설명을 결여하고 있다는 점에 대해서는 주자가 지속적으로 문제를 제기하였고, 주자는 이 점만이 자신과 맹자의 성선설의 차이라고 여겼다. 즉 현대의 연구자들은 주자가 맹자의 성선설에 형이상학적 근거를 제시하였다는 점에 주목하는 데 반해 주자 자신은 기질(氣質)에 대한 명확한 이해가 없는 것이 맹자 성선설의 약점이라고 보았다는 말이다. 그렇다면 맹자는 인간 본성의 현실적인 모습에 대해서는 외면하고 이상화된 본성만을 추구한 것이었을까? 이상화된 본성이라고 해도 그것이 현실 속에서 모습을 드러내는 양상에 주목하였다는 점에서 맹자의 본성론은 현실에 발을 딛고 있다. 이 점에 대해서는 주자도 인정하였다. 다만 인간 실존의 다양한 조건들이 본성을 제약하고 왜곡한다는 점보다는 그럼에도 불구하고 인간의 본성은 본질적으로 선하다는 것을 주장하는 데 중점을 두었던 것이 맹자의 성선론이었고, 주자는 인간의 본성을 논할 때 이 부분도 함께 밝힐 필요가 있다고 강조하였다. 그렇다면 인성론에 대한 첨예한 대립된 여러 관점이 실려 있는「고자」편을 주자는 어떤 방식으로 해석하고 있을까? 이 글에서는 이 문제에 대해서 다루고자 한다.

2.『맹자』「고자」편의 인성 이론

맹자의 성선설은 사람의 본성이 선하다는 주장과 그 주장을 뒷받침하는 증거들로 이루어져 있다.[1] 맹자가 말하는 '사람의 본성이 선하다'라는 주장은 단순히 본성이 선량하다는 말이라기보다는 '모든 사람이 요순(堯

---

1 맹자의 성성론에 대한 최근의 연구로는 고희선,「孟子 心性論의 심성구조에 대한 분석심리학적 이해 -정신통합론적인 관점을 중심으로」, 범한철학회,『범한철학』74집, 2014, 김명석,「맹자 성선설의 정당화 가능성에 대한 소고(小考)」, 퇴계학연구원,『퇴계학보』140집, 2016, 안유경,「맹자 성선론의 이론적 근거」, 안동대학교 퇴계학연구소,『퇴계학』24집, 2016. 등이 있다.

舜)과 같은 성인이 될 수 있는 본성을 타고났다'라고 하는 좀 더 강한 의미를 담고 있다. 맹자는 사람의 본성이 선하니 개인이나 사회의 노력이 없이도 세상이 아름답게 변하리라는 낙관적인 태도를 가졌던 것이 아니라, 본성이 선함에도 불구하고 그 본성을 잃고 사는 세상 사람들에게 문제를 제기하고 개선하기를 기대하였다. 본성이 선하지 않다는 다른 학자들의 주장에 맞서 본성의 선함을 옹호함으로써 인성의 보편적 존엄성을 선언하려는 것이 전부가 아니었다는 말이다. 본성의 선함을 자각하고 그 본성을 회복하기 위해 노력해야 한다는 것이 맹자의 일관된 주장이다.

맹자는 사람이 본성이 선하다는 자신의 주장을 뒷받침하기 위해 세 가지 경험적 증거를 들었다. 첫 번째는 누구든지 아무런 노력이나 다른 목적이 없이도 선한 감정을 가지는 경우가 있다는 것이다.[2] 두 번째는 역사적으로 요순(堯舜)이라는 온전한 선을 이룬 인물이 존재하였다는 사실이다.[3] 세 번째는 사람은 선한 행위를 한 뒤에 희열을 느끼게 된다는 사실이다.[4] 「고자」상편의 앞부분 여섯 장에서는 이런 맹자의 주장이 조금 더 논쟁적인 방식으로 소개되어 있다. 이 중에서 비교적 깊이 있게 맹자 자신의 관점을 밝힌 것은 제6장이다. 이 제6장을 바탕으로 맹자가 고자와 논변을 펼칠 때 어떤 논리를 구사하는지 살펴보기로 하자.

---

2 『孟子』「公孫丑上」: "所以謂人皆有不忍人之心者, 今人乍見孺子將入於井, 皆有怵惕惻隱之心, 非所以內交於孺子之父母也, 非所以要譽於鄕黨朋友也, 非惡其聲而然也. 由是觀之, 無惻隱之心, 非人也." 잘못하다간 우물로 기어들어갈 것 같은 아이를 보고서 측은한 마음을 가지는 것은 누구나 경험하는 일로서 제시된 사례이다.

3 『孟子』「滕文公上」: "孟子道性善, 言必稱堯舜."

4 『孟子』「告子上」: "至於心, 獨無所同然乎? 心之所同然者何也? 謂理也, 義也. 聖人先得我心之所同然耳. 故理義之悅我心, 猶芻豢之悅我口."

"지금 '본성은 선하다'라고 하시니, 그렇다면 저들은 모두 틀렸습니까?" 맹자
가, "그 정(情)은 선하게 될 수 있으니, 이것이 곧 이른바 본성이 선하다고 말
하는 까닭이다. 불선(不善)한 짓을 하는 것은 그 재(才)의 죄가 아니다. 측은
(惻隱)한 마음은 사람이 모두 가졌고 수오(羞惡)의 마음은 사람이 모두 가졌
으며 공경(恭敬)의 마음은 사람이 모두 가졌고 시비(是非)를 가리는 마음은
사람이 모두 가졌다. 측은(惻隱)한 마음은 인(仁)이고 수오(羞惡)의 마음은 의
(義)이며 공경(恭敬)의 마음은 예(禮)이고, 시비(是非)를 가리는 마음은 지(智)
이다. 인의예지(仁義禮智)는 밖으로부터 나의 몸을 녹이며 스며들어오는 것
이 아니다. 내가 본디부터 가진 것이니, 생각을 해보지 않았을 뿐이다. 그래
서 '찾으면 얻게 되고, 버리면 잃게 된다.'라고 한 것이다. 그런데도 더러 서로
갑절이나 다섯 배, 나아가 무수한 차이가 나게 되는 것은 그 재능을 다하지
못한 자이다. 『시(詩)』에서 '하늘이 인류를 낳으매 어느 것이나 원칙이 있다.
사람이 지닌 항구적 본성이니 이 아름다운 덕을 좋아한다.'라고 하였다. 공자
(孔子)는 '이 시를 지은 사람은 도(道)를 안 것인가! 그러므로 무엇이 있으면
거기에는 반드시 원칙이 있는 것이고, 사람이 항구적 본성을 지녔기에 이 아
름다운 덕을 좋아하는 것이다.'라고 하였다."라고 대답하였다.[5]

이 인용문은 크게 두 부분으로 나눌 수 있겠다. 전반부는 '그 재능을
다하지 못한 것이다'까지인데 여기서 맹자는 성(性)의 선함을 설명하기
위해서 정(情)과 재(才)와 심(心)을 거론하였다. '정(情)'이라는 술어는 『맹

---

5 『孟子』「告子上」: "乃若其情, 則可以爲善矣, 乃所謂善也. 若夫爲不善, 非才之罪也. 惻隱之
心, 人皆有之. 羞惡之心, 人皆有之. 恭敬之心, 人皆有之. 是非之心, 人皆有之. 惻隱之心,
仁也. 羞惡之心, 義也. 恭敬之心, 禮也. 是非之心, 智也. 仁義禮智, 非由外鑠我也, 我固有
之也, 弗思耳矣. 故曰, '求則得之, 舍則失之.' 或相倍蓰而無算者, 不能盡其才者也. 詩曰:
'天生蒸民, 有物有則. 民之秉夷, 好是懿德.' 孔子曰: '爲此詩者, 其知道乎! 故有物必有則,
民之秉夷也, 故好是懿德.'"

자(孟子)』에서 용례가 그다지 많지 않다. '현실적 상황'을 나타내는 말로 한번 사용되고[6] '실제의 상태'라는 의미로 한번 사용되었는데,[7] 이 인용문에서는 또 어떤 의미로 쓰였을지는 단정할 수 없다. 사실 「고자」상편 제8장에는 성(性)과 재(才)와 정(情)과 심(心) 등의 술어가 등장하는 논의가 하나 더 있다. 거기서 성(性)과 정(情)은 '이것이 어찌 산의 성(性)이겠는가?'와 '이것이 어찌 사람의 정(情)이겠는가?'라는 말에서 보듯이 비슷한 의미로 사용되었으며, 문맥적으로 볼 때 '본래의 상태'를 의미하는 듯이 보인다.[8] 만일 정(情)이 단순히 '현실적 상황' 내지 '실제의 상태'와 같은 경험적 의식상태를 지칭하는 것이라면 공도자(公都子)가 거론한 몇몇 사람들의 판단 근거가 된 그 경험적 사실과 다를게 없다. 그런데 맹자가 '정(情)의 관점에서 볼 때는 선(善)한 일을 할 수만 있으며 불선한 짓을 하는 것은 타고난 능력[才]의 죄로 인한 것이 아니다'라고 말한 대목에 주목한다면, 맹자가 불선한 의식까지 포함한 의식의 경험적 사실 전부를 '정(情)'이라고 부르지 않았다는 것을 알 수 있다. 즉 맹자는 이 정(情)이라는 개념을 성(性)을 설명하기 위해 사용한 것이므로 정(情)이 성(性)과 완전히 일치하지는 않으나 적어도 고자(告子) 등이 주목한 의식의 경험적 사실과는 다르다는 것이다.[9] 이 정(情)은 측은(惻隱)한 마음 등 인의(仁義)의 마음만을 가리킨다.

　후반부의 내용은 '어느 것'과 그 원칙, 내지 '항구적 본성'과 '아름다운

---

6 『孟子』「滕文公上」: "夫物之不齊, 物之情也."
7 『孟子』「離婁下」: "故聲聞過情, 君子恥之."
8 情을 性과 연관하여 사용하는 용례는 『사서』의 다른 곳에는 나타나지 않지만, 郭店楚簡에는 이러한 용례가 허다하게 나온다. 『性自命出』: "性自命出, 命自天降. 道始于情, 情生于性. 始者近情, 終者近義. 知情者能出之, 知義者能入之."
9 양촌 권근이 『入學圖說』에서 意와 대립하여 사용한 '情' 개념이 바로 이 용례에 해당한다.

덕을 좋아함' 사이의 관계가 중심을 이룬다. 시(詩)의 전체 내용으로 볼 때 '어느 것'과 그 원칙은 사람과 그 본성에 그대로 대입될 수 있다. 그리고 '아름다운 덕을 좋아함'은 사람이 경험하게 되는 의식활동의 상태이고 '떳떳한 본성'은 이 '아름다운 덕을 좋아함'이라는 의식활동이 가능하게 되는 근거이다. 전반부의 내용과 연관시켜서 이해한다면 '아름다운 덕을 좋아함'은 정(情)에 해당하고 '항구적 본성'은 성(性)에 해당한다고 추정해 볼 수 있겠다. 여기서 나타난 맹자(孟子)의 성선론은 측은(惻隱)한 마음 등 선한 경험적 의식이 존재한다는 사실을 통해 본성이 선함을 증명하는 방식인데, 이는 사람의 마음은 일반적으로 선하다는 인류학적 보고를 하는 것이 아니라, 인간에게는 본성이 존재하며 그것이 선하다는 철학적 주장을 하고 있는 것이라고 하겠다. 말하자면 사람의 내면에 본성이 존재한다는 것을 긍정하고 그것이 선하다고 주장하는 것이 맹자의 성선론이라고 하겠다.

이러한 기본적인 이해를 토대로 맹자가 고자 등 논적들과 펼치는 논변을 살펴보도록 하자. 제1장에서 고자(告子)는 사람의 본성은 냇버들과 같고 인의(仁義)는 그 냇버들가지를 휘어 만든 그릇과 같다고 주장하였다. 이에 대해 맹자는 이 주장이 사람의 본성을 해쳐야만 인의(仁義)를 행할 수 있다는 주장이며 이 주장을 받아들일 경우 결국 사람들이 인의(仁義)를 배척하게 될 것이라고 반박하였다. 맹자의 이 반박이 고자의 이론에 타격을 줄 수 있으려면 고자가 인의(仁義)라는 도덕적 가치를 기본적으로 존중하는 입장에 서있었다는 전제가 필요할 것이다. 제2장에서 고자는 사람의 본성에는 선과 불선의 구분이 없다고 주장한다. 이 주장에 대해 맹자는 사람이 불선한 짓을 하는 경우는 모두 본성을 어길 수밖에 없는 여러 환경 내지 상황 때문이지 본성 때문은 아니라고 반박하였다. 맹자에 따르면 아래로 흐르는 것이 물에 내재하는 성향인 것처럼 사람에게도 고유의 본성이 존재하며 그것은 선하다는 것이다.

제3장에서 고자(告子)의 '살아가는 것을 성(性)이라고 한다'라는 언명이 소개되어 있다. 이 언명은 여러 의미를 담고 있을 수 있기 때문에 맹자는 고자에게 '흰 것을 희다고 한다'라는 말과 같은지 확인한다. 흰 것은 모두 동일하게 흰 것이냐는 의미이며, 결국 어떻게 살아가는 깃이든 모두 성(性)이냐는 의미와 같다. 고자는 선하게 살아가든 악하게 살아가든 그것이 모두 그 사람의 본성이라는 관점을 가졌을 수도 있다. 하지만 인간의 본성이 그러함을 인정함으로써 선을 지향할 수 있는 여러 장치를 마련하자는 것이 유자(儒者)로서 고자가 가진 입장이었을 것이다. 그런데 맹자는 선하게 살아가는 것이나 악하게 살아가는 것이나 모두 그 사람의 본성이라면 개와 같이 살아가거나 소와 같이 살아가는 것도 인간의 본성이라고 할 수 있느냐고 질책하였다. 만일 그렇다면 그것은 사람의 본성에 대한 모욕이어서 고자(告子)도 쉽게 맹자의 주장에 대응하기 힘들었다.

제4장과 제5장은 앞의 논변과는 조금 다른 주제를 담고 있다. 고자는 "식욕이나 성욕과 같은 내면의 욕구가 본성이다. 인(仁)은 내면으로부터 생기는 것이지 밖으로부터 생기는 것이 아니며, 의(義)는 밖으로부터 주어지는 것이지 내면으로부터 생기는 것이 아니다. (그러므로 인(仁)은 본성이라고 할 수 있더라도 의(義)는 본성이 아니다.)"라고 주장하였다. 고자의 중점은 의(義)가 밖으로부터 주어진다는 주장에 있다. 고자가 말하는 의(義)는 주로 어른을 그에 맞게 대하는 것을 의미하는데, 고자가 보기에 이는 사회적 관계 속에서 이미 결정된 것으로서 주관적 의지와는 아무 상관이 없다. 말하자면 주관적 의지 속에는 나이 많은 사람을 어른으로 모셔야 한다는 관념이 없고 단지 사회적 관계를 수동적으로 받아들일 뿐이다. 이에 대한 맹자의 대응은 다음과 같다.

'말이 흰 것을 희다고 여기는 것이 사람이 흰 것을 희다고 여기는 것과 다름 없다'는 것과는 다르다. 하지만 설마하니 말이 나이 든 것을 나이 들었다고 취급하는 것이 사람이 연세 들었다고 존중하는 것과 다르지 않을 수 있겠는 가! 말해 보라. 나이 든 것 자체가 의인가, 나이 든 것을 대하는 마음이 의인 가?[10]

맹자는 나이든 대상에 대해서는 모두 동일하게 대한다는 고자의 주장을 말과 사람의 비교를 통해서 반박할 수 있다고 여겼다. 색깔에 대해서는 어떤 대상이든 색깔이 희다면 전부 동일하게 그것이 희다고 감각하게 마련일지라도, 나이든 말을 대하는 마음과 나이든 사람을 대하는 마음을 다를 수밖에 없다는 것이 맹자의 주장이다. 사람에 대해서는 어른인가 보다 하고 기계적으로 반응하는 데서 그치는 것이 아니라 마음 속에서 자연스럽게 공경하는 마음이 일어나며 이것이 바로 자신이 생각하는 의(義)의 의미라는 것이다. 우리가 누군가를 의롭다고 할 때 그것은 대상이 되는 사람이 객관적으로 나이가 들었다는 것을 인식하고 기계적으로 그를 나이 많은 사람으로 대하는 것이 아니다. 맹자가 생각하는 의(義) 개념에는 어른에 대한 공경의 마음이라는 의미가 내포되어 있다. 물론 이런 개념을 고자가 공유하고 있었는지는 의문스럽다.

고자는 이에 조금 다른 방향으로 자신의 주장을 펼친다. "내 아우에 대해서는 아끼지만, 진(秦)나라 사람의 아우에 대해서는 아끼지 않으니, 이것은 주관적 감정이 내 행위를 결정하는 힘이 되는 것이어서 내면으로부터 생긴다고 하는 것이다. 초(楚)나라 사람의 어른도 어른으로 대접하

---

10 『孟子』「告子上」: "異於白馬之白也, 無以異於白人之白也. 不識長馬之長也, 無以異於長人之長與? 且謂長者義乎? 長之者義乎?"

고 또한 나의 어른도 어른으로 대접하니, 이것은 객관적으로 어른이라는 사실이 행위를 결정하는 힘이 되는 것이어서 밖으로부터 주어진 것이라고 말하는 것이다."[11] 이 인용문에서 '내 행위를 결정하는 힘'은 '열(悅)'이라는 글자를 의역한 것인데, 내가 어떤 행위를 결정할 때 나의 최종 선택을 이끌어내는 핵심적 요소를 의미한다.[12] 말하자면 누군가를 아끼는 것과 관련된 인(仁)은 내면에서 생기는 어떤 힘에 이끌려서 형성되는 행위이고, 사회적 관계 속에서 누군가를 어른으로 대접하는 것은 단지 외부에서 이미 결정되어 있는 행동방식이 내 행위를 결정하는 힘이고 나의 의지와는 아무런 상관이 없다는 것이다.

이와 관련하여 맹자는 사람이 어떤 사태를 인식하거나 반응할 때 그 대상이 되는 것이 전적으로 사람의 인식과 반응을 결정할 수는 없다고 반박한다. "진(秦)나라 사람이 구운 고기를 좋아하는 것이 내가 구운 고기를 좋아하는 것과 다를 것이 없다. 모든 일이 다 그런 점이 있다. 그렇다면 내가 구운 고기를 좋아하는 것도 외부에서 결정된다고 할 수 있는가!" 맹자는 두 개의 대상이 객관적으로 특정한 동일 요건을 갖추었다는 점에 따라 그에 맞게 반응하는 심리적 사건과 관련하여 그 과정 속에는 주관의 내면적 판단이 작용한다는 것을 구운 고기라는 식욕과 관련된 대상을 예로 들어 주장하였다. 이는 고자가 이미 식욕을 내면의 본성에서 생기는 것이라고 스스로 밝힌 것을 염두에 둔 것이다. 누가 구운 고기이든 구운 고기에 대해서는 동일하게 식욕이 생기는데 그 식욕이 고자가

---

11 『孟子』「告子上」: "吾弟則愛之, 秦人之弟則不愛也. 是以我爲悅者也. 故謂之內. 長楚人之長, 亦長吾之長. 是以長爲悅者也. 故謂之外也."

12 '悅'자는 郭店楚簡의 『性自命出』에서 인식 주관이 대상을 받아들이는 형식 내지 범주를 의미하는 것으로 사용되었다. 凡人, 雖有性, 心亡定志, 待物而後作, 待悅而後行, 待習而後定. 喜怒哀悲之氣, 性也, 及其見于外, 則物取之也.

인정한 것처럼 인간의 본성이라고 한다면 우리가 대상의 동일한 특정 요건에 대해 동일하게 반응한다고 하더라도 그것이 외부의 요건에 따라 수동적으로 반응하는 것이라고만 치부할 수 없고 그 반응 속에는 주관의 의지가 내재되어 있다고 인정해야 한다는 주장이다. 즉 어느 나라의 어른에 대해서든 우리가 어른을 어른으로 대접하는 데는 주관의 의지가 반영되어 있다는 것이다.

고자의 제자인 맹계자(孟季子)는 경(敬)과 장(長)을 구분하는 새로운 접근으로 의(義)를 밖으로부터 주어진 것으로 규정하려고 시도하였다. 맹자의 제자인 공도자(公都子)가 "나의 공경하는 마음을 실행하는 것이 의(義)이기 때문에 내면적인 것이라고 부른다"라고 주장한 것으로부터 맹계자는 공격의 빌미를 찾았다.

(맹계자) 동네사람이 큰형보다 한 살 많으면 누구를 공경하는가요?

(공도자) 큰형을 공경하지요.

(맹계자) 동네 행사에서 잔을 권할 때는 누구한테 먼저 하나요?

(공도자) 그 동네사람한테 먼저 권하지요.

(맹계자) 공경하는 바는 이분인데 어른으로 대접하는 것은 저분이니, 의(義)는 과연 밖으로부터 주어지는 것이지 안에서 말미암는 것이 아니잖아요.[13]

기본적으로 맹자나 공도자는 어느 대상에 대해 가지는 자기 내면의 공경하는 마음이 의(義)라고 생각하였지만, 맹계자는 그 대상의 사회적 위상을 그대로 수용하여 피동적으로 그를 어른으로 대접하는 것이 의

---

[13] 『孟子』 「告子上」: "鄉人長於伯兄一歲, 則誰敬?" 曰: "敬兄." "酌則誰先?" 曰: "先酌鄉人." "所敬在此, 所長在彼, 果在外, 非由內也."

(義)라고 생각하였다. 맹자와 고자가 동일한 성격을 가진 별개의 두 대상에 대해 그 한 가지 동일한 성격과 관련하여 서로 상반된 관점을 피력하였던 것과는 달리 맹계자는 두 가지 다른 성격을 가진 두 대상에 대한 행위자의 복합적인 대응을 거론하였다. 즉 맏형보다 한 살 많은 동네형이 있으면 맏형에 대해서는 마음으로는 공경하지만 동네행사 때는 술을 동네형보다 뒤에 따르고, 동네형에 대해서는 마음으로는 공경하지 않지만 동네행사 때는 술을 먼저 따른다. 술을 따를 때는 내면의 공경하는 마음을 억누르고 객관적인 상황을 수동적으로 받아들이지 않으면 안 된다. 즉 의(義)를 행할 때는 내면의 마음을 억눌러야 하기 때문에 의(義)는 외부적으로 주어진 규정이라고 말할 수밖에 없다는 것이다.

이와 관련하여 맹자는 경(敬)과 장(長)은 사실 동일한 심리의 표현이라는 입장에서 공도자를 대신하여 반박을 구상한다.

'숙부를 공경하나요, 아우를 공경하나요'라고 물으면 맹도자는 '숙부를 공경하지요'라고 답할 것이다. '아우가 시동(尸童)이 된 경우에는 누구를 공경하나요?'라고 물으면 '아우를 공경하지요.'라고 답할 것이다. 그때 자네가 '숙부를 공경하던 마음은 어디 갔나요?'라고 물으면 그는 '아우가 시동의 자리에 있기 때문이지요.'라고 답할 것이다. 그러면 자네도 '동네사람이 동네행사의 자리에 있기 때문이지요. 평소 공경하는 분은 맏형이지만 잠깐 공경하는 분은 동네형인 것이오.'라고 대답하게.[14]

---

14 『孟子』「告子上」: 孟子曰: "'敬叔父乎, 敬弟乎?' 彼將曰: '敬叔父.' 曰: '弟爲尸則誰敬?' 彼將曰: '敬弟.' 子曰: '惡在其敬叔父也?' 彼將曰: '在位故也.' 子亦曰: '在位故也.' 庸敬在兄, 斯須之敬在鄉人."

맹자에 따르면 한 행위자는 동네행사 있을 때 자신이 평소에 가지고 있던 맏형에 대한 공경심을 억누르는 것이 아니라 내면의 마음 자체가 맏형을 공경하던 평소와는 달리 동네형을 공경하는 쪽으로 변화한다. 마음은 맏형을 공경하는 하나의 형태로만 결정되어 있는 것이 아니라 특정한 상황이 되면 그 상황에 합당하게 공경해야 할 대상을 공경하는 마음으로 변하게 된다. 평소에는 맏형과 그보다 한 살 많은 동네형을 만날 경우 맏형을 더 공경하게 되지만 동네행사가 있을 때는 동네형을 존경하는 마음이 생긴다. 맏형을 공경하는 마음만 있는데도 억지로 그 마음을 억누르고 동네형을 공경하는 척하는 행동을 하는 것이 아니라 진정으로 공경하는 마음이 생기기 때문에 그렇게 하는 것이다. 이는 맏형을 공경하는 마음과 동네형을 어른으로 모시는 행위를 분리한 맹계자의 전제를 반대하고 누구를 공경하는 마음과 그를 어른으로 모시는 행위를 통합적으로 이해하는 관점에 근거한 것이다. 누군가를 어른으로 모시는 것은 내면의 공경심과는 상관없는 행위가 아니라 공경심이 일치되어 있어야 한다는 것이다.

이에 대해 맹계자는 "숙부를 공경해야 할 상황에서는 숙부를 공경하고, 아우를 공경해야 할 상황에서는 아우를 공경하니, 과연 밖에 있는 것이지 안에서 말미암는 것이 아니오."라고 반박하였다. 맹계자가 만일 공경함을 어른으로 모심의 다른 이름으로 이해하였다면, 이 말은 단순히 주어진 상황을 그대로 받아들여야 함을 다시 확신하는 말로 간주할 수 있다. 그렇지 않고, 공경하는 마음을 가지는 것도 객관적 상황과 연관되어 있음을 주장한 것이라면 공경함과 어른으로 모심을 통합적으로 바라보아야 한다는 맹자의 주장을 받아들이되, 그렇다 하더라도 여전히 객관적 상황이 직접적인 계기가 되는 것이 아니냐고 반박한 것으로 이해할 수 있다. 이에 대해 공도자는 "겨울에는 더운 물을 마시고 여름에는 물을 마시는데, 그렇다면(맹계자의 주장대로라면) 음식에 대한 욕구도 외부적 환경이나 상황에 의해 결정된다는 말인가요?" 뜨거운 물을 마시고 싶게 되는 것은 추운 날씨와 상관이 있지만, 뜨거운 물을 마시고 싶은 욕구가 없는데도 그냥 겨울이니까 뜨거운 물을 마시는 것이 아니라 날씨가 춥게 되면 내면에서 뜨거운 물을 마시고 싶은 욕구가 생기는 것이다. 음식에 대한 욕구는 내면의 본성이라는 것은 고자의 주장이기도 하기 때문에 맹자와 공도자는 모두 음식의 경우를 제시하여 고자와 맹계자의 주장을 논박하였다.

맹자가 의(義)를 내면적인 본성에 속하는 것으로 설명한 사실을 통해서도 그가 말하는 성선설은 단순히 사람이 모두 선량한 마음을 조금씩 가지고 있다고 주장하는 것이 아니라 요순(堯舜)처럼 인의예지 등 인간이 갖추어야 할 덕목을 온전히 갖추는 것이 가장 인간의 본성에 부합한다는 주장임을 짐작할 수 있다. 맹자는 인의예지란 마음에 뿌리를 둔 것이라고 하였는데, 이 말은 인의예지라는 이름을 붙일 수 있는 본성이 사람의 내면에 존재함을 의미한다고도 볼 수 있고, 그 본성이 온전히 발휘된 것을 인의예지라고 부른다는 의미도 될 수 있는데 사실 그 차이는 그다지 크지 않다. 다산과 같은 사람들은 성리학자들이 사람의 본성이 인·의·예·지·신이라는 이름표가 붙은 알갱이들로 구성되어 있다고 여겼다는 식으로 비난하였지만 그것은 공간의 이미지 등을 활용한 단순한 은유를 지나치게 과장해서 비판하는 것에 불과하다.[15]

---

15 孟子의 심성론에 대한 대표적인 두 해석 방향에 대해서는 정환희, 「본성과 감정의 동이 문제— 맹자의 '乃若其情'과 후학들의 이해방식을 중심으로」, 인문학연구원, 『인문논총』72집, 2017, 황지원, 『맹자』에 대한 漢代 訓詁學과 宋代 朱子學의 해석 차이와 그 철학사적 의미: 趙岐의 『孟子章句』와 朱熹의 『孟子集註』를 중심으로」, 동아인문학회, 『동아인문학』31집, 2016. 참조.

3. 주자 해석의 정합성 문제

주자는 현실적으로 기질의 영향 아래에 놓인 것이 본성인데 맹자가 아주 철저하게 그 본연의 본성을 밝혀낸 것이 큰 공로라고 인정하면서도 맹자의 인성론을 불만족스럽게 여겼다. 그는 주렴계 이전의 인성론 중에서는 한유(韓愈)의 주장이 가장 뛰어나다고 보았다. 인간의 본성을 구성하는 것은 인의예지신인데 사람을 이 본성을 제대로 갖추었느냐에 따라 세 등급으로 구분해볼 수 있다는 주장이다. 주자가 보기에 한유의 이론은 맹자의 인성론을 기초로 기질이라는 문제에 주목한 것이었다. 그의 표현대로 말하자면 맹자는 본연지성에 대해서는 올바른 이해를 하였는데 기질지성에 대해서는 설명하지 않았는데 한유가 그 부분을 처음 주목하였다는 것이다.

주자의 인성론은 크게 자신의 철학적 체계에 따른 논의와 맹자의 인성론에 대한 해석으로 이루어져 있다고 해도 과언이 아니다. 우리는 여기서 주자의 맹자 인성론에 대한 그 해석이 맹자의 본의에 부합하느냐를 따지기 이전에 그 해석이 자체적으로 정합적인 논리를 갖추고 있는지 살펴보기로 하자.

본성이 선하다는 주장을 하는 데 있어 맹자는 주로 경험적 사실들을 들어서 논증하였는데 주자는 존재론적 논증을 시도하였다. 하지만 사실 주자도 맹자의 현상학적 설명방식[16]에 대해 상당히 높이 평가한다. 주자의 맹자 성선론에 대한 해석은 주로 현상학적 설명에 의존하고 있다.

---

16 여기서 현상학이란, 엄밀하게 서양의 철학적 전통에 근거한 표현은 아니고, 단지 현상의 배후에 사물의 본체, 실체가 존재하는 것을 인정하면서도 우리의 경험에 주어지고 우리가 인식할 수 있는 것은 오직 그 현상뿐이라고 한 그 학설을 차용한 것이다.

측은(惻隱), 수오(羞惡), 사양(辭讓), 시비(是非)는 정(情)이고, 인(仁), 의(義), 예(禮), 지(智)는 성(性)이며, 심(心)은 성(性)과 정(情)을 아우르는 존재이다. 단(端)은 실마리이다. 그 정(情)이 발현한 것을 근거로 성(性)의 본연(本然)을 알 수가 있는 것이 마치 어떤 사물이 안에 있고 실마리가 밖으로 드러나 있는 것과 같다.[17]

이것이 맹자의 "측은지심은 인의 실마리이다."라고 한 일단의 주장에 대한 주자의 해석이며, 주자가 맹자의 성선설을 설명하는 기본적인 논리인데, 심과 성·정의 관계에 대한 이 설명은 주자의 인성론 전체에서도 중요한 부분을 차지한다. 주자가 보기에 사람의 본성은 내면에 감추어져 있는 것이어서 그 자체를 경험적으로 접할 수는 없고, 그것이 발현하는 현상만을 경험할 수 있다. 누구든 자신이 측은지심을 가지고 있음을 경험할 수 있기 때문에 이 현상을 근거로 그 안에 숨겨진 본성으로서 인(仁)의 존재를 알 수 있는 것이라고 주장한다. 주자에 따르면, 인은 사람의 본성이고 정(情)은 바로 그 본성의 현상이며 '측은지심'의 심은 사실 본성과 현상을 모두 아우르는 술어이기 때문에 편의적으로 측은 뒤에 붙여 썼을 뿐이다.[18] 맹자는 '사람이 모두 남에게 차마 하지 못하는 마음을 가진다'라고 주장할 수 있는 이유는 누구나 측은지심을 가지고 있다는 것을 스스로 경험할 수 있기 때문이라고 설명하였다. 이것은 어떻게 사람의 본성이 선하다는 것을 알 수 있는가, 무슨 근거로 사람의 본성이 선하다고 주장할 수 있는가에 대한 설명이 될 수 있지만 사람의 본성은

---

17 『孟子集註』「告子上」: "惻隱·羞惡·辭讓·是非, 情也. 仁·義·禮·智, 性也. 心, 統性情者也. 端, 緒也. 因其情之發, 而性之本然可得而見, 猶有物在中而緒見於外也."

18 실제로 맹자는 '仁의 심'이라는 표현도 사용하는데 이에 대해 주자는 '심'이 성과 정을 모두 아우르므로 둘 어디에서 붙일 수 있기 때문이라고 설명한다.

왜 선한 것인가라는 물음에 대해서는 대답이 되지 않는다. 이 문제는 주자의 인성론에서 또 다른 한 영역을 이룬다. 그는 이렇게 설명한다.

천지(天地)는 사람을 비롯한 이런 저런 존재자들을 생성하는 일을 마음으로 삼고, 그로부터 생성된 존재자들은 각각 천지의 그 '존재자들을 생성하는 마음'을 얻어서 바로 그것을 자신의 마음으로 삼는다. 그러므로 사람은 모두 남에게 차마 하지 못하는 마음을 가지는 것이다.[19]

주지하다시피 이것은 주자(朱子)의 『인설(仁說)』에 있는 한 대목이기도 하며 사람의 본성이 왜 선한가에 대한 그의 가장 전형적인 설명이다. 주자는 맹자에게는 없는 이런 설명을 추가함으로써 사람의 본성에 대한 형이상학적 논의를 시도해 보았다. 주자의 설명은, 사람이든 다른 존재자이든 그가 이미 존재하고 있는 한 그의 본성은 그가 그렇게 존재하도록 한 천지의 마음에 의해 결정되는데 천지의 마음이란 만물을 존재하도록 하는 바로 그 일을 내용으로 삼기 때문에 그 마음을 바탕으로 해서 존재하게 된 사람 등 존재자들은 천지와 마찬가지로 다른 존재자를 존재하도록 하려는 마음을 본성으로 가지게 마련이라는 것이다. 왜 천지는 사람을 비롯한 존재자들이 존재하도록 하려는 마음을 가지고 있느냐는 질문에 대해서는 바로 존재자들이 존재하고 있다는 바로 사실을 근거로 설명할 수 있을 것이다. 사람이 이미 다른 존재자들을 존재하게 하려는 마음을 본성으로 가진다면 당연히 차마 남이 존재하지 못하도록 하는 짓을 하지 못하는 마음을 가지는 것이며, 그래서 누군가 위험에 처하게 된 것

---

19 『孟子集註』「告子上」: "天地以生物爲心, 而所生之物因各得夫天地生物之心以爲心, 所以人皆有不忍人之心也."

을 보면 측은한 마음이 일어나게 되는 것이다.

고자 상편 6장의 성(性)·정(情)·재(才)의 문제를 해석할 때 주자는 앞서 밝힌 그 논리를 그대로 적용하였다.

> 정(情)은 성(性)이 움직여 드러난 것이다. 사람의 정(情)은 본래 선한 일만 할 수 있고 악한 일을 할 수 없으니 성(性)이 본래 선하다는 것을 알 수 있다. ……재(才)는 재질(材質)과 같으니 사람의 능력이다. 사람이 이 성(性)이 있으면 이 재(才)가 있다. 성이 이미 선하다면 재도 또한 선하다. 사람이 불선한 짓을 하는 것은 물욕이 그를 빠뜨려서 그렇게 된 것이지 그 재의 잘못이 아니다.[20]

주자는 맹자가 재(才)를 어떤 의미로 사용하였는지 비교적 정확히 알고 있었던 것 같지만, 한편으로는 이 재(才)라는 술어에 대한 정자(程子)의 오역이 오히려 심성의 실제에는 더 가깝다고 여겼기 때문에 이 구절에 대한 주자의 설명은 여러 모로 복잡하다. 정자(程子)는 재(才)가 각각의 사람들이 가지는 현실적 능력이라고 보아서 사람마다 다르다고 이해하였는데, 이는 심성론에 기(氣)라는 요소를 새롭게 추가한 것이며 주자는 이를 정자의 공헌이라고 보았다. 이렇게 주자는 『맹자집주』에서 맹자의 논리를 따라 설명을 하면서도 한편으로는 자신의 다른 생각을 뒤에 추가하는 해석 방식을 취하였다. 6장 후반부에 대한 주자의 해석은 다음과 같다.

---

20 『孟子集註』「告子上」: "情者, 性之動也. 人之情, 本但可以爲善而不可以爲惡, 則性之本善可知矣. …… 才, 猶材質, 人之能也. 人有是性, 則有是才, 性旣善則才亦善. 人之爲不善, 乃物欲陷溺而然, 非其才之罪也."

어떤 것이든 반드시 그 원칙이 존재한다. 예를 들어 귀와 눈이 있으면 환히 듣고 밝게 보는 덕(德)이 있으며, 아버지와 아들이 있으면 자애로운 마음과 효성스러운 마음이 있다. 이것은 사람들이 붙들고 있는 항구적 본성이다. 그래서 사람의 정(情)은 이 아름다운 덕을 좋아하지 않는 경우가 없다. 이를 통해서 본다면 사람의 본성이 선하다는 것을 알 수 있다.[21]

주자는 위의 인용문에서 '원칙'과 본성을 일치하는 것으로 이해하였다. 그래서 '어떤 것이든 그 원칙이 존재한다'라는 말은, 사람은 어떤 일에 대해서든 올바르게 대응할 수 있는 본성이 있다는 의미이다. 사람에게 그런 본성이 있다는 것을 어떻게 알 수 있는가? 바로 사람들이 그런 올바른 행위를 좋아하는 마음이 있기 때문이다. 즉 실제로 자신이 올바르게 행위할 수는 없다고 하더라도 적어도 그렇게 행위하는 것을 훌륭하다고 평가하는 '정(情)'이 있다는 사실을 통해서 바로 그렇게 올바로 행동하는 것이 항구적 본성에 부합한다는 사실을 알 수 있다는 것이다. 여기서 '그래서'라는 말은 연역적인 관계를 설명하는 것이 아니라 오히려 귀납적인 관계를 설명한다. 즉 본성이 있기 때문에 사람들이 그 본성과 일치하는 아름다운 덕들을 좋아한다고 말하는 것이 아니라, 이런 저런 아름다운 덕들을 좋아한다는 사실을 통해서 그 내면에 본성이 존재한다는 것을 귀납적으로 알 수 있다는 것이다. 이는 주자가 맹자의 성선론을 해석할 때 일관되게 사용하는 현상학적 설명의 한 사례라고 할 수 있다.

주자는 맹자와 고자의 본성에 대한 관점 자체가 다르다고 보았다. 맹자는 본연지성을 본성이라고 여겼고 고자는 현실에 존재하는 생명체의

---

21 『孟子集註』「告子上」: "有物必有法, 如有耳目, 則有聰明之德. 有父子, 則有慈孝之心, 是民所秉執之常性也, 故人之情無不好此懿德者. 以此觀之, 則人性之善可見."

모든 활동 자체를 본성이라고 여겼다는 것이다. 그리고 고자의 기본적인 관점이 맹자와 펼친 논변을 통해 줄곧 변해갔다는 것이 주자의 생각이었다. 여기서는 맹자의 성선설에 대한 주자의 해석을 좀 더 깊이 들여다보기 위하여 맹자가 어떤 논리로 고자의 생각을 바꾸어갔다고 그가 설명하고 있는지 살펴보기로 한다.

주자는 고자의 처음 관점을 순자(荀子)와 동일한 것이라고 이해한다.[22] 사람의 본성은 인의(仁義)라는 도덕적 규범과는 아무 연관이 없는 그냥 원시적인 생명 활동을 하는 것일 뿐이어서 반드시 외부의 규제가 있어야만 인의(仁義)를 실행할 수 있게 된다는 견해를 가졌다는 말이다. 고자의 이론대로라면 자연 상태의 인간 본성을 문명에 맞게 이끌어가려면 반드시 외재적인 힘이 필요하다는 것이어서, 맹자는 이런 관점이 받아들여지게 되면 사람들이 모두 자신의 자연 본성을 지키기 위해 인의를 혐오하게 될 것이라고 반박하였다는 것이 주자의 해석이다.[23]

그리고 주자는 맹자가 원시적인 생명 활동 자체를 본성이라고 주장하는 고자에 대해 또 다른 방식의 반박을 하기도 하였다고 보는데, 바로 "생명 활동을 가지고 있는 것을 본성이라고 한다"라는 고자의 주장에 대한 비판을 말한다. 주자는 고자의 그 주장이 불교의 "작용하는 모든 것이 본성이다"라는 설명과 유사하다고 이해하였으며,[24] 맹자가 이에 대해 생명 활동을 하는 모든 것을 동일하게 본성이라고 말하게 되면 사람의 본성과 동물의 본성이 같다는 말이 되어 버린다고 비판하였다고 해석하

---

22 『孟子集註』「告子上」: "告子言人性本無仁義, 必待矯揉而後成, 如荀子性惡之說也."

23 『孟子集註』「告子上」: "言如此, 則天下之人皆以仁義爲害性而不肯爲, 是因子之言而爲仁義之禍也."

24 『孟子集註』「告子上」: "生, 指人物之所以知覺運動者而言. 告子論性, 前後四章, 語雖不同, 然其大指不外乎此, 與近世佛氏所謂作用是性者略相似."

였다.[25] 주자는 사실 맹자의 이 반박에 대해서 만족스럽게 여기지는 않았다. 맹자의 논박은 단순히 논적의 말문을 막아버리는 것을 목적으로 한 일종의 해학에 불과한 것이라고 생각하였다. 여기에는 사람의 본성이 무엇이냐는 진지한 논의가 담겨 있지 않다는 것이다.[26] 그래서 주자는 자신의 인성론으로 그 부분을 보충하였다.

성(性)이란 사람이 하늘로부터 얻은 리(理)이고, '생(生)'이란 사람이 하늘로부터 얻은 기(氣)이다. 성(性)은 형이상(形而上)의 것이고, 기(氣)는 형이하(形而下)의 것이다. 사람을 비롯한 생물이 생겨날 때 이 성(性)이 없는 이가 없으며 또한 이 기(氣)가 없는 이가 없다. 하지만 기(氣)로 말하자면 지각(知覺)하고 운동(運動)하는 것이 사람이나 다른 생물이 차이점이 없는 것 같지만, 리(理)로써 말한다면 인의예지(仁義禮智)를 품부받는 데 있어 어찌 다른 생물들이 완전할 수 있겠는가. 이것이 사람의 본성이 불선한 것이 없고 만물 중에서 가장 신령한 까닭이다.[27]

맹자는 단순히 각 생물마다 본성이 다르며 사람의 고유한 본성은 개나 소의 본성과는 다르다고 주장함으로써 '생명 활동 자체가 본성이다'라는 고자의 주장이 담고 있는 허점을 지적하였을 뿐이다. 사람은 사람

---

25 『孟子集註』「告子上」: "孟子又言若果如此, 則犬牛與人皆有知覺, 皆能運動, 其性皆無以異矣."

26 『孟子集註』「告子上」: "三節謂猶戲謔. 然只得告子不知所答, 便休了, 竟亦不曾說得性之本體是如何."

27 『孟子集註』「告子上」: "性者, 人之所得於天之理也; 生者, 人之所得於天之氣也. 性, 形而上者也; 氣, 形而下者也. 人物之生, 莫不有是性, 亦莫不有是氣. 然以氣言之, 則知覺運動, 人與物若不異也; 以理言之, 則仁義禮智之稟, 豈物之所得而全哉? 此人之性所以無不善, 而爲萬物之靈也."

만의 본성이 따로 있는데 그런 본성에 맞지 않는 행위까지도 본성이라고 인정하게 되면 사람의 본성을 다른 생명체의 본성과 동일하게 보는 잘못을 범한 것이 된다고 여긴 것이다. 여기에는 사람의 본성이 무엇이며 왜 사람의 본성이 다른 생명체의 본성과 다른 것인가에 대한 설명은 결여되어 있다. 주자는 이 문제와 관련하여 본성이라는 형이상의 것과 기질이라는 형이하의 것 사이의 관계를 통해 해명하였다. 기질의 차원에서 본다면 사람이 다른 생명체들과 그다지 큰 차이가 없겠지만 본성의 차원에서 본다면 사람은 인의예지를 온전히 갖추고 있어서 다른 생명체들과는 완전히 달라지게 된다는 것이다. 이는 고자의 본성론을 기질에 주목한 것이라고 보고, 맹자의 본성론을 본연지성에 주목한 것이라고 보는 주자의 기본적인 견해에 따른 설명이다. 그런데 주자는 한편 사람과 다른 만물이 모두 동일한 본성을 타고났다는 주장을 견지하고 있었다. 대표적인 것이 『중용장구(中庸章句)』인데 거기서 주자는 사람이든 다른 만물이든 모두 건순(健順)·오상(五常)의 덕을 갖추고 있다고 하였다.[28] 이 점을 주자 스스로도 의식하고 있었다. 그래서 그는 자신의 주장을 다음과 같이 정리하였다. "만물의 일원(一原)에 대해 논하면 리(理)는 같고 기(氣)는 다르지만, 만물이 다른 몸임을 주목한다면 기(氣)는 그래도 서로 비슷해도 리(理)는 절대 같지 않다."[29] 말하자면 맹자의 이 주장은 만물이 서로 다른 몸이라는 사실에 주목한 관점이라는 것이다. 이렇게 주자는 자신의 심성론과 맹자의 심성론을 조화시키기 위해서 부단히 노력하였다.

주자는 고자의 이 관점이 맹자와 논변을 하는 과정에서 바뀌었다고

---

28 『孟子集註』「告子上」: "天以陰陽五行化生萬物, 氣以成形, 而理亦賦焉, 猶命令也. 於是人物之生, 因各得其所賦之理, 以爲健順五常之德, 所謂性也."

29 『孟子集註』「告子上」: "論萬物之一原, 則理同而氣異; 觀萬物之異體, 則氣猶相近而理絕不同也."

본다. 주자에 따르면 고자는 나중에 사람이란 선한 본성과 악한 본성을 가지며 어떤 계기를 만나느냐에 따라 선한 본성이 계발되기도 하고 악한 본성이 계발되기도 한다는 주장을 하기 시작했다. 악한 본성과 함께 선한 본성도 엄연히 사람의 본성으로서 존재하고 있다고 보았다는 점에서 본성을 원시 상태의 생명활동이라고 본 관점과는 달라졌다는 것이다.[30] 이어서 주자는 맹자의 반박이 본성을 순선한 것으로 보고 악은 후천적인 특수한 현상이라고 보는 관점에 기반하고 있다고 해석하였다. 선한 본성과 악한 본성이 뒤섞여 있어 어느 방향으로 흐를지 알 수 없는 것이 아니라 오직 선한 본성만 존재해서 선한 행위를 하도록 본래부터 결정되어 있으며 단지 특수한 변수로 인해 그 본래 결정된 것이 변경되는 경우가 있을 뿐이라고 보았다는 것이다.[31]

고자는 또다시 주장을 조금 고친다. 식욕과 성욕과 같은 것이 본성인데 인(仁)은 내면에서 나온 것이고 의(義)는 밖으로부터 주어진 것이라고 주장한 것이다. 이에 대해 주자는 고자가 식욕과 성욕 같은 자연적 생명활동을 본성이라고 보기 때문에 사랑하는 마음에 대해서는 내면에서 생긴다고 보면서 사물에 맞는 적절한 대응방식은 밖에서 말미암는다고 여긴 것이라고 설명하였다.[32] 이제 주제는 자연스럽게 의(義)가 본성이냐는 문제로 넘어가게 되는데 주자에 따르면, 말이 흰 것을 희다고 여기는 것과 사람이 흰 것을 희다고 여기는 것은 다를 것이 없겠지만 말이 나이든 것을 나이들었다고 여기는 것과 사람이 나이든 것을 나이들었다고 여기

---

30 『孟子集註』「告子上」: "告子因前說而小變之, 近於揚子善惡混之說."

31 『孟子集註』「告子上」: "此章言性本善, 故順之而無不善; 本無惡, 故反之而後爲惡, 非本無定體, 而可以無所不爲也."

32 『孟子集註』「告子上」: "告子以人之知覺運動者爲性, 故言人之甘食悅色者卽其性. 故仁愛之心生於內, 而事物之宜由乎外, 學者但當用力於仁, 而不必求合於義也."

는 것은 같지 않은데, 이것이 바로 의(義)이다. 의(義)는 대상이 나이 들었다는 객관적 사실 속에 내재된 것이 아니라, 대상이 나이 들었다고 대접하려는 나의 마음에 내재된 것이다.[33] 나이든 사람을 나이든 분으로 모시려는 마음은 마치 맛있는 음식을 보고서는 먹고 싶어하는 마음처럼 안에서 생겨나는 것이지 자기는 그 사람을 어른으로 대접하려는 마음이 없는데 외부에서 주어진 요구에 따라 수동적으로 반응하는 것은 아니라는 의미이다.[34] 내가 공경을 하는 대상은 객관적으로 외부에 존재하지만 그를 공경해야 한다는 것을 알고 내 마음의 공경심을 발휘해서 공경하게 되는 것이며,[35] 상황을 감안하여 거기에 맞는 행동 방법을 채택하는 것은 모두 마음에서 결정되는 것이다.[36]

『맹자집주』에서 주자는 전체적으로 맹자의 심성론에 대해서 우선 그 자체의 논리에 따라 해석하는 데 주안점을 두었기 때문에 그 해석의 전체적 논리 자체는 상당한 정합성을 가지는 것처럼 보인다. 고자의 심성론을 "생명활동 자체를 본성이라고 한다"라는 하나의 기본적인 사상 아래에 통합된 것으로 보고, 그것과는 달리 인의예지를 본성이라고 보는 맹자의 철학을 선명하게 대비시키는 방법으로 해석한 것이 성공한 것이라고 하겠다. 그리고 맹자의 원의와는 충돌되지 않는 한에서 자신의 형이상학적 관점을 추구하였기 때문에 그로 인해서 해석의 전체적인 정합성에 영향을 주지는 않는다.

---

33 『孟子集註』「告子上」; "白馬白人, 所謂彼白而我白之也; 長馬長人, 所謂彼長而我長之也. 白馬白人不異, 而長馬長人不同, 是乃所謂義也. 義不在彼之長, 而在我長之之心, 則義之非外明矣."

34 『孟子集註』「告子上」; "言長之者之, 皆出於心也."

35 『孟子集註』「告子上」; "所敬之人雖在外, 然知其當敬而行吾心之敬以敬之, 則不在外也."

36 『孟子集註』「告子上」; "如此則敬長之心, 果不由中出也. 言因時制宜, 皆由中出也."

4. 주자의 해석은 맹자의 원의에 부합하는가?

그렇다면 주자의 맹자 해석이 맹자의 원의에는 부합하는가? 이는 주자의 해석이 자체 내에서 정합성을 가지는지를 논하는 것과는 다른 문제이다. 그리고 그가 맹자의 성선설에 부족함을 느껴 보충한 부분과는 원칙적으로 분리해서 논의해야 할 것이다. 주자는 본성이 선하다는 주장에 대한 맹자의 현상학적 설명방식을 상당히 긍정적으로 평가하였지만 맹자가 고자와 펼친 논변에 대해서는 그다지 만족스럽게 여기지 않았다. 맹자가 고자의 생각을 정확하게 간파하여 명확한 논리로 논박하지 못한다고 생각하였다.

> 맹자(孟子)는 고자(告子)와 냇버들에 대해 논한 곳은 대개 단지 냇버들과 그 롯으로 성(性)과 인의(仁義)를 비유할 수 없다고 말하였을 뿐이다. 냇버들은 반드시 구부려야 그릇을 만들 수 있는데 성은 구부려서 인의를 행하는 것이 아니라는 것이다. 맹자(孟子)는 고자(告子)와 논변한 몇 부분은 모두 고자(告子)를 논박해내기만 하면 그만이라는 식이었고 논의를 끝까지 진행한 적이 없었다.[37]

주자는 맹자가 그저 이러저런 방법으로 고자를 밀어붙였을 뿐이고 찬찬히 설명하지 않았기 때문에 지금으로서는 맹자의 원의를 이해하기 힘들고 해석을 하자면 많은 말들을 붙이지 않으면 안 된다고 아쉬워하였

---

37 『朱子語類』권59: "孟子與告子論杞柳處, 大槪只是言杞柳桮棬不可比性與仁義. 杞柳必矯揉而爲桮棬, 性非矯揉而爲仁義. 孟子辯告子數處, 皆是辯倒著告子便休, 不曾說盡道理. 節(64이후)."

다.[38] 맹자가 조급하게 고자를 몰아쳤을 뿐이기 때문에 고자를 설복시키지 못하였다고도 하였다.[39] 주자는 맹자의 이런 논법이 마치 불교의 언어처럼 공연히 번잡하고 반복적일 뿐이라고도 하였다.[40] 그래서인지 맹자와 고자의 심성논변에 대한 주자와 제자의 대화는 상당히 적다. 주자는 맹자의 이 논변이 깊이 있는 철학적 논제가 되기에 부족하다고 여긴 듯하다.

하지만 주자는 이런 불만들을 『맹자집주』에 반영하지는 않았다. 그는 최대한 맹자가 하려고 한 말을 일단 그대로 전달하려고 노력하고, 자신이 불만족하게 느꼈던 부분은 따로 보충해 넣는 방법을 사용하였다. 「고자상」편의 6장에서 재(才)에 대한 설명은 그런 특징을 잘 보여준다. 맹자는 재(才)를 본성이 가진 본래의 능력이라는 의미로 사용하였다. 누군가 악한 일을 행한다면 그것은 재(才)의 잘못이 아니라 후천적인 문제라는 그의 설명을 통해 이를 확인할 수 있다. 앞서 살펴본 대로 주자는 우선 맹자의 이 원의를 그대로 살려 해석하였다. 그런 뒤에 자신의 심성론의 용법에 따라 재(才)를 한 개인이 현재 가진 능력을 총체적으로 표현하는 술어로 사용하는 것이 좋다는 내용을 첨가하였다.[41]

성(性)과 정(情)의 관계에 대한 주자의 현상학적 설명은 맹자의 원의에 상당히 부합하는 것으로 보인다. 맹자는 인의예지가 마음의 본체이어서

---

38 『朱子語類』권59: "孟子當時辨得不恁地平鋪, 就他蔽處撥啓他; 却一向窮詰他, 止從那一角頭攻將去, 所以如今難理會. 若要解, 煞用添言語."

39 『朱子語類』권59: "孟子闢告子"生之謂性"處, 亦傷急. 要他倒, 只就他言語上拗將去, 己意却不曾詳說. 非特當時告子未必服, 後世亦未能便理會得孟子意也. 僩(59세)."

40 『朱子語類』권59: "孟子答告子'生之謂性'與孟季子'敬叔父乎, 敬弟乎' 兩段語, 終覺得未盡. 却是少些子直指人心, 見性成佛底語, 空如許勞攘重復, 不足以折之也."

41 『孟子集註』「告子上」: "愚按: 程子此說才字, 與孟子本文小異. 蓋孟子專指其發於性者言之, 故以爲才無不善; 程子兼指其稟於氣者言之, 則人之才固有昏明强弱之不同矣, 張子所謂氣質之性是也. 二說雖殊, 各有所當, 然以事理考之, 程子爲密."

밖으로부터 억지로 주어진 것이 아니라고 여겼다.[42] 정(情)은 성(性)의 존재를 설명하기 위해 맹자가 끌어들인 것이어서 측은지심처럼 직접적인 경험을 통해서 알 수 있는 마음을 정(情)이라고 불렀을 가능성이 높다. 인의예지가 본성임을 우리가 직접적으로 인식할 수는 없으니 우리가 경험할 수 있는 측은지심 등을 통해서 그 존재를 확인할 수밖에 없다는 것인데, 성(性)과 정(情)의 이러한 관계와 관련해서는 『성자명출(性自命出)』 등에서 정(情)을 이런 용법으로 사용하였다[43]는 것이 간접적인 증거가 될 수 있을 것이다. 심통성정(心統性情)의 논리를 활용한 주자의 해석도 약간은 도식적인 듯하나 심(心)이라는 술어가 여러 의미로 폭넓게 사용될 수 있다는 정도의 의미로만 이해한다면 맹자의 원의에 크게 어긋나지는 않을 것이다.

냇버들과 그릇, 그리고 여울물의 비유와 대해서 주자는 특별하게 자신의 관점을 더 하지 않고 간단히 해석하였다. 다만 냇버들과 그릇의 비유에 담긴 인성론을 순자(荀子)의 성악설(性惡說)과 동일한 것으로, 여울물의 비유를 양웅(揚雄)의 성선악혼설(性善惡混說)과 유사한 것으로 설명하는 것은 다소 도식적이다. 『맹자집주』에서 다음의 '생명활동 그 자체를 본성이라고 한다'라는 관점을 불교의 '작용하는 것 바로 그것이 본성이다'라는 이론과 대응시키는 설명으로 이어졌는데, 마치 맹자가 이런 인성론을 비판하였다는 말이 되어 버려서 상당히 어색해진다. 고자에 대해 본성이 리(理)인 것을 모르고 기(氣)를 본성으로 여겼다고 설명한 것

---

42 『孟子』「告子上」: "仁義禮智, 非由外鑠我也, 我固有之也, 弗思耳矣."

43 『性自命出』: "喜怒哀悲之気, 性也. 及其見于外, 則物取之也. 性自命出, 命自天降. 道始于情, 情生于性." 이 설명에 따르면 喜怒哀悲를 일으키는 性은 하늘이 내린 命에서 생긴 것인데 그 性이 情으로 드러나는 계기는 당면한 구체적인 사태이다. 그리고 그 구체적인 사태를 처리할 합당한 방법은 情에 근거해서 수립된다.

도 맹자의 의도를 온전히 설명한 것 같지는 않다. 맹자는 다른 동물들과는 다른 사람만의 특징을 지닌 본성에 대해 말하고 있는 것이라고 하겠는데, 주자는 그 사람의 본성을 세계의 보편적 원리인 리(理)로 설명함으로써 맹자의 원래 맥락을 다소 벗어나게 되었다.

고자는 식욕과 성욕 같이 내면에서 우러나는 것이 본성인데 사랑하는 마음은 내면에서 우러나지만 의로움은 외부에서 주어지는 규범이라고 하였다. 이는 의로움을 배척해야 한다는 의미가 아니라 오히려 적극적으로 의로움이라는 도덕규범을 정립해야 한다는 의미로 해석하는 것이 맞을 것이다. 마치 순자(荀子)의 경우 본성이 악하다고 주장함으로써 적극적으로 예(禮)라는 질서를 정립하려고 하였던 것과 같다. 맹자가 고자를 향해 '사람들을 몰아다 인의를 배척하게 한다'라고 비판한 것도 결과적으로 그런 사태가 벌어지게 된다는 우려이지, 그것이 고자가 바란 일이라고 설명해서는 안 된다. 그런데 주자는 고자가 의로움을 배척하였다고 설명함으로써 맹자와 고자의 논변에 담긴 의의를 약화시켰다.

주자는 말이 나이 많은 것을 나이 많다고 여기는 것과 사람이 나이 많은 것을 나이 많다고 여기는 것은 다르며 그것이 이른바 의(義)라고 해석하였는데, 이 해석은 모호한 감이 없지 않다. 말을 대할 때와 사람을 대할 때 다르게 대응하는 것이 의(義)라는 것인지 사람을 대할 때는 공경한 마음이 생기므로 그 공경하는 마음이 의(義)라는 것인지 불분명하다. 맹자는 마음에서 우러나는 공경의 마음을 의(義)라고 부른 것으로 보이는데, 주자는 서로 다른 대상에게는 서로 다르게 대응하는 마음의 결단하는 능력을 의(義)로 보았다.[44] 그리하여 주자는 이 문제에 대해 서로 다른 두 가지 설명을 하고 있다.

---

44 『孟子集註』「梁惠王上」: "義者, 心之制, 事之宜也."

말이 나이 많은 것을 나이 많은 것으로 대한다는 것은 말로만 그것이 나이 많은 말이라고 말한다는 것이고, 나이 많은 사람을 나이 많은 사람으로 대한다는 것은 정성스럽고 공경하는 마음이 안에서 우러나서 정성스러운 마음으로 실제로 공경하는 것이므로 내면으로부터 나온다고 말하는 것이다.[45]

이 인용문에서는 나이 많은 말을 대할 때는 심리적으로는 아무 반응 없이 외부의 사실에 대해 인지적으로 받아들이는 것인데 반해 나이 많은 사람을 대할 때는 공경하는 마음이 내심에서 우러나서 성심으로 공경하게 되는데 이렇게 공경하는 마음이 바로 의(義)라고 설명하였다. 그렇다면 이것은 사태에 맞게 적절한 방법을 찾아내는 결단을 의(義)라고 설명하는 것과는 달리 공경하는 마음이 일어난 것만을 의(義)라고 부른 것이다. 그런데 이와는 다른 설명도 있다.

"말이 흰 것을 희다고 여기는 것은 사람이 흰 것을 희다고 여기는 것과 다르지 않다"라는 말에 대해 말해 보자면, 맹자의 이 말은 사실 대답이 미진한 것으로 보인다. 말이 흰 것을 희다고 여기는 것과 사람이 흰 것을 희다고 여기는 것이 다르지 않다는 말이 또한 어찌 성립하겠는가. 필경 그 대상이 희기 때문에 내가 희다고 여긴다는 것인데, 내가 희다고 여긴다는 것도 내 마음의 분별에서 나온 것이다.[46]

주자는 여기서 단순한 인지적 분별과 심리적 감흥은 본질적으로 다

---

45 『朱子語類』권59: "若長馬·長人則不同. 長馬, 則是口頭道箇老大底馬. 若長人, 則是誠敬之心發自於中, 推誠而敬之, 所以謂內也. 子蒙."

46 『朱子語類』권59: "白馬之白也, 無以異於白人之白也." 看來孟子此語, 答之亦未盡. 謂白馬·白人不異, 亦豈可也! 畢竟, "彼白而我白之", 我以爲白, 則亦出於吾心之分別矣.

르지 않다고 주장한다. 객관적으로 존재하는 사물에 대해 내가 인지하여 그것이 무엇인지 분별을 하였다면 그것도 마음의 활동이므로 그 분별은 마음에서 일어난 것이라고 보아야 한다는 것이다. 사실 이러한 마음의 능력이 의(義)에 속하는 것인지 지(智)에 속하는 것인지는 더 논의해보아야 하겠지만 어쨌든 이것도 역시 내면에서 생긴다는 것은 부정할 수 없다는 것이 주자의 입장이다. 주자는 마음속에는 세상의 모든 일을 인지하고 그에 따라 적절히 반응할 수 있는 능력이 내재되어 있으며 외부의 자극은 단지 그 능력이 발휘되도록 유발하는 계기에 불과하다고 보았다. 마음의 활동은 궁극적으로 모두 그 본성에서 근원한다는 것이다.

주자의 이러한 관점은 맹자를 해석하는 데 직접적으로 적용하기에는 다소 무리가 있다. 이렇게 주자는 최대한 맹자의 원의에 따라 해석을 하려고 하면서도 곳곳에 자신의 관점을 심어두어서 전체적인 해석이 맹자의 원의로부터 조금은 벗어나게 하는 결과를 낳은 것으로 보인다. 주자의 해석은 『맹자』를 『맹자』로 읽게 하려는 의도와 『맹자』의 설명을 자신이 생각하는 올바른 방향으로 이끌려는 의도를 동시에 가지고 있었기 때문에 그의 해석을 『맹자』의 원의로부터 적절하게 분리하여 이해하는 것이 필요하다. 주자는 『역(易)』과 관련하여 복희(伏羲)의 역(易)은 복희(伏羲)의 역(易)으로 보고, 문왕(文王)의 역(易)은 문왕(文王)의 역(易)으로 보며 주공(周公)의 역(易)은 주공(周公)의 역(易)으로 보고 공자(孔子)의 역(易)은 공자(孔子)의 역(易)으로 보아야지 그것을 하나의 의미로 통합해서 이해해서는 안 된다고 하였다.[47] 이것은 우리가 『맹자』를 읽을 때도 마찬

---

47 『朱子語類』권66: "學易者須將易各自看, 伏羲易, 自作伏羲易看, 是時未有一辭也; 文王易, 自作文王易; 周公易, 自作周公易; 孔子易, 自作孔子易看. 必欲牽合作一意看, 不得."

가지로 견지해야 올바른 해석의 태도일 것이다.[48]

5. 나가는 말

맹자의 성선설은 여러 현대 철학자들의 흥미를 불러일으켰다. 측은지심을 통해 본성의 선함을 증명하는 방식도 재조명되었고[49] 고자와 나눈 논변도 인성에 대한 논의의 폭을 넓히는 데 활용되었다.[50] 주자는 한동안 맹자의 성선설에 대한 가장 뛰어난 해석자였다. 그가 현상학적 설명이라는 틀로 맹자의 성선설을 해석한 것은 여전히 유효해 보이는 방법이다. 다만 주자는 맹자가 고자와 나눈 논변에 대해서 상당히 불만을 가지고 있었기 때문에 맹자의 원의를 충분히 살리는 적극적인 해석을 내놓지는 못한 듯이 보인다. 그는 맹자의 주장이 인성론의 표피적인 내용만을 담고 있다고 보았기 때문에 그 심층적 내용은 자신의 인성론으로 채워 넣었다. 그러다보니 맹자가 원래 근거로 삼았던 심층적 내용이 무엇이었는지는 다루지 않았다. 이는 주자의 해석이 그 자체로는 정합성을 가지지만 맹자의 원의와는 완전히 부합하지 않는다는 의미이다. 우리는 주자의 맹자 해석에 대해서 논할 때 이 두 가지 측면, 즉 그 자체로 정합적인지와 맹자의 원의에 부합하는지를 끊임없이 살펴야 할 것이다. 그리고 이것이 사실상 주자 스스로가 고전을 해석할 때 가졌던 기본적인 해석학적 자세이기도 하였다.

---

48 맹자에 대한 비교철학적 해석으로는 맹주만 · 김나윤(2017), 이호연(1999) 등 참조.

49 프랑수아 줄리앙 지음, 허경 번역, 『맹자와 계몽철학자의 대화: 도덕의 기초를 세우다』, 한울아카데미, 2006. 참조.

50 데이비드 S. 니비슨 지음, 김민철 번역, 『유학의 갈림길』, 철학과현실사, 2006. 참조.

맹자의 '유자입정(孺子入井) – 측은지심(惻隱之心)'에 대한 조선유학자들의 윤리적 입장
– 퇴계(退溪), 율곡(栗谷), 다산(茶山), 혜강(惠岡)을 중심으로 –

이영경(경북대학교 사범대학 윤리교육과 교수)

1. 서론

맹자(孟子)의 성선론(性善論)은 인성론의 측면에서 유가철학(儒家哲學)의 주류적인 지위를 가진다. 인간의 윤리적 삶의 문제를 학(學)의 근본이념으로 삼고 있는 유가철학에 있어서 인간에게 선천적으로 부여된 도덕적인 마음이 있다는 맹자의 입론은 인간의 존귀성을 담보하는 유가철학의 중요한 토대이다. 맹자는 사단(四端)과 사덕(四德)을 중심으로 한 인간의 선천적인 도덕적 성품과 마음에 대한 입론을 구축하면서, '유자입정(孺子入井)'이라는 어린 아이가 우물에 빠지는 윤리적 문제 상황을 제시하고,[1] 이 상황에 직면한 사람들은 모두가 인(仁)의 덕성으로부터 나오는

---

[1] 맹자 이전에 이미 孔子도 '우물에 빠진 사람'에 관한 담론을 전개한 바 있다. 즉 宰我가 "仁한 사람은 우물 안에 어진 사람이 빠졌다고 하면 따라 들어가겠지요?"라고 물었을 때, 공자는 답하기를, "어찌 그렇게 하겠느냐? 군자는 가 보게 할 수는 있어도 우물에 빠지게 할 수는 없으며, 속일 수는 있어도 기망할 수는 없다."(『論語』「雍也」: "宰我問曰, 仁者, 雖告之曰, 井有

'측은지심(惻隱之心)'을 가지게 된다고 주장하였다. 인간의 근본 성품이
선(善)하다는 성선(性善)의 입장을 견지하는 유가들은 맹자 이후, '유자입
정(孺子入井)-측은지심(惻隱之心)'[2]을 핵심적인 주제로 삼아 인간 심성에
대한 입장을 다양하게 전개하고 심화해 왔다. 즉 '유자입정-측은지심'의
논의는 맹자 이후 인간의 성선 문제를 거론하는데 있어서 중심적인 담론
으로 자리해 왔는데, 유가들은 이를 토대로 인간의 윤리적 마음과 인성
의 가치를 해명하는데 진력한 것이다. 이러한 맥락에서 본다면, '유자입
정-측은지심' 논변은 맹자 이후 유학사상의 윤리적 사유의 원형으로 자
리하게 되었다고 할 수 있을 정도로 중요한 유학적 담론이다. 그러므로
'유자입정-측은지심'에 대해서 어떠한 입장을 취하는가 하는 것은 인성
과 윤리 문제에 있어서 근본적인 토대 사유로 간주될 수 있다.

이러한 관점에 입각하여, 본 연구에서는 조선의 주요 유학자들이 맹
자의 '유자입정-측은지심'의 논변을 어떠한 윤리적 관점에서 바라보고
있는지를 분석하고자 하였다. 그간의 우리 학계의 연구에서는 맹자의
심성론을 해명하거나, 조선 유학의 사단(四端)과 사덕(四德)에 대한 입장
을 포괄적으로 논의하는데 집중해 왔다. 따라서 조선 유학자들의 '유자
입정-측은지심' 자체를 독립적 혹은 중점적 주제로 삼아 시도한 연구는
드물다.[3] 이에 본 연구에서는 퇴계(退溪) 이황(李滉), 율곡(栗谷) 이이(李

仁焉, 其從之也, 子曰, 何爲其然也, 君子可逝也, 不可陷也, 可欺也, 不可罔也.")라고 하
였다. 그러나 공자는 性善을 초점으로 '우물에 빠진 사람'을 구하는 문제를 논한 것이 아니었
다는 점에서 맹자가 제기한 본성의 문제와는 그 맥락이 다르다고 할 것이다.

2 본 논문에서 사용하고 있는 '孺子入井 - 惻隱之心'의 표현은 '어린 아이가 우물에 빠지는 것
을 보면[見孺子入井], 사람은 모두 측은지심을 가진다.[有惻隱之心]'라는 맹자의 주장을 편
의상 축약한 것인데, 이는 맹자의 성선론적 담론의 핵심적 基軸이라고 할 수 있다.

3 맹자의 '유자입정'과 관련된 연구로는 다음과 같은 논문들이 있다. 박길수의「선진 유학의 철
학적 치료주의 이념과 방법 一考: 측은지심의 문화철학적 함의를 중심으로」,『대동철학』76
집, 대동철학회, 2016.9. 邢麗菊의「맹자 사단설에 대한 조선 유학자들의 해석」,『한국민족문

珥), 다산(茶山) 정약용(丁若鏞), 혜강(惠岡) 최한기(崔漢綺)라는 조선의 주요 유학자들이 '유자입정-측은지심'의 논변에 대해서 자신의 입장을 어떻게 개진하고 있는지를 윤리적인 관점에서 분석하고자 한다. 즉 조선 유학사상의 지평에서 탁월하고 독창적인 사유를 전개하였던 퇴계, 율곡, 다산, 혜강은 맹자가 제기한 '유자입정-측은지심'이라는 유교적 성선론의 원형적 사유 논변에 어떻게 접근하고 있으며, 그들의 입장에서 드러나는 윤리적 맥락과 특성은 무엇인지를 해명할 것이다. 이를 통하여 맹자의 '유자입정-측은지심' 논변을 중심으로 구축된 조선 유학의 윤리적 사유 특성을 구명할 것이다.

2. 맹자의 '유자입정-측은지심' 논의의 윤리적 맥락

공자는 인간의 실천적 덕으로서 인(仁)을 강조했지만, 인간이 선천적으로 선한 본성과 마음을 가지고 있는가 하는 문제에 대해서는 논의의 본질로 삼지 않았다. 즉 인간의 도덕 선천성으로서의 성선(性善)의 문제는 공자의 핵심 논점은 아니었다. 그러나 맹자는 사람들이 선천적으로 선한 성품과 마음을 품부하고 있다고 주장함으로써 인간의 도덕적인 성

화」 37집, 부산대 한국민족문화연구소, 2010.7, 류근성의 「맹자의 직관윤리학의 진화론적 이해」, 「범한철학」 59집, 범한철학회, 2010, 정용환의 「공맹유학의 도덕 감정론」, 「철학연구」 제128집, 대한철학회, 2013.11, 김상현의 「맹자의 사단으로 바라본 흄의 도덕감 이론」, 「사회과학교육」 제16집, 서울대학교 사회교육연구소, 2013.12.31. 이 가운데 박길수의 논문은 직접적으로 '측은지심'을 연구의 주제로 삼은 유일한 연구로써, 중국 先秦 유학시대에 있어서 측은지심의 가치와 의미를 정밀하게 탐색하고 있다. 그리고 邢麗菊의 논문은 四端에 대한 조선 유학자들의 해석에 중점을 두고 연구한 것이다. 그 외의 논문들은 四端과 四德을 포괄적으로 논의하는 맥락상에서 부분적으로 측은지심을 다루고 있다.

품의 본질을 명료하게 인정했다. 맹자는 다음과 같이 '유자입정'이라는 문제 상황을 통해서 인간의 선성(善性)을 논한다.

사람들이 모두 남에게 차마 하지 못하는 마음을 가지고 있다고 말하는 까닭은, 지금 사람들이 갑자기 어린 아이가 장차 우물에 빠지려는 것을 보고는 모두 깜짝 놀라고 측은해하는 마음을 가지니, 이것은 어린 아이의 부모와 교분을 맺으려고 해서도 아니고, 마을 사람이나 친구들에게 명예를 얻고자 해서도 아니며, 또한 잔인하다고 말이 나는 것을 싫어해서 그러한 것도 아니다.[4]

맹자는 만약 사람들이 '유자입정'의 상황을 보게 된다면 누구나 '출척측은지심(怵惕惻隱之心)'을 가지게 될 것이라고 주장하고 있다. '출척(怵惕)'은 맹자 이전에 이미 사용된 개념인데, 주자(朱子)는 '놀라서 움직이는 모양[驚動貌]'이라고 해석한다. 반면에 '측은지심(惻隱之心)'은 맹자가 고유하게 사용한 개념으로써 인간의 선천적인 도덕심을 창의적으로 표현한 것이다.[5] 사람은 '유자입정'의 도덕적 문제 상황에 직면하면 모두 '측은지심'을 갖게 된다고 주장한 맹자의 이른바 '유자입정-측은지심'의 논변은 유가(儒家) 성선론(性善論)의 원형적인 의미를 갖게 된다. 맹자는 측은지심이 생기게 되는 것은 외부적인 근본 원인에 의해서가 아니라, 사람이라면 모두 천부적으로 불인인지심(不忍人之心)을 갖고 있기 때문이라고 주장하였다. 그러므로 맹자는 인성의 보편성이라는 관점에 입각하여, '유자입정'의 상황에서 측은지심이 생기지 않는다면 사람이 아니

---

4 『孟子』「公孫丑上」: "所以謂人皆有不忍人之心者, 今人乍見孺子將入於井, 皆有怵惕惻隱之心, 非所以內交於孺子之父母也, 非所以要譽於鄕黨朋友也, 非惡其聲而然也."
5 박길수, 「선진 유학의 철학적 치료주의 이념과 방법 一考 ; 측은지심의 문화철학적 함의를 중심으로」, 『대동철학』 제76집, 대동철학회, 2016, 169쪽 참조.

라고 단언한다.

　　이로 말미암아 본다면 측은지심(惻隱之心)이 없으면 사람이 아니며, 수오지
심(羞惡之心)이 없으면 사람이 아니며, 사양지심(辭讓之心)이 없으면 사람이
아니며, 시비지심(是非之心)이 없으면 사람이 아니다. 측은지심은 인의 단서
요, 수오지심은 의의 단서요, 사양지심은 예의 단서요, 시비지심은 지의 단서
이다. 사람이 이 사단을 가지고 있는 것은 사체(四體)를 가지고 있는 것과 같
다. 이 사단을 가지고 있으면서도 스스로 인의(仁義)를 행할 수 없다고 말하
는 자는 자신을 해치는 자요, 자기 군주가 인의(仁義)를 행할 수 없다고 말하
는 자는 자기 군주를 해치는 자이다."[6]

　　맹자는 인간이 선천적으로 품부한 사덕(四德)의 단서로 사단(四端)을
규정하면서, 사람이라면 마치 사지(四肢)를 가지듯이 '유자입정'의 상황
에서 반드시 측은지심을 갖게 된다는 선천적인 도덕성을 천명(闡明)한
것이다. 이러한 성선의 천명은 이후 주자학자(朱子學者)들에게 있어서
사실상 절대적인 명제로서의 의미를 가지게 되었으므로 맹자의 '유자입
정-측은지심'의 논변은 성선론을 견지하는 유교 윤리사상의 근본적인
토대가 되었다고 할 수 있다.
　　그렇다면, 맹자가 주장한 '유자입정-측은지심'의 논변에 함의된 윤리
적인 맥락은 무엇인가? 이는 다음과 같이 세 가지 측면에서 해명될 수
있다.

6　『孟子』「公孫丑上」: "由是觀之, 無惻隱之心, 非人也, 無羞惡之心, 非人也, 無辭讓之心,
非人也, 無是非之心, 非人也. 惻隱之心, 仁之端也, 羞惡之心, 義之端也, 辭讓之心, 禮之
端也, 是非之心, 智之端也. 人之有是四端也, 猶其有四體也. 有是四端而自謂不能者, 自
賊者也, 謂其君不能者, 賊其君者也."

첫째, '유자입정-측은지심' 즉 어린 아이가 우물에 빠지는 것을 보면 누구에게나 측은지심이 생긴다는 맹자의 주장은 선천적 도덕성을 인정하는 관점을 보여주는 것이다. 이 논변에서 맹자는 인간의 근본적인 도덕적 본성과 마음은 이미 선천적으로 주어져 있다는 입장을 취한다. 맹자는 불인인지심(不忍人之心)과 양지양능(良知良能)을 언급하는 등 인간의 본성에 도덕적 특성이 있음을 주장함으로써 인간을 도덕적 존재로 규정하려고 했다는 점에서, 인간 본성의 실체적 도덕성을 인정하는 입장을 피력했다고 할 수 있다. 맹자는 측은지심을 '정(情)'이라고 직접 표현하지는 않았지만, 주자는 측은지심을 인(仁)의 덕이라는 성(性)이 작용한 '정(情)'으로 보면서 선천적인 도덕적 본성에서 유래한 도덕 감정이라고 규정했다. 맹자는 사람이 인(仁)의 덕을 본성으로 갖추고 있으므로 '유자입정'의 상황에서 사람에게 측은지심이 생긴다고 함으로써, 측은지심은 선천적인 본성의 덕으로 인해서 나타나는 '마음'으로 보고 있다. 즉 측은지심이 생기게 된 근원은 사덕으로서의 인(仁)의 본성이며, 이로 말미암아 측은지심이 생기므로 사람에게 측은지심이라는 도덕 감정이 있게 되는 것은 이미 선천적으로 결정되어 있다는 것이다.

둘째, 맹자는 사람들에게 인(仁)의 덕이라는 도덕적인 본성과 도덕적인 마음이 있음을 인정하므로 '유자입정'의 상황에서 모든 사람들이 측은지심을 가지게 된다고 주장한다. 그러나 맹자는 '유자입정'의 상황에서 측은지심을 가지게 된다고 해서 실제로 모든 사람들이 예외 없이 어린 아이를 구하려는 실천적인 도덕 행위를 하게 된다고 주장한 것은 아니다. 맹자에게 있어서 측은한 마음을 가진다는 것은, '유자입정'의 상황에서 어린 아이의 처지를 안타깝게 여기면서 그 아이를 구하려는 도덕적 실천 행위를 '하고자 하는 마음'을 가진다는 것을 의미한다. 물론 이러한 마음을 가진다는 것은 곧 어린 아이를 구할 수 있는 실천적 능력을 가지고 있음을 의미하는 것이기도 하다.[7] 그러므로 맹자는 사단을 가지고 있으면서도 스스로 인의(仁義)를 '행할 수 없다[不能]'고 말하는 자는 자신을 해치는 자이고, 자기의 군주가 인의(仁義)를 행할 수 없다고 말하는 자는 자기 군주를 해치는 자라고 단정한 것이다. 즉 측은지심을 비롯한 사단을 가지고 있기 때문에 '인의(仁義)를 행할 수 있다.'고 주장한 것이다. 맹자가 '유자입정－측은지심'의 논변에서 주장하는 핵심은 사람이 사덕과 사단을 가지기 때문에 인(仁)을 실천할 수 있다는 실천적인 도덕능력의 긍정과 그 도덕적 본성 실현의 당위성을 강조하는데 있다고 할 것이다. 그러나 맹자는 인간이 비록 도덕성 실현의 본성적 당위성을 갖추고 있다고 해서 이것이 실제적으로 실천적 행위로 온전히 직결된다고 말하는 것은 아니다.

셋째, 맹자는 '유자입정－측은지심'의 논변에서 측은지심이 발동하는 과정과 맥락을 명확하게 언급하지 않고 단지 인(仁)의 덕, 불인인지심(不忍人之心), 양지양능(良知良能)을 품부하고 있기 때문에 가능하다는 입장을 표명하고 있다. '유자입정'의 상황을 '갑자기 보게[乍見]' 될 때 사람이라면 누구나 깜짝 놀라 측은지심을 갖게 된다고 언급한 맹자의 입장은, 측은지심은 인간의 내적인 동인(動因)에 의해서 생긴다는 것, 그리고 측은지심은 이성적으로 성찰하는 윤리적 사유의 산물이 아닌 즉발적(卽發的)인 마음이라는 점을 표명한 것이다.[8] 맹자는 측은지심이란 인간의 순

---

7 맹자의 이러한 측은지심에 대한 논변은 도덕 감정이 덕을 실천하는 필요조건이라고 여기는 입장, 즉 도덕 실천을 위해서는 적절한 도덕 감정이 있어야 한다고 하는 덕 윤리학적 입장이라고 규정되기도 한다.(정용환, 「공맹유학의 도덕 감정론」, 『철학연구』 제128집, 대한철학회, 2013, 243쪽 참조.) 이는 맹자의 윤리사상이란, 측은지심과 같은 도덕 감정의 발현을 통해서 비로소 온전하게 仁의 덕을 실천할 수 있다는 도덕 감정론 중시의 입장이라고 보는 관점이다.

8 蔡仁厚는 '孺子入井'을 乍見했을 때 惻隱之心이 생기는 것은, 마음이 욕망의 구속을 받지 않은 상태에서 곧바로 드러난 것을 의미한다고 이해하면서, 이것이 本心의 직접적인 표현이

수한 본성으로부터 즉발적으로 생기는 마음이라고 그 발출을 간명하게 설명하고 있는 까닭에 측은지심이 생기게 되는 맥락과 경과에 대한 추가적인 논의 전개의 여지를 남겨두고 있다. 맹자가 '유자입정—측은지심'의 논변에서 실질적으로 역점을 둔 것은 천부적으로 품부된 인간의 선량한 마음의 긍정, 그리고 이에 근거하여 사람들이 인(仁)을 실천할 수 있다는 선(善) 실천의 근거 확보, 또한 군주가 인정(仁政)을 하여 백성들을 구제해야 한다는 정치적 이념의 정당화였던 것이다.[9] 그러므로 맹자는 측은지심 발출의 내원(來源)에 대한 구체적인 논의에는 적극적인 입장은 아니었던 것으로 보인다.

3. 조선유학자들의 '유자입정—측은지심' 논의의 윤리적 초점과 양상

맹자의 '유자입정—측은지심'을 관통하는 윤리적인 맥락은, 조선의 유학자들에게도 이 논변의 사유 과정에서 중요한 관심 초점이 되었다. 이에 본 장에서는 조선 중기 주자학을 대표하는 퇴계와 율곡, 그리고 조선후기 실학을 대표하는 다산과 혜강, 이들 주요 유학자 4인의 '유자입정—측은지심'의 논의에 함의된 윤리적 초점과 양상을 분석하고자 한다.

고 眞心의 자연스런 표출이라고 설명하고 있다.(蔡仁厚 저, 천병돈 역, 『맹자의 철학』, 예문 서원, 2002, 57쪽 참조.) 즉 蔡仁厚는 측은지심을 사람이 자신의 利害得失을 따지는 욕망을 개입시키지 않은 본심의 자연스럽고 즉발적인 표출로 보고 있다.

9 맹자는 '유자입정—측은지심'의 논변의 통해서 사람에게 선천적으로 不忍人之心이 있음을 알게 하고, 이를 토대로 사람들이 삶에서 善을 실천하고, 군주가 不忍人之政을 시행할 수 있도록 하려고 하였다.(『孟子』「公孫丑上」: "孟子曰, 人皆有不忍人之心, 先王有不忍人之心, 斯有不忍人之政矣.")

1) 발출 래원(來源) 중심의 탐색

맹자의 '유자입정—측은지심'의 논변에 대해서 조선의 유학자들은 리
(理)와 기(氣)를 중심으로 감정의 발출을 설명하는 주자학의 입장에 근거
하여 측은지심과 같은 사단은 어떻게 발출(發出)하며, 그것은 칠정과 어
떻게 다른지에 대해서 해명하려 한 경향이 뚜렷하다. 이 초점은 주로 이
발(理發) · 기발(氣發), 그리고 내출(內出) · 외감(外感) 중심으로 이루어지
고 있는데, 이에 대해 퇴계, 율곡, 다산의 입장을 중심으로 분석하고자
한다.

먼저, 퇴계는 이발(理發)의 관점에서 측은지심의 발출 래원(來源)을 분
석하고 있다. 퇴계는 측은지심과 같은 사단이 모두 정이며, 사단과 칠정
은 리(理)와 기(氣)의 발로써 나타나게 된다고 규정한다. 즉 "정(情)이 발
함은 기(氣)에서 주관이 되기도 하고 리(理)에서 주관이 되기도 하니, 기
(氣)의 발은 곧 칠정이고 리(理)의 발은 곧 사단이다."[10]라고 하였다. 퇴계
는 측은지심이 이발(理發)로 인해 생긴 것이라고 파악하고 있지만, 이것
은 '리(理)없는 기(氣)없고, 기(氣)없는 리(理)가 없다.'는 이기론(理氣論)의
기본 전제하에서 "사단은 리(理)가 발하여 기(氣)가 따르고, 칠정은 기(氣)
가 발하여 리(理)가 타는 것이다."[11]라는 입장으로 종결된다. 이러한 입
장에서 퇴계는 "『맹자』의 사단장(四端章)에는 오로지 리(理)만을 말하였지
만 기(氣)가 그 사이에 행해지지 않은 적이 없다."[12]라고 하여, 측은지심

---

10 『退溪全書』第36卷, 書6, 「答李宏仲問目」: "情之發, 或主於氣, 或主於理, 氣之發, 七情是
也, 理之發, 四端是也."

11 『退溪全書』第36卷, 書6, 「答李宏仲問目」: "四端, 理發而氣隨之, 七情, 氣發而理乘之."

12 『退溪全書』第36卷, 書6, 「答李宏仲問目」: "孟子四端章, 則專以理言之, 而氣亦未嘗不行
乎其間也."

을 리(理)와 기(氣)가 상호작용하는 관계성 속에서 리(理)의 주관으로 발출한 것으로 해석하였다.

또한 퇴계는 측은지심의 정이 나타나게 되는 경로를 설명함에 있어서 주자의 입장을 정론(正論)으로 삼는데, 이는 외물(外物) 즉 '유자입정'하는 상황에 마음이 감(感)하여 측은지심의 정이 발하는 것으로 봄으로써 심(心)의 주재를 강조하는 관점이다.

'(주자는) 천리와 인욕의 판가름과 절도에 맞고 절도에 맞지 않음의 구분은 다만 마음이 주재하고 주재하지 못하는 데 달린 것이지 정이 문제를 일으키는 것이 아님은 명백하다. 대저 절도에 맞는다 하여도 이 역시 정이며, 절도에 맞도록 하는 것은 곧 마음이다. 이제 갑자기 어린 아이가 우물에 빠지는 것을 보게 되면 마음이 감(感)하는 것이고, 반드시 슬퍼하고 측은히 여기는 마음이 생기는 것은 이 정(情)이 동(動)하는 것이다. 교제를 맺으려 하거나 명예를 구하거나 나쁜 소문이 날까 염려해서 라면 이것은 마음이 주재하지 못하여 올바름을 잃은 것이다.'라고 하였다. 이 말이 명백하고 합당하니 배우는 사람들이 깊이 음미하고 익히 살핀다면 오랜 뒤에 터득하게 될 것이니, 따로 화두(話頭)를 세울 필요가 없다.[13]

퇴계는 '유자입정'의 상황에 직면하여 교제를 맺으려 하거나, 명예를 구하거나, 나쁜 소문이 날까 두려워하여 어린 아이를 불쌍하게 여기는

---

13 『退溪全書』第36卷, 書6, 「答李宏仲問目」: "然則天理人欲之判, 中節不中節之分, 特在乎心之宰與不宰, 而非情能病之, 亦已明矣, 蓋雖曰中節, 然是亦情也, 但其所以中節者乃心爾, 今夫乍見孺子入井, 此心之感也, 必有怵惕惻隱之心, 此情之動也, 內交要譽惡其聲, 心不宰而失其正也, 此說明白的當, 學者深味而熟察之, 則久乃見之, 不須別立話頭也."

정이 발한다면, 이는 마음의 주재력을 잃은 것이라고 본다. 즉 본래적인 어진 본성의 발현에 따라서 어린 아이를 구해야 한다는 마음이 생긴 것이 아니므로 절도에 맞지 않은 것이라고 규정하는 것이다. 측은지심이라는 정(情)의 발함이 절도에 맞지 않는 것은 마음의 주재력이 상실되었기 때문이라고 보는 점에서, 퇴계는 주자의 입장과 같이 선한 정의 발출에 있어서 마음의 주재를 매우 중시하고 있음을 알 수 있다.

또한 퇴계는 측은지심이 '정(情)'임에도 불구하고 맹자가 측은하게 여기는 '마음'이라고 한 점, 즉 측은지심을 '정'이라고 하지 않고 '마음'이라고 표현한 점에 대해서도 해명한다. 퇴계는 성은 형체도 없이 마음에 담겨져 있는 것이며, 마음에 기인하여 성이 베풀어지고 발용하는 것이 정이기 때문에 맹자가 측은지심이라고 지칭했다고 이해한다. 이에 따라 퇴계는 "맹자는 이러한 뜻을 알았기 때문에 '측은지심은 인(仁)의 단초'라고 하였으니, 측은이 정(情)임에도 불구하고 심이라고 한 것은 정이 마음으로 인하여 발하기 때문이다."[14]라고 주장하였다. 정을 발하도록 하는 것은 마음이라는 점에서 발한 정을 측은지심이라고 할 수 있다는 것이다. 이와 같이 퇴계는 맹자의 측은지심의 래원(來源)에 대해서 이발(理發) 및 마음의 작용과 주재라는 측면에서 해명하고 있다.

율곡은 측은지심의 발출에 대한 퇴계의 관점을 비판하는 입장을 취한다. 율곡은 사단의 발출을 이발(理發)로 설명하는 퇴계의 주장을 오류라고 보면서 측은지심의 발출 래원을 밝히고 있다. 즉 율곡은 정은 모두 기(氣)가 발함에 리(理)가 타는 것이라는 관점에 입각하여 사단도 이발(理發)이 아니라 '기발(氣發)'이라고 규정한다. 이에 율곡은 측은지심의 발함

---

14 『退溪全書』第36卷, 書6, 「答李宏仲問目」: "惟孟子知此意, 故曰, 惻隱之心, 仁之端, 惻隱情也, 而謂之心者, 情因心而發故也."

을 기발이승(氣發理乘)으로 설명한다.

어린아이가 우물에 빠진 것을 본 뒤에야 측은한 마음이 발하는데, 보고서 측
은해하는 것은 기(氣)이니 이것이 이른바 기(氣)가 발한다는 것이요, 측은한
마음의 근본은 인(仁)이니 이것이 이른바 리(理)가 탄다는 것이다.[15]

측은지심을 이발(理發)로 보는 퇴계의 관점은 주자의 입장을 오독한
것이라고 율곡은 이해한다. 율곡은 발하는 것은 기(氣)이고, 측은한 마음
의 근본이 되는 것이 인(仁)이며, 측은지심이 생긴 것은 바로 리(理)가 탄
것이라고 보는 것이다. 율곡은 인(仁)의 리(理)가 근본으로 자리한 바탕
에서, 사람이 '유자입정'의 상황을 목도했을 때 기(氣)적인 현상으로서 측
은지심이라는 정이 발하게 된다고 주장하였다. 즉 측은지심은 리(理)와
기(氣)가 기발이승(氣發理乘)으로 상호작용한 산물이라는 것이다.
　또한 율곡은 퇴계가 한때, 사단을 외적인 상황과 무관하게 마음에서
발하는 것이라고 이해했던 점을 지적하면서 사단은 결코 이와 같이 규정
될 수 없다고 강조한다.

퇴계는 사단은 마음속에서 발하는 것이고, 칠정은 외물(外物)에 감촉되어 발
하는 것이라 하여, 이를 선입견으로 삼고 주자의 '리(理)에서 발하고 기(氣)에
서 발한다.'는 학설을 가지고 주장하여 더 펼친 것이다. 대체로 마음은 반드
시 감(感)함이 있어야 움직이는데, 감하는 것은 모두 외물이다. 천하에 감하

---

15 『栗谷全書』卷10, 書2, 「答成浩原」: "見孺子入井, 後乃發惻隱之心, 見之而惻隱者, 氣也,
此所謂氣發也, 惻隱之本則仁也, 此所謂理乘之也."

는 것 없이 마음 가운데서 스스로 발하는 정(情)이 어디 있겠는가.[16]

여기서 율곡은 '사단은 (외적 상황과 관계없이) 마음속에서 발한 것'으로 보는 퇴계의 관점을 비판하면서, 측은지심의 발함 역시 '유자입정'이라는 외적인 도덕적 문제 상황을 마음이 느끼고서야 비로소 가능하다는 입장을 견지한다. 그런데 이 지점에서 행해지고 있는 율곡의 비판은 사단이 내적인 계기에 의해서 발한다고 보기도 했던 퇴계의 전설(前說)에 근거한 것으로 보인다. 그러나 퇴계는 이미 앞에서 살펴본 바와 같이, 「이굉중에게 답하는 문목[答李宏仲問目]」에서 사단 역시도 외물에 감해야 비로소 발할 수 있다고 주장했다. 이를 감안하면, 퇴계의 측은지심 발출에 대한 율곡의 비판은 그의 엄정한 '심감외물(心感外物)'의 상황윤리적 입장에서 비롯된 것임을 엿볼 수 있다. '유자입정'이라는 외물에 감함이 없이는 측은지심이 발할 수 없다는 율곡의 분명한 주장은 인간의 마음과 도덕적 상황의 관계를 엄밀한 상호작용적 관계로 인식하는 입장임을 알 수 있다. 이는 달리 표현하면, 측은지심을 철저하게 도덕적인 문제 상황과 관련하여 이해해야 한다는 삶 중심적 관점이 반영된 것이라고 할 수 있다. 이러한 맥락에서 율곡은 말한다.

이제 측은지심을 가지고 말한다면 어린 아이가 우물에 빠진 것을 본 뒤에야 측은해하는 마음이 나타나니, 느끼게 하는 것은 어린 아이이다. 그렇다면 어린 아이는 외물이 아닌가? 어떻게 어린 아이가 우물에 빠진 것을 보지 않고 저절로 측은해하는 마음이 생길 리가 있겠는가? 설령 그런 일이 있더라도 이

---

16 『栗谷全書』卷35, 附錄3, 「行狀」: "退溪以四端爲由中而發, 七情爲感外而發, 以此爲先入之見而以朱子發於理發於氣之說, 主張而伸長之, 夫心必有感而動, 而所感皆外物也, 天下安有無感而由中自發之情乎."

는 마음의 병에 불과할 뿐이요 사람의 정은 아니다.[17]

율곡은 '유자입정'과 같은 외적인 윤리적 문제 상황을 마음이 각성하지 못했음에도 불구하고 측은지심이 생긴다면 그것은 정상적인 마음의 작용이 아니라 마음의 잘못된 병적 작용이라고 단정한다. 그러므로 율곡은 비록 성인(聖人)이라고 하더라도 마음으로 외물을 느끼는 것 없이 저절로 마음이 작용하는 일은 있을 수 없다고 주장한다. 마음으로 '외물을 느낄 때' 즉 도덕적 문제 상황에 대응할 때에만 오직 정사(正邪)나 선악(善惡)이 나타나게 된다는 것이다.

다산은 퇴계나 율곡에 비해서 보다 독특한 관점에서 '유자입정─측은지심'의 래원 문제에 접근하고 있다. 우리는 위에서 퇴계가 '맹자가 측은은 정(情)임에도 불구하고 심이라고 한 것은 정이 심으로 인하여 발하기 때문이다.'라고 말한 것을 보았는데, 이와 관련한 논점에서 다산은 측은지심이 곧 '발한 마음'이라고 규정한다. 다산은 마음을 '오장(五臟)의 심' '영명(靈明)의 심' '심지소발(心之所發)의 심'이라는 3종류로 구분하여 설명하면서, 측은지심은 바로 '심지소발의 심'이라고 규정한다. 그러면서 '심지소발의 심'은 '하나가 될 수도 있고, 둘 또는 셋, 넷, 다섯, 여섯, 백, 천이 될 수도 있다.'고도 한다.[18] 그리고 "맹자가 다만 네 마음[四心]만을 끄집어내어 말한 것은 인의예지의 근본이 사람의 마음속에 존재하여 영명(靈明)한 본체(本體)의 마음과는 줄기와 가지 같은 구별이 있다는 것을

17 『栗谷全書』卷10, 書2, 「答成浩原」: "今以惻隱言之, 見孺子入井, 然後此心乃發, 所感者, 孺子也, 孺子非外物乎, 安有不見孺子之入井, 而自發惻隱者乎, 就令有之, 不過爲心病耳, 非人之情也."

18 『與猶堂全書』第1集, 卷19, 「答李汝弘」: "三曰心之所發之心, 若孟子所云惻隱之心, 羞惡之心是也, 第一第二, 皆全言之者也, 其第三則可一可二可三可四可五可六可百可千."

증명한 것뿐이다."[19]라고 주장한다. 여기서 우리는 맹자가 '다만 사심을 끄집어내어 말한 것'이라고 다산이 언급한 대목을 통해서, 다산은 측은 지심을 인(仁)의 덕을 이루는 불변적(不變的)인 대표성을 가지는 마음이 거나 유일무이한 마음이라고 보는 입장을 부정하고 있음을 엿볼 수 있다. 이점에 대해 다산은 말한다.

마음은 하나이지만 겉으로 드러나서 마음이 되는 것은 천(千)도 될 수 있고 만(萬)도 될 수 있다. 맹자가 우연히 측은지심을 인(仁)의 단이라 한 것뿐이지, 측은을 변이(變易)될 수 없는 고정된 것이라고 한 것은 아니다. 만약 어떤 사람이 다시 '해열(孩悅)의 마음은 인(仁)의 단이다.' 할지라도 이 역시 이치에 맞는 것이다.[20]

이렇게 다산은 측은지심을 유교 윤리사상에서 변이불가(變易不可)할 정도의 확고하고 절대적인 지위를 갖는 인간의 대표적인 마음으로 보지 않는다. 그의 입장에 따르면, 인(仁)의 덕을 이루기 위해서 나타나는 마음은 다양하므로 천 가지도 될 수 있고, 만 가지도 될 수 있다. 그렇기에 다산은 인(仁)의 덕 실천을 위한 많은 마음 가운데서 '우연히' 측은지심을 언급했다고 주장하고 있는 것이다. 이점에서 다산은 "이른바 사단이란 것도 다섯도 될 수 있고 여섯, 일곱, 여덟도 될 수 있어 유동적이고 고정된 것이 아닌데, 맹자는 여러 가지 마음 중에서 다만 이 네 가지만을 추

19 『與猶堂全書』第1集, 卷19, 「答李汝弘」: "孟子特拈其四心, 以證仁義禮智之本, 在於人心, 與靈明本體之心, 有幹枝之別耳."

20 『與猶堂全書』第1集, 卷19, 「答李汝弘」: "心一而已, 其發而爲心者, 可千可萬, 孟子偶以惻隱之心, 爲仁之端, 非必惻隱爲捧定不易之物, 若有人復曰孩悅之心仁之端, 亦復合理." (다산은 孩悅의 마음에 대해서 부언하여, '어린 아이가 부모를 보면 밝게 웃는데, 이 마음을 미루어 나간다면 효가 될 수 있다.'라고 하였다.)

출하여 말한 것일 뿐이다."[21]라고 단정한다. 다산은 사심(四心)의 네가지
마음을 하나 하나 유일하게 사덕(四德)에 분배한 것은 아니라는 입장으
로 측은지심의 성격을 해명하고 있는 것이다.

2) 실천적 도덕 행위 중심의 탐색

율곡은 그의 학인들과 '유자입정-측은지심'에 대해서 토론하면서 측
은지심이 생기면 사람들은 반드시 어린 아이를 구하는 적절한 실천적 도
덕 행위를 할 수 있는지의 문제를 논하였다. 즉 율곡은 맹자의 '유자입
정-측은지심'의 담론을 사유함에 있어서, 측은지심에 따라 이루어지는
도덕적 실천행위를 문제 삼은 것이다. 율곡은 한 문인이 "선정(善情)에는
얕은 것과 깊은 것이 있다. 얕은 것은 비록 중(中)에 미치지 못하지만 바
로 선한 편의 정인데 이를 불선(不善)한 정이라고 하는 것은 온당치 않은
것 같다."[22]는 입장을 피력한데 대해서, '유자입정-측은지심'의 논의를
실천적 도덕 행위를 중심으로 다음과 같이 설명한다.

정이 발할 때 당연히 얕아야 할 데에는 얕고 깊어야 할 데에는 깊어야 하는
것이니, 이것이 곧 절도에 알맞은 정이다. 후하게 해야 할 자에게는 마땅히
10분의 정을 쏟아야 되는데, 만약 5~6분만 쏟는다면 이것은 불급(不及)한
정이라고 하며, 박하게 해야 할 자에게는 마땅히 5~6분의 정을 쏟아야 되는
데, 만약 10분을 쏟는다면 이것도 또한 중(中)에 지나친 정으로서, 이것은 모

---

21 『與猶堂全書』第1集, 卷19, 「答李汝弘」: "則所謂四端, 亦可五可六可七可八, 本是活動不
定之物, 孟子於諸心之中, 抽取其四以用之耳."

22 『栗谷全書』卷31, 「語錄上」: "善情有淺深, 淺底雖未及於中, 而乃善邊底情也, 并謂之不善
之情, 似乎未安."

두 불선(不善)한 정이다. 만약 어린 아이가 막 우물에 빠지려는 것을 보고서 미친 듯이 급히 달려가 손으로 구한다면 이것은 곧 절도에 맞는 정이지만, 다만 서서 보면서 가엾다고만 한다면, 비록 냉담한 자보다는 낫지만 역시 불선(不善)한 정이라고 말할 수 있다."[23]

여기서 율곡은 '유자입정'의 상황에서 측은지심이 발하는 문제를 실제로 어린 아이를 구하는 실천적 도덕 행위와 연결해서 이해하고 있다. 율곡의 학인은 측은지심은 선한 정의 발이므로 비록 어떤 경우 중(中)에 미치지 못한다고 하더라도 그것이 선한 정이라고 하는 점은 근본적으로 부정될 수 없다고 주장한다. 그러나 율곡은 정이 발함에 있어서 절도에 맞지 않더라도 선을 위해서 발하기만 하면 곧 선정이라고 규정할 수 있는 것은 아니라고 인식한다. 율곡은 선과 악의 구별은 다만 중(中)과 과불급(過不及)에 있을 뿐이므로 조금이라도 중(中)에서 벗어나면 모두 불선(不善)한 정이라고 보는 입장에서 측은지심이 발하는 것이 중(中)에 부합해야 비로소 선하다고 할 수 있다는 것이다.

그러나 선한 마음에서 비롯된 정이라면 비록 중(中)에 미치지 못한다고 하더라도 율곡과 같이 불선(不善)이라고 규정하는 것이 합당한지에 대한 의문이 있을 수 있다. 이러한 입장에서 율곡의 학인은, 발하게 된 뜻이 선한 것이라면 결과적으로 정의 표출이 온전히 상황에 합당하게 이루어지지 않았다고 하더라도 불선(不善)이라고 할 수는 없다고 주장했던 것이다. 여기서 볼 수 있는 율곡과 학인의 입장의 차이는, 측은지심이라

---

23 『栗谷全書』卷31,「語錄上」: "情之發也, 當淺而淺, 當深而深, 此乃中節之情也, 於所厚者, 合出十分之情, 而若出五六分, 則此謂不及之情也, 於所薄者, 合出五六分之情, 而若出十分, 則此亦過中之情也, 是皆不善之情也, 如見孺子之將入井, 狂奔手援, 則便是中節之情, 而只爲立視而但曰, 可憐云, 則雖愈於恬然者, 而亦可謂之不善之情也."

는 정(情)의 범위를 어디까지로 볼 것이냐 하는 문제에 대한 차이다. 율곡은 측은지심이라는 정의 발의 범위를 측은지심의 마음이 동해서 실제로 어린 아이를 구하기 위해 실천적인 도덕 행위를 하는 것까지를 포함해서 이해하고 있다. 반면에 율곡의 학인은 측은지심이 마음에서 발하는 것만을 평가하여 그 정이 선하다고 인정해야 한다는 입장을 취한 것이다. 측은지심의 발함이 실제적으로 어린 아이를 구하려는 실천적인 도덕 행위로 연결되어 어린 아이를 구하게 되었을 때 비로소 그 발한 측은지심의 정이 선하다고 말하는 율곡의 주장은 측은지심이 발한 뜻과 결과까지를 모두 고려한 입장이다. 율곡은 인간의 선천적인 도덕적인 마음이 곧바로 온전하게 실천적인 도덕 행위로 연결되는 것은 아니라는 점에 주목하면서, 측은지심을 온전하게 실현하여 반드시 아이를 구해내어야 한다는 도덕적 실천의 당위를 강조한 것이다. 이점에서 율곡은 '유자입정—측은지심'의 논의에서 행위의 결과적인 정합성을 중시하고 있음을 알 수 있다.[24]

다산 역시 '유자입정'의 상황을 설명하면서 측은지심의 마음을 구체적으로 실천해 나가야 한다는 실천적인 측면을 강조하는 입장을 취한다.

---

24 측은지심의 행위 결과적 정합성을 중시하는 이러한 율곡의 입장은 정이 성찰의 작용과는 무관한 即發的인 것으로만 보지 않는다는 것을 반영한다. 즉 율곡이 한편으로는 정을 '발하여 나온 그대로여서 計較하는데 까지는 이르지 못한 것'(『栗谷全書』卷9, 書1,「答成浩原」: "精是發出恁地, 不及計較.")으로 규정하면서 마음의 성찰적 작용이 나타나지 않은 것으로 규정하지만, 다른 한편으로 율곡은 그의 학인이 '정에는 意와 志가 포함되는 것이 아닌가?'라고 물은데 대해서, 동의하는 의견을 표명하면서 정에는 計較하고 意志하는 성격이 모두 함의되어 있다고 보는 것이 타당하다고 주장하기도 했다.(『栗谷全書』卷31,「語錄上」: "問, 情與意志, 皆心之所發, 而獨曰統性情云者, 豈以意志皆用事於情出之後, 而言情則二者亦在其中故耶. 曰, 然, 洛中之儒, 多以爲性發爲情, 心發爲意, 岐而論之, 可歎, 徒有見聞, 而全無心上功夫, 故如此云爾.") 정에 대한 이 두가지 관점을 고려하면서 측은지심의 실천을 강조하는 율곡의 주장을 분석해 보면, 측은지심의 中節한 실천적 행위를 담보하기 위해서 정의 성찰성과 의지성을 인정하는 입장을 취하고 있다고 보는 것이 타당할 것이다.

단지 측은하게 여기는 마음의 출현만으로는 인(仁)을 이룰 수 없다는 관점에서 측은지심의 실천을 문제 삼은 것이다.

어린 아이가 우물에 빠지려고 할 때 측은히 여기면서도 가서 구하지 않는다면, 그 마음에만 근원하여 이를 인(仁)이라고 할 수는 없다. 한 그릇의 밥을 욕을 하거나 발로 차면서 줄 때 이를 수오(羞惡)의 마음이 있으면서도 그것을 버리지 않는다면, 그 마음에만 근원하여 이를 의(義)라고 할 수는 없다. 큰 손님이 문 앞에 왔을 때 공경하면서도 맞이하여 절하지 않으면, 그 마음에만 근원하여 이를 예(禮)라고 할 수는 없다. 착한 사람이 참소를 당했을 때 시비(是非)를 따지면서도 분변하여 밝히지 못하면, 그 마음에만 근원하여 이를 지(智)라고 할 수는 없다. 여기서 사심(四心)은 인성에 고유한 것이지만, 사덕(四德)은 사심의 확충(擴充)임을 알 수 있다. 확충하는데 이르지 못하면 인의예지(仁義禮智)라는 이름은 끝내 성립될 수 없다.[25]

다산은 측은지심이라는 사단의 발함은 반드시 확충으로 연결되어야 한다고 주장한다. 이러한 다산의 입장은 측은지심의 실천적 도덕행위를 강조하는 것으로써, 맹자가 언급한 '사단의 확충'이라는 실천성을 중시한 것이다. 맹자가 "나에게 있는 사단을 확충하면, 마치 불이 처음 타오르는 것과 같고 샘물이 처음 흘러나오는 것과 같다. 만약 이것을 능히 채울 수 있다면 족히 천하를 안정시킬 수 있고, 만약 다 채울 수 없다면

---

25 『與猶堂全書』第2集, 卷6, 「孟子要義」卷2, '公都子曰告子曰性無善無不善章': "赤子入井, 惻隱而不往救, 則不可原其心而曰仁也. 簞食嘑蹴, 羞惡而不棄去, 則不可原其心而曰義也, 大賓臨門, 恭敬而不迎拜, 則不可原其心而曰禮也, 善人被讒, 是非而不辨明, 則不可原其心而曰智也, 是知四心者, 人性之所固有也, 四德者, 四心之所擴充也, 未及擴充, 則仁義禮智之名, 終不可立矣."

부모를 섬기기에도 부족하다."²⁶라고 한 것은 사단의 발함은 반드시 확충이라는 실천으로 강화되어야 함을 강조한 입장이다. 다산은 사단 실천이 바로 맹자의 중심적 입장이라고 이해한다. 이에 다산은 "인의예지 모두 행사(行事)로써 이름을 얻은 것이니 마음에 있는 이치라고 할 수 없다."²⁷라는 관점에서 측은지심을 확충하는 실천적 행위의 중요성을 부각시켰다. 그러므로 다산은 맹자가 측은지심을 거론한 것은 성선의 징험(徵驗)을 말한 것이라고 하면서, 맹자가 성선을 논한 이유는 실질적으로 인(仁)과 의(義)의 실천 즉 행사를 목적으로 한 것이라는 점을 명심해야 한다고 상기하면서 다음과 같이 말한다.

맹자가 측은지심을 논한 것은 이 마음을 확충하여 인(仁)이 천하에 덮이게 하려는 것이었는데, 지금은 도리어 인의예지 네 가지를 가장 깊숙한 곳으로 밀어 넣어 성(性)이니 심(心)이니 체(體)니 용(用)이니 하고 있으니, 이른바 인의예지의 체용(體用)·본말(本末)·두미(頭尾)란 것이 마음속에서 벗어나지 않는다. 그러면서도 본원(本原)을 끝까지 궁구하는 것이라고 하니 그 폐단이 끝내 체만 있고 용이 없어질까 염려된다.²⁸

다산은, 주자학자들이 측은지심에 대해 논함에 있어서 인(仁)을 본체적인 마음의 리(理)로 간주하여 인(仁)의 실천이라는 행적인 측면을 경시

---

26 『孟子』「公孫丑上」: "凡有四端於我者, 知皆擴而充之矣, 若火之始然, 泉之始達, 苟能充之, 足以保四海, 苟不充之, 不足以事父母."

27 『與猶堂全書』第1集, 卷19,「答李汝弘」: "仁義禮智, 皆以行事得名, 不可曰在心之理."

28 『與猶堂全書』第1集, 卷19,「答李汝弘」: "孟子論惻隱之心者, 將擴充此心, 以之仁覆天下, 今反取仁義禮智四顆, 納而藏之於最深之處, 曰性曰心曰體曰用, 所謂仁義禮智之體之用之本之末之頭之尾之都不出於腔子之內肚皮之中, 而名之曰極本窮源, 恐其弊終歸於有體無用."

함으로써 맹자가 주장한 본의를 잃고 있다고 지적한 것이다. 측은지심은 실천하여 확충할 때 비로소 그 마음이 발출된 진정한 의미가 달성된다고 다산은 주장한다. 이점에서 다산은 인간의 본성에 본체(本體)로 주어진 덕의 실체를 부정하는 입장을 취하면서, 실질적인 삶의 국면에서 측은지심이 생기면 위험에 빠진 어린 아이를 구하는 실천을 통하여 인(仁)을 이루어야 한다는 것을 '유자입정–측은지심' 논변의 핵심으로 삼고 있다. 이에 다산은 "맹자의 학은 오로지 인의(仁義)를 행하여 호연지기(浩然之氣)를 기르고자 한 것이기 때문에 주자도 집의(集義)를 적선(積善)이라고 주석하였으니, 집의적선(集義積善)은 인의(仁義)를 행하는 것이다."[29]라고 규정하고, 맹자의 측은지심을 논함에 있어서 실제로 어린 아이를 구하는 적선(積善)의 실천적 도덕 행위를 강조하였다.

이렇게 보면, 율곡과 다산은 '유자입정'의 상황에서 측은지심이 발했을 때, 어떻게 하면 그 마음의 발출에 따라 온전히 실천적 도덕 행위를 하여 어린 아이를 구할 수 있겠는가 하는 문제에 주목하였다. 이들은 맹자의 '유자입정–측은지심'의 발출과 작용의 문제를 탐색하는 것도 결국은 실천 행위의 적극성과 적절성에 있음을 각성하고 그 실천을 엄정하게 하기 위한 것이라고 본 것이다.

3) 선천적 도덕성과 후천적 도덕성 중심의 탐색

맹자의 '유자입정–측은지심' 논변에서 가장 근본적인 초점은 선천적 도덕성에 대한 인정이라고 할 수 있다. 퇴계와 율곡 같은 성리학자들은

---

29 『與猶堂全書』第1集, 卷19, 「答李汝弘」: "孟子之學, 專欲行仁義, 以養其浩氣, 故朱子亦以集義爲積善, 集義積善者, 行仁行義也."

주자의 입론에 따라 선천적으로 사덕(四德)이 주어져 있다고 인정한다. 그러나 실학자인 다산은 선천적 도덕성에 대한 논점을 주자의 입론과 다르게 구축하고 있다. 그리고 혜강은 선천적 도덕성을 인정하는 맹자의 주장이 심각한 문제점을 함의하고 있다고 함으로써 맹자의 성선론에 대한 근본적인 문제를 제기하였다.

다산의 '유자입정-측은지심'의 논변은, 이여홍(李汝弘)이 『맹자』를 해석하면서 제기한 다음과 같은 질문에 대한 대응으로 나타난다.

> 가령 인(仁)이 마음속에 뿌리를 박고 있지 않다면 어린 아이가 우물에 빠지는 것을 보더라도 측은지심이 어디로부터 생겨나며, 의(義)가 마음속에 뿌리박고 있지 않다면 무례한 태도로 주는 음식을 받더라도 수오지심이 어디로부터 생기겠는가?[30]

이여홍이 제기한 이 물음은 인(仁)이 마음속에 실체로써 이미 선천적으로 품부되어 있기에 이로부터 측은지심이 생기게 된다는 입장으로써, 인의예지와 같은 인간의 덕성이 이미 온전히 천부적으로 갖추어져 있다는 주장이다. 이는 주자의 입론에 의거한 설로써 명확하게 도덕 선천성을 실체로 인정하는 견해이다. 다산은 이러한 이여홍의 입장을 반박한다.

> 내가 생각하기에 마음의 본체는 허령(虛靈)하여 신묘(神妙)하게 만물을 응대하니, 무엇이라고 이름하여 말할 수 없고 오직 그 성품이 선을 즐기고 악을

---

30 『與猶堂全書』第1集, 卷19, 「答李汝弘」: "苟無是仁之根於心, 則雖見赤子之入井, 惻隱之心, 從何而生乎, 苟無是義之根於心, 則雖當嗟來之食, 羞惡之心, 從何而生乎."

부끄러워한다[樂善恥惡]고 할 뿐이다."[31]

　다산은 마음의 본체는 과립(顆粒)과 같은 실체로서의 인의예지가 아니라, 단지 낙선치악(樂善恥惡)하는 것일 뿐이라고 본다. 즉 사람의 성품은 하나의 실체로서 결정된 덕이 아니라, 선을 즐기고 악을 부끄러워하는 경향성과 같은 것이다. 다산은 사람이 선을 즐기기 때문에 측은·사양의 마음이 있고, 악을 부끄러워하기 때문에 수오·시비의 마음이 있으며, 이 네 가지 마음이 있기 때문에 능히 인의예지의 덕을 이룰 수 있다고 본다. 이렇게 다산이 영명한 마음의 기호(嗜好)인 성은 실체가 아니라고 보는 점에서 퇴계나 율곡 같은 주자학자들이 취하는 입장과는 다른 맥락에서 선천적 도덕성을 주장하고 있음을 알 수 있다. 다산은 말한다.

　이 마음의 성품은 선을 좋아하고 악을 부끄러워하므로 어린 아이가 우물에 빠지는 것을 보면 측은해하고, 무례한 태도로 주거나 욕을 하고 발로 음식을 차서 주는 경우를 당하면 수오해한다. 측은지심을 미루어 넓히면 효와 충을 할 수 있어 인(仁)이 천하에 덮이게 되고, 수오지심을 미루어 넓혀 키우면 큰 재물도 의(義)가 아니면 받지 않게 될 것이니, 맹자의 뜻은 이와 같을 뿐이었다."[32]

　다산 역시도 근본적으로는 인간의 도덕적 성품의 선천성에 대해서 부

---

31 『與猶堂全書』第1集, 卷19, 「答李汝弘」: "竊謂心體虛靈, 妙應萬物, 不可名言, 惟其性樂善恥惡而已."

32 『與猶堂全書』第1集, 卷19, 「答李汝弘」: "此心之性, 樂善恥惡, 故見赤子入井則惻隱, 見嗟來噂蹴則羞惡, 推惻隱之心, 恢而廣之, 則可孝可忠, 仁覆天下, 推羞惡之心, 擴而大之, 則千駟萬鍾, 義有不受, 孟子之意, 如斯而已."

정하는 것은 아니다. 다산도 인성의 도덕적 선천성을 인정하지만 그것은 낙선치악이라는 경향성으로서의 인성을 말할 뿐이다. 따라서 다산이 주장하는 인간의 선천적 도덕성론은 주자학자들이 취하고 있는 입장과는 차별적인 것이라고 하겠다. 다산의 입장은 인간의 본성에 인의예지가 온전한 덕으로 주어져 있는 것이 아니라 실천을 통해서 이루어지는 것이라는 점에서 사단의 뿌리가 인의예지가 아니라, 인의예지의 뿌리가 바로 사단이며, 사단의 뿌리는 영명한 마음이라는 것이다. 그러므로 다산은 "인의(仁義)의 덕은 모두 행사(行事) 이후에 이루어지는 것이고, 인의(仁義)의 단(端)은 모두 이 마음의 성품에서 감발(感發)되는 것이므로 맹자가 논변한 바가 오로지 여기에 있었던 것이다. 그런데 의(義)가 밖으로부터 오는 것이 아니라고 했다 하여 사덕이 마음의 본체 속에 있는 것이라고 할 수 있겠는가."[33]라고 강조한다. 이러한 맥락에서 다산은 만약 인의예지가 마음에 뿌리박고 있는 것을 마음속에 있는 이치라고 한다면 이는 패악(悖惡)한 사람도 이미 인의예지를 실체적으로 갖추고 있다고 여기는 것과 같기 때문에 패악한 사람들도 반드시 그 얼굴에 맑고 선한 기색(氣色)이 있어야 할 것이라고 비판하였다.[34]

다산이 말하는 측은지심은 행사함으로써 실천하고 확충하여 인(仁)을 실천하는 근본 혹은 토대로서의 선천적 도덕성을 의미한다. 그러므로 다산은 "측은 등 네 마음은 인의예지를 할 수 있는 본리(本理)일 뿐이

---

33 『與猶堂全書』第1集, 卷19, 「答李汝弘」: "仁義之德, 皆成於行事之後, 仁義之端, 皆發於此心之性, 孟子所辨, 亶在於此, 豈得以義不外襲, 而遂云四德先伏於心體之裏面乎."

34 『與猶堂全書』第1集, 卷19, 「答李汝弘」: "若以仁義之根於心, 爲在心之本理, 則是屠沽鄙悖之人, 亦必有睟面盎背之色, 何則, 其有仁義之根, 無不同也, 孟子所謂仁義, 豈非以行事言之者乎."

다."[35]라고 언급하면서 사람들에게는 예외 없이 선천적으로 이 사심(四心)이 부여되어 있으나 사람들이 모두가 인인(仁人)이나 의사(義士)가 되지 않는 것은, 인(仁)을 행한 뒤에야 어진 사람, 의(義)를 행한 뒤에야 의로운 사람이 되기 때문이라고 본다. 다산의 선천적 도덕성에 대한 입장은 인의예지라는 덕성의 선천적 실체성을 부정하는 것이지만, 그 역시 마음의 선 경향성으로서의 측은지심을 포함한 사심(四心)의 선천성을 인정한다는 점에서 도덕 선천성 긍정론자의 범주에 포함된다고 할 것이다.

혜강은 다산과는 달리, 맹자가 표방하는 인성의 선천적 도덕성을 온전히 비판하는 입장을 취하는 점에서 '유자입정−측은지심'의 논변을 새로운 차원으로 이끌고 있다. 혜강이 주장하는 인성의 선천적 도덕성 부정(否定)의 핵심적 논지는 다음과 같다.

> 과거에 사람이 무거운 것에 깔리거나 물에 빠지게 되면 죽는다는 사실을 들어서 알기 때문에, 어린 아이가 우물에 빠지려는 것을 보면 두렵고 측은한 마음이 생기게 되는 것이다. 과거에 깔려 죽거나 빠져 죽은 사람에 대하여 듣지 못했다면 어린 아이가 우물에 빠지는 것을 보아도 측은한 마음이 생기지 않을 것이다. 이런 까닭으로 많이 듣고 많이 보아서 교접운화(交接運化)를 인식하여 평생 사물을 수응(酬應)하므로 마치 물건을 저울질하여 피차의 경중(輕重)을 분별하거나, 물건을 거울에 비추어 피차의 미추(美醜)를 분별하는 것과 같은 것이다."[36]

---

35 『與猶堂全書』第1集, 卷19, 「答李汝弘」: "但惻隱等四心, 乃可仁可義可禮可智之本理而已."

36 『人政』第9卷, 「教人門2」: "故乍見孺子入井, 有怵惕惻隱之心, 曾未聞壓溺之患者, 見孺子入井, 未有惻隱之心, 是以多聞多見, 認得交接運化, 以爲生前事物酬應, 如衡以物之輕

'유자입정'의 상황에서 측은지심이 생기는 것은 이미 후천적인 경험을 통해서 어린 아이가 우물에 빠지면 위험하다는 것을 알고 있기에 가능하다는 것이다. 즉 혜강은 인간에게 인의예지와 같은 덕성이나 측은지심을 포함한 사단의 선천적인 마음이 있지 않다는 점을 강조한다. 그러므로 만약 이전에 사람이 우물에 빠지면 생명이 위험하다는 사실을 들어 본 적이 없거나, 그러한 위험한 상황을 직·간접적으로 경험하지 못했다면 사람에게 측은지심이 생길 수 없다는 것이다.[37] 혜강은 선악은 경험적인 가치이므로 선천적으로 주어질 수 없다는 입장이다. 그러므로 선한 성품과 같은 것이 이미 성품 안에 선천적으로 갖추어져 있다는 것은 잘못된 생각이라고 여긴다.

그런데 세속의 의논은, 신기(神氣)를 얻게 된 원인은 궁구하지 않으면서 그 발용(發用)되는 끝만 보고는 태어날 때부터 타고난 성품 안에 갖추어져 있다고 여긴다. 이에 모든 사물 속에서 그것을 찾아내어 이른바 정리(定理)라는 것을 억지로 증명하려 하고 그것을 일을 응접하고 사물을 주재하는 법칙으로

重, 爲分別彼此, 鑑以物之妍媸, 爲分別彼此."

37 맹자의 '유자입정-측은지심'의 논변에서, 측은지심의 발출을 선천적인 도덕적 '共感' 능력의 측면에서 해석하는 연구들이 있는데, 예컨대 윤사순은 어린 아이에게 닥친 충격적 위험성을 곧 자신의 위험성과 고통으로 공감하는 연민의 마음이 사람에게는 선천적으로 있다고 주장한다.(윤사순, 「유학의 핵심원리인 仁과 義에 관한 연구」, 『학술원논문집(인문·사회과학편)』제 55집 1호, 대한민국학술원, 2016, 25쪽 참조.) 즉 인간은 선천적으로 다른 사람의 어려움을 자기의 어려움으로 느끼면서 불쌍하게 여기는 정서적 공감능력인 측은지심을 가지고 있다는 것이다. 이에 비해서 혜강의 입장은, '유자입정'의 상황을 직접적으로 경험하거나 혹은 여러 다른 類似한 위험한 상황을 경험한 후에야 비로소 '유자입정'의 상황이 위험하다고 판단할 수 있다는 것이다. 즉 위험에 빠진 어린 아이를 측은하게 여기는 마음을 갖게 된 先行的 경험 이후에 새롭게 직면한 '유자입정'의 상황에서 어린 아이의 위험을 공감하는 측은지심을 갖게 된다는 것이다. 선행적인 자기 경험이 있는 경우 공감이 더욱 뜨겁고 간절해지므로 후천적인 경험을 통해서 측은지심이 생긴다는 혜강의 입장 역시 기본적으로는 측은지심을 공감의 마음으로 이해하는 관점이라고 볼 수 있다.

삼으니, 이것은 신기의 가운데 선악(善惡)과 허실(虛實)이 먼저 있다는 것이
된다.[38]

혜강은, 사람들이 단순하게 측은지심이 생기는 발용의 측면만을 보게
되면 선천적으로 인(仁)의 성품이 부여되어 있다고 착각하게 된다는 것
이다. 마음속에 천부적으로 정해진 인(仁)의 성품과 같은 리(理)가 있음
을 믿고, 이에 근거하여 측은지심이 나온다고 하면서 이를 억지로 증명
하려는 것이 바로 맹자가 주장하는, '유자입정' 상황에서 사람은 누구나
선천적으로 측은지심이 생기게 된다는 입론이라고 비판한다. 혜강의 입
장은, 사람의 신기(神氣)는 활동운화(活動運化)의 본성을 가지며 이 '활동
운화지성(活動運化之性)'에 따라 활동운화의 마음이 생기는데, 이 마음에
는 본래 추측(推測)의 능력만이 있을 뿐 주자학에서 이해하는 식의 선천
적으로 정해진 선(善)이 실체적으로 존재하는 것은 아니라는 것이다.[39]
즉 혜강은 주자학자들이 마음의 본체로서 이해하는 심체(心體)는 다름
아닌 신기(神氣)를 말하는 것이며, 이 신기가 몸에 운화할 때에 강약(强
弱)과 청탁(淸濁)이 있고, 외기(外氣)와 교접하면 선악(善惡)과 허실(虛實)
이 된다고 한다. 그리고 선(善)이란 순기(順氣)이고 악(惡)이란 역기(逆氣)
로서, 교접운화(交接運化)가 있기 전에는 선악이 있을 수 없다고 주장한
다.[40] 그러므로 혜강은, "사람이 강보(襁褓)에 싸여 있을 때부터 이미 교

---

38 『人政』第9卷, 「敎人門2」: "世俗之論, 不究其所以得, 只見其發用之端, 以爲自初禀賦所
具, 乃索之於事事物之中, 强證其所謂定理者, 以爲應事宰物之則, 是神氣之中, 先有
善惡虛實也."

39 최한기 지음, 손병욱 역주, 『氣學』, 통나무, 2013, 386쪽 참조.

40 『人政』第9卷, 「敎人門2」: "古所謂心體, 卽神氣也, 運化於身, 有强弱淸濁, 交接於外氣, 爲
善惡虛實, 善者順氣也, 惡者逆氣也, 虛者忘氣也, 實者充氣也, 由交接運化, 而有善惡虛
實之名, 未有交接運化, 有何善惡虛實之名."

접운화가 있어 10여세에 이르면 교접이 쌓여, 눈은 색깔을 통하여 잘 보게 되고 귀는 소리를 통하여 잘 듣게 된다. 그러므로 그 총명이 신기에 습숙(習熟)되어 밖으로 쓰이는 것이다."[41]라고 경험중심적 입장을 언명한다. 혜강은 선과 악을 가능케 하는 교접운화는 실제적으로 대상과의 관계에서 이루어지는 인식행위를 통한 경험적인 것이라고 보는 것이다. 이와 같이 혜강은 맹자가 주장하는 인성의 선천적 도덕성을 근본적으로 부정하면서 측은지심은 경험적으로 이루어지는 후천적인 마음이라고 강조한다. 이점에서 혜강은 인간의 도덕적인 마음의 본질에 대한 반(反)맹자적, 반(反)주자학적 입장을 견지했다고 할 것이다.

4. 조선유학자들의 '유자입정—측은지심' 논의의 윤리적 맥락과 특성

'유자입정'이라는 윤리적인 문제 상황에 직면하면 사람들은 누구나 측은지심을 가지게 된다는 맹자의 성선론적 담론에 대한 조선의 주요 유학자들의 입장에서 우리는 몇 가지 측면에서 의미 있는 윤리적 맥락과 특성을 파악할 수 있다. 그것은 정통 주자학자라고 할 수 있는 퇴계와 율곡의 입장이 조선 중기 성리학의 '유자입정—측은지심'에 대한 논변의 한 전형을 보여준다면, 실학자인 다산과 혜강은 조선 후기 실학자의 입장의 한 전형을 나타내고 있다는 것이다. 그리고 이들 퇴계, 율곡, 다산, 혜강은 '유자입정—측은지심'에 대한 논변을 통해서 맹자의 성선론이 함

---

41 『人政』第9卷,「敎人門2」: "自襁褓時, 已有交接運化, 至十餘歲, 而交接有積累, 目通於色而得其明, 耳通於聲得其聰, 聰明之得, 習熟於神氣, 漸次須用於外."

의하고 있는 추가적인 논의의 단서들을 추적하여 탐색하면서 창의적인 입장을 제시하기도 했다는 것을 발견할 수 있다.

퇴계는 '유자입정-측은지심'의 논의에서 맹자가 본격적인 논의 구조로 끌고 들어오지 않았던 측은지심의 발출적 래원(來源)의 문제를 이발(理發)의 관점에서 더욱 세밀하게 구명하려 하였고, 측은지심을 '유자입정'과 같은 구체적인 도덕적 문제 상황에서 마음이 감응하여 발출되고 마음이 주재하는 것으로 규정하고 있다. 퇴계가 측은지심과 같은 사단을 이발(理發)라고 규정한 것은 리(理)중심적 관점을 심화시킨 자신의 창의적인 주장으로 규정될 수도 있으나, 그의 본의는 측은지심과 같은 사단의 발출 유래와 발생의 맥락을 주자의 입론에 따르고자 한 것에 있었다. 또한 퇴계는 측은지심의 발출 문제에서 마음의 주재를 특히 주목했는데, 이는 그의 사상이 경(敬)을 중심으로 한 마음 수양론으로 심화되는 데 있어서 중요한 계기가 되었다고 볼 수 있다. 이와 같은 퇴계의 논변은 조선 주자학의 사유를 강고하게 하는 것임과 동시에 경 중심의 마음 수양의 입론을 구체화하는 것이라고 할 수 있다.

율곡 역시 퇴계와 마찬가지로 '유자입정-측은지심'의 논의에서 측은지심의 발출 래원을 언급하여 기발(氣發)과 외감(外感)의 문제 중심으로 분석하였다. 율곡도 맹자가 주장한 성선론을 기본축으로 하면서 그의 사상을 전개하지만, '유자입정-측은지심'의 논의에 대한 퇴계의 입장을 비판하는 지점에 서 있다는 점이 주목된다. 즉 율곡은 측은지심을 이발(理發)로 보는 퇴계의 입장을 비판하면서 측은지심은 인(仁)의 리(理)가 근본으로 자리한 기적(氣的)인 현상으로서의 정이라고 규정하였다. 또한 율곡은 측은지심의 발출을 철저하게 도덕적인 문제 상황과 관련시켜 이해하려고 하였다. 이것은 유교윤리의 인식과 실천의 문제는 실제적인 삶의 과정에서 구현되어야 한다는 관점을 반영한 것으로써, 도덕적인 문제 상황을 분석하고 대응하는 마음의 작용을 중시하는 입장이다.

그리고 율곡은 '유자입정-측은지심'의 논변에서 실천적인 도덕 행위의 문제에 집중하기도 했다. 맹자가 측은지심의 확충 문제를 중심으로 인(仁)의 실천을 언급한 점에 대해서, 율곡은 보다 세밀하게 측은지심의 실천 문제를 분석하면서 엄정한 실천을 강조한 것이다. 즉 율곡은 실천을 중시하는 도학적 사유의 맥락에서, '유자입정'의 상황에 직면하였을 때 단지 측은지심이라는 마음의 발출에 머물러서는 안 되며, 윤리적 행위의 결과가 확실하게 어린 아이를 구하는 온전한 실천적 결과로 나타나야 한다는 것을 역설했다. 이러한 측은지심의 실천의 강조는 율곡의 무실(務實) 정신의 발로이기도 하다. 무실을 지향하는 실천적 마음을 율곡은 실심(實心)이라고 부르는데, '유자입정'의 상황에서 측은지심을 발하고, 실제로 어린 아이를 구하는 결과를 온전하게 이룰 수 있는 것은 바로 실심이 충만함으로써 가능하다. 이점에서 본다면, 율곡이 '유자입정-측은지심'의 논변에서 실천적 행위를 강조한 것은 측은지심 발출 래원에 대한 이기론적(理氣論的) 이해를 넘어서, 실질적인 행위의 결과 문제를 중시하는 실천적 유학정신이 반영된 것이다. 이러한 율곡의 입장은 조선 유학의 실천적 정신을 더욱 강화하는데 기여한 것으로써 다산의 실학적 정신으로도 연결됨을 볼 수 있다.

다산에 이르러서는 측은지심을 포함한 사단을 철저하게 실천 중심으로 이해하고 있음을 볼 수 있다. 즉 측은지심이 생기면 반드시 어린 아이를 구하기 위한 실천적 행위를 해야 한다는 것이다. 이같은 맥락에서 다산은 맹자가 주장한 측은지심의 확충을 강조한다. 측은지심의 확충을 강조하는 다산의 입장은 인간의 선천적인 도덕 본성을 주자학자들과 같이 실체적인 본덕(本德)으로 간주하는 것이 아니라는 점에서 한편으로는 주자학을 비판하는 입장에 서 있다고 할 수 있다. 또한 다산은 측은지심을 유교적 인간의 변경불가(變更不可)한 대표적인 선한 마음으로 규정할 필요는 없다고 함으로써 유교 윤리사상에서 측은지심이 가지는 의미를 달리 해석하고 있다. 물론 이는 측은지심의 가치와 의미를 부정하는 것이 아니라 측은지심은 인(仁)의 덕 실천을 위해 발출하는 수많은 마음 가운데 하나라고 보면서, 측은지심을 포함한 사단도 절대적인 지위를 가지는 선한 마음으로 고착화시켜서는 안 된다고 주장하는 것이다. 그리고 다산은 인간의 본성을 마음의 기호라고 간주함으로써, 주자학에서 주장하는 것과 같은 실체로서의 본성이 아니라고 주장하고 있는데, 이러한 다산의 입장은 인성의 선천적 도덕성에 대한 약한 긍정론이라고 규정될 수 있다. 그러나 혜강에 이르러서는 맹자가 주장한 선천적 도덕성이 강하게 부정되게 된다.

혜강은 '유자입정'의 상황에서 측은지심이 생기는 것은 선천적인 선한 마음의 작용이 아니라 후천적인 경험에 따른 것이라고 보았다. 즉 '선천적인 측은지심은 없다.' '선천적인 본덕(本德)은 없다.'는 것이 혜강의 입장이다. 오직 신기(神氣)가 교접운화(交接運化)하여 습숙(習熟)함으로써 우물에 빠지려는 어린 아이를 측은하게 여기는 마음이 생긴다는 것이다. 이와 같이 혜강은, 맹자가 제기하고 퇴계나 율곡 같은 주자학자들이 보편적인 진리로 믿었으며, 실학자 다산도 어느 정도 인정했던 선천적인 성선을 전면적으로 부정하였다. 인간의 선천적인 도덕성에 대한 입장을 염두에 두고 퇴계, 율곡, 다산, 그리고 혜강을 하나의 선상에서 비교해 볼 때, 일정한 차별성이 나타나고 있음을 알 수 있다. 즉 퇴계와 율곡은 인간의 선천적 도덕성을 강하게 인정하는 입장이며, 다산은 기호라는 성의 경향성을 중심으로 인간의 선천적 도덕성을 약하게 인정하는 입장이다. 그리고 혜강은 선천적 도덕성을 철저하게 부정하는 입장을 전개하였던 것이다.

5. 결론

'유자입정-측은지심'의 논의는 맹자가 구축한 유가 성선론의 원형과 같은 입론으로서, 주자학의 정립과 조선 유학의 전개 과정에서 중요한 의미를 갖는다. 본 연구에서는 맹자의 '유자입정-측은지심' 논변에 대해서 조선의 주요 유학자인 퇴계, 율곡, 다산, 혜강의 입장을 분석하였다. 이들 조선 유학자들은 '유자입정-측은지심'에 대해서 인정(仁政)이라는 정치이념의 구현을 위한 논의보다는 심성론과 수양론 중심으로 입장을 전개하면서 논의를 심층화하는 경향성을 보였다. 조선 유학의 특성을 논할 때, 심성론의 측면에서 매우 심화되고 창의적인 양상이 두드러진다고 하는 견해가 있는데, '유자입정-측은지심'에 대한 논의를 보면 이러한 특성이 잘 드러난다. 특히 퇴계, 율곡, 다산과 같은 사상가들은 측은지심의 발생 래원과 작용 문제에 대해서 집중적인 탐색을 하였음을 알 수 있었다. 유자입정-측은지심'의 논의에 있어서 부각되는 이러한 조선 유학의 전개 양상은 측은지심을 포함한 사단의 개념 정립, 측은지심 발출과 작용의 해명, 인성의 가치적 특성에 대한 심층적인 탐구 과정이라고 할 수 있다.

또한 율곡과 다산같이 '유자입정-측은지심' 논의에 있어서 실천적 도덕 행위의 문제를 초점화하여 탐구한 점은 조선의 유학이 관념적인 논의 중심으로 흐른 것이 아니라, 인격 수양과 참된 삶의 도리 실천을 위한 실천 유학의 정신을 중시한다는 것을 반영하고 있다. 그리고 측은지심을 유가들에게 있어서 변이불가(變易不可)한 절대적인 인(仁)의 마음으로 보기 보다는 다양한 마음의 표출가운데 하나로 보는 다산의 관점은 주자학의 본체적인 덕론(德論)을 비판하는 맥락에서 구축된 것으로서 주자학적 사유 중심적 풍토에서 비판적 성찰의 시각을 드러낸 것이다. 혜강은

'유자입정―측은지심'의 논의에서 맹자의 선천적인 도덕성론을 부정함으로써 성선론이라는 유학사상의 근본적인 신념을 비판하는 실학적 사유의 한 전형을 표명하였다.

　퇴계, 율곡, 다산, 혜강과 같은 조선 유학자들의 '유자입정―측은지심'에 대한 논의는 조선 유학의 강고화와 심층화의 과정이었으며, 한편으로는 유학사상의 창의적인 발전을 열어가는 계기로 작용하기도 했다고 여겨진다. 즉 이 담론의 과정과 맥락은 조선 유학의 흐름과정에서 유학적 사유의 발전적 정립, 인격형성 중심 사유의 심층화, 창의적인 유가윤리사상의 탐색이라는 양상을 보여주었다고 할 것이다.

정제두와 정약용『맹자』주석의 인간학적 이해

박상리(성균관대학교 유교철학 · 문화콘텐츠연구소 연구원)

1. 들어가는 말

『맹자』에는 인간의 기본적인 윤리문제나 실천, 인간본성의 문제 또는 정치철학 등 여러 가지 담론들이 있다. 그중에서 맹자가 고자와의 문답을 통해 보여주는 인간 본성의 문제와 도덕적 선에 관한 논의는 이후 유가 심성론의 출발점이 되었다. 조선의 유학자들 또한 이 문제를 중심으로 선악의 근원과 실천의 방법을 논하고 있다. 그런데 동일한 목적과 같은 지향점을 가지고 있는 학자들 사이에서조차도 현실적 악의 발생에 관한 논의는 일치하지 않으며 때로는 열띤 논변을 일으킨다. 사단칠정과 인심도심 논쟁이 그 대표적인 예이다.

조선후기 유학자 정제두(1649~1736)와 정약용(1762~1836)은 고증 혹은 훈고라는 방법을 사용하여『맹자』를 새롭게 해석한 학자들이다. 정제두는 조선 주자학의 정통이 확고하게 정립되었던 시기에 양명학을 연구하였다. 그는 당시 주자학자들의 비판을 무릅쓰고 양명학적 기반위에 주자학의 쟁점을 자신의 심학체계로 재정립하여 조선의 양명학의 맥을 열었다. 정약용은 유교경전을 방대한 체계로 재해석한 실학자이다. 그의 경학은 정통으로서 확고한 권위를 지닌 주희의 경학체계를 전면적으로 재검토함으로써 독자적 경학체계를 제시하였다.

이들은 당시 대부분의 유학자들과 마찬가지로 이들의 학적 체험은 주자학적 배경에서부터 출발하지만 각각 양명학과 실학이라는 영역을 구축하게 된다. 이들의 학문적 토대는 다르지만, 주자학에 대한 반성과 새로운 이론 모색을 통한 인간주체의 실천적 윤리탐구라는 학문내용과 태도에 있어서는 분명히 상통한 점을 보여준다.

이 글은 이들의 상관관계를 주자학 비판과 『맹자』의 인간 본성론에 대한 해석이라는 주제에 초점을 맞추고 있다. 이들은 주자학 비판논리에서 일정정도 그 접점을 보여주며, 마음에 대한 이해와 실천의 문제에서도 유사한 사유패턴을 보여준다. 그리하여 양명학과 실학이라는 학문적 영역이 그들로 하여금 『맹자』를 이해하고 해석하는 데 어떠한 작용을 하였는가 하는 것은 흥미롭게 느껴진다. 특히 이들의 『맹자』 해석은 단순한 고증을 넘어 의리(義理)를 밝히고자 하는 같은 목표를 가졌다고 볼 수 있다. 그러나 이 글은 정제두와 정약용의 『맹자』 해석을 직접 비교하거나 대조하여 경학사적 의미를 살펴보고자 하는 것은 아니다. 두 사람의 해석에서 공통적으로 보이는 주희 주석에 대한 비판을 통해 보여주는 그들의 사상을 실천적 인간학이라고 규정하기 위한 것이다.

2. 『맹자』 주석의 쟁점: 인간본성의 문제

인간 본성의 문제는 무엇이 인간을 인간이게 하는가를 밝히는 일이며, 또 다른 측면에서 인간이 다른 사물과 구별되는 차이가 무엇인가 하는 문제이기도 하다.[1] 이에 따라 인간으로서 마땅한 행동과 삶의 태도를 가능하게 하는 인간 존재의 조건이 무엇인지를 묻게 되기 때문에 본성이 무엇인지를 탐색하는 질문은 처음부터 본성이 선한지 악한지를 묻는 당위론적 질문 속에서 전개될 수밖에 없는 것이었다.[2]

전통적으로 유가 본성론은 맹자와 고자의 설전에서 시작된다. 맹자 당시에 인성론과 관련하여 나름의 이론을 정립하고 있었던 고자는 "타고난 것이 성"이며 "식색(食色)이 성"이라고 하였고, 이 관점의 연장선상에서 "인(仁)은 내(內)이고 의(義)는 외(外)이다."라고 주장하였다.[3] 이 주장의 핵심은 의라는 도덕성이 인간 본성에 내재하는 것이 아니라는 것이다. 또한 인간의 본성은 도덕성이 아니라 식색이며, 이 식색의 성은 무선무불선(無善無不善)의 특징을 가지고 있다는 것이다. 맹자는 이러한 고자의 주장을 반박했지만 인간의 타고난 욕구를 본성이라고 보는 것을 부정하지는 않았다. 인간이 타고난 욕구는 식색과 같은 욕구도 있지만 그것 외에 인의로 표현되는 더 가치있는 욕구가 있다는 것이다.

이처럼 맹자는 인간의 고유한 본성을 개나 소 등 다른 사물과 구별되는 도덕성이라 하고, 선악의 가치를 부여하기 시작했다.

그냥 말이 희니까 희다고 여기는 것은 사람이 희니까 희다고 여기는 것과 다르지 않다는 것과 다름없다. 말이 나이든 것을 나이 많다고 여기는 것과 사람이 나이든 것을 나이 많다고 여기는 것은 다름이 없는가? 또 나이 많은 것이

---

1 이애희, 『조선유학의 개념들』, 예문서원, 2002, 219쪽.

2 금장태, 「다산의 『맹자』해석과 성선악론의 쟁점」, 『동아문화』 41, 서울대 동아문화연구소, 2003.

3 『맹자』「고자」: "'生之謂性', '告子曰, 食色性也, 仁內也, 義外也, 非內也.'"

의인가? 나이 많다고 여기는 것이 의인가?[4]

맹자는 '희다'와 같은 겉으로 드러나는 사실의 판단 기준은 사람의 마음 밖에 있다고 할 수 있지만, 나이 많은 사람을 공경하고자 하는 것과 같은 마음은 사람의 마음 안에서 우러나오는 욕망으로 보아야 한다고 보았다. 진(秦)나라 사람이 구운 고기이건 내가 구운 고기이건 상관없이 구운 고기를 좋아하는 마음이 생기는 것은 식욕이 나에게 있기 때문이다.[5] 식욕과 마찬가지로 공경하려는 마음도 내 마음속에서 비롯된 욕구인 것이다.

도덕적 정서들도 마찬가지이다. 음식이나 색이나 소리에 대해 사람들은 공통된 느낌을 가지듯이 도덕적 욕망도 모든 사람들이 동일하게 가지고 있는 것이다. 성인(聖人)이 가지고 있는 마음과 동일한 마음을 모든 범인(凡人)이 가지고 있다.[6] 그렇다고 해서 맹자가 모든 욕망을 동일한 가치로 보는 것은 아니다. 식색의 욕구나 리(理)와 의(義)의 욕구는 모두 인간이 타고난 욕구이지만, 이들은 가치에 있어서 차이가 있다. 특히 이들이 마음속에서 갈등을 일으킬 때는 더 큰 욕구를 따르기 마련이다. 인간에게는 생존의 욕구보다 도덕적 욕구가 더 강하며 이것을 따르고자 하는 것이 인간의 본래 모습이다. 이것이 인간이 다른 동물과는 구별되는, 인간만이 가지는 본성인 것이다.

---

4 『맹자』「고자」: "異於白馬之白也, 無以異於白人之白也. 不識長馬之長也, 無以異於長人之長與? 且謂長者義乎? 長之者義乎?"

5 『맹자』「고자」: "耆秦人之炙, 無以異於耆吾炙. 夫物則亦有然者也, 然則耆炙亦有外與?"

6 『맹자』「고자」: "口之於味也, 有同耆焉. 耳之於聲也, 有同聽焉. 目之於色也, 有同美焉. 至於心, 獨無所同然乎? 心之所同然者何也? 謂理也, 義也. 聖人先得我心之所同然耳. 故理義之悅我心, 猶芻豢之悅我口."

맹자의 성선설은 바로 이러한 도덕적 욕망이 존재하며 그것이 바로 인간의 본성이라는 것을 보여주는 논의이다. 맹자는 실제로 이러한 본성을 발휘하는 요순과 같은 성인들을 통해서 이를 증명할 수 있다고 한다.[7] 요순도 사람인데 그들이 선하게 살았다면 인간에게는 선하고자 하는 본성이 있다고 할 수밖에 없다는 것이다. 맹자는 이를 바탕으로 도덕적 욕망이 존재한다는 것을 증명하기 위해 사단(四端)을 말한다. 이것은 인의예지라고 하는 인간의 본성이 내면에 존재한다는 사실을 알려주는 단서이다. 맹자는 고자와의 논쟁을 통해 인간의 본성이 동물의 본성과는 다르다는 것을 근거로 도덕이 인간의 문제라는 것을 강조하였다. 또한 도덕은 인간의 욕망을 제어하기 위해 외적으로 주어진 것이 아니라 인간 내면의 요구라는 사실을 정당화하고자 하였다.

하지만 주희는 맹자의 성선을 주석하면서 도덕을 다만 인간 내면의 요구로만 설명하지는 않았다. 그는 존재론의 기반위에서 기는 인간의 형체를 이루고 리는 인간의 본성이 된다고 하였다. 인간이 도덕의 주체가 될 수 있는 이유는 바로 이 리인 본성이 발현한 것이라고 한다.

주희는 이 성을 본연지성(本然之性)과 기질지성(氣質之性)으로 설명하면서 물에 소금이 들어가 소금물이 되는 관계로 비유한다.[8] 본연지성과 기질지성이 별개의 성이 아니라고 하면서도 본연지성은 오로지 리만을 가리키고 기질지성은 리와 기를 혼합해서 말하는 것이라고 한다. 주희가 이렇게 성을 본연지성과 기질지성으로 구분하여 설명한 것은 맹자의 성선설을 계승하면서도 다른 한편으로 선악을 포함한 모든 행위의 기준

---

7 『맹자』「등문공」: "孟子道性善, 言必稱堯舜."
8 『주자어류』권4, 「性理」1 : "氣質之性, 便只是天地之性. 只是這箇天地之性卻從那裏過. 好底性如水, 氣質之性如殺些醬與鹽, 便是一般滋味."

으로 성(性)을 설정하고 있기 때문이다.

그런데 주희의 리기론에 의해 본성이 도덕의 확고한 기초로 정초되었지만 본성은 실천 이전에 이미 언제나 전제되어 있는 선험적 원리가 되어 구체적 실천과는 분리되는 모양새를 갖추게 된다. 주희가 맹자의 도덕적 실천성을 계승한다고 자부하였지만, 본성 개념은 감성 혹은 욕구와 대비되거나 심지어는 대립되는 것으로 해석될 수 있는 빌미를 제공하였다.[9]

또한 주희가 리로 해석한 본성은 그것이 비록 도덕실천의 주체이기는 하지만 자신을 현실화함에 있어 여전히 기의 매개로부터 자유롭지 못하다는 문제가 있다. 도덕규범은 보편적이지만 실제로 그것을 실현하는 것은 실천하는 주체들의 능력 즉 타고난 기질에 따라 제한되는 것이다. 이 경우 규범의 보편성 문제는 어느 정도 해결되었으나 도덕적 책임의 문제와 관련하여서는 여전히 난점을 가지게 되는 것이다.[10]

3. 정제두 인간이해의 기초, 생리설

1) 성선(性善)의 해석

정제두는 양명학을 기반으로 경학의 체계적 해석을 추구하였다. 특히 『맹자』를 심성의 논리를 증명할 수 있는 경전으로 여겨 심성(心性)과 구

---

9 이규성, 『세계와 인간에 대한 동양인의 사유』, 천지, 2003, 283~284쪽.

10 문석윤, 「다산 정약용의 새로운 도덕이론: 마음에 대한 새로운 이해」, 『철학연구』 90, 대한철학회, 2004.

인(求仁)의 학을 설명하고자 하였으며,[11] 천리를 인성 안에서 파악하는 양명의 심성론을 받아들여 인간 본성 문제의 중요한 논지를 『맹자』에서 확인하여 증명하고자 했다. 정제두는 「고자장」에 제기되어 있는 인성에 관한 논쟁 중에서 전통적인 본성론에 따라 오직 '인의'만이 진정한 인간의 본성이라 하였다.

> 고자가 "타고난 것을 성이라 이른다." 라고 하자 맹자는 묻기를, "그것은 흰 것을 희다고 하는 것과 같은가?" 라고 하였다. 형색 가운데 성이 있다. 형색이 그 체를 얻은 것이 곧 성이 되는 것이요, 형색의 밖에 따로 성이 있는 것이 아니다. 그러므로 타고난 것을 성이라고 한다는 말은 본래 틀린 것은 아니다. 다만 그 가운데서 본체를 가리키지 아니하고 진(眞)과 망(妄)을 구분하지 않고서 흰 깃, 흰 눈의 흰 것과 같고, 개와 소의 성과 같다고 하였으니 그것이 틀린 것이다.[12]

타고난 형색이 있으면 곧 그에 맞는 타고난 본성이 존재한다. 예를 들어 입이 있으면 맛을 느끼고 눈이 있으면 소리를 듣는 것은 타고나는 것이다. 그러므로 형색밖에 또 다른 성이 있을 수 없다. 그래서 정제두는 '타고난 것을 성이라고 한다는 말은 본래 틀린 것이 아니다'라고 했다.

---

11 정제두가 강화도로 옮긴 만년에 완성한 「맹자설」은 주희의 『맹자집주』의 잘못을 조목을 나누어 지적하고 그에 대하여 분석하고 있다. 이는 주희에 의해 해석된 『맹자』의 주요 개념들의 의미를 재해석하기 위한 목적을 가지고 있다. 그래서 「맹자설」은 맹자에 관한 주석서라기보다는 『맹자』 주희 주석에 대한 비판서라고 할 수 있다. (천병돈, 「하곡 정제두의 맹자학 연구」, 『정신문화연구』 33권, 한국학중앙연구원, 2010.)

12 『하곡집』 권15, 「맹자설 하 · 맹자설」: "告子曰生之謂性, 孟子曰猶白之謂白與. 形色之中性存焉. 形色之得其體者, 是爲性, 非於形色之外別有性在也. 然則謂之生之謂性, 本未非也. 但不就其中指其本體, 直不分眞妄, 而以爲猶白羽白雪之白, 犬牛之性則乃非也."

그러나 희다고 모두 같은 것으로 여기고, 성이라고 모든 성이 다 같다고 여기는 것은 틀렸다고 한다. 고자가 말한 식색의 성은 생(生)을 위한 정욕이다. 맹자는 식색지도(食色之道)는 소체(小體)의 성일 뿐, 대체(大體)의 성은 아니므로 성이라 하지 않는다고 한다. 인간의 본성이 무엇보다도 인간으로서의 도를 성취하기 위한 것이라고 본 것이다. 따라서 금수에게는 없고 인간에게는 있는 내적본질 즉 인의만이 진정한 인간의 본성이라고 주장한다.

주희는 고자의 성을 기(氣) 즉 지각운동 측면에서 보면 사람이 개와 소 등의 다른 존재와 같다고 할 수 있지만, 천으로부터 부여받은 리 즉 본성의 측면에서 보면 차이가 있다고 보았다. 주희는 생(生)은 기(氣)이고, 성(性)은 리(理)라고 구분하는 것이다.

성이란 사람이 하늘에서 얻은 바의 리요, 생이란 사람이 하늘에서 얻은 바의 기이니, 성은 형이상이요 기는 형이하이다. 인(人)과 물(物)이 태어날 때에 이 성을 가지고 있지 않음이 없으며 또한 이 기를 가지고 있지 않음이 없다. 기로 말하면 지각, 운동은 사람과 물이 다르지 않음이 없는 듯하나, 리로 말하면 인의예지의 품성을 어찌 물이 얻어서 온전히 함이 있겠는가? 이것이 사람의 성이 불선함이 없어서 만물의 영장이 되는 이유이다.[13]

주희는 리와 기를 나누어 생과 성을 말하고 인간의 성을 의리지성과 기질지성으로 구분하여 본연지성은 순선(純善)한 성이지만 기질지성은

---

13 『맹자집주』「고자」: "性者, 人之所得於天之理也, 生者, 人之所得於天之氣也. 性, 形而上者也, 氣, 形而下者也. 人物之生, 莫有不是性, 亦莫不有是氣. 然以氣言之, 則知覺運動, 人與物若不異也. 以理言之, 則仁義禮智之吳豈物之所得而全哉? 此人之性所以無不善, 而爲萬物之靈也."

선악이 뒤섞여 있는 성이라고 한 것이다. 또한 만물이 각각 성이 다르다
는 것은 기질지성에 속하는 것인데, 기질지성이 다른 까닭은 기품 때문
이다. 그러나 정제두는 기질지성은 기질의 현명하고 현명하지 못한 차
이이지 성의 선과 악의 문제는 아니라고 하였다.[14]

이른바 성선이란 것은 인의예지가 이것이요, 측은수오가 이것이다. 이것은
어둡고 밝은 것, 강하고 약한 것 할 것 없이 모두 같은 것이다. 성의 선한 것
이 다만 인·의·예·지의 천성(天性)에 있고, 어둡고 밝고 강하고 약한 기
품에 관계되지 않는다. 그 혼(昏)·명(明)·강(强)·약(弱)의 다른 것은 인·
의·예·지의 도에 상관이 없는 것이다. 대개 맹자는 다만 성정(性情)의 선함
으로써 선한 것이라 하였고 일찍이 어둡고 밝고 강하고 약한 것으로써 선·
악이라 이르지 아니하였다. 단순히 그 성의 선한 것을 가리켜 선한 것이라 한
이상 그 재기(才氣)의 맑고 맑지 못한 것과 후하고 후하지 못한 것은 함께 논
할 바가 아니다.[15]

정제두 또한 혈육과 형기의 욕구는 사람과 물이 같다고 보았다. 따라
서 고자가 말하는 본성은 식색과 같은 생품(生稟)을 본성이라 한 것인데
이것은 생한 후에야 있는 것이다. 생할 때 이미 모든 사물은 각각 기(氣)
가 달라진다. 그러므로 그 생품의 본성은 만물이 다를 수밖에 없다. 입
은 맛에 대하여, 눈이 색에 대하여, 귀가 소리에 대하여, 코는 냄새에 대

---

14 『하곡집』 권15, 「맹자설 하·생지위성장해」: "程張所言氣質之性, 在孟子不須說. 氣質者,
是其賢不肖之辨, 無與乎性善也."

15 『하곡집』 권15, 「맹자설 하·생지위성장해」: "若所謂性善者, 仁義禮智是也, 惻隱羞惡是也,
此則無昏明强弱而皆同之, 是其性之善者, 只在於仁義禮智之天, 不係於昏明强弱之稟,
則其昏明强弱之殊者, 其於仁義禮智之道無與也, 蓋孟子只以性情之善爲善, 未嘗以昏明
强弱謂善惡也, 旣已單指其性之善者以爲善, 則其才氣之淸不淸厚不厚, 非所與論也."

한 것과 같은 사지(四肢)의 편안함을 즐기는 것이 바로 형색이고 천성이다. 기의 측면에서 말하는 본성은 위로 올라갈 가능성과 아래로 내려올 가능성을 모두 가지고 있는 것이다. 그런데 인간에게 있어서 선악의 문제의식은 이러한 기질지성으로 논해서는 안 된다. 기질지성은 선 혹은 악 어느 방향으로도 가능하므로 일정한 방향성과 체계가 없기 때문이다. 그러므로 유가철학의 궁극적 문제라 할 수 있는 인간이 왜 도덕적으로 살아가야 하는가? 라는 도덕실천의 정당성과 근거를 확보하기 위해서는 반드시 의리의 성(性)으로부터 성선의 문제를 다루어야 한다는 주장이다.

본성과 관련한 문제에서 고자는 또 의(義)를 인간의 마음밖에 있는 것이라고 하였다. 예를 들면 사람이 공경해야 하는 이유는 내 마음속에서 자발적으로 생기는 감정이 아니라 그렇게 배워서라는 것이다. 정제두는 이를 주희의 물리(物理)와 같은 것이라 비판한다.

고자의 말에 의하면 저 사람을 어른으로 여기고 저 사람을 공경함은 리(理)이며 의(義)이다. 저 사람의 리를 기준을 삼는 것이다. 저 물건이 희므로 내가 희다고 하는 것은 리요 의이다. 즉 이른바 사물의 이치란 것인데, 사물을 따라 밖에 있는 것이다.[16]

정제두는 인심(人心)에는 본래 사물의 이치와 인간의 도리가 내재해 있으며 이러한 이치를 사유하고 분별하여 대상과 때에 합당하게 사물에 대처하는 능력으로서 의(義)가 주어져 있다고 한다. 이 인심에 고유한 의

---

16 『하곡집』 권15, 「맹자설 하·고자잡해」: "告子謂長彼敬彼, 理也義也, 以彼之理爲準. 如彼白而我白, 從彼物之白而爲白者, 是理也義也, 卽所謂事物之理, 從事物而在外者也."

란 무엇일까? 정제두는 의를 마음에 주어진 덕의 작용이라고 한다. 의란 인간으로서 마땅히 행해야 할 길이며, 그 의의 기준으로서 리(理)는 사물에 일정하게 있는 것이 아니라 개개의 물에 처한 상황과 형편에 따라 적절하게 처리하는 나의 '일심(一心)'에 있다는 것이다.

이와 같이 정제두가 주자학의 심과 성, 심과 리의 분리를 비판하는 것은 맹자가 의외설(義外說)을 비판한 것과 상통한다. 의외설(義外說)은 도덕행위의 원리가 주체의 마음과는 무관하다는 것이다. 이것의 가장 큰 문제는 행위하는 주체가 외적 규범에 의해 통제되어 현실의 다양한 변화를 고려하여 적합한 행위를 해나가는 주체의 자율성과 능동성을 잃어버리게 된다는 점이다. 주자학에서 말한 사물에 있는 리는 사람 마음의 신명(神明)에 없는 헛된 조리로써 인의예지 등의 도덕실천을 할 수 있는 것이 아니라는 것이다. 정제두는 도덕성이 마음을 벗어날 수 없다고 한다. 개의 본성은 개의 본성일 뿐이고 소의 본성은 소의 본성일 뿐이다. 물리(物理)는 사람의 마음과는 무관하게 존재한다. 결국 의리는 마음과 관련되어 있다. 내 마음이 바로 구체적인 상황에 적합하게 응하여 사물의 이치를 만들어내는 근원이 된다.

이처럼 사람과 사물의 생(生)은 같아도 그 이치는 다르다는 입장을 제기하면서 사람과 사물에 적용되는 리의 차별성을 강조하고 있다. 사람은 사물과 달리 인의의 순수함과 같은 덕성을 품부받아 이를 발휘할 수 있는 가능성을 가지고 있는데 이것이 바로 생리이다. 생리는 사람의 생명력을 의미하는 동시에 도덕정감과 도덕적 인식을 포함하고 있으며 도덕적 판단을 내리게 하는 것과 관련되어 있다.

이 생리에는 다시 도덕적으로 참다운 본성을 그대로 드러내는 참된 리와 도적, 포악, 음란함처럼 부도덕하며 잘못 드러난 망령된 리가 공존하고 있음을 언급하고 있다. 그러므로 비록 생리를 지니고 있는 사람이라도 누구나 다 인의예지(仁義禮智)할 수 있는 것은 아니다. 그 차이로 인해 성인(聖人)과 범인(凡人)의 구별이 생긴다. 사람은 누구나 다 텅 빈 거울과 같이 허령한 본성을 타고난 까닭에 근본적으로 성인이나 범인이 다르지 않다. 이를 구슬과 물에 비유하면 본성으로서의 구슬은 오직 허령한 거울과 같은 존재이지만 물이 맑은가 탁한가에 따라 구슬이 밝게 빛나기도 하고 흐리게 되고 더럽게 되기도 하듯이 사람 또한 후천적인 기질이 달라짐에 따라 상지(上智)와 범인(凡人), 하우(下愚)의 구별이 생기게 된다는 것이다.[17] 그러므로 생리의 본래 모습을 회복하기 위해서는 인욕의 근원이 되는 물욕 등을 청정하게 하는 공부가 반드시 필요하다. 이렇듯 정제두는 선악이 공존하고 있는 생리가운데 악을 제거하여 진리의 본래 모습을 되찾아야 한다고 주장한다.

정제두는 주희의 리를 단지 기의 조리(條理)에 불과하다고 규정하고 생리 혹은 진리가 인의예지의 도덕실천이 가능한 주체라고 말하고 있는 것이다. 도덕실천이 가능하다는 의미는 리가 능동성을 발휘하는 생리이기 때문이다. 생리는 바로 도덕판단을 하는 양지와 같은 개념인 것이다. 정제두는 리가 단순히 보편적 원리로서만 존재하는 것이 아니라 구체적 사태에 대응하여 객관대상을 인식하고 판단하며 활동하는 능력을 지닌 생동적인 것이어야 한다고 생각했다는 것을 알 수 있다.

---

17 『하곡집』권9,「존언 중」: "性其猶鑑乎, 鑑者善應而不留, 物來則應, 物去則空, 鑑何有焉, 性猶虛也. 惟靈也. 惡安從生, 其生於蔽乎. 氣質者性之所寓也, 亦性之所由蔽也. 氣質異而性隨之. 譬之珠墜於淵則明, 墜於濁水則昏, 墜於汙穢則穢. 澄淵上智也, 濁水凡庶也, 汙穢下愚也."

2) 사단(四端)에 대한 해석

맹자는 인간의 선한 본성을 증명하기 위하여 불인지심(不忍之心)과 사단지심(四端之心)을 말한다. 정제두는 양명학적 입장에서 '사단'의 단(端)을 어떤 사물의 처음 시작하는 지점으로 풀이하였다. 따라서 측은, 추오, 사양, 시비의 사단은 그 본원이 나에게 있는 것이고, 인의예지는 그 전체를 말한 것이 된다.

인의예지 사단의 단 자는 음양의 시(始)가 없고 동정의 단(端)이 없다는 '단'자와 같이 단시(端始)의 뜻이니 수단(首端)의 단이다. 성이 안에 있고 정이 단이 되며〈본(本)이 된다〉인은 충만한 체가 된다〈말(末)이 된다〉. 주자는 그것을 단서의 나타남이라 하였으니 이것은 말단이 단이 되어 바로 서로 반대되는 것이다. 인이 안에 있고〈근본이 된다〉, 정이 단이 된다.〈말이 된다〉[18]

'단'은 물의 처음 나오는 머리 즉 처음 드러나는 곳을 말한다. 불과 물로 비유하면, 인은 불과 물이고 그 불의 시작점인 불씨와 물이 시작되는 샘이 사단이다. 결국 인의예지의 처음 발단은 사단의 마음에서 시작된다는 것이다. 주희가 단(端)을 단서라고 하고 성을 드러나지 않은 미세한 것이라 하여, 밖으로 드러나게 되는 사단이라는 정(情)의 실마리를 통하여 성의 실체를 알 수 있다고 말한 것과 정제두의 해석은 상반된다고 할 수 있다. 성이 마음에 있어서는 단이 되고 확충되면 사덕이 된다. 이러한 차이는 실천의 문제에 있어서 큰 차이로 나타난다. 확충이라는 것은

---

18 『하곡집』권15, 「맹자설·사단장잡해」: "仁義禮知四端端字, 如陰陽無始, 動靜無端之端, 端始之意也, 是首端之端, 性在內, 情爲端, 爲本 仁爲充體, 爲末 朱子以爲端緒之見, 是末端之端, 正相反倒, 仁在內, 爲本 情爲端, 爲末."

사단의 싹이 시작되면 인은 저절로 완성된다. 불이 처음 붙기만 하면 저절로 불타오르고, 샘물이 터지면 망망대해를 이루게 되는 것이다.

정제두는 『맹자』의 사단해석을 양명학적 사유에 기초하여 양지가 측은의 본체이고 측은할 수 있는 것이 양지의 용(用)이라고 보았다. 즉 양지와 측은은 하나이며 이름은 다르지만 실제로는 하나라는 것이다. 양지는 『맹자』에서 강조되는 양지와 양능을 겸비한 도덕본체이다. 이 양지가 가지는 속성은 시비와 선악을 자각할 수 있는 능력을 구비하고 있으며, 선을 좋아하고 악을 싫어하고 선을 행하고 악을 제거하는 능동성까지 갖추고 있다. 이 도덕 본체가 도덕행위의 실천으로 연결되는 과정을 양명학에서는 『맹자』의 사단지심에 근거하는 것이다.

정제두는 인간의 마음에 시비선악의 기준이 되는 지선한 도덕심이 있다고 하는데 그 도덕심을 천리, 생리, 지, 양지 등으로 표현한다. 또 생리는 물리와 구분되며 살아서 움직이는 생명의 원리라고 한다. 따라서 인간존재는 생리에 의해 다른 사물이나 생물과 차별성을 가지게 된다. 그러나 인간이 이 생명력과 아울러 도덕정감과 의식을 가지고 있다고 해서 개개인의 도덕성이 곧바로 담보되는 것은 아니다. 즉 실천이 반드시 수반되어야 한다는 것이다. 이 실천은 지리한 지적 탐구과정보다는 자신에게 있는 생리 즉 양지를 확충하는 것이다. 움트기만 하면 그 생명력은 저절로 완성된다. 불이 처음 붙기만 하면 저절로 불타오르듯 마음속에 있는 사단을 자각하는 것에서 시작하는 것이다. 정제두의 이러한 『맹자』 해석은 인간이라면 누구나 요순과 같은 성인(聖人)이 될 수 있다는 가능성을 확신시켜 주는 것이라 할 수 있다.[19]

---

19 『하곡집』 권15, 「맹자설하 · 맹자설」: "道性善言必稱堯舜, 人心之中而性體存焉, 人性之體, 難以示人, 惟堯舜盡其性之體者也, 人可以見之, 故引堯舜之事, 以明其體, 以實其理, 此

4. 정약용 인간이해의 기초, 성기호설

1) 성은 기호이다.

정약용은 자신의 사상에서 경학이 근본적인 사유구조라고 언표하였는데, 그의 경학연구는 인간의 의지에 대한 적극적인 도덕적 동기부여를 통해 도덕적 실천에 새로운 활력을 불어넣고 싶었던 목적을 갖는다고 할 수 있다.[20] 특히 사서(四書)에 대해 새로운 해석을 시도한 것은 주희 사서집주의 이학적 해석을 비판하고 자신의 실학을 뒷받침해줄 경학적 근거마련을 위해서였다고 할 수 있다.[21] 『맹자』를 새롭게 재해석하여 편찬한 『맹자요의』는 정약용의 경학연구서 중에서도 중요한 의미를 가지는 책이다. 인의예지(仁義禮智)에 대한 새로운 해석을 내려 관념의 성리론을 실천과 행동이 가능한 논리로 다시 설명하고 있으며, 특히 성(性)과 사단(四端)의 논쟁에서 주희의 견해에 대한 비판적 태도를 보여준다.

정약용은 인간 본성에 관한 문제를 논할 때 주희의 성론에 대한 비판에서 시작한다. 주희가 말하는 성즉리로서의 리는 실체가 없는 것이라고 비판하고, 영명한 초월적 주재인 천(天)과 영명한 인격적 주체인 심(心)의 상응구조 속에서 성(性)을 인식하였다.

천명지위성이라는 것은 천이 사람이 태어나는 시초에 덕을 좋아하고 악을 부끄럽게 여기는 성을 허령의 본체 가운데 부여한 것이다. 따라서 성은 본체로

是欲言人性之善, 必以堯舜事指之者也, 難以空言看."

20 장복동, 「정약용의 도덕철학에서 악의 문제」, 『동양철학연구』37, 동양철학연구회, 2004.

21 최진덕, 「『맹자』에 대한 두 해석: 맹자집주와 맹자요의」, 『다산학』8, 다산학술문화재단, 2006.

이름붙일 수 있는 것이 아니다. 성이라는 것은 기호와 염오로서 이름이 있게 되는 것이다.[22]

이것은 두 가지 의미를 시사해준다. 성은 기호를 말한다고 규정하고 있고, 성은 본체가 아니라는 것 즉 허령한 본체[心]에 부여된 속성일 뿐이라는 것이다.

성을 기호라고 했는데, '기호'란 즐기고 좋아하는 것이다. 동물이 감각기관으로 인해 가지게 되는 기호, 예를 들면 꿩은 산을 좋아하고 사슴은 들을 좋아하는 것 등이다. 이 기호는 생명력과 같은 자연적 욕구라고도 할 수 있는데 벼가 물을 좋아하고 기장이 건조한 것을 좋아하는 것을 말한다. 사람도 감각기관을 가진 동물이므로 이러한 자연적 욕구가 있다. 정약용은 사람에게는 두 가지 종류의 기호가 있다고 한다. '형구(形軀)' 즉 감각적이고 육체적인 기호와 '영지(靈知)' 즉 마음 또는 정신적인 기호가 그것이다. 자연적 욕구와 감각적 욕구 그리고 이성적 욕구 모두가 기호이지만, 동물과 공유하는 육체의 기호와 인간만이 가지는 기호는 엄격히 구분된다. 인간만의 기호는 영지(靈知)의 기호인데 감각기관을 통하지 않고 하늘이 내려준 성(性)이다.[23]

정약용은 이 기호의 성으로 인해서 인간은 동물과 구분된다고 하였다. 인간에게 주어진 성은 도덕적 기호라 할 수 있고 동물에게 주어진 성은 육체의 기호이다. 그는 도덕적 기호를 자율적 능력을 갖춘 도의지

---

22 『여유당전서』2, 9권 「論語古今註」: "天命之謂性者, 謂天於生人之初, 賦之以好德恥惡之性 於虛靈本體之中, 非謂性可以名本體也, 性也者, 以嗜好厭惡而立名."

23 『여유당전서』2, 16권 「自撰墓誌銘」: "性者嗜好也, 有形軀之嗜, 有靈知之嗜, 均謂之性. 又 以耳目口體之嗜爲性, 此形軀之嗜好也, 天命之性, 性與天道, 性善盡性之性, 此靈知之 嗜好也."

성(道義之性)으로 보고 육체적 기호를 기질지성(氣質之性)과 같은 의미로 쓴다. 인간은 본연의 상태에서 도의와 기질이 합해 본연지성이라는 하나의 성을 이룬다. 반대로 동물의 경우는 본연의 상태에서 기질지성만이 있다고 한다.[24] 따라서 인간만이 본연지성을 가지고 있어 동물과 다르다고 할 수 있으며 기질지성만 말한다면 인간과 동물은 같다고 할 수 있다. 주희는 사람과 사물이 똑같이 천지의 이치를 얻었다는 것은 본연지성을 말하는 것이고 다만 사람과 사물이 다른 것은 받은 형질에 차이가 있는 것이라고 했는데 정약용의 설명과 상반된다.

나는 성이란 기호에 중점을 두고 말한 것으로 생각한다. 가령 '사안석은 천성이 음악을 좋아하였고 위 정공은 천성이 검소를 좋아하였다'라는 말 같은 것이다. 어떤 사람은 성품이 산수를 좋아하고 어떤 사람은 성품이 서화를 좋아한다고 하는 것은 모두 기호를 가지고 성이라고 하는 것이다. 성의 자의가 본래 이와 같기 때문에 맹자가 성을 논함에 반드시 기호를 가지고 설명하였다. 그 말에 '입이 맛에 대하여 기호가 같고 귀가 음악에 대하여 기호가 같고 눈이 색에 대하여 좋아하는 것이 같다'라고 하였는데 이것은 모두 성이 선을 좋아하는 것이 같다는 점을 밝힌 것이다. 성 자의 본래의 뜻이 기호에 있음이 아니겠는가?[25]

---

24 『여유당전서』2, 권6, 「孟子要義」 告子 : "人性卽人性, 犬牛之性卽禽獸性. 至論本然之性, 人之合道義氣質而爲一性者, 是本然也. 禽獸之單有氣質之性, 亦本然也. 何必與氣質對言之乎?"

25 『여유당전서』2, 권5, 「孟子要義」 滕文公 : "余謂性者, 主於嗜好而言. 若所謂謝安石性好聲樂, 魏鄭公性好儉素. 或性好山水, 或性好書畫. 皆以嗜好爲性. 性之字義, 本如是也, 故孟子論性, 必以嗜好言之. 其言曰口之於味, 同所嗜, 耳之於聲, 同所好, 目之於色, 同所悅, 告子上皆所以明性之於善, 同所好也. 性之本義, 非在嗜好乎."

이 기호(嗜好)인 성은 본체가 아니라 마음의 속성이다. '성(性)'이라는 글자는 '마음[忄]'에서 '생겨난 것[生]'이라는 의미이므로 결국 기호란 마음의 속성일 뿐 독립된 실체는 아니라는 것이다.[26] 성이 하나의 실체가 아닌, 마음 즉 자율적 주체가 지닌 기호나 속성 혹은 지향성으로 이해된다.[27] 또한 이 글을 통해 유추해보면 사람의 기호는 낙선치악(樂善恥惡) 하는 것이라 할 수 있다. 사람은 선을 즐기고 악을 부끄러워하지 않음이 없다.[28] 성선(性善)의 의미도 선을 좋아하는 것으로 해석할 수 있다는 것이다. 인간의 성이 선을 좋아함에 같다는 의미에서 선에 대한 기호의 동일성을 확인한 것이다. 이는 성이 리이기 때문에 선으로 파악하는 주자와는 다르다.

주자학에서 성은 기질의 제한을 받는 심과는 달리 리로서 독립적 실체개념이다. 그런데 정약용의 철학에서는 심과 성의 관계가 뒤바뀐다. 심이 주체이고 성은 그 주체의 경향성을 나타내는 개념일 뿐이다. 정약용은 마음이 사람의 정신적인 작용전체를 관장하는 실체이며 동시에 행위의 방향을 선택할 수 있는 자율적인 주체라고 한다. 따라서 마음은 주자학에서처럼 단순히 성을 실현하고 현재화하는 통로이거나 그 발현을 제어하는 보조적 수단에 머무르지 않는다. 마음은 단순히 사람이 가진 지각이나 추론 또는 정서적인 작용만을 의미하는 것이 아니라 작용을 관장하는 선험적인 능력을 뜻하는 것이기도 하다.

또한 성을 절대적인 규범리와 동일한 것으로 파악하지 않고 마음의 기호로 파악함으로써 마음은 절대적인 규범 즉 성즉리의 성으로부터도

---

26 『여유당전서』2, 권32 「梅氏書平」: "超然上觀乎先古聖賢之言, 則性之爲字, 本指嗜好之欲. 嗜好者, 生於心者也, 生於心, 非性乎?"

27 김기주, 「주자학의 심학화과정과 다산실학」, 『범한철학』40, 범한철학회, 2006.

28 『여유당전서』2, 2권 「心經密驗」: "今論人性, 人莫不樂善而恥."

자유로운 것이 되었다. 절대적인 규범으로서의 성이 마음에 내재해 있는 것이 아니라 선에 대한 경향성과 그것을 선택할 수도 있고 선택하지 않을 수도 있는 자유로운 마음만이 내재할 뿐이다.[29]

정약용은 인간을 상제에 의해 특별한 존재로 창조된 심신이원(心身二元)의 존재로 이해한다. 사람은 신(神)과 형(形) 곧 정신적 요소와 육체적 요소로 구성되었기 때문에 항상 두 가지 요소가 갈등을 일으키는 존재이며 그 갈등이 현실화되는 구체적인 장이 마음이라고 한다.[30] 정약용은 이 마음을 보다 세분하여 설명한다.

천은 이미 인간에게 선할 수도 악할 수도 있는 권형(權衡)을 부여하고, 아래로는 또한 선을 실천하기 어렵고 악을 행하기는 쉬운 형구(形具)를 주었으며, 또 위로는 선을 좋아하고 악을 부끄럽게 여기는 성을 부여하였다. 만일 이러한 본성을 지니지 않았다면 우리 인간은 예로부터 어느 사람 하나라도 하찮은 조그만 선마저 실행한 사람이 없었을 것이다.[31]

주체로서의 마음이 선천적으로 선을 지향하고 있다는 점에서 정제두는 성선을 주장한다. 정신과 신체가 결합하여 사람이 되었다는 측면에서 본다면 감각적이고 육체적인 기호를 무시할 수 없지만 선을 지향하는 마음은 그것을 통제하고 조절할 수 있는 힘을 가지고 있기 때문이다.

---

29 김영우, 「다산과 대진의 『맹자』 해석비교연구」, 『한국문화』43, 서울대 규장각 한국학연구원, 2008.

30 『여유당전서』2, 5권 「孟子要義」滕文公 : "神形妙合, 乃成爲人. 神則無形, 亦尙無名. 以其無形, 故借名曰神. 借鬼神之神心爲血府, 爲妙合之樞紐. 故借名曰心."

31 『여유당전서』2, 2권 「心經密驗」 : "天旣予人以可善可惡之權衡, 於是就其下面, 又予之以難善易惡之具, 就其上面, 又予之以樂善恥惡之性. 若無此性, 吾人從古以來, 無一人能作些微之小善者也."

이 마음의 권능은 자유의지 즉 마음의 자율적 도덕실천 능력이라고 할
수 있다. 마음의 도덕적 결단을 가능하게 하는 것은 마음 자체의 의지이
며 결정권이다. 마음의 권능은 선할 수도 있고 악할 수도 있다. 그리고
그때 비로소 사람은 참된 의미에서 자신의 실천에 대한 책임을 질 수 있
다.

> 하늘은 사람에게 자주지권을 주었다. 따라서 사람은 선을 행하고자 의욕하면
> 선을 행할 수 있고 악을 행하고자 의욕하면 악을 행할 수 있으니 유동적이면
> 서 선천적으로 선악의 방향이 정해지지 않은 그 선택의 권능이 자신에게 달
> 린 것은 금수가 정해진 심을 가지고 있는 것과는 다르다. 그러므로 선을 행하
> 면 실제로 자기의 공이 되고 악을 행하면 자신의 죄가 된다. 그러므로 선을
> 행하면 실제로 자기의 공이 되고 악을 행하면 자신의 죄가 된다. 이는 심의
> 권능이지 성이 아니다.[32]

동물에게는 자주권이 없고 인간에게만 있다. 이것은 마음의 권능이
지 기호로 말하는 성은 아니라고 한다. 성의 기호는 선을 지향하는 의지
자체라면, 자주권은 그것을 구체화시킬 때 사용하는 자유의지와 유사한
것이라고 할 수 있다. 이처럼 정약용은 마음으로부터 직접적으로 도덕
의 근거를 확보하고자 하였다는 것을 확인할 수 있다. 이것은 리기론과
심성론을 분리시키고 선을 지향하는 자율적이고 자주적인 마음을 설정
함으로써 가능했던 것이다. 이 자주권의 사용에 의해 행사(行事)가 이루

---

32 『여유당전서』2, 5권, 「孟子要義」滕文公: "故天之於人, 予之以自主之權. 使其欲善則爲善,
欲惡則爲惡, 游移不定, 其權在己, 不似禽獸之有定心. 故爲善則實爲己功, 爲惡則實爲
己罪, 此心之權也, 非所謂性也."

어지는 것이고 여기에 대하여 도덕적 책임을 물을 수 있다는 뜻으로 이
해할 수 있는 것이다. 이는 인간 존재가 주어진 본성을 따르는 수동적인
존재가 아니라 선과 악 사이에서 스스로 결정하고 실행하는 주체로서의
특성을 부각시킨 것이다.[33]

　주희는 맹자의 성선설이 기질지성을 고려하지 못한 결함이 있다고 지
적하고 정이가 기질지성을 논함으로써 완전한 본성론이 성립한 것으로
간주한다. 그는 본성을 의리지성과 기질지성의 두 가지로 나누고서 의
리지성은 순선(純善)하며, 모든 악의 근원을 형기에 두었다. 정약용은 본
성을 의리지성과 기질지성으로 나누어 악의 문제를 해명하는 사유방식
이 한계가 있다고 보았다. 본연지성과 기질지성이라고 나누는 것은 두
개의 성이 독립적인 실체로써의 특성을 가지는 것으로 여겨질 수 있으
며 존재론적 완전성이 도덕적 선을 확보하는 궁극적 근거가 될 수 없다
고 보았다. 또한 주희처럼 기질의 청탁으로 선악을 설명하면 요순의 성
인됨도 그저 타고난 선을 그대로 행한 한 사람에 불과하게 된다. 누구나
성인이 될 수 있으며 그것은 도덕적 덕목을 행하려는 실천적 노력에 의
해 가능함을 강조하는 것이 정약용의 의도이다.[34] 이에 따라 정약용은
기질에서 악의 원인을 찾는 주희의 견해에 반론을 제기하고 선악을 결정
하는 것은 후천적인 습관이나 경험의 차별성에서 비롯된다고 본다. 인
간이 도덕성의 근원인 양심을 상실하고 악에 빠지는 것은 육신의 탐욕이
나 잘못된 생활태도나 습관 소유욕이나 외부의 유혹 등의 도덕적 타락에
기인하는 것이므로 전적으로 악을 기질의 책임으로 돌릴 수는 없다는 것

---

33 금장태, 「다산의 『맹자』해석과 성선악론의 쟁점」, 『동아문화』41, 서울대학교 동아문화연구소, 2003.

34 장복동, 「정약용의 도덕철학에서 악의 문제」, 『동양철학연구』37, 동양철학연구회, 2004

이다.[35] 인간의 선악을 결정짓는 것은 품부받은 기질이 맑은지 탁한지와 상관이 없으며 기질이 탁한 사람도 선한 경우가 있을 수 있고 맑은 사람도 악한 경우가 있을 수 있다. 정약용은 인간이 선을 행할 수 있는 근거는 선(善)을 기호하는 성에 있는 것임을 다시 확인한다.

> 천지 사이에는 원래 선과 악 두 종류가 있는데 악으로 돌아가지 아니하면 반드시 선으로 돌아간다. 저 기질은 혼탁하지만 효제를 독실하게 행하는 자가 악으로 돌아가겠는가? 아니면 선으로 돌아가겠는가? 선으로 돌아간다고 하면 요순이 비록 성인이기는 하지만 또한 선을 행한 한 사람에 불과할 뿐이니 사람은 모두 요순이 될 수 있다는 것이 어찌 털끝만큼도 잘못된 말이겠는가?[36]

도덕적 행위는 원래 선악의 두 길이 존재하며 이는 선택에 의한다. 즉 행위의 결과가 선 또는 악의 도덕적 가치로 규정된다. 인간은 본래적으로 선을 지향하는 존재이다. 맹자가 요순과 같은 성인을 예로 들어 성선을 주장하는 것과 다르게 정약용은 성이 선하다는 증거로 걸척과 같은 악인(惡人)을 예로 들어 설명한다. 측은지심이 아닌, 수오지심이나 시비지심으로 성선을 밝힐 수 있다는 것이다.

인성이 반드시 선을 행하는 것을 좋아함은 물의 성이 반드시 아래로 내려가

---

35 『여유당전서』2, 6권「孟子要義」告子: "陷溺之術, 或以形氣之私慾, 或以習俗之薰染, 或以外物之引誘, 以此之故. 良心陷溺, 至於大惡, 何得以氣質爲, 諉乎?"

36 『여유당전서』2, 6권「孟子要義」告子: "天地間原有善惡二類, 不歸於惡則必歸於善, 彼氣質渾濁而敦行孝弟者, 將歸於惡乎, 抑歸於善乎, 苟謂之歸於善, 則堯舜雖聖, 亦不過爲善一邊人耳, 人皆可爲堯舜, 豈毫髮過差之言乎?"

기를 좋아하고 불의 성이 반드시 위로 오르기를 좋아하는 것과 같다. 생명을 부여받는 처음에 하늘이 이 성을 명(命)으로 내려주니 비록 음란을 탐하고 잔학하게 살육하여 못하는 지시 없더라도 이 성은 그대로 변하지 않는다. 충신과 효자를 보면 선하다고 찬미함은 온 나라 사람이 같고 탐관(貪官)과 오리(汚吏)를 보면 악하다고 미워함은 온 나라 사람이 같으니 이것이 이른바 성이 선하다는 것이다.[37]

도둑이 도둑질을 하면서 부끄러움을 느끼고 도둑이 자신의 잘못을 반성하고 악행을 한 사람이 그 행위를 반성하는 것을 보면 인간의 본성이 선하다는 것을 알 수 있다. 성선이란 인간 마음속에 있는 선을 좋아하는 타고난 경향성을 가리킨다. 그러나 사람이 실제로 선을 행하는지 악을 행하는지는 그것과 다른 차원의 문제로 구별하고 있다. 선악의 도덕적 행위도 인간의 자율적 선택에 달려있다. 이처럼 정약용의 심성론은 선을 지향하는 인간이념이 반영된 실천윤리적 사유의 산물이라고 본다. 윤리적 실천의 명제를 본성론의 핵심으로 삼았다고 볼 수 있다.[38]

2) 사단에 대한 해석

정약용은 인의예지가 사람의 마음속에 내재해 있다는 주자학의 주장에 의문을 품고 사단(四端)의 '단' 자를 주희와 다르게 해석한다. 사람에

---

37 『여유당전서』2, 6권 「孟子要義」 滕文公: "人性之必好爲善, 如水性之必好就下, 火性之必好就上. 賦生之初, 天命之以此性, 雖貪淫虐殺, 無所不爲, 而此性仍然不變. 見忠臣孝子則美之爲善也與國人同, 見貪官汚吏則疾之爲惡也與國人同, 此所謂性善也. 此以是非之心明性善."

38 이영경, 「정약용의 성선론 분석」, 『유교사상연구』41, 유교학회, 2010.

게 본래 인의가 없다는 고자의 말을 주희는 매우 잘못된 견해라고 하였다. 이에 대해 정약용은 고자의 생각을 어느 정도는 인정해야 한다고 본다.

> 고자는 '사람의 성품으로 인의를 행하는 것은'이라고 말했고, 맹자는 '사람을 해치면서 인과 의를 행하는가?'라고 했다. 여기서 두 개의 '위(爲)' 자가 가장 분명한 요목이 되니 '위인(爲仁)'은 인을 행하는 것이고 '위의(爲義)'는 의를 행하는 것이다. 이것을 행한 뒤에 인과 의의 이름이 성립된다.[39]

고자의 생각이 전적으로 옳은 것은 아니지만 최소한 인과 의가 실천적 행위를 통해서 구현되는 도덕개념으로 이해하고 있는 점은 인정해야 한다고 보는 것이다.

> 단(端)이란 시작이다. 사물의 본말을 양단(兩端)이라고 한다. 그러나 오히려 반드시 처음 일어나는 것을 단으로 삼았기 때문에『중용』에서 이르기를 "군자의 도는 부부에서 시작되고 그 지극한 데 이르러서는 천지 사이에 그 이치를 살펴보게 된다."라고 하였으니 단이 시작이라는 뜻임이 이미 명백하지 않는가?[40]

『중용』의 '단'을 언급한 구절을 인용해서 단이 시작이라는 뜻을 논증했다. 행위의 시작을 의미한다. 주희는 '단'을 '서(緖)' 즉 실마리로 해석하여

---

39 『여유당전서』2, 6권「孟子要義」告子: "告子曰以人性爲仁義, 孟子曰戕賊人以爲仁義歟. 兩箇爲字, 最宜明目, 爲仁者行仁也, 爲義者行義也. 行之爲之而後, 仁義之名立焉."

40 『여유당전서』2, 5권「孟子要義」公孫丑: "端也者始也. 物之本末, 謂之兩端. 然猶必以始起者爲端, 故中庸曰, 君子之道, 造端乎夫婦, 及其至也, 察乎天地. 端之爲始, 不旣明乎?"

인의예지의 사덕(四德)이 원래 사람 마음속에 이미 원리로서 갖추어져 있고, 밖으로 드러나는 네 가지 마음인 사단은 실마리로 인해서 그 실체가 있음을 증명할 수 있다고 하였다. 따라서 사덕(四德)은 성이 되며 사단의 존재론적 근거가 된다. 사덕이 존재하기 때문에 사단이 생기게 되는 것이다.

정약용은 이 사단이 사덕이 되기 위한 시초로서 원래 사람 마음 안에 존재하는 것이고 사람 사이의 관계에서 밖으로 행사(行事)되어 실천될 때 인의예지라는 이름을 갖게 되는 것이라고 주장한다. 도덕적 본성으로 간주되는 인의예지란 타고나는 것이 아니라 인간의 실천행위에 의해 완성되는 것이다. 그런데 불교나 주자학에서 자주 쓰이는 본연지성은 실체와 유사하게 정의되는 것이기 때문에 이러한 시작의 의미가 없다고 보았다.

인의예지의 사덕은 타고나는 것이 아니라 기호에 따라 노력하고 실천함으로써 가지게 되는 후천적 덕성이 된다. 그것은 선험적 존재도 아니고 실체도 아니다. 사람을 사랑하고 손님과 주인이 절하고 읍하며 사물을 명료하게 분변한 뒤에 나타나는 결과이다.[41] 성은 실체와 같은 형태로 인간 내면에 들어있지 않다는 것이다. 그러한 가능성은 행사(行事)라는 현실화시키는 행위를 통하여 드러난다는 것이다. 따라서 인의예지의 명칭은 행사(行事)이후에 성립한다. 사람을 사랑한 후에 이를 인이라고 말하지 사람을 사랑하는 것보다 먼저 인이라는 이름이 성립할 수는 없다.[42]

---

41 『여유당전서』1, 19권, 「答李汝弘」: "茶山曰仁義禮智之名成於外, 而可仁可義可禮可智之理具於內."

42 『여유당전서』2, 5권, 「孟子要義」公孫丑: "仁義禮智之名, 成於行事之後. 故愛人而後謂之仁, 愛人之先, 仁之名未立也. 善我而後謂之義, 善我之先, 義之名未立也. 賓主拜揖而後

「고자장」에 대한 주석도 사단지심과 사단의 관계를 설명하고 있다. 정약용에게 '밖으로부터 나에게 녹아드는 것이 아니다'란 내 안의 사단을 미루어 밖에 있는 사덕을 이루는 것이지 밖에 있는 사덕을 끌어당겨 안에 있는 네 가지 마음을 발하게 하는 것이 아니다.[43] 사단지심은 성이 본래 가지고 있는 것이고 사덕은 사단지심을 확충해서 이루는 것으로 확충하지 않으면 사덕의 이름이 성립될 수 없다. 주자학의 성과 마음의 개념이 정약용에게는 그 지위가 뒤바뀌어 있는 것이다. 복숭아씨나 살구씨와 같은 실체가 사람의 마음속에 매달려 있는 것이 아니다.

결국 인간이 선하다고 할 수 있는 것은 사단이 존재한다는 것이 사실이고 이것이 곧 사덕을 이룰 가능성을 암시하기 때문이다. 그러나 인간은 자신의 선택에 의해서 도덕적 행위를 할 수도 있고 비도덕적 행위를 할 수도 있는 존재이다. 그래서 사단으로 미루어 도덕적 행위를 현실에서 실천하는 것이 가장 중요하다고 본다.

5. 정제두와 정약용『맹자』성선 해석의 의미

정제두와 정약용은『맹자』해석의 주자 의견에 대한 반박과 동의를 통하여 적극적으로 자신의 의견을 피력하고 있다. 이들은 모두 주자학의 리기심성론을 비판하고 새로운 도덕이론을 모색하고자 경전해석학적 방법을 사용하였다. 따라서 이 글의 논점은『맹자』에 충실한 해석을 재구

禮之名立焉, 事物辨明而後智之名立焉. 豈有仁義禮智四顆, 磊磊落落, 如桃仁杏仁, 伏於人心之中者乎?"

43 『여유당전서』2, 6권「孟子要義」告子: "非由外鑠我者, 謂推我在內之四心, 以成在外之四德, 非挽在外之四德, 以發在內之四心也."

성하는 것이 아니라 그들의 성선에 관한 해석을 통해 주자학 비판을 통해 보여준 문제의식과 실천적 인간학을 살펴보는 것이었다. 이는 본성에 대한 규정과 인물(人物)의 차이, 사단에 대한 해석에서 잘 드러난다.

이들은 조선 유학사에서 각각 실학과 양명학의 궁극적인 모습을 성취했다고 평가할 수 있다. 따라서 정도의 차이는 있어도 주자학의 한계를 비판하고 그 안에서 이루어지는 자기반성에 의하여 유학 영역을 확보하려는 유학자적 태도를 보여준다는 점에서 공통점을 보인다.

정제두와 정약용은 성에 대한 새로운 규정을 통해 『맹자』 성선의 의미를 새롭게 해석하였는데 이는 성을 리로 규정한 주희의 해석을 비판하기 위한 것이기도 했다. 성즉리 비판은 도덕 실천의 문제와 관련되어 있다. 그들은 도덕실천의 주체를 마음으로 보았다. 도덕은 자연일반에 내재한 도덕원리의 자기실현이 아니라 개체로서의 인간의 능동적인 활동의 산물이라는 것이다. 만약 도덕의 문제가 본성의 문제가 될 경우 개인에게는 행위의 책임을 물을 수 없게 된다. 그런 의미에서 도덕의 주체는 본성이 아니라 마음이어야 했다.

정제두는 인의의 도덕성을 생리(生理)로 규정하여, 객관대상을 인식하고 판단하며 활동하는 주체의 능동성을 강조한다. 사람과 사물에 적용되는 리의 차별성을 강조하여 인간만이 도덕행위를 판단하고 실천할 수 있는 생리를 부여받았다고 한다. 따라서 도덕성은 인간의 마음을 벗어날 수 없으며, 내 마음이 구체적 상황에 응하여 사물의 이치를 만들어내는 근원이라고 한다.

정약용은 성을 기호로 규정하고 마음의 자주권을 주장하여 도덕의 주체는 인간의 자유의지에 있음을 밝히고 도덕적 책임과 실천의 문제를 해결하고자 하여 마음의 주체적 결단을 강조했다. 인간의 마음은 본래적으로 선을 좋아하는 기호를 지니고 있는데 그것을 맹자가 성선으로 표현했다고 하였다. 또한 인의예지란 일을 실행한 다음에 성립되는 덕목이지 사람의 본성이 아님을 밝힌다. 인간의 본성은 인의예지를 좋아하는 기호이지 인의예지 그 자체일 수는 없다는 것이다. 따라서 정약용은 선과 악 사이에서 결단하는 주체로서 인간존재의 특성을 조명하고 있는 것이다.

정제두와 정약용은 왜 맹자와 고자의 논쟁에 관심을 가졌을까? 정제두는 고자의 주장을 방치하면 인간은 이익만 쫓게 되어 마침내 인간의 근본인 선한 본성을 잃게 되므로 고자의 주장을 비판한다고 했다. 그런데 맹자는 고자의 논리적 허점을 제대로 언급하지 않았고, 주희는 맹자 성선을 제대로 해석하지 못했기 때문에 그가 이를 바로잡고자 하는 의도였다는 것을 알 수 있다. 정약용은 성이 다만 방향성으로 주어진 것일 뿐이며 그 완성은 사회적 실천을 통해 이루어진다고 생각하였다. 또한 이들은 모두 인간 행위가 본성 속에 이미 온전히 갖추어져 있다는데 회의적이었다. 결국 정제두와 정약용의 맹자해석은 주희의 주석에 대한 고증의 문제가 아니라 실제로는 철학적 해석의 문제인 것이다.

이토 진사이(伊藤仁齋)의 『맹자』관에 대한 일고찰

원용준(충북대학교 철학과 교수)

1. 머리말

본 논문은 흔히 도쿠가와 시대, 혹은 에도 시대라고 불리는 일본의 근세기에 독자적인 유교사상을 확립하여 향후 일본 사상사에 지대한 영향을 미친 고학파(古學派)의 사상가 이토 진사이(伊藤仁齋, 1627~1705)의 『맹자』관을 살펴보는 것에 그 목적이 있다.

근세 일본사상은 후지와라 세이카(藤原惺窩, 1561~1619) 등에 의한 주자학의 수용과 이에 대한 비판 사상으로서 고학(古學)의 성립, 그리고 경험적 실학사상에서 국학(國學)으로 전개되어 간다고 개관해 볼 수 있다.[1] 근세 일본에 수용된 주자학의 전개 양상은 중국, 조선의 경우와 완전히

---

[1] 근세 일본사상의 흐름에 대해서는 이기동, 「日本儒學에서 中世的 思惟의 形成과 克服」, 『東洋哲學硏究』 제25집, 동양철학연구회, 2001. 및 한국일본학회 일본연구총서 간행위원회 편, 『日本思想의 理解』, 서울: 시사일본어사, 2002.를 참조.

달랐다. 즉 주자학의 수용 초기에는 일본 내에 자생적으로 형성되어 있었던 사상들과 주자학 사이에 여러 가지 알력이 존재하였지만 이윽고 일본 내의 신불 신앙 및 막부 정권의 이데올로기와 융합해 나간다. 달리 말하자면 그것은 유(儒)와 신(神), 불(佛), 무(武) 등과의 습합사상의 형성 과정이었으며, 유교 그 자체가 지니는 자주성, 순수성이 희박해져 가는 과정으로 이해할 수 있을 것이다.[2] 이토 진사이와 오규 소라이(荻生徂徠, 1666~1728)는 이러한 습합 사상으로서의 유교가 아닌 본연의 주자학을 공부하였지만, 이윽고 주자학 체계를 전면 부정하고 그 대안으로서 고대 유교, 즉 공자 혹은 선왕의 가르침을 내세우게 된다. '고학파(古學派)'로 불리는 이들은 고대 유교를 내세워 고의학(古義學), 혹은 고문사학(古文辭學)을 세웠는데, 그것은 고대 중국의 유교 및 유교 사상을 재현해 낸 것이 아니라 그들의 이상 속에서 고대 유교의 세계를 창조해 낸 것이었다.[3]

국내에서도 고학파에 대한 관심이 높아져서 이토 진사이의 경우 90년대 이후부터 본격적으로 연구가 이루어지고 있으며, 비록 양적으로는 많다고 할 수 없지만 그 성과는 적지 않다고 생각된다. 그러나 국내에서 수행된 이토 진사이에 대한 연구는 다산 정약용과의 비교라는 측면에서 이루어지거나 그의 반주자학적인 성격을 규명하여 진사이의 사상의 독

---

2 黑住眞, 『近世日本社會と儒教』, ぺりかん社, 2003, 65~66쪽.

3 '古學派'라는 용어는 일본 근세 유학을 '주자학파', '양명학파', '고학파'로 분류하여 체계화시킨 이노우에 데쓰지로(井上哲次郎)의 『日本古學派之哲學』(富山房, 1936년 訂正版)에서 유래한다. 이노우에 데쓰지로는 야마가 소코(山鹿素行), 이토 진사이에 오규 소라이를 덧붙여 이 3인을 고학파의 대표로 삼았다. 고학파의 사전적 정의에 대해서는 子安宣邦 감수, 『日本思想史辭典』(ぺりかん社, 2001)의 'こがくは古學派' 항목을 참조. 이노우에 데쓰지로는 고학의 사상사적 의의를 높이 평가하면서 고대의 학문인 한편으로 '新學'이라고 한다. (이노우에 데쓰지로, 『日本古學派之哲學』, 富山房, 1936년 訂正版, 1~2쪽 참조)

특성을 드러내 보이는 것이 대부분이다. 반면 이토 진사이가 가지고 있었던 '경전에 대한 입장'은 필자가 아는 한 아직까지 구체적이고 명확하게 밝혀져 있지 않다. 이토 진사이가 『논어』와 『맹자』를 중시하였다는 것은 너무도 당연한 전제로 여겨졌기에 그가 어떤 시각에서 『맹자』를 바라보며, 어떤 이유에서 『맹자』를 중시하였는가라는 문제에 대한 규명은 오히려 소홀히 다루어졌다고 생각된다. 같은 고학파의 일인으로 꼽히는 오규 소라이가 육경을 높이는 한편으로 『맹자』에 대해서는 차가운 평가를 내리고 있는 것을 통해 보면, 이토 진사이가 『맹자』를 중요 경전으로 꼽은 데에는 분명히 어떤 목적의식이 있으리라고 생각된다.

더구나 고학파의 사상가들이 주자학적인 경전 이해에서 벗어나 새로운 유교체제를 성립시켰다고 한다면, 그리고 그 유교체계가 일본 특유의 유교사상의 탄생을 알리는 것이라고 한다면 고학파 사상가들이 '경전'을 바라보는 관점 그 자체도 매우 중요한 문제이다. 특히 이토 진사이의 경우 『맹자』를 『논어』의 주석서로 보고 있는데, 이러한 견해는 다른 곳에서는 찾아볼 수 없는 것으로 그 독특한 『맹자』관에 대한 규명은 반드시 필요하겠다.

2. 『맹자』에 대한 야마가 소코와 오규 소라이의 시각

본장에서는 이토 진사이의 『맹자』관을 분석하기에 앞서 같은 고학파로 분류되는 야마가 소코(山鹿素行, 1622~1685)와 오규 소라이의 『맹자』관을 살펴보도록 하겠다. 이를 통해 이토 진사이의 『맹자』관이 사상의 흐름 속에서 자연스럽게 부각되리라 생각된다.

야마가 소코는 우리가 일반적으로 생각하는 유학자의 상과는 거리가 있다. 즉 그는 유학자와는 양립되기 어려운 병학가(兵學家)로서도 유명한데, 실제로 아코(赤穗)의 아사노가(淺野家)에 의탁하여 이곳의 무사들에게 군사학을 가르치기도 하였다. 병학가이면서 유학자라는 그 독특한 입장에서 야마가 소코는 유교에 의한 사무라이 윤리, 무사도를 만들어 내고자 하였다. 이와 같은 유(儒)와 무(武)의 양립은 야마가 소코만의 특징은 아니고, 근세 초기 유학자들에게는 공통되는데, 예를 들면 아래에 보이는 나카에 도주의 시도가 그 한 예이다.

그런데 또한 학문은 사무라이가 행할 바가 아니라는 주장은 한층 어리석은 평가로 미혹 중의 미혹이다. 그 내용을 자세하게 살펴보면 마음이 분명하고 행의(行儀)가 바르며 문무가 겸비되도록 사안공부(思按工夫)하는 것을 정진(正眞)의 학문이라고 한다. 이처럼 마음이 분명하고 행의가 바르며 문무를 겸비하고 있는 사람을 참 사무라이라고 인정하는 것은 모든 사람이 이미 알고 있는 바이기 때문에, 학문은 사무라이가 행하여야만 하는 것이라고 일부러 말하지 않아도 저절로 명백하다.[4]

나카에 도주가 말한 정진의 학문이란 '인의(仁義)의 용(勇)'을 습득하는 것으로 '인의(仁義)의 용(勇)'의 습득은 『논어』를 위시로 하는 유교 경전을 익히는 학문에 다름 아니다.[5] 병학가로서 야마가 소코가 유교에 눈을 돌린 이유도 무사들에게 새로운 도덕의식을 불어넣어야 한다는 시대적 요청에 의한 것이었다.

---

4 中江藤樹, 『翁問答』, 「下卷之本」, 『中江藤樹 – 日本思想大系 29』, 岩波書店, 1974, 86쪽.
5 中江藤樹, 『翁問答』, 「下卷之本」, 『中江藤樹 – 日本思想大系 29』, 岩波書店, 1974, 87~89쪽 참조.

무릇 사무라이의 직이라는 것은 그 신분을 고려하여 보면 주군에게는 봉공의 충성을 다하고 벗과 사귈 때에는 신의를 돈독히 하며 홀로 있을 때는 삼가 의에 전념하는 데 있다. 그리고 각자에게는 부자, 형제, 부부로 부득이하게 맺어진 관계가 있다. 이런 관계 속에 역할을 다하는 것은 천하의 만민에게 없어서는 안 되는 인륜이다. …… 따라서 사무라이는 농공상의 일을 제쳐두고 오직 도에만 전념하여 삼민 중에 혹 인륜을 어지럽히는 무리가 있으면 신속하게 벌함으로써 천하에 천륜(天倫)이 바로잡히기를 추구해야 한다. 그러므로 사무라이에게는 문무의 덕과 지혜가 갖추어지지 않으면 안 된다.[6]

이처럼 야마가 소코는 무사들에게 유교 윤리의 함양을 강조하였다. 그런데 순수 유학자적인 성격과 거리가 멀어 보이는 소코는 오히려 순수한 유교의 모습에 집착하여 이단사상에 대하여 강한 비판의식을 가지고 있었다.

선생이 말하였다. "공자와 맹자의 가르침이 쇠퇴하여 세상에 성인이 일어나지 않자 유교의 육경을 스승으로 삼아 함께 공부하는 무리들은 그 취향이 대부분 노장사상과 불교의 사이에 출입하고 있었다. 이 또한 이단의 극심한 폐해이다. 한, 당, 송대 이래로 한진(漢晉)의 학자는 모두 노장을 종주로 삼았고 〈양웅, 도연명은 모두 노장을 종주로 하였다〉, 당송(唐宋)의 학자는 선불교를 종주로 삼았으며, 송의 육상산, 명의 왕양명은 절실하게 불교의 견해에 탐닉하였다. …… 내가 생각하기에 주렴계, 이정자, 장횡거, 이동(李侗)과 같은 대

---

6 山鹿素行, 『山鹿語類』 卷第21 「士道」 (『山鹿素行 - 日本思想大系32』, 岩波書店, 1970, 32쪽) 야마가 소코의 『山鹿語類』는 한문으로 쓰인 부분과 와분和文으로 쓰인 부분이 존재한다. 와분으로 쓰인 곳은 원문을 인용하지 않고 저본(『山鹿素行 - 日本思想大系32』)의 쪽수를 표기하였다.

유학자도 또한 그 논설하는 바가 대체로 선불교에 경도되어 있었다. 다만 주자는 그 가운데에서 걸출한 인물로 잡학을 분명하게 변별하여 그것을 펼쳐내 보였으니, 그 공이 또한 매우 크다. 그렇지만 역시 주렴계, 이정자, 장횡거, 이동을 종주로 삼아 본원을 확립하였으니 따라서 그가 논하는 바도 본원에 이르러서는 선불교에 귀속된다."[7]

소코는 노장사상과 불교를 이단의 사상으로 규정하고, 북송오자와 주자까지도 이단의 사상을 본원으로 삼고 있다고 비판한다. 그리고 이러한 이단 사상의 대척점에 바로 공자와 맹자의 가르침이 놓여 있는 점에 주목하고 싶다. 즉, 병학가로서 유교 윤리를 무사의 도덕의식으로 확립시키고자 한 소코는 오히려 순수한 유교 사상을 추구하고 있었는데, 그 순수한 유교 사상은 노장과 불교에 물든 한당이후의 유교 사상이 아니라, 공자와 맹자 본연의 가르침이라는 것이 된다. 이점이 바로 소코를 고학파의 일인으로 분류하게 만드는 결정적 요인인데, 잘 알려진 바와 같이 동시대 고학파의 한사람인 이토 진사이도 소코와 마찬가지로 주자학을 비판하고 고대의 유학으로 돌아갈 것을 주장한 점은 주목해야 할 것이다. 또한 소코는 자신의 학문을 성학(聖學) 또는 성교(聖敎)라고 불렀는데 그 학문적 특징은 일용을 강조한다는 점에 있다.

성학(聖學)은 무엇인가? 사람다움의 도를 배우는 것이다. 성교(聖敎)는 무엇

---

7 山鹿素行, 『山鹿語類』 卷第33 「惣論異端」: "師曰, 孔孟之敎衰, 聖人不興於世, 而同師六經之徒, 其趣向大槪出入老佛之間, 尤異端之甚也. 漢唐宋以來, 漢晉學者, 皆宗老莊〈揚雄, 陶淵明, 皆宗老莊〉, 唐宋則宗禪佛, 宋陸子靜明王陽明者, 切陷溺於佛見. …… 愚按, 周程張李之大儒, 亦其所論說, 大槪在於禪佛. 只朱子傑出其間, 明辨雜學闢之, 其功尤大也. 然猶宗周程張李以立本原, 故其所論到本原, 便又入禪佛."

인가? 사람다움의 도를 가르치는 것이다. 사람이 배우지 않으면 도를 알지 못한다. 태어나면서도 좋은 자질을 가지고 있고, 지식을 이해하는 것이 빠른 사람도 도를 알지 못하면 그 폐해가 많다. 학문은 단지 고대의 가르침을 배워 그 지식을 다하여 일용에 실행하는 것이다. …… 심학(心學), 이학(理學)은 주관적인 심(心)에 만족하고 추상적인 성(性)에 탐닉하여 그 폐해가 매우 크다.[8]

그가 말하는 성학, 성교는 일용에 깊은 관련이 있고, 일용적인 것이 아닌 주관적, 추상적인 것을 논하는 심학, 이학은 그 학문의 측면에서 폐해가 큰 무익유해(無益有害)한 것이 된다. 따라서 일용의 윤리를 다루었던 고대의 가르침을 당시의 일용에 적용시키는 것이야말로 성인의 학문[聖學]과 가르침[聖教]이 된다. 그리고 그 고대의 학문이란 위에서 본 바와 같이 『논어』, 『맹자』를 중심으로 하는 공맹의 사상인 것이다. 이 역시 진사이의 사상과 상통하는 것으로 소코와 진사이의 문제의식이 동일했음을 엿볼 수 있다.

그런데, 소코의 『맹자』 이해는 맹자 사상을 있는 그대로 이해했다고 보기 힘들다. 그 단적인 예로 맹자의 성선설에 대해 소코는 다음과 같이 서술한다.

성은 선악을 가지고 설명해서는 안 된다. 맹가가 말한 소위 성선은 성의 설명을 위해 어쩔 수 없이 여기에 별명[字]을 붙인 것으로, 실제로는 요순의 도리를 목표로 삼은 것이다. 후대에 그 실상을 이해하지 못하고 진심으로 성(性)

---

8 山鹿素行, 『聖教要錄 上』 「聖學」: "聖學何爲乎? 學爲人之道也. 聖教何爲乎? 教爲人之道也. 人不學則不知道, 生質之美, 知識之敏, 不知道其蔽多. 學唯學于古訓, 致其知, 而施日用也. …… 心學理學甘心嗜性, 其蔽過." 야마가 소코의 『聖教要錄』은 『山鹿素行 - 日本思想大系32』(岩波書店, 1970)에 수록된 것을 저본으로 하였다.

의 본선(本善)을 인정하여 공부를 세웠으니 학자들의 미혹됨이 매우 심하다.[9]

맹자가 성선을 말한 것은 다만 성의 내용을 표현할 길이 없기 때문에 억지로 이것을 이름 붙여서 선이라고 한 것이다.[10]

소코는 맹자의 성선설을 성의 내용을 표현할 길이 없어 억지로 이름을 붙인 것이라고 설명하는데, 이것은 완전히 자신의 입장에서 『맹자』의 성선설을 편의대로 해석한 것이다. 따라서 소코가 고대 고전에 충실할 것을 주장했다고 하더라도 그것은 어디까지나 자신의 입장에서 고전을 독해하는 것이지 고증학적인 방법론에 입각한 것이 아니라는 점을 알 수 있다. 후술하겠지만, 이토 진사이의 방법론도 소코와 마찬가지이다. 소코와 진사이의 문제의식과 방법론을 하나로 하고 있었다는 것은 당시의 사상사적 흐름이 주자학적 사유체계로부터 벗어나 새로운 사유체계를 요구하고 있었기 때문일 것이다.

한편 야마가 소코나 이토 진사이보다 한 세대 아래의 학자인 오규 소라이는 『맹자』에 대해 높이 평가하지 않았다. 소라이는 중국 명대의 이반룡(李攀龍), 왕세정(王世貞) 등이 주장한 고문사학(古文辭學)을 받아들였는데, 소라이의 고문사학은 고대 선왕의 사적을 고문사로 기록한 육경에 의거하는 것이었다.[11] 즉, 소라이는 고대 선왕의 도를 아름답고 풍부

---

9 山鹿素行, 『聖教要錄 下』 「聖學」: "性以善惡不可言, 孟軻所謂性善不得已而字之, 以堯舜爲的也, 後世不知其實, 切認性之本善立工夫, 尤學者之惑也."

10 山鹿素行, 『山鹿語類』 卷第41 「論孟子性善之說」: "孟子謂性善, 只性之方象無可謂, 强名之曰善也."

11 소라이의 고문사학의 내용에 대해서는 요시카와 고지로(吉川幸次郎)의 「徂徠學案」(『仁齋·徂徠·宣長』, 岩波書店, 1975)을 참조.

한 내용의 고문사로 기록한 것이 바로 육경이며 따라서 고대 선왕의 도는 육경에 의거해야만 명확하게 밝혀낼 수 있다고 하였다. 그런데 이러한 선왕의 도는 후대 학자들에 의해 곡해되었기 때문에 이를 곡해한 주자학, 양명학의 오류를 바로잡아야 함을 역설하였다. 진사이의 고의학에 대해서도 그 의도가 비록 고의를 추구하였지만, 결국은 현대의 문장으로 고대의 문장을 읽는다는 점에서는 주자, 양명과 다를 바 없다고 비판하였다. 소라이의 맹자에 대한 평가는 아래의 문장에 잘 드러난다.

> 원래 '도(道)'란 '선왕의 도'이다. 시대가 내려와서 자사, 맹자 이후 유가라는 일파가 성립되면서 다른 제자백가들과 우열을 다투기 시작하였다. 이것은 우리와 우리 가르침(유교)을 왜소하게 축소하였다고 할 수 있다.[12]

소라이는 자사, 맹자에 의해 제자백가의 한 유파로 유가가 성립되었다고 하는데 그 결과 오히려 '선왕의 도' 그 자체였던 유교는 일개 학파의 하나로 축소되어버렸다고 평가한다. 소라이가 자사와 맹자의 업적에 대하여 차가운 시각을 가지고 있었다는 것을 잘 알 수 있다. 또한 맹자에 대해 더욱 가혹한 비판을 행한다.

> 측은지심과 수오지심을 맹자가 강조한 이유는 모두 인의가 인간의 본성에 근거함을 증명하기 위해서였다. 그렇지만 사실을 말하자면 측은만으로는 인을 해명하기에 충분하지 않은데다가, 수오에도 의가 된다고 한정할 수 없는 점이 있다. 일단 이처럼 치우친 설을 세워버리면 티끌만한 차이가 종국에는 천

---

12 荻生徂徠, 『辨道』: "夫道, 先王之道也. 思孟而後, 降爲儒家者流, 乃始與百家爭衡. 可謂自小已." 이상 오규 소라이의 『변도』의 원문은 『荻生徂徠 ─ 日本思想大系36』(岩波書店, 1973)에 수록된 것을 저본으로 삼았다.

리의 간격을 만들어내는 법으로 후세의 심학은 여기에서 싹트고 있었다. 순자가 맹자의 성선설을 부정한 것은 올바른 견해였다. 그러므로 자사와 맹자는 공자 일문 중에서 타 학파의 공격에 대한 방위의 역할을 수행한 사람들이고, 순자는 자사와 맹자 학설의 결함을 바로잡아 준 충실한 공로자인 것이다. …… 그렇지만, 당의 한유가 출현하고부터는 문학에 큰 변화가 생긴다. 그 후의 정자, 주자와 같은 사람들은 걸출한 인물이었지만, 고대 문장에 대한 지식을 소유하고 있지 못했다. 그래서 육경을 읽고 이해할 수가 없었고, 다만 읽기 쉬운 『중용』과 『맹자』만을 좋아하였다. 그 결과 맹자 등이 다른 학파의 사람들과 논쟁한 말에 근거하여 성인의 도란 본래 그러한 것이라고 생각하였고, 더욱이 현대의 문장을 읽는 눈으로 고대의 문장을 보아 사물의 진상이 알수 없게 되었으며, 실체와 명칭이 분열되어 이론적인 해석만이 원문과 격리된 채 떠다니게 되었다. 이렇게 되고부터는 더 이상 선왕과 공자가 가르친 규범을 알 수 있는 길은 없다. 근년의 이토 진사이도 역시 걸출한 인물이어서 어느 정도는 '도'의 본지 비슷한 것을 엿보고 있기는 하다. 그러나 그가 『맹자』에 의해 『논어』를 해석하고 현대의 문장으로 고대의 문장을 읽고 있는 것은 역시 정자, 주자의 학문에 지나지 않는 것이다.[13]

이상과 같이 소라이는 맹자 사상의 핵심인 성선설과 사단설의 가치를 인정하지 않았으며, 공자 사상의 계승자로서 순자를 들고 있다. 그가

---

13 荻生徂徠, 『辨道』: "惻隱羞惡, 皆明仁義本於性耳. 其實惻隱不足以盡仁, 而羞惡有未必義者也. 立言一偏, 毫釐千里, 後世心學, 胚胎于此. 荀子非之者是矣. 故思孟者, 聖門之禦侮也, 荀子者, 思孟之忠臣也. …… 及乎唐韓愈出, 文章大變. 自此而後, 程朱諸公, 雖豪傑之士, 而不識古文辭. 是以不能讀六經而知之, 獨喜中庸孟子易讀也. 遂以其與外人爭言, 爲聖人之道本然, 又以今文視古文, 而昧乎其物, 物與名離, 而後義理孤行. 於是乎先王孔子敎法不可復見矣. 近歲伊氏亦豪傑, 頗窺其似焉者. 然其以孟子解論語, 以今文視古文, 猶之程朱學耳."

맹자를 낮게 평가하고 순자를 높게 평가한 것은 송대 유학자들이 순자를 낮추고 맹자를 높여 선왕의 도통이 공자에서 맹자로 다시 송대의 주자로 이어졌다는 도통설에 대한 강한 반발에서 나온 것이 아닐까라고 생각된다. 그리고 그가 송유를 비판하는 가장 큰 근거는 그들이 고대의 문장을 현대의 문장으로 고쳐 읽었다는 점에 있다. 소라이는 송유들이 고대의 문장으로 쓰인 육경을 이해하지 못하였기 때문에 읽기 쉬운『중용』과『맹자』를 높였다고 단정한다. 여기에서『맹자』는 육경에 비해 그 가치가 현저하게 낮다는 소라이의 생각을 읽어낼 수 있다. 소라이의 이러한 견해는 이해하기 쉽고 평이한 책이기 때문에 곧바로 일상에 적용시킬 수 있는 경전, 즉『맹자』를 높인 진사이의 견해와 정반대라는 점에 주의하지 않으면 안 된다.

그렇다면 이토 진사이는 왜 '최상지극우주제일(最上至極宇宙第一)의 책'인『논어』에 버금가는 중요 경전으로『맹자』를 선택한 것일까? 이하에서 진사이의『맹자』관을 살펴봄으로써 이 문제에 접근해 보고자 한다.

3.『맹자』에 대한 이토 진사이의 시각

이토 진사이는 교토의 상층 상인 집안 출신으로 11세 때 주자의『대학장구』「치국·평천하」장을 읽고 일생의 업으로 학문을 선택하였다고 한다. 입문 초기 가족과 친지 등 주변인의 반대가 심하였는데 이를 물리치면서까지 학문에 입문한 만큼 진사이는 철저하게 주자학에 전념하였다. 그러나 20대 후반에서 30대 전반에 자폐적인 정신적 고경에 빠져 두문불출하면서 독서에 천착한 끝에 그때까지의 자신의 학문에 대하여 반성

하게 된다. 그리고 36세 때를 기점으로 사상적 전환을 이루는데 그것은
다름 아닌 『논어』와 『맹자』의 재발견이었다. 그 후 '어맹'의 고의 연구를
통하여 새로운 학문체계, 즉 고의학 체계를 수립하게 된다.[14]

　진사이는 『논어』를 우주제일의 책으로 공자를 요순을 훨씬 뛰어넘는
성인으로 묘사한다.[15] 『논어』에 대한 일본의 기록은 백제의 박사 왕인이
『천자문』과 함께 『논어』 10권을 일본에 전하였다는 것(『일본서기』 응신기(應
神紀) 16년조, 『고사기(古事記)』 응신기(應神紀))이 최초이다. 그 후 몇몇 기록
에서 귀족 계급에서 오로지 '고주(古注)'로 읽고 있었다는 것이 알려져 있
다. 그 후 가마쿠라 시대(鎌倉時代)에 '신주(新注)'가 일본에 전해져 점차
사용되게 되었는데, 이후 에도시기에는 주자학이 관학으로 중시되어 일
반에게도 『논어』가 보급되었다. 따라서 일본에서 『논어』는 항상 유교의
중심 경전으로 자리 잡고 있었고, 경전 주석의 면에서도 주축을 이루고
있었다.[16] 이러한 역사적 경위를 놓고 볼 때, 이토 진사이가 자기 사상의
중심 경전으로 『논어』를 채택한 것은 당연하다고 하겠다. 그렇다면 진사
이는 왜 『논어』에 버금가는 경전으로 『맹자』를 존숭하고, 더구나 『맹자』
를 『논어』의 주석서라고 논술한 것일까? 그 이유에 대해서 『동자문』에서
다음과 같이 설명한다.

　『논어』야말로 진실로 가장 뛰어난 우주 제일의 서책이다. …… 그리고 『맹자』

---

14 이토 진사이의 사상적 편력에 대해서는 이기동, 『이토오 진사이』, 서울: 성균관대학교출판부,
　　2000의 「제1장 진사이의 시대와 생애」 및 다지리 유이치로(田尻祐一郎), 「〈타자(他者)〉의 발
　　견 ─ 이토 진사이(伊藤仁齋)의 사상」, 『민족문화논총』 제31집, 영남대학교 민족문화연구소,
　　2005.을 참조하기 바란다.

15 伊藤仁齋, 『童子問』 卷之上: "故論語一書, 實爲最上至極宇宙第一書, 而孔子之聖, 所以
　　生民以來所未嘗有而賢於堯舜遠者, 以此也."

16 子安宣邦 감수, 『日本思想史辭典』, ぺりかん社, 2001, 593쪽 참조.

는『논어』다음으로 공자의 가르침을 분명하게 밝힌 책이다.『맹자』에는 "요순의 도는 효제일 뿐이다."라고 하여 역시 이해하기 어렵고, 실행하기 곤란하며, 고원하여 도저히 도달할 수 없는 사상을 배척하고, 그러한 것은 사설(邪說)이며 폭행이라고 하여 강하게 거부하며 오로지 인의의 뜻을 주창하고 있다. 따라서『맹자』는『논어』의 의소(義疏)라고 할 수 있다. 그러므로 학자들은 이러한 연유를 잘 이해한 다음『논어』와『맹자』를 읽지 않으면 안 된다.[17]

우선『맹자』를 논어의 '의소(義疏)' 즉 '주석서'라고 파악한 점에 주목하고 싶다. 사실『맹자』는 일반적인 주석서처럼『논어』의 매 문장, 문단마다 주를 달아 해설하는 형식을 취하고 있지 않다. 오히려『맹자』는 맹자의 행적과 논쟁 등을 통해 맹자의 사상을 기록하고 있기 때문에『논어』와는 별개의 독립된 서책으로 삼는 것이 당연한 이치이다. 그런데도 진사이는『맹자』를『논어』의 '주석서'로 자리매김하고 있다. 그 이유에 대해 위의 문장에서는『맹자』가 '이해하기 어렵고, 실행하기 곤란하며, 고원하여 도저히 도달할 수 없는 사상을 배척하고, 그러한 것은 사설(邪說)이며 폭행이라고 하여 강하게 거부하며 오로지 인의의 뜻을 주창하기' 때문이라고 한다. 그리고 이 점이 바로 공자의 뜻을 밝히고 있다는 것이다. 이 문장만 놓고 보면『맹자』가『논어』에 나오는 자구를 해설한다는 의미가 아니라 전반적인 공자의 뜻을 밝힌다는 의미에서 '의소'라는 말을 사용하고 있다는 것으로 이해할 수도 있을 듯하다. 그렇지만 진사이가 이해하고 있는『맹자』는 공자의 취지를 설명하고 있는 정도로 끝나지 않고

---

17 伊藤仁齋,『童子問』卷之上: "故論語一書, 實爲最上至極宇宙第一書. …… 而孟子之書, 又亞論語, 而發明孔子之旨者也. 其言曰, 堯舜之道, 孝悌而已矣. 又斥其難知難行高遠不可及之說, 以爲邪說爲暴行, 痛拒絶之, 而專唱仁義之旨. 盖論語之義疏也, 故學者實知得斯理, 而後當讀論孟二書."

『논어』의 주석이라고 못을 박고 있다.

　　묻습니다. "선생님은 앞에서『맹자』는『논어』의 의소라고 하셨습니다. 그렇다
　　면 학자는 오로지『논어』만 읽고『맹자』는 반드시 읽지 않더라도 지장이 없지
　　않습니까?"
　　선생이 대답하였다. "그렇지 않다. 주(註)라는 것은 그 원래의 경을 이해하기
　　위한 것이다. 학자는『맹자』를 숙독하지 않으면『논어』의 근본이념에 절대로
　　도달할 수 없다."[18]

　　위 문장을 보면 진사이의 '의소'가 일반적인 '주석서'를 지칭하고 있음
이 분명하게 드러난다. 또, 진사이는『맹자』가『논어』의 자구를 설명하고
있으므로 학자들이 이『맹자』의 자구 설명을 근거로 성인의 가르침을 이
해한 후 그 이해를 가지고『논어』에까지 확충해 나가면 그 때 비로소『논
어』의 의미를 분명히 알 수 있게 된다고 명언하고 있다.[19] 즉,『맹자』에
보이는 인, 의, 예, 지에 대한 설명은『논어』에 나오는 인, 의, 예, 지에
대한 자구를 해설한 것이기 때문에 맹자의 해설을 숙지한 후『논어』를
읽어야 한다고 주장한다. 이것은 그럴듯한 논리이기는 하지만 그렇다고
하여『맹자』가『논어』의 주석서가 되는 것은 아니다.
　　한편, 진사이는『맹자고의(孟子古義)』의 총론에서 다음과 같이 말한다.

---

18 伊藤仁齋, 『童子問』卷之上: "問, 先生既以孟子爲論語之義疏, 然則學者專讀論語, 而至
　　於孟子, 則雖不必讀, 無害歟? 曰, 不然. 註者所以求通夫經也. 學者不熟讀孟子, 必不能
　　達於論語之義."

19 伊藤仁齋, 『童子問』卷之上: "故通七篇之義, 而後論語之理, 始可明矣. 孟子曰, 惻隱之
　　心, 仁之端也. 羞惡之心, 義之端也. 恭敬之心, 禮之端也. 是非之心, 智之端也. 又曰, 人
　　皆有所不忍, 達之於其所忍, 仁也. 人皆有所不爲, 達之於其所爲, 義也. 是仁義禮智四字
　　之解也. 學者當據此體認熟讀, 而後推之於論語, 則其義始較然矣."

『맹자』라는 책은 어떤 사람은 맹자의 자저로 여기고, 어떤 사람은 문인이 편찬한 것으로 여긴다. 지금 그 책을 상세히 고찰해보니, 체제가 각기 다르며, 뜻이 귀착하는 바에도 구별이 있어서 한 사람의 손으로 만들어진 것 같지 않다. 내가 생각하기에 양혜왕, 등문공 두 편을 하나로 묶을 수 있고, 이루, 진심 두 편을 하나로 묶을 수 있으며, 공손추, 만장, 고자 3편을 하나로 묶을 수 있다. 아마도 공손추, 만장 2편은 공손추와 만장이 기록한 것인 듯하다. 그 밖의 제 편은 맹자의 글이 섞여 들어가 있는 듯하다. …… 이 책의 전 3편은 맹자의 사적의 출처까지도 기록하고 있고, 이루편에 이르러서 비로소 논의에 미친다. 그러므로 지금 전 3편을 상맹(上孟)으로, 후 4편을 하맹(下孟)으로 정한다. 생각건대 옛 사람의 학문은 경세(經世)를 임무로 삼았는데, 수신을 근본으로 삼고 명도를 우선으로 삼은 것은 모두 경세로 귀결된다. 그러므로 『맹자』를 읽는 사람은 전 3편을 읽음에 그 귀결점을 볼 수 있고, 후 4편에 이르러 그 근본으로 삼는 바를 알 수 있게 된다.[20]

이상은 『맹자』라는 텍스트에 대한 진사이의 문헌분석이다. 그 분석의 첫 머리에 "각 편별로 체제가 각기 다르며, 뜻이 귀착하는 바에도 구별이 있어서 한 사람의 손으로 만들어지지 않았다"고 하여 『맹자』의 체제가 일정하지 않음을 밝히고 있다. 더구나 독자적으로 양혜왕, 공손추, 등문공을 '상맹'으로 이루, 만장, 고자, 진심을 '하맹'으로 분류한 후 상맹

---

20 伊藤仁齋, 『孟子古義』「孟子古義總論」: "孟子之書, 或以爲孟子自著, 或以爲門人之所撰. 今詳其書, 體製各殊, 旨歸亦別, 似不出於一手. 蓋梁惠王・藤文公二篇是一體, 離婁・盡心二篇是一體, 公孫丑・萬章・告子三篇, 各是一體. 竊疑公孫丑・萬章二篇, 是公孫丑・萬章之所記, 而其他諸篇, 或雜以孟子之筆歟. …… 此書前三篇, 備記孟子事業出處, 至於離婁篇, 始及議論. 故今定以前三篇爲上孟, 後四篇爲下孟. 蓋古人之學, 以經世爲務, 而脩身以爲之本. 明道以爲之先, 皆所以歸夫經世也. 故讀孟子之書者, 當於前三篇觀其歸歟, 而於後四篇知其所本也." 이상 이토 진사이의 『孟子古義』는 『日本名家四書註釋全書』, 東洋圖書刊行會, 1924.에 수록된 것을 저본으로 한다.

은 경세라는 귀결점을 하맹은 수신이라는 근본 원리를 논한다고 한다. 이러한 텍스트 분석은 맹자 각 편을 해체하여 이해한 것인데, 이렇게 이해할 경우 『맹자』라는 텍스트가 『논어』의 주석서로 저술되었다는 주장과 상반되게 된다. 주석서는 대개 한 사람의 손에 의해 만들어지기 때문에 그 체제가 처음부터 끝까지 일정하기 마련인데, 『맹자』는 '체제가 각기 다르며 뜻이 귀착하는 바에도 구별이 있어서 한 사람의 손으로 만들어지지 않았기' 때문이다. 따라서 진사이가 『맹자』라는 텍스트에 대해서 『논어』의 자구, 문장을 하나하나 설명하는 주석서로 보고 있지 않다는 것은 명백하며, '『맹자』는 『논어』의 의소'라고 한 것과 텍스트 분석 결과에는 양립할 수 없는 모순점이 발생한다.

한편 여기에서 또 다른 의문이 생긴다. 진사이는 이해하기 어렵고, 실행하기 곤란하며, 고원하여 도저히 도달할 수 없는 사상을 이단사설로 취급하고, 이해하기 쉽고 실행이 용이하며 평이하여 바르고 일상적인 사상이야말로 요순의 도이며, 공자의 가르침이라고 한다. 이것은 앞 장에서 살펴본 바와 같이 야마가 소코가 성학과 성교를 설명하면서 '학문은 단지 고대의 가르침을 배워 그 지식을 다하여 일용에 베푸는 것이다'라고 하여 학문이란 일용에 적용시키는 것이어야 한다는 일상 윤리를 설한 것과 상통한다. 그렇다면 진사이가 주장하는 바의 『논어』도 가장 이해하기 쉽고 평이한 책이기 때문에 곧바로 일상에 적용시킬 수 있는 내용을 담고 있으며 따라서 맹자가 일부러 저술을 지어서 해설을 가할 필요는 없는 것이 아닐까? 이 점에 대해 진사이는 아래와 같이 논설하고 있다.

어렵고 상식에서 벗어나 간단하게 이해할 수 없는 것은 실은 도리어 이해할 수 있는 법이다. 그렇지만 『논어』에는 도저히 완전하게 이해할 수 없는 것이

있다. 가장 뛰어난 말은 마치 요점이 없는 것처럼 보인다.[21]

여기에서는 『논어』는 간단하게 이해할 수 있는 책이면서 동시에 그렇게 때문에 그 속에 있는 깊은 의미는 오히려 이해하기 힘들다고 논설된다. 『논어』의 깊은 의미를 알 수 있는 사람은 '온후화평(溫厚和平)'하고 종용정대(從容正大)'한 사람에 한정된다. 이것은 역설인데 이러한 역설이 생기는 이유에 대하여 진사이는 시대의 변천이라는 설명을 붙이고 있다.

공자의 시대에는 밝은 태양이 하늘 한 가운데 떠 있는 것과 같아서 눈이 있는 자라면 누구든지 나다닐 수 있는 것과 같았다. 따라서 공자께서 사람들을 가르칠 때에 단지 수행할 수 있는 방법만을 말해주었을 뿐이지 거기에 다시 그 뜻을 상세하게 설명하지 않았다. 그런데 맹자의 시대에는 어두운 밤거리를 다니는 것과 같아서 반드시 등불을 지니지 않으면 안 된다. 그러므로 어쩔 수 없이 그 뜻을 분명하게 밝혀 그 나아갈 바를 드러내 보이지 않을 수 없었다. 만약 공자의 가르침의 근본 도리를 보고자 하면서 『맹자』에 의거하지 않는 것은 마치 강을 건너는 데에 나룻배가 없는 것과 같으니 어찌 건널 수 있겠는가! 아아! 『맹자』라는 책은 실로 후세의 나침반이며 가로등이로다.[22]

공자의 시대에는 그 가르침에 대하여 따로 설명하지 않아도 모두 이

---

21 伊藤仁齋, 『童子問』 卷之上: "曰, 艱澁奇僻難遽通者, 反可通. 惟論語不可知也. 至言若泛然."

22 伊藤仁齋, 『孟子古義』 「孟子古義總論」: "蓋孔子之時, 猶白日中天, 有目者能行. 故其教人, 只告之以修爲之方, 而不待復詳解其義. 孟子之時, 猶暗夜行道, 必待明燭. 故不得不明解其義, 示所嚮方焉. 若夫欲觀孔子之道, 而不由孟子者, 猶渡水無舟楫, 豈得能濟乎! 嗚呼! 孟子之書, 實後世之指南夜燭也."

해할 수 있었으나, 맹자의 시대가 되자 설명이 없으면 공자의 가르침을 이해할 수 없게 되어 『맹자』라는 저술을 통해 공자의 깊은 도리를 상세하게 해설하였다고 한다. 시대적 상황의 변화에 의해 『논어』는 이해하기 어려워졌으며 그 때문에 『맹자』가 등장하게 된 것이다. 그러나 실제로 『맹자』가 저술된 이유는 결코 그런 이유에서가 아니다. 물론 맹자는 공자의 사상에 근거하여 전국시대의 혼란함을 다스리고자 하였지만, 『논어』가 이해할 수 없는 세상이 되었기에 『맹자』를 저술한 것은 아니었다. 이것은 어디까지나 이토 진사이 개인이 생각하는 『맹자』 저술 동기에 지나지 않는다.

이상을 정리하면 진사이가 『맹자』를 『논어』의 주석서로 보는 견해는 『맹자』 텍스트의 분석 결과와 모순되는 점이 발생하며, 『논어』에 주석이 필요하게 되어 『맹자』가 저술되었다는 논리에도 억지스런 부분이 있음을 알 수 있다. 진사이가 이처럼 모순과 억지를 끌어안고서도 『맹자』의 위치를 『논어』의 주석서로 자리매김하는 것에는 분명히 이유가 있을 것이다. 그 이유에 대해서는 다음 장에서 『어맹자의(語孟字義)』의 분석을 통하여 살펴보겠다.

4. 『어맹자의』를 통해 본 이토 진사이의 『맹자』관

이토 진사이의 고의학은 그 명칭만으로도 알 수 있듯이 『논어』와 『맹자』를 후대의 주석에 의거하지 않고 그 자체를 숙독함으로써 공자 사상의 본의[古義]를 분명하게 밝히는 것이었다. 그는 '어맹이서(語孟二書)'의 고의를 밝히는 구체적인 작업으로 『논어고의』, 『맹자고의』를 저술하고, 이어서 '어맹이서'에 보이는 주요 개념을 30항목으로 정리하여 그 어의

(語義)를 해설한『어맹자의』를 저술하였다.『어맹자의』는 진사이 스스로
가 이 두『고의』의 부록으로 자리매김하고 있지만[23] 그의 사상의 전모가
드러난다는 점에서 오히려『고의』를 뛰어넘는 대표작이라고 할 수 있다.
『어맹자의』는 1683년(진사이 57세)에 초고가 완성되어, 그 후 그가 죽을
때까지 개정작업이 이어진다.

이 책의 서문에서 진사이는『논어』,『맹자』에 대한 자신의 연구방법론,
다시 말하면 고의학에 대한 기본적인 관점을 밝히고 있다.

> 내가 일찍이 학자를 가르칠 때에『논어』,『맹자』두 책을 꼼꼼히 읽고 정밀하
> 게 생각하여 성인의 의사(意思)와 어맥(語脈)을 마음속에서 분명히 파악할 수
> 있도록 하였다. 그렇게 하면 공·맹의 의미와 혈맥을 알 수 있을 뿐만 아니라
> 또 그 글자 뜻을 이해하여 큰 오류에 이르지 않을 수 있기 때문이다. 무릇 학
> 문 속에서 글자의 뜻이란 진실로 작은 것이다. 그러나 하나라도 그 뜻을 잃어
> 버리면 해가 되는 것이 적지 않다. 마땅히 하나하나『논어』와『맹자』에 근거하
> 여 그 의사 어맥에 합치될 수 있어야 할 것이다. 망령된 뜻으로 옮기고 거기
> 에 자기의 사견을 섞어서는 안 된다.[24]

여기에서 진사이는『논어』와『맹자』의 한 글자 한 글자를 본의 그대로
읽어나가야 하며 자신의 사견을 섞어서는 안 된다고 선언하고 있다. 이
선언은 자신의『자의』가 아닌 다른『자의』가『논어』,『맹자』의 본의가 아

---

23 『어맹자의』의「서」에는 "故著語孟字義一篇, 以附諸二書古義之後."라고 하여『어맹자의』가
두『고의』의 부록에 해당함을 밝히고 있다.

24 伊藤仁齋,『語孟字義』「序」: "予嘗敎學者, 以熟讀精思語孟二書, 使聖人之意思語脈, 能瞭
然于心目間焉, 則非惟能識孔孟之意味血脈, 又能理解其字義而不至于大謬焉. 夫字義之
於學問, 固小矣. 然而一失其義, 則爲害不細. 只當一一本之於語孟, 能合其意思語脈而
後方可, 不可妄意遷就, 以雜己之私見."

닌 사견으로 해석하고 있는 것을 준엄하게 비판한 것이다. 다른 『자의』 란 주자의 제자인 진순(陳淳)의 『성리자의(性理字義)』(정식 명칭은 『북계선생 자의상강(北溪先生字義詳講)』, 혹은 『북계자의』)이다. 진순의 『성리자의』는 공 맹의 '자의'에 대한 해설이 아니라 주자학의 '자의'를 해설해 놓은 책이 다. 따라서 『성리자의』에 의해 주자의 학설은 체계화되어 재구성된다.[25] 진사이는 분명 진순의 『성리자의』를 염두에 두고 『어맹자의』를 저술하였 으며, 주자학에 의해 호도된 성인(공자)의 가르침을 바로잡고자 하는 것 에 그 저술의 목적이 있었다.

한편 '학문 속에서 글자의 뜻[字意]은 작은 것이지만, 글자의 뜻을 오 독해 버리면 큰 폐해를 가져온다.'는 진사이의 주장은 '소학(小學)'을 연 상시킨다. '소학'이란 원래 고급 교육기관인 '대학'에 대하여 학문적 초급 과정을 이수하는 초등학교라는 의미였지만, 경서를 파악하기 위하여 문 자의 해명을 추구하는 학문을 의미하게 된다.[26] 청대 고증학에서는 경서 의 원의를 파악하기 위해 힘을 쏟아 부었던 문자학, 음운학, 훈고학을 연구하는 학문을 '소학'이라고 하였다. 따라서 진사이의 고의학과 청대 고증학은 공통되는 면이 있으며, 실제로 진사이로부터 한 세기 이후의 대유(大儒) 대진(戴震, 1723~1777)의 학설에서 진사이의 학설과 부절을 맞춘 듯이 합치되는 면을 찾아 볼 수 있다. 대진의 주저 『맹자자의소증 (孟子字意疏證)』은 그 명칭부터가 진사이의 『어맹자의』와 거의 동일할 뿐 만 아니라, 그 목차도 또한 리(理), 천도(天道), 성(性), 재(才), 도(道), 인 의예지(仁義禮智), 성(誠), 권(權)이라는 점은 진사이의 문제의식과 대진

---

25 子安宣邦, 『江戶思想史講義』, 岩波書店, 1998, 85쪽.

26 木下鐵矢, 『『淸朝考證學』とその時代』, 創文社, 1996, 91~107쪽.

의 문제의식이 거의 같았다는 것을 이야기하고 있다.[27]

그러나 문제의식의 동일함을 제외하면, 자의를 파악하는 방법론은 대진을 중심으로 하는 고증학자들과 진사이가 동일하다고 말할 수 없다. 진사이는 경서의 고의를 그대로 읽어야 한다고 선언하고 있으면서도 실제로는 자신의 사견이 섞여 들여간 곳이 적지 않다. 또한 그가 자의를 해명해 나가는 과정이 고증학자들처럼 체계적이고 정밀했다고는 결코 말할 수 없다. 우선 대진 등의 고증학자들이 정력을 쏟아 연구하였던 음운학적 지식이 진사이에게는 없었다. 뿐만 아니라 청대 고증학자라면 가장 우선적으로 인용하던『설문해자』도 진사이는 그 원본을 본 적이 없었던 듯하다.[28] 진사이가『어맹자의』에서 문자의 원의를 읽어내고자 한 것은 고증학과 같이 문자, 음운의 훈고를 행하려는 목적이 아니었다. 『어맹자의』에서 '자의'의 해명작업은 '어맹'의 '자의'를 '어맹'에 의해 혹은 '공맹의 의사어맥'에 의해 해명하는 것이다.[29] 그리고 이 때의 '공맹의 의사어맥'이란 진사이가 이해한 '의사어맥'이었다. 이하에서 그 형식과 내용을 통해『어맹자의』의 사상적 특징을 살펴보고, 이를 통해 진사이의 『맹자』관을 부각시키고자 한다.

『어맹자의』는『논어』와『맹자』에 나오는 핵심 개념에 대하여 자의를 설명하고, 주자학을 비롯한 선학들의 오류를 논파하는 형식을 취하고 있다.

27 吉川幸次郎,「伊藤東涯學案」,『伊藤仁齋 · 伊藤東涯―日本思想大系33』, 岩波書店, 1971, 587쪽. 같은 내용이 동일저자의『仁齋 · 徂徠 · 宣長』, 岩波書店, 1975, 16쪽에도 수록되어 있다.

28 吉川幸次郎,「伊藤東涯學案」,『伊藤仁齋 · 伊藤東涯―日本思想大系33』, 岩波書店, 1971, 575쪽. 또는 吉川幸次郎,『仁齋 · 徂徠 · 宣長』, 岩波書店, 1975년, 12쪽.

29 子安宣邦,『江戸思想史講義』, 岩波書店, 1998, 93쪽.

그 한 예로 '사단지심'의 항목을 살펴보겠다. '사단지심' 항목에서는 가장 먼저 '단(端)'의 자의를 설명하면서 시작한다.

사단의 단(端)은 고주소(古註疏)에 "단(端)은 본(本)이다."라고 하였는데 인의 예지의 단본이 여기에서 일어난다고 말한 것이다. 자서(字書)에서는 또 '시(始)'로 풀이하고 '서(緖)'로 풀이하는데 모두 같은 의미이다.[30]

여기에서 말하는 고주소란 송대 손석(孫奭)의 『맹자소(孟子疏)』이고, 자서(字書)는 명대 매응조(梅膺祚)의 『자휘(字彙)』로 이러한 전적은 오늘날 시각에서 볼 때 고의를 파악하기에는 부적절한 자료이다. 이 점부터 『어맹자의』에 대하여 고의를 고증한 서책으로 평가하는 것은 무의미함을 알 수 있다.

아무튼 여기에서 '단'의 자의는 '본' 즉 '기본'이라고 확언하고 있는데, 이에 대한 방증 자료로서 고대의 전적인 『중용』과 『좌전』의 어구를 인용하고, 흔단(釁端), 화단(禍端), 개단(開端), 발단(發端) 등의 단어를 제시하여 옛 사람들이 모두 본시(本始)라는 뜻으로 사용하였음을 증명한다. 이처럼 자의를 확정한 다음 주자와 육상산의 견해를 인용하고 거기에 대하여 비판을 가하고 있다. 바로 이 비판이 『어맹자의』의 핵심이다. 이하에서는 주자에 대한 비판부분만을 살펴본다.

우선 『맹자집주』에 "사단이 나에게 있어 곳에 따라 발현하니, 모두 이에 나아가 미루어 넓혀 그 본연의 국량을 가득 채운다는 것을 알면 날로 새로워지고 또 새로워져서 스스로 그만두지 못하게 될 것이다"고 한 것

---

30 伊藤仁齋, 『語孟字義』: "四端之端, 古註疏曰, 端, 本也, 謂仁義禮智之端本起於此也. 按字書, 又訓始訓緖, 總皆一意."

을 인용한다. 그 다음 '발현'으로 해석하는 것에 대하여 "측은, 수오, 사양, 시비해야 할 것을 보지 않을 때에는 측은, 수오, 사양, 시비의 마음이 발현되지 않을 것이 분명하다. 그러나 측은해야 할 일이 하루 중에 거의 없고, 자칫하면 십 여일을 지내도 또한 없는 경우도 있다. 수오, 사양, 시비의 마음에 이르러도 마찬가지이다. 이와 같다면 공을 이루는 날이 언제나 적고, 아무것도 하지 않는 날이 언제나 많다. 비록 확충의 공을 이루고자 하여도 무엇에 의하여 할 수 있겠는가? 또 측은의 일단을 확충하고자 하여도 오히려 힘이 부족함을 걱정할 판인데, 하물며 사단 상에서 하나하나 확충하고자 한다면 좌우를 돌아보면서 일일이 응대할 겨를이 없으니 그 번거로움을 감당할 수 없는 걱정에 있어서는 말할 필요도 없다."고 비판한 다음, 그것이 맹자의 본의가 아니라고 결론 내린다.[31] 이로 보아『어맹자의』의 본령은 '자의' 해석에 있다고 하기 보다는 주자학을 중심으로 하는 선유의 학설을 비판하여 자설의 올바름을 입증하는 것에 있음을 알 수 있을 것이다.

한편, '심(心)' 항목 역시 모두(冒頭)에 그 자의가 풀이되고 있고,『논어』와『맹자』속에 등장하는 '심'의 의미에 대해서도 간략하게나마 설명이 붙어있다. 그런데 그 설명 바로 다음에『논어』,『맹자』에서 심을 긴요

---

31 伊藤仁齋,『語孟字義』: "孟子集註曰, 四端在我, 隨處發見, 知皆卽此推廣而充滿其本然之量, 則其日新又新, 將有不能自已者矣. 其所謂發見云者, 爲見當惻隱者便惻隱, 見當羞惡者便羞惡, 見當辭讓者便辭讓, 見當是非者便是非也, 若此, 則不見當惻隱羞惡辭讓是非者焉, 則惻隱羞惡辭讓是非之心, 不由我而發也, 明矣. 然而當惻隱之事, 日間無幾, 動經十數日, 亦或無有. 至於羞惡辭讓是非之心, 亦然. 夫若此, 則用功之日常少, 而曠廢之日常多, 雖欲用擴充之功, 其何由而得乎. 且又欲擴充惻隱之一端, 猶將有力不足之患, 況欲於四端上, 逐一擴充之, 則將有左顧右盼, 應接無暇, 不堪其煩之患. 孟子之意, 固不若此之迂. 夫四端之在我, 猶手足之具于吾身, 不言而喩, 不思而到, 奚竢發見, 亦何逐一著意識之, 其不理會孟子之意, 特甚矣."

한 것으로 여기고 있지 않다고 서술하고 있다.[32] 즉 진사이는 '심'에 대하여 따로 항목을 두어 설명할 만한 가치가 있는 개념은 아니라고 여겼다는 것이 된다. 그렇다면 왜 '심'의 자의에 대하여 항목을 따로 마련한 것일까? 그것은 장재의 설과 노장의 설을 비판하기 위해서이다. 특히 '명경지수'에 대한 논설이 '심' 항목의 태반을 차지하고 있는데, 진사이 자신이 말하고 있듯이 성인의 서책에는 등장하지 않는 '명경지수'를 이처럼 크게 다루고 있는 까닭은 바로 주자학자로 대변되는 선유(先儒)가 명경지수로써 성인의 마음을 비유하고 있기 때문이다.[33] 따라서 심의 항목은 오로지 선유를 비판하기 위한 취지에서 서술된 것임을 알 수 있다.

다음으로 '리(理)' 항목을 살펴보자.

'리'자는 '도'자와 서로 가깝다. '도'는 왕래하는 길이라는 뜻으로써 말한 것이고 '리'는 조리로써 말한 것이다. 그러므로 성인은 천도라 하고 인도라 하였지 일찍이 리라는 글자로 명명하지 않았다.[34]

이처럼 성인이 언급하지 않았다는, 즉 『논어』와 『맹자』에는 언급이 거의 없는 '리'에 대해 왜 『어맹자의』는 항목을 설치해서 논술하고 있는 것일까? 그 이유는 지극히 간단하다. 리는 주자학에서 가장 중요하게 다루

---

32 伊藤仁齋, 『語孟字義』: "論語中說心者, 纔有其心三月不違於仁, 及從心所欲不踰矩, 及簡在帝心 三言而已. 然皆不以心爲緊要. 至於孟子多說心, 然亦皆指仁義之良心而言, 不特說心, 曰本心曰存心, 是也."

33 진사이가 주자학에서 고의학으로 사상적 전환을 하게 된 계기가 바로 '명경지수'가 공맹의 도리가 아니라는 사실을 깨달은 것이었다. 따라서 진사이가 『어맹자의』에서 '심' 항목을 설치하여 '명경지수'를 논설한 것은 이러한 그의 사상적 편력에 기인한다.

34 伊藤仁齋, 『語孟字義』: "理字與道字相近, 道以往來言, 理以條理言. 故聖人曰天道曰人道, 而未嘗以理字命之."

어지는 개념이며『어맹자의』에서는 그 점을 비판하고자 하기 때문이다.

이상의 사례로 보아『어맹자의』를 저술한 표면상의 목적은 '어맹'에 등장하는 주요 개념의 '자의'를 '공맹의 의사어맥'에 의해 해명하는 것이지만, 실제 목적은 바로 주자학을 중심으로 하는 이단적 학설의 오류를 지적하여 비판하는 것에 있음이 분명히 드러났다.

지금까지 진사이의『맹자』에 대한 관점을 살펴보았다. 진사이가 가지고 있었던 문제의식은 노장과 불교에 의해 완전히 잘못되어버린 주자학적 풍토를 바로잡는 것이었다. 이러한 문제의식으로부터 이단의 학설과 맞섰던 맹자의 모습에 자신을 투영하여 스스로 공자와 맹자의 가르침을 전하는 전도사가 되었다. 그것은 전국시대의 맹자가 시대의 변천에 의해 가려지고 비틀어진 공자의 도를 전하면서 이단과 맞서던 모습과 동일하다. 즉 마치 맹자가 어두운 밤거리를 비추는 가로등, 강을 건너기 위한 나룻배의 역할을 한 것처럼 자신이 맹자와 같이 공자의 가르침으로 향하는 것을 도와주는 가로등과 나룻배의 역할을 수행하고 있는 것이다. 바로 이 점이 진사이가『맹자』를『논어』의 주석서로 자리매김하여 중시한 이유라고 판단된다.

그의 저서『논어고의』,『맹자고의』,『어맹자의』는 마치『맹자』가『논어』의 주석서인 것처럼 '어맹'의 주석서이며, 맹자가 공자의 가르침을 펼치기 위해 양묵이라는 이단의 학설을 공격했던 것처럼 진사이 자신도 주자학을 공격한 것이다. 즉, 진사이는 공자에 대한 맹자의 관계에 공맹에 대한 자신의 관계로 위치를 부여하였다. 따라서 진사이에게는 다른 어떤 경전보다도『맹자』가 중시되지 않으면 안 된다. 그리고 자신의『고의』가 '어맹'의 주석서이듯이『맹자』는『논어』의 주석서가 되지 않으면 안 되는 것이다.

실제로 진사이는 송유의 설을 배척하는 스스로를 맹자가 양묵의 철학을 사설로서 배척한 것에 비하였다. 『동자문』에 송유가 리에 집착한 결과 잔인각박한 폐해가 생겼다고 통론한 다음 아래와 같이 말하였다.

지금 이학(理學)을 강설하는 자가 때로는 세상의 이치를 넘어서는 터무니없는 이론을 논하고, 또 지금 천학을 강설하는 자가 한없는 도리를 논설하는 것을 즐겨 미묘한 이치를 궁구한다고 하지만, 실제로는 모두 세상의 도리에 도움이 되는 바가 없고, 대중들의 삶에 유익하게 더해주는 바가 없다. 이러한 학설은 성인이 취하지 않았다. 맹자가 말하였다. "양주, 묵적의 도가 사라지지 않으면 공자의 도가 드러나지 못한다." 내가 이처럼 떠들어대면서 그만두지 못하는 이유는 공자의 도가 드러나지 않는 것을 걱정하기 때문이지 변설하는 것을 좋아해서가 아니다. 군자들이여 이를 잘 살펴야 한다.[35]

진사이 자신은 근세 일본의 맹자였고, 그의 저작은 근세 일본의 『맹자』였다.

5. 맺음말

이상에서 살펴본 바와 같이 이토 진사이가 『맹자』에 주목하여 그것을 분석하고 『논어』와 함께 가장 중요한 경전으로 높이면서도 또한 『논어』의 주석서로 자리매김한 이유는 『맹자』 그 자체가 지니는 경전적 의미

---

35 伊藤仁齋, 『童子問』卷之中: "今講理學者, 或論至六合之外, 曁近世講天學者, 好說無限道理, 雖窮微極妙, 然皆無裨於世道, 無補于生民. 聖人之所取也. 孟子曰, 楊墨之道不息, 孔子之道不著. 予所以呶呶然如此其不已者, 恐孔子之道不著也, 非好辯也. 君子諒諸."

이외에도 주자학을 비판한다는 목적의식이 있었기 때문이었다. 전국시대에 사상가로서의 맹자가 당시 크게 유행하던 양주, 묵적의 사상에 대해 우려하고 비판을 가한 정신이 이토 진사이에게서 주자학에 대한 비판의 정신으로 되살아났다고 할 수 있다. 그 결과 진사이는 주자학이라는 주류 체계를 부정하고, 일본적인 유교사상을 새롭게 만들어내게 된 것이다. 오규 소라이가 "이토 진사이가『맹자』에 의해『논어』를 해석하고 현대의 문장으로 고대의 문장을 읽고 있는 것은 역시 정자, 주자의 학문에 지나지 않는 것이다."[36]라고 비판한 것은 정확하다고 할 수 있다. 이토 진사이의 고의학은 결국 자신의 문제의식에 입각하여『논어』와『맹자』를 읽어낸 것이다. 따라서 현대의 문장으로 고대의 문장을 읽었다는 소라이의 비판은 사실이었다. 그러나 그렇기 때문에 이토 진사이의 사상이 높은 의의를 가진다고 보아야 한다. 이러한 선구적인 이토 진사이의 정신은 이윽고 소라이에게 계승되었고, 높은 수준의 특색 있는 일본 유학사상이 만들어지게 되었다.

---

36 荻生徂徠,『辨道』: "近歲伊氏亦豪傑, 頗窺其似焉者. 然其以孟子解論語, 以今文視古文, 猶之程朱學耳."

3부

현재와 미래 속의 맹자

맹자(孟子)의 도덕교육론
- 성선(性善)의 확충을 위한 교수작용의 측면을 중심으로 -

지준호(서울교육대학교 윤리교육과 교수)

1. 서론

맹자(孟子)에 관한 논의는 매우 다양하여 학문 영역별로 연구성과를
체계적으로 정리한다고 하는 것은 극히 어렵다. 다만, 대략적인 측면에
서 볼 때, (윤리)교육적 접근은 주로 도덕교육을 기초로 하는 교육내용과
교육방법을 중심으로 하고 있으며,[1] 이는 철학적 측면에서 성선설을 중
심으로 하는 맹자의 인성론 연구와 그 궤를 같이하고 있다.[2] 이와 관련

---

[1] 대표적인 연구로는 오선균 「맹자의 교육사상 연구 - 성선설과 인의의 교육관을 중심으로」(한
양대학교 대학원 교육학과 박사학위논문, 1989), 신창호 「유학의 인성론에 내재된 교육의 방
향」(안암교육학회, 『한국교육학연구』, 제8권 제2호, 2002), 안영석 「맹자의 실천적 도덕교육
론」(『윤리교육연구』 13권, 2007), 조원일 「맹자의 교육사상에 관한 연구」(『동서철학연구』 63,
2012) 등을 들 수 있다.

[2] 대표적인 연구로는 최영찬 「공자사상에 있어서 인성론의 발단」(전북대학교 인문학연구소, 『人
文論叢』, 제15호, 1985), 안재호 「맹순 인성론의 체계와 의미」(한국동서철학회, 『동서철학연
구』, 제24호, 2002), 정진일 "유교의 인성론과 인간성 회복」(범한철학회, 『범한철학』, 제12집,
1996), 윤무학 「맹자의 윤리학적 범주와 묵가」(『동양철학연구』 46, 2006) 등을 들 수 있다.

하여 윤무학은 「맹자의 윤리학적 범주와 묵가」에서 인성론이 윤리학적 문제는 물론 정치 및 사회 이론의 근거임을 말하고 있다.

"맹자 윤리설의 근거는 피상적으로 본다면 인성론이지만 그것은 천(명) 관념과 유기적으로 연계되어 있다. 인간의 본성에 대한 문제는 전국시대 이래 중국철학사에서 중요한 논제의 하나였다. 이처럼 인성론이 선악의 문제와 연계되는 경우가 많았던 것은 인간의 자기 수양 및 대상의 교화와 관련이 많았기 때문이다. 다시 말해서 인성론은 윤리학적 문제일 뿐만 아니라 정치 및 사회 이론의 근거이기도 하였다."

즉, 천(天)·명(命)·성(性)은 맹자 윤리학의 근거라고 할 수 있으며, "유가와 묵가 양가의 상호 비판과 수용의 관점을 이해"하는 관건이며, 묵가와의 연계성 가운데 차별화되는 가장 큰 구조적 특징을 갖고 있다. 총괄적으로 언급하자면, 맹자 윤리설의 근거인 인성론 역시 인간은 도덕적 주체이며 인간의 사회적 관계와 실천이 관건이라는 점이다.[3] 이는 공자와 맹자의 도덕론적 근거를 외재적 근거로서의 '천(天)' 및 내재적 근거로서의 '인성(人性)'을 두 축으로 논하는 도덕철학 연구와 동일선상에 있다.[4]

이렇듯이, 『맹자』에 나타나는 윤리학적 범주와 범주 사이의 상호 관계는 기본적으로 공자의 사상체계와 밀접한 관계가 있다.[5] 맹자는 공자의

---

3 이 점에 대하여는 윤무학, 「맹자의 윤리학적 범주와 묵가」, 『동양철학연구』 46, 2006, 50~55쪽 참조.

4 이 점에 대하여는 최영갑, 『공자와 맹자의 도덕철학』, 한국학술정보, 2006, 23~71쪽 참조.

5 더 나아가 맹자는 당시 유행하던 墨家와 楊朱 학설에 대한 사상적 기반을 고려하게 된다. 특히, '윤리적 정당성 확보를 위한 천(명) 관념을 확대시킨 점은 묵가로부터 일정한 영향을 받은

예치(禮治) 사상과 도덕정치 사상을 발전시켰으며, 인정(仁政)으로 대표되는 왕도(王道) 정치사상을 주장하였다. 특히, 맹자는 성선설을 기초로 유가 인성론의 기초를 세웠으며, 그의 성선설은 후에 대다수의 유학자들에 의해 수용됨으로써 커다란 영향력을 발휘하게 된다.

본 연구는 성선(性善)의 확충을 위한 교수작용의 측면을 중심으로, 사리사욕으로 인해 발생하는 사회적 제반 문제들을 본성(本性)의 확충을 통해 교육적 노력으로 극복해 가고자 한 맹자의 도덕교육론을 살펴보고자 한다. 교수작용은 교사 중심의 가치전수를 의미하며, 교육목표와 교육내용을 어떠한 방법을 통해 피교육자에게 의미 있게 전달할 것인가의 문제가 주된 쟁점이 된다.

맹자가 제시한 교수작용으로서의 교육방법은 인간의 본성이 선하다는 성선설을 기초로 하고 있으며, 인간성 회복을 통한 이상적인 인격의 형성을 목표로 다양한 방법론적 접근을 시도하고 있다. 유덕한 인격인이란 "오늘날 우리 사회에서 바람직한 인격인이 되는데 필요한 여러 가지 덕들을 두루 조화롭게 형성하거나 발달시켜가는 사람을 가리킨다. 도덕과교육은 바로 학생들이 이 같은 유덕한 인격인으로 자라도록 돕는데 그 본질이 있다"고 할 수 있으며, 그 관건은 교육이 담당하여야 할 다양한 분야보다는 덕 또는 품성 중심의 측면에서 어떤 사람이 되어야 하는가를 위해 노력하는 데에 있다.[6] 이는 덕 윤리학이 표방하는 "외적 행

점'이라고 할 수 있다. 따라서 이러한 전반적인 측면을 놓고 언급하자면, "맹자 철학의 전반적 체계가 공자에 대한 계승과 아울러 묵가와의 대립과 상호 비판에 의하여 정립되었다"고 할 수 있다. 이 점에 대하여는 윤무학, 「맹자의 윤리학적 범주와 묵가」(『동양철학연구』46, 2006) 참조.

6 '어떤 가치를 이해하거나 도덕적 사고력 또는 판단력을 기르거나 도덕적 습관을 형성하게 하는 것은 도덕과교육이 해야 할 일의 한 부분에 불과한 것이지 그 자체가 도덕과교육이 하고자 하는 일의 온전한 전체를 말해주지는 못한다.' 유병열, 『도덕교육론』, 양서원, 2011, 19~22

위들의 옳고 그름과 또는 행위의 결과들에 대한 판단보다는 개인의 내적 활동들, 특성, 동기, 성향, 인격에 대한 판단이 가장 큰 도덕적 중요성을 갖는다"[7]는 입장이기도 하다.[8]

사상교육과 도덕교육을 통하여 한국인의 정서에 깊은 영향을 끼친 맹자의 교육사상을 조명하고, 아울러 선진(先秦) 유가의 근본정신으로부터 교육의 본질적 의미를 탐구하여 앞으로 나아가야 할 교육의 방향을 논의하는 것은, 도덕적 가치의 혼란과 인간소외 현상으로 대변되는 현 사회에 있어서 도덕교육의 실효성을 되짚어보는 반성적 연구의 일환이기도 하다.

2. 실천적 교육론

맹자는 전국시대 추(鄒)나라 추현(鄒縣; 현재의 산동성 추현) 사람이다. 맹자는 공자와 마찬가지로 자신의 정치적 주장을 실현시키기 위하여 제(齊)·송(宋)·노(魯)·위(魏) 나라 등지를 다니면서 유세를 하였으며, 제(齊)나라에서는 관직을 역임한 적도 있다. 그러나 그의 주장은 당시 제후들의 신임을 얻지 못하였으며, 추(鄒)나라로 돌아와서는 제자들을 양성하면서 저술 활동에 힘썼다. 『사기(史記)』에서는 "(당시) 공격하고 정벌하는 자를 현인이라 여겼는데, 맹자는 당우(唐虞) 시대와 3대의 덕을 펼쳤으니, 이같은 그는 용납되지 못하였다. (맹자는 정치에서 물러나) 제자인 만

쪽 참조.

7 이 점에 대하여는 임용경 외, 『도덕과 교육의 이론과 실제』(양서원, 2009, 153쪽) 참조.

8 지준호, 「공자의 실천적 덕론」(『한국철학논집』 41, 2014) 부분 재인용.

장(萬章)의 무리들과 함께 『시경』과 『서경』을 정리하고, 공자[仲尼]의 사상을 서술하여 『맹자』 7편을 저술하였다."[9]라고 하여, 이러한 당시의 시대상황과 관련된 그의 저술 동기를 밝히고 있다. 맹자가 말하는 '왕도(王道)'는 덕(德)으로 정치를 하는 것이다. 맹자는 "인정(仁政)을 행하여 왕노릇한다면, 이를 막을 수 없다."[10]고 하고, "덕(德)으로 인(仁)을 행한 자는 왕이다."[11]라 하여 '인정(仁政)'으로 천하를 통일하여 제왕이 된다면 그 누구도 이를 저지할 수 없다는 점을 역설하였다.

그러나 한편으로 '인정'을 시행하기 위해서는 무엇보다도 '민심(民心)'을 얻어야 하니, 통치자는 마땅히 인애(仁愛)의 마음으로 백성들을 대하여야 한다. 이는 "백성이 귀하며, 사직(社稷)은 그 다음이고, 임금은 가볍다."[12]라는 그의 논법과 상통한다.[13] 이러한 맹자의 사상은 민본주의적 성격을 갖는 것으로, 당시 제후들이 벌이던 패권 다툼에 대한 정치적 비판이다.

여기서 한 가지 주목할 만한 대목은 맹자가 교육을 통하여 외물에 가려진 본심을 회복하고자 했듯이, 맹자에게 있어서 교육은 선한 정치[善政]보다 더 우선시 되고 있다는 점이다.

"잘 하는 정치는 잘 가르치는 것으로 민심을 얻는 것만 같지 못하다. 잘 하는

---

9 『史記』「孟子荀卿列傳」: "以攻伐爲賢, 而孟軻乃逃唐虞三代之德, 是以所如者不合. 退而與萬章之徒, 序『詩』『書』, 述仲尼之意, 作『孟子』七篇."

10 『孟子』「公孫丑上」: "行仁政而王, 莫之能禦也."

11 『孟子』「公孫丑上」: "以德行仁者, 王."

12 『孟子』「盡心下」: "民爲貴, 社稷次之, 君爲輕."

13 그러나 맹자는 백성의 지위를 매우 존중하였지만, 그렇다고 하여 통치자와 피통치자의 지위가 바뀔 수 있다고는 여기지 않았다. 『孟子』「滕文公上」: "勞心者治人, 勞力者治於人. 治於人者食人, 治人者食於人, 天下之通義也."

정치는 백성이 그것을 두려워하는 것이고, 잘 가르치는 것은 백성이 그것을 사랑하는 것이다. 그리하여 잘 하는 정치는 백성의 재물을 얻고, 잘 가르치는 것은 백성의 마음을 얻는다."[14]

위 구절을 통하여 알 수 있듯이, 맹자는 훌륭한 정치는 백성들을 잘 살게 함으로써 나라의 재정을 풍부하게 하지만, 이는 훌륭한 교육을 통하여 백성들의 진심에서 우러나오는 복종과 지지를 얻는 것에 비하여 상대적으로 중요하지 않다는 점을 강조하고 있다. 즉, 왕도정치의 관건은 교육에 있다는 것이다.

맹자는 도덕교육의 측면에서 다양한 원칙을 제시하였으며, 도덕적 이상을 추구하고 아울러 도덕적 자각을 통한 실천의지를 키울 것을 주장하였다. 맹자는 '상지(尙志)'와 '지지(持志)'를 통하여 인의(仁義)가 실현되는 도덕적 이상을 다음과 같이 논하고 있다.

"왕자점이 물었다. '선비는 무엇을 일삼아야 합니까?' 맹자가 말하였다. '뜻을 고상히 하여야 한다.' (왕자점이) 말하였다. '뜻을 고상히 한다는 것은 무엇을 말하는 것입니까?' (맹자가) 말하였다. '인의(仁義)일 뿐이다. ……'"[15]

"먼저 그 큰 것을 세우면, 그 작은 것도 빼앗을 수 없다."[16]

---

14 『孟子』「盡心下」: "善政, 不如善敎之得民也. 善政民畏之, 善敎民愛之 ; 善政得民財, 善敎得民心."
15 『孟子』「盡心上」: "王子墊問曰: '士何事?' 孟子曰: '尙志'. 曰: '何謂尙志?' 曰: '仁義而已矣.'"
16 『孟子』「告子上」: "先立乎其大者, 則其小者不能奪也."

맹자는 또한, "그 마음을 보존하고, 그 본성을 함양하라."[17]는 언급을 통하여 선험적인 도덕의식을 유지하고 아울러 도덕적 자각을 이루기를 강조하였다. 이러한 자각은 '선단(善端)'의 확충을 통하여 도덕적 품성을 갖추는 일이기도 하다.

"맹자께서 말씀하셨다. '사람들은 모두 차마 못하는 마음을 가지고 있는데 차마하는 데에 까지 이르른다면 인(仁)이요, 사람들은 모두 하지 않는 바가 있는데 하는 바에 까지 이르른다면 의(義)이다. 사람들이 남을 해치려고 하지 않는 마음을 채울 수 있다면 인(仁)을 다 쓸 수 없으며, 사람들이 담을 뚫거나 넘어가서 도둑질 하지 않으려는 마음을 채울 수 있다면 의(義)를 다 쓸 수 없다.'"[18]

맹자의 이 같은 언급은 도덕적 실천을 이루기 위한 관건이 도덕 주체에 있다는 공자(孔子)의 언급과 그 궤를 같이 한다.

"사람이 도(道)를 넓힐 수 있지, 도(道)가 사람을 넓히는 것은 아니다."[19]

이 구절에 대하여 주자(朱子)는 다음과 같이 주해(註解)하고 있다.

"사람 밖에 도(道)가 없고, 도 밖에 사람이 없다. 그러나 인심(人心)은 지각이

---

17 『孟子』「盡心上」: "存其心, 養其性."

18 『孟子』「盡心下」: "孟子曰: 人皆有所不忍, 達之於其所忍, 仁也; 人皆有所不爲, 達之於其所爲, 義也; 人能充無欲害人之心, 而仁不可勝用也; 人能充無穿踰之心, 而義不可勝用也."

19 『論語』「衛靈公」: "子曰: 人能弘道, 非道弘人."

있고 도체(道體)는 무위(無爲)하다. 그러므로 사람은 그 도를 크게 할 수 있으나, 도는 사람을 크게 할 수 없는 것이다."[20]

여기서 강조하는 바는, 도덕적 원리와 개념이 어떻하다라는 것이 중요한 것이 아니라, 도덕적 실천 주체인 자신이 중심이며 관건이라는 점이다. 이상적인 도덕사회 건설을 추구하는 유학의 가치체계는 '교육을 통한 성선(性善)을 자각하는 내적 측면과 사회적 관계를 통하여 인륜도덕을 실천하는 외적 측면이 통합적 차원에서 전개[21]되고 있기 때문에, 도덕적 주체는 실천[行]을 항상 염두에 두어야 하며,[22] 자신의 말이 항상 실천되는지를 되짚고 고민하여야 한다.[23] 맹자의 교육론 역시 불인(不仁)과 불의(不義)를 배척하고 인의예지(仁義禮智)를 확충하기 위한 수양론과 일정정도 관계가 있다.[24]

도덕적 이상과 도덕적 자각의 측면에 기초하여 실천성을 강조하고 있는 맹자의 교육사상은 구체적인 도덕교육 방법으로 전개되고 있다. 자신의 올바른 가치관을 정립하고 타인과 더불어 행복하게 살아가는 것이 우리 삶의 궁극적인 목적이 된다고 한다면, 덕의 내용과 실천방법을 구체화 하면서 도덕적 실천성을 강조한 유학의 교육론은, 급하게 변화하

---

20 『論語集註大全』「衛靈公」: "子曰: 人能弘道, 非道弘人."에 대한 朱子의 註解: "人外無道, 道外無人. 然人心有覺, 而道體無爲. 故人能大其道, 道不能大其人也."

21 "맹자를 비롯한 전통 유학의 사유방식을 놓고 볼 때, 인간은 독립적인 개체라기 보다는 상대와의 관계 속에서 그 성격이 정해지는 '관계적인 존재'이다." 김춘태 외, 『윤리학』(형설출판사, 2006, 246~247쪽) 참조. 안영석, 「맹자의 실천적 도덕교육론」(『윤리교육연구』13권, 2007), 106쪽 재인용.

22 『論語』「學而」: " …… 行有餘力, 則以學文."

23 『論語』「爲政」: " …… 先行其言, 而後從之."

24 전통적 가치관의 철학 역시 내면적 수양과 외면적 실천에 근거하고 있으며, 이는 '敬以直內' 와 '義以方外'로 집약될 수 있다.(『周易』〈坤卦〉「文言傳」: "敬以直內, 義以方外.")

는 현실에서 이러한 목적을 이루는데 있어서 반드시 시사하는 바가 있을 것이며,[25] 실천을 중심으로 하는 도덕교육의 역할은 도덕공동체 조성에 있어서 무엇보다 중요하다고 할 수 있다.

3. 교수작용 측면에서의 교육 방법

일반적으로 교육방법은 교육목표에 의한 교육내용을 가르치는 방식으로 교수학습 방법이라고도 통칭되고 있으며, 사전적 의미의 교수법과 그 의미가 통한다고 볼 수 있다.

"교수법은 종래에는 교사가 학생에게 지식을 전달, 주입하는 방법으로 생각했으나, 근래에는 학생활동을 중심으로 교육내용을 전달하는 방법으로 이해되고 있다. …… 또한 오늘날의 교수법은 교사가 일방적으로 학습을 계획하고 수업을 통제하며 학생을 지도하는 것이 아니라, 학생의 학습활동을 도와준다는 점에서 교수학습의 주체가 교사에서 학생으로 옮겨가도록 요구되고 있다. 따라서 전통적인 교수법에서와 같이 일률적인 내용을 일방적으로 주입시키는 방법은 지양하지 않을 수 없게 되었다. 이렇게 교수법의 의미는 다양하지만, 가르치는 쪽에서 보면 교수작용이고 배우는 쪽에서 보면 학습작용이다. 따라서 교수법의 의미는 교수학습 방법으로 이해할 수 있다."[26]

---

25 "유가철학에서 덕은 본성적 측면보다는 실천성의 측면이 늘 강조되었으며, 그 실천 방법과 실천 영역은 유가철학의 전개와 함께 지속적으로 확장되었다." 최복희, 「유가철학에서의 덕론: 이황과 이이의 실천적 덕론을 중심으로」, 『가톨릭철학』 9호, 2007, 113~114쪽 참조.

26 [네이버 지식백과] 교수법[敎授法] (한국민족문화대백과, 한국학중앙연구원)

한편, 유병열은 도덕과 교육과 관련하여 교수-학습 방법을 다음과 같이 구분하고 있다.

"수업과정에서 목표에 도달하기 위해 교사와 학생들이 어떤 교수·학습 활동을 전개하게 되는가 하는 측면을 중시하여 일단 ① 교사 중심의 가치 전수 방법과 ② 학생 중심의 가치탐구 방법 그리고 ③ 실천과 체험 활동에 의한 가치 학습 방법으로 나눠 분류, 체계화 하고자 한다."[27]

이상의 논의에서 공통적으로 구분하고 있는 점은 '교사 중심의 가치 전수 방법'[28]으로서의 교수작용의 측면과 '학생 중심의 가치탐구 방법'으로서의 학습작용의 측면이다. 그러나 『맹자』가 쓰여진 시대배경이나 교육자로서의 맹자라는 입장에서 말하자면, 교육방법이란 교수작용의 측면에 비중이 있다. 즉, 교수작용은 어떻게 가르칠 것인가의 문제로서, 맹자 자신이 제자들에게 유학의 교육목표와 교육내용을 어떠한 방법을 통해 교육할 것인가가 주된 관건이 된다. 또한 교수작용과 학습작용의 측면을 엄격히 구분하기 곤란한 점도 없지는 않지만, 전통시대의 주된 교육 목표가 이상적인 인격의 완성에 있었으므로 교육을 담당한 스승의 역할이 매우 강조되었고 교육방법 역시 교수작용의 측면이 상대적으로 중시되었기 때문이기도 하다.

---

27 유병열, 『도덕과교육론』, 양서원, 2011, 198쪽 참조.

28 유병열은 교사 중심의 가치전수 방법에 대하여, "보통 학습 지도 방법은 교수자 중심의 방법과 학습자 중심의 방법으로 양분될 수 있는데 전자를 주입식 또는 설명식이라 부르고 후자를 탐구식 혹은 문제 해결식이라고 부른다. 필자는 이러한 학습 지도 방법 및 그 지도 기법에 대한 분류법을 받아들이면서도 '주입식 학습지도 방법'을 '교사 중심의 가치전수의 방법'이라 달리 명명하고자 한다."라고 하여 명명의 타당성을 자세히 언급하고 있다. 유병열, 『도덕과교육론』, 양서원, 2011, 202~204쪽 참조.

스승의 역할과 걸어야 할 길에 관하여 당(唐)나라의 한유(韓愈)는 「사설(師說)」에서 '전도(傳道), 수업(授業), 해혹(解惑)' 세 가지를 거론하였다.[29] 그러나 이러한 세 가지의 길 가운데 가장 중요한 것은 전도(傳道)로서, 스승은 사람답게 사는 도덕적 가치를 학생에게 전수하여 이를 실천하도록 하는 것이다.

전도(傳道)를 하기 위해서는 전도의 대상인 피교육자를 잘 이해하고 파악하는 것이 중요하며, 무엇보다도 피교육자들의 마음 자세를 파악하는 것이 중요하다.

"배우는 사람[學者]에게 네 가지 허물[失]이 있으니, 가르치는 사람[敎者]은 반드시 이를 알아야 한다. 사람이 배우는 데 있어서 (배우는 것이) 혹 너무 많다고 하거나 너무 적다고 하거나 혹은 너무 쉽다고 하거나 (너무 어려워) 중지하겠다고 하는 허물이 있다. 이 네 가지는 마음이 같지 않다는 데서 비롯된다. 그러므로 그 마음을 알고 난 연후에라야 그 허물을 구제할 수 있을 것이다. 가르치는 자는 큰 선[長善][30]으로 그 허물[失]을 구제해 주는 것이다."[31]

피교육자를 잘 파악한다는 것은 그들의 심리적인 상황을 잘 이해하는 것이기도 하다. 피교육자들의 마음 자세를 잘 파악하였다면, 어떻게 가르칠 것인가? 즉, 전도의 방법이 관건이 된다.

---

29 傳道는 堯舜으로부터 이어져 내려온 유학의 道를 전하는 것이며, 授業은 학업을 가르치는 것으로 스승이 제자에게 지식이나 기능을 가르쳐 주는 것이요, 解惑은 미혹을 풀어주는 것이다. 『古文眞寶』(『後集』)卷四 「師說」: "師者, 所以傳道授業解惑也."

30 長善은 서로 같지 않은 마음들을 모두 포용할 수 있는 커다랗고 따뜻한 마음을 뜻한다.

31 『禮記』 「學記」: "學者有四失, 敎者必知之. 人之學也, 或失則多, 或失則寡, 或失則易, 或失則止. 此四者, 心之莫同也. 知其心, 然後能救其失也. 敎也者, 長善而救其失者也."

"군자는 가르침의 흥함과 폐함의 말미암는 바를 안 연후라야 다른 사람의 스승이 될 수 있다. 그러므로 군자가 (남을) 가르쳐서 깨우치는[教誦]데에는 인도하되 잡아끌지 않으며, 강권하되 억누르지 않으며, 열어주되 통달하도록 하지는 않는다. 인도하되 잡아끌지 않으면 즐겁다고 할 것이요, 강권하되 억누르지 않으면 쉽다고 할 것이며, 열어주되 통달하도록 하지는 않으면 생각하게 될 것이다. 즐겁고도 쉽다고 여김으로써 (배운 바를) 생각하게 한다면, 올바르게 깨우쳐주는 것이라고 할 것이다."[32]

여기서 언급하고 있는 '즐거우며, 쉬우며, 생각할 거리가 있다'는 것은 교육활동을 통하여 구현하고자 하는 교육의 효과를 극대화하는 방법에 해당한다.

또한, 질문과 대답의 중요성을 강조하고 있다.[33] 질문과 대답은 스승과 제자 사이에 이루어진 학습 내용에 관한 것이 주된 내용이 될 것이며, 제자의 이해 정도를 파악하여 이해의 폭을 확장시키는 의미를 갖는다.

이렇듯이, 교육의 효과를 극대화하기 위해서는 '즐거우며, 쉬우며, 생각할 거리가 있으며', 질문과 대답을 통하여 제자의 이해 정도를 파악하

---

32 『禮記』「學記」: "君子旣知敎之所由興, 又知敎之所由廢, 然後可以爲人師也. 故君子之敎喻也, 道[導]而弗牽, 强而弗抑, 開而弗達. 道而弗牽則和, 强而弗抑則易, 開而弗達則思; 和易以思, 可謂善喩矣."

33 "질문을 잘하는 사람은 마치 견고한 나무를 벨 때 우선 쉬운 부분부터 하고 그 후 마디 부분을 베듯이, 오래도록 서로 말을 주고받으면서 이해하게 된다. 질문을 잘하지 못하는 사람은 이와는 반대로 한다. 질문에 잘 대답하는 사람은 마치 鐘을 칠 때 작게 두드리면 작게 울리고 크게 두드리면 크게 울리듯이 조용하게 된 후 그 소리를 내게 된다. 질문에 잘 대답하지 못하는 사람은 이와는 반대로 한다. 이것은 모두 학문을 진전시키는 방도이다." 『禮記』「學記」: "善問者, 如攻堅木, 先其易者, 後其節目, 及其久也, 相說以解; 不善問者反此. 善待問者, 如撞鐘, 叩之以小者則小鳴, 叩之以大者則大鳴, 待其從容, 然後盡其聲; 不善答問者反此. 此皆進學之道也."

여야 한다. 오늘날의 교육과정에서 교육의 목표, 교육의 내용 및 방법과 더불어 교육적 효과를 극대화하기 위한 다양한 교수-학습 방법 및 평가 등을 다루고 있듯이, 전통 교육에 있어서 전도의 방법 역시 다양하게 모색될 수 있다.[34]

교수작용의 측면에 초점이 맞추어져 있는 맹자 교육방법은 '교육에 신분의 귀천 등의 차별을 두지 않고 학습자의 능력에 맞게 가르침을 전수하고, 학습과 반성적 사고의 병행을 중시하며, 교학문답을 실행하는 것과 대화와 비유법을 통하여 학습자가 자발적으로 교육적 환경 속에서 학습에 매진 할 수 있도록 여건을 조성하는 것'[35] 등 매우 다양하며, 더 나아가 '가르치지 않는 것' 역시 교육의 한 방법으로 언급할 수 있다.

"맹자께서 말씀하셨다. '가르침에 또한 방법이 많으니, (배우려는) 그 사람을 내 좋게 여기지 아니하여 거절함으로써 가르쳤으니, 이 또한 그를 가르치는 것일 뿐이다.'"[36]

이렇듯이 『맹자』전편에 보이는 다양한 교육방법을 교수작용의 측면에서 보다 구체적으로 논의하면 다음과 같다.

1) 교육적 표준을 세우기[道立]

'교육적 표준을 세우기'는 '중도에 서다[中道而立]'라는 의미를 표방한

---

34 이상, 『禮記』와 관련한 스승의 역할에 관한 논의는 지준호, 「전통문화를 통해 본 교사의 위상과 바람직한 교사상」(『한국초등교육』22(2), 2011) 참조.

35 조원일, 「맹자의 교육사상에 관한 연구」(『동서철학연구』63, 2012) 참조.

36 『孟子』「告子下」: "孟子曰: 教亦多術矣, 予不屑之教誨也者, 是亦教誨之而已矣."

다. 『맹자』에서는 훌륭한 목수와 활 잘쏘기로 유명한 예(羿)를 열거하면서 다음과 같이 언급하고 있다.

"맹자께서 말씀하셨다. '훌륭한 목수는 서투른 목수를 위해 먹줄을 고치거나 없애지 않으며, (활 잘쏘기로 유명한) 예(羿)는 (활을 잘 쏘지 못하는) 졸렬한 사수를 위해 활당기는 한계를 변경하지는 않았다. 군자가 활을 당겨 아직 쏘지는 않고 있으나 (지금 막 쏘아 맞히려는) 의욕적인 태세를 갖추어 중도에 서 있다면[中道而立], 배우는 사람(능력 있는 사람)은 그것을 따르게 될 것이다.'"[37]

훌륭한 목수, 활을 잘 쏘는 예(羿), 군자 등은 모두 가르치는 사람으로서 그들에게는 각각 바꿀 수 없는 분명한 목표와 기준이 있다. 이러한 목표와 기준은 교육자에 의하여 피교육자에게 여과 없이 적용되는 것으로, 그 영향력 또한 매우 크다고 할 수 있다.

"맹자께서 말씀하셨다. '예(羿)가 활쏘는 법을 가르칠 때에는 반드시 활을 충분히 당기도록 했으니 배우는 사람 또한 활을 충분히 당기려고 한다. 훌륭한 목수가 사람을 가르칠 때에는 반드시 규구(規矩)로써 하였으니, 배우는 사람 또한 규구(規矩)로써 한다.'"[38]

활 시위를 충분히 당겨야 활을 잘 쏠 수 있으며, 원과 직각을 재는 도구가 있어야 목공 작업을 잘 할 수 있다. 이러한 법칙은 가르치는 사람

---

37 『孟子』「盡心上」: "孟子曰: 大匠不爲拙工, 改廢繩墨; 羿不爲拙射, 變其彀率. 君子引而不發, 躍如也, 中道而立, 能者從之."

38 『孟子』「告子上」: "孟子曰: 羿之敎人射, 必志於彀, 學者亦必志於彀; 大匠誨人, 必以規矩, 學者亦必以規矩."

과 배우는 사람 간의 교수-학습 과정에도 그대로 적용된다. 올바름을 추구하는 스승의 입장에서 가르침을 받는 학생들에게 요구되는 것은 목적의식을 수반한 기준과 목표를 세우는 것이다.

맹자는 근원이 깊은 샘물을 언급하면서 이를 학문의 근본과 대비하여 다음과 같이 설명하고 있다.

"맹자께서 말씀하셨다. '근원이 깊은 샘물은 끊임없이 흘러 밤낮을 가리지 아니하고 웅덩이를 가득 채운 뒤에 전진하여 사해(四海)에 이르나니, (학문에) 근본이 있는 사람은 이와 같다. 이 때문에 이것[水]을 취하신 것이다.'"[39]

이 구절은 공자께서 자주 물[水]을 칭찬한 이유에 대한 서자(徐子)의 질문을 맹자가 설명하고 있는 대목이다. 교육 역시 웅덩이를 채워 사해(四海)에 이르는 샘물과 같이 그 근본이 있어야만 계속 발전할 수 있다.

교수작용의 측면에서 이러한 목적의식을 수반한 기준과 목표를 세우려면, 우선 스승은 자신의 도덕 수양을 이루어야 함은 물론 실천을 이끌어내는 수범(垂範)적 자세를 지님으로써 스스로의 책임을 무겁게 여겨야 한다.

"사람들의 병통은 자기 밭을 버려두고 남의 밭을 김매는 데에 있으니, 남에게 요구하는 것은 중하고 스스로 책임지는 것은 가볍다."[40]

---

39 『孟子』「離婁下」: "孟子曰: 原泉混混, 不舍晝夜. 盈科而後進, 放乎四海, 有本者如是, 是之取爾."

40 『孟子』「盡心下」: "人病舍其田而芸人之田, 所求於人者重, 而所以自任者輕."

또한, 수범적 자세를 갖추고 책임 의식을 지니기 위해서는 스승으로서의 '회인불권(誨人不倦)[41]하는 노력이 뒤따라야 한다.

"자공이 말하였다. '배우기를 싫어하지 않음은 지(智)요, 가르치기를 게을리 하지 않음은 인(仁)입니다. 인(仁)하고 또 지(智)하시니, 선생님[夫子; 공자] 께서는 이미 성인이십니다.'"[42]

배움과 가르침은 서로 연관된 교학상장(敎學相長)의 의미로서 유학의 덕목과 관련되고 있다. 특히, '가르치기를 게을리 하지 않음'은 인(仁)의 경지를 보여주는 가장 중요한 가치이자 경지라고 할 수 있다. 맹자(孟子) 가 말한 '불위(不爲)[43]와 공자(孔子)가 언급한 '송백지후조(松柏之後彫)[44]는 부단한 노력을 통하여 현실을 개척하는 지성인의 의지와 사명감을 드러내고 있으며, 특히 학이불염(學而不厭)과 회인불권(誨人不倦)의 교학적 자세는 세속적인 권세나 이해 관계를 초월하여 진리애(眞理愛)와 제자애(弟子愛)로 가르침을 실천하는 스승으로서의 사명감과 본질을 보여주고 있다.[45]

---

41 '誨人不倦'은『論語』「述而」: "子曰: 默而識之, 學而不厭, 誨人不倦, 何有於我哉?" 및 "子曰: '若聖與仁, 則吾豈敢? 抑爲之不厭, 誨人不倦, 則可謂云爾已矣.' 公西華曰: '正唯弟子不能學也.'" 등의 구절에 보인다.

42『孟子』「公孫丑上」: "子貢曰: 學不厭, 智也 ; 敎不倦, 仁也. 仁且智, 夫子旣聖矣."

43『孟子』「梁惠王上」: " …… 故王之不王, 不爲也, 非不能也."

44『論語』「子罕」: "子曰: '歲寒, 然後知松柏之後彫也.'"

45 지교헌,「사회변천 중의 師弟 관계」『너희 중에 죄 없는 자가 먼저 돌로 치라』, 한누리미디어, 2003) 참조.

2) 강의 요점을 전달하기[說約]

앞선 한유의 언급을 통하여 알 수 있듯이, 스승인 선생은 도(道)라는 진리를 전파하는데 있어서 교수작용의 효율적 역할을 수행하여야 한다. 이를 위해서는 스승 자신이 쌓아올린 박식한 지식을 충분히 설명하되, 이를 요약하여 그 요점을 체계적으로 학생에게 전달하는 자세를 견지하여야 한다.

> "맹자께서 말씀하셨다. '널리 배우고 상세히 말함[詳說]은 장차 돌이켜서 요약함을 말하고자 함[說約]이다.'"[46]

즉, 스승은 박학한 지식을 갖추고 있지만, 그러한 지식을 체계적으로 정리하여 강의의 대의를 학생들에게 요점으로 전달하여야 한다. 아울러 강의의 요점을 전달하기 위해서는 '지킴이 요약하면서도 베풂이 넓은[守約而施博]' 자세를 지녀야 한다.

> "맹자께서 말씀하셨다. '말이 가까우면서도 뜻이 먼 것은 선한 말이며, 지킴이 요약하면서도 베풂이 넓은 것은 선한 도(道)이니, 군자의 말은 띠[帶]를 내려가지 않아도 도(道)가 있는 것이다. 군자의 지킴[君子之守]은 그 몸을 닦음에 천하가 바르게 된다.'"[47]

---

46 『孟子』「離婁下」: "孟子曰: 博學而詳說之, 將以反說約也."
47 『孟子』「盡心下」: "孟子曰: 言近而指遠者, 善言也 ; 守約而施博者, 善道也. 君子之言也, 不下帶而道存焉. 君子之守, 修其身而天下平."

위 구절에서 '띠를 내려 가지 않는다'는 의미는 '시선을 띠위로 하여 눈 앞에서 항상 볼 수 있는 지극히 가까운 곳'을 의미한다.[48] 따라서 이는 "진리는 사람에게서 멀리 있지 않다"[49]는 『중용(中庸)』의 기록과 "가까운데서 취하여 깨달을 수 있다면 인(仁)을 실천하는 방법이라고 할 수 있다"[50]는 『논어(論語)』의 기록을 통해 보여지는 공자의 가르침과 일맥상통하는 부분이다.

'지킴이 요약하면서도 베풂이 넓은[守約而施博]' 자세로 펼쳐지는 강의 요점은 앞선 교육적 표준인 올바름[正]과 선함[善]을 내용으로 한다.

"공손추가 물었다. '군자가 (직접) 자녀를 가르치지 않는 것은 무엇 때문입니까?' 맹자께서 말씀하셨다. '상황[勢]이 맞지 않기 때문이다. 가르치는 사람은 반드시 올바름으로 하는데[教者必以正], 올바름이 행해지지 않으면 노함이 뒤따르고, 노함이 뒤따르면 도리어 (자식의 마음을) 상하게 된다. (자식이 생각하기를)「어버이[夫子]께서 나를 올바름으로 가르치지만 어버이도 (행실이) 올바르시지 못한다」라고 한다면, 이는 부자간에 서로 (의를) 상하는 것이니, 부자간에 서로 상함은 나쁜 것이다. 옛날에는 자녀를 서로 바꾸어 가르쳤다. 어버이와 자식 간에는 선(善)으로 책하지 않는 것이니, 선으로 책하면 헤어지게 된다. 헤어지게 된다면 상서롭지 못함이 이보다 더 큰것이 없다.'"[51]

---

48 『孟子集註大全』「盡心下」: "孟子曰: 言近而指遠者 ‥‥‥ " 구절에 대한 朱子의 註解, "古人視不下於帶, 則帶之上, 乃目前常見至近之處也. 擧目前之近事, 而至理存焉, 所以爲言近而指遠也."

49 『中庸』13장: "子曰: 道不遠人."

50 『論語』「雍也」: "子貢曰: '如有博施於民而能濟衆, 何如? 可謂仁乎?' 子曰: '何事於仁, 必也聖乎! 堯, 舜其猶病諸! 夫仁者, 己欲立而立人, 己欲達而達人. 能近取譬, 可謂仁之方也已. 古者易子而教之.'"

51 『孟子』「離婁上」: "公孫丑曰: '君子之不教子, 何也?' 孟子曰: '勢不行也. 教者必以正, 以正不行, 繼之以怒, 繼之以怒, 則反夷矣. 「夫子教我以正, 夫子未出於正也.」則是父子相夷

위의 구절은 '어버이가 자식을 가르치는 이유는 그 자식을 사랑하기 때문인데, 노여움이 생긴다면 오히려 자식의 마음을 상하게 된다. 자식의 마음이 상하게 되면, 거꾸로 어버이를 바르지 못하다고 책망하게 될 것이니, 이는 자식이 어버이의 마음을 상하게 되는 것이다.'[52]라는 선(善)을 요구하는 책선(責善)에 관한 내용이다. 오륜(五倫)을 놓고 볼 때, 책선(責善)은 부자(父子) 사이에서 적용되는 것이 아니며, 붕우(朋友) 사이에 적용된다. 그러나 스승에게도 양보할 수 없는 것이 도(道)이기 때문에 [53] 스승과 제자 사이를 책선(責善)하는 붕우(朋友)의 관계로 이해할 수 있다.[54] 따라서 스승은 반드시 올바름[正]과 선함[善]을 내용으로 하는 강의의 요점을 체계적으로 학생에게 전달하여야 하며, '지킴이 요약하면서도 베풂이 넓은[守約而施博]' 자세를 갖추어야 한다.

3) 학생의 소질과 여건을 파악하기[因材]

앞서 살펴보았듯이, 맹자는 유학이 표방하는 '교육적 표준을 세우기[中道而立]'를 통하여 원칙과 기준을 분명히 하는 동시에, 아울러 '인재시

也. 父子相夷, 則惡矣. 父子之間不責善. 責善則離, 離則不祥莫大焉.'"

52 『孟子集註大全』「離婁上」: "公孫丑曰: 君子之不敎子, 何也?" 구절에 대한 註解, "不親敎也." "夷, 傷也. 敎子者, 本爲愛其子也, 繼之以怒, 則反傷其子矣. 父旣傷其子, 子之心又責其父曰: 「夫子敎我以正道, 而夫子之身未必自行正道.」則是子又傷其父也." "易子而敎, 所以全父子之恩, 而亦不失其爲敎." "責善, 朋友之道也." "王氏曰: 父有爭子, 何也? 所謂爭者, 非責善也. 當不義則爭之而已矣. 父之於子也如何? 曰, 當不義, 則亦戒之而已矣."

53 『論語』「衛靈公」: "子曰: '當仁, 不讓於師.'"

54 朋友는 '함께 어진 일을 하는 무리'이며, '서로 착한 일을 하도록 권면하는 사람들'이다. 그러므로 五倫에서도 師弟관계는 간혹 스승이 제자보다 나이가 많을 경우가 많기 때문에 長幼有序에 포함시키기도 하지만, 責善의 주된 의미를 놓고 볼 때는 朋友有信에 포함하는 것이 타당하다. 윤용남, 「퇴계 이황의 사도관」(『퇴계학보』 95집, 1997, 52~54쪽) 참조.

교(因材施敎)'의 방법을 전개함으로써 상보적인 측면에서의 교수작용을 이끌어내고 있다. '학생의 소질과 여건을 파악하기[因材]'는 『맹자』에 직접적인 근거를 두고 있지는 않지만, '군자의 다섯 가지 가르침[君子之所以敎者五]'에 대한 주자(朱子)의 주해인 '각자의 소질에 따른다[各因其材]'는 언급을 통하여 그 의미를 살펴볼 수 있다.

"성현은 가르침을 베풂에 있어서 각자의 소질에 따라[各因其材] 작은 재질의 사람은 작게 성취하고, 큰 재질의 사람은 크게 이루게 하여 어떠한 사람도 버리지 않는다."[55]

일반적으로 '인재시교(因材施敎)'는 재질에 따른 교육이라고 풀이하고 있으며, 학생들이 지닌 소질과 여건을 파악하여 교육하는 방법은 학생들의 잠재력과 재능 발휘를 위한 중요한 요소가 된다. 『논어』에도 이와 관련된 공자와 그 제자 간의 다음과 같은 대화가 기록되어 있다.

"안연(顔淵)과 계로(季路)가 (공자를) 모시고 있었다. 공자께서 말씀하셨다. '어찌 너희들은 각자의 뜻을 말하지 않는가?' 자로가 말하였다. '수레와 말과 가벼운 갖옷을 친구와 함께 쓰다가 (못쓰게 되거나) 낡아지더라도 유감이 없고자 합니다.' 안연이 말하였다. '자신의 잘하는 것을 자랑함이 없으며, 공로를 과시하지 않고자 하옵니다.' 자로가 말하였다. '선생님의 뜻을 듯고자 하옵니다.' 공자께서 말씀하셨다. '노인을 편안하게 해주고, 붕우(朋友)에게는 미

---

55 『孟子集註大全』「盡心上」: "君子之所以敎者五 …… 此五者, 君子之所以敎也." 구절에 대한 朱子의 註解, "聖賢施敎, 各因其材, 小以成小, 大以成大, 無棄人也."

덥게 해주고, 젊은이는 감싸주고자 한다.'"[56]

위의 구절은, "성현의 뜻이 다 공변되고 사사롭지 않으나, 많거나 적은 분량에서는 다름을 보여준 것"으로 그 요지를 파악할 수 있으나,[57] 이는 『논어』 전편에 걸쳐 언급되고 있는 공자와 그의 제자 간의 전형적인 문답[58] 형식을 보여주고 있다.

맹자 역시 이러한 문답을 통하여 제자들에게 가르치고 깨달음을 주고자 하였다. 앞서 언급한 '가르치지 않는 것'[59] 또한 학생들의 소질과 여건을 파악하는 교육의 한 방법으로 거론할 수 있듯이, 『맹자』 전편을 살펴볼 때, 문답을 통한 학생들의 소질과 여건을 파악하고 도덕성을 각성시키고자 한 그의 지혜를 충분히 엿볼 수 있다.

맹자는 제자인 공손추(公孫丑)와 다음과 같은 문답을 통하여 부동심(不動心)을 말하고 있다.

"공손추가 물었다. '선생님께서 제나라의 재상이 되어 도를 행할 수 있게 된다면, 비록 이로 인해 (제나라가) 패자가 되든 왕자가 되든 이상할 것이 없습

---

56 『論語』「公冶長」: "顏淵, 季路侍. 子曰: '盍各言爾志?' 子路曰: '願車馬 衣輕裘, 與朋友共, 敝之而無憾.' 顏淵曰: '願無伐善, 無施勞.' 子路曰: '願聞子之志.' 子曰: '老者安之, 朋友信之, 少者懷之.'"

57 유교문화연구소, 『논어』, 성균관대학교출판부, 2006, 163쪽.

58 문답이란 질의와 응답을 통한 교육방법이다. '문답식 교육은 어떠한 지도 형태를 막론하고 교사의 질문에 대한 학생의 답변 또는 학생의 질문에 대한 교사의 답변이라는 지도과정을 거치게 된다. 이러한 질문을 통해 학습자가 교재를 분석하고 비판적으로 평가하여 개괄하는 능력을 기를 수 있는 것이다. 질문을 하는 학생들의 의문점을 심리적으로 연구하여 그 특징을 살펴야 한다. 그것은 학습자들의 발달 단계에 따라 질문하는 것이 달라지기 때문이다.' 함종규, 『학습지도』, 형설출판사, 1992, 151쪽 참조.

59 『孟子』「告子下」: "孟子曰: 敎亦多術矣, 予不屑之敎誨也者, 是亦敎誨之而已矣."

니다만, 이럴 경우 마음이 움직이시겠습니까? 움직이지 않으시겠습니까?' 맹자께서 말씀하셨다. '아니다, 나는 나이 40에 마음이 움직이지 않았다.'"[60]

위의 구절에서 언급되고 있는 맹자의 나이 40세는 그가 막 벼슬을 시작할 때이다. 맹자가 제시한 이상적인 인간의 모습은 부동심(不動心)을 갖추어 마음속에 의혹됨이 없이 그 마음을 잘 보존하기 위해 수양하고 실천하는 사람이다. 맹자는 이러한 마음을 자신 역시 견지하고 있다는 점을 제자에게 설명하는 한편, 제자 역시 이러한 마음을 지켜가도록 요구하고 있다.

이렇듯이 서로 다른 환경과 조건을 충분히 헤아려 서로 다른 접근과 방식의 교육방법을 운용하는 것은 학생들의 잠재력과 재능을 계발하고 발휘시키기 위한 것이다.

맹자는 소질에 따른 교육 방법을 다음과 같이 분명하게 언급하고 있다.

"군자가 (남을) 가르치는 데에는 다섯 가지가 있다. 제때 내리는 비가 초목을 저절로 자라게 하는 것과 같이 빠르게 변화시키는 방법이 있으며, 덕을 성취시켜 주는 방법이 있고, 재능을 발달 시켜 주는 방법이 있으며, 물음에 대답해 주는 방법이 있고, 혼자서 덕을 닦게 해주는 방법이 있다. 이 다섯 가지는 군자의 가르치는 방법이다."[61]

---

60 『孟子』「公孫丑上」: "公孫丑問曰: '夫子加齊之卿相, 得行道焉, 雖由此霸王, 不異矣. 如此則動心, 否乎?' 孟子曰: '否. 我, 四十, 不動心.'"

61 『孟子』「盡心上」: "君子之所以教者五: 有如時雨化之者, 有成德者, 有達財者, 有答問者, 有私淑艾者. 此五者, 君子之所以教也."

가르침은 학생의 실제 상황으로부터 출발하여야 하며, 상황이 서로 다르기 때문에 교수작용의 측면 역시 다양하게 모색되어야 한다. 각자의 재질에 따라 교육하는 방법은 '중용지도(中庸之道)'가 표방하는 '시중(時中)'적 의미를 함유하는 것으로, 크레타 네이젤이 『가르침의 도』에서 제시한 인간주의 교육에 관련된 다섯 가지 지침 중 '교육은 학생에 따라 융통성 가진다'는 점과 일맥상통한다.[62] 아울러 이러한 측면은 공자의 덕론이 갖고 있는 구체적인 현실사회의 다양한 조건을 고려한다는 원론적인 의미를 갖는 것으로, '시중성과 가변성을 견지하는 가치의 열린체계를 강조하며, 다원주의적 시각으로 권고의 도덕'[63]으로 체화되어 "가르침이 있으면 종류가 없다[有敎無類]"로 귀결되는 구조와 그 궤를 같이 하는 것으로 이해할 수 있다.[64]

4) 학생의 자발성을 독려하기[勿助長]

『맹자』에는 다음과 같은 일화가 언급되고 있다.

"송나라 어떤 사람은 곡식의 싹이 빨리 자라지 않는 것을 안타깝게 여겨 싹을 뽑아 올려놓고는 아무것도 모르는체 (집으로) 돌아와서 집안 사람들에게 '오늘 피곤한데, 나는 곡식의 싹이 자라는 것을 도와주고 왔다.'고 말했다. 이 말을 들은 아들이 달려가서 보니 싹은 말라 있었다. 세상에 싹이 자라도록 억지

---

62 인간주의 교육에 관련된 다섯 가지 지침에 관하여는 그레타 네이절(Nagel, G. K.) 저, 김홍옥 역, 『가르침의 도(The Tao of Teaching)』(아침이슬, 2009) 참조.

63 서영이, 「공자 도덕이론의 실용주의적 읽기」,(『범한철학』 54권, 2009) 참조.

64 공자의 실천적 덕론에 관하여는 지준호, 「공자의 실천적 덕론」,(『한국철학논집』 41, 2014) 참조.

로 도와주지 않는 사람이 적으니, 이익 될 것이 없다 하여 버려두는 사람은 비유컨대 벼싹을 김매지 않는 사람이요, 억지로 자라게 하는 사람은 싹을 뽑는 사람이니, 이것은 비단 이익이 없을 뿐만 아니라 도리어 해치는 것이다."[65]

우리 인간이 자연의 순리를 거스르지 못하고 순응하여야 하는 측면이 있듯이 교육에 있어서도 강요나 억지는 매우 위험하다. 이는 맹자의 언급처럼, 송(宋)나라 사람이 자연의 질서를 어기고 저지른 '조장(助長)'의 과오를 범하는 것과 같다. 그러므로 '억지로 조장하지 않기[勿助長]'라는 의미는 자발성을 독려하는 것으로 풀이할 수 있다. 순리를 거슬러 급하게 교육의 결과를 기대한다거나 이를 위해서 억지로 조장하는 것은 오히려 '학생들의 자발적인 사유와 참여를 통해 가르침을 따르려는 것'[66]을 막는 '이익이 없을 뿐만 아니라 도리어 해치는 것'이다. 도덕교육의 교수작용 측면에서도 학생들의 덕(德)을 신장시켜주고 올바른 인격을 함양시키기 위한 점진적인 자기계발의 기회가 필요하며, 도덕적 이치를 깨닫고 정서적 안정을 도모할 수 있는 여유로운 시간과 공간이 필요하다. 학생들의 소질과 재능 그리고 학습 단계를 고려하지 않는 억지 조장의 도덕교육은 아무 것도 성취하지 못한 채 말라죽은 송(宋)나라 농부의 새싹과 같다.

또한, 자연의 흐름은 여러 상황에 따라 다양하게 드러나므로 그러한 다양성을 잘 살피는 것이 중요하다.

---

65 「孟子」「公孫丑上」: "(必有事焉, 而勿正, 心勿忘, 勿助長也, 無若宋人然.) 宋人, 有閔其苗之不長而揠之者, 芒芒然歸. 謂其人曰: '今日, 病矣, 予助苗長矣.' 其子趨而往視之, 苗則槁矣. 天下之不助苗長者寡矣. 以爲無益而舍之者, 不耘苗者也; 助之長者, 揠苗者也, 非徒無益, 而又害之."

66 「孟子」「盡心上」: "孟子曰: 君子引而不發, 躍如也, 中道而立, 能者從之."

"맹자께서 말씀하셨다. '그만두어서 안될 경우에 그만두는 사람은 그만두지 못하는 것이 없을 것이요, 후하게 할 것에 박하게 한다면 박하지 않은 것이 없을 것이다.'"[67]

그러므로 교육 역시 학생의 필요와 요구 그리고 주변 환경 등 다양성을 고려하여 상황에 맞는 교수작용이 이루어져야 한다.

한편, 맹자는 흐르는 물에 비유하여 순서에 따르는 점진적인 측면을 생동감 있게 설명하고 있다.

"맹자께서 말씀하셨다. '…… 흐르는 물은 웅덩이를 채우지 않으면 (앞으로) 나아가지 않으며, 군자가 도에 뜻을 두었을 때에도 문장(文章)을 이루지 않으면 통달하지 못한다.'"[68]

사람도 자연의 흐름과 마찬가지로 순서가 있기 때문에 이를 거스르거나 등급을 건너뛰어 올라가는 엽등(躐等)을 인정할 수 없다. 그러므로 가르침에도 순서를 마련하여 수준별 또는 단계별로 교육하는 것이 필요하다. 맹자는 근원이 깊은 샘물을 언급하면서 "근원이 깊은 샘물은 끊임없이 흘러 밤낮을 가리지 아니하여 웅덩이를 가득 채운 뒤에 전진하여 사해(四海)에 이르나니 ……"[69]라고 하여, 웅덩이를 채워 전진하여 결국 사

---

67 『孟子』「盡心上」: "孟子曰: 於不可已而已者, 無所不已; 於所厚者薄, 無所不薄也. 其進銳者, 其退速."

68 『孟子』「盡心上」: "孟子曰: …… 流水之爲物也, 不盈科不行; 君子之志於道也, 不成章不達."

69 『孟子』「離婁下」: "孟子曰: 原泉混混, 不舍晝夜. 盈科而後進, 放乎四海, 有本者如是, 是之取爾."

해(四海)에 이르는 샘물과 같이 교육 역시 점진적인 단계를 거치지 않고 서는 그 근원과 근본을 깨달을 수 없다는 점을 보여 주고 있다.

그러나 아무리 점진적인 단계를 거친다고 하여도 "마음을 오로지 하고 뜻을 다하지 않으면 터득하지 못한다."[70] 도(道)에 근본을 두고 점진적인 단계를 밟아가는 사람은 힘이 부족하여 중도에서 폐지하지는 않게 된다.[71] 이렇듯이 교수작용에 있어서의 '억지로 조장하지 않기[勿助長]'는 학생의 자발성을 독려하는 것으로 점진적이며 단계적이다. 잠재력과 여유를 갖는 자기계발의 기회를 통하여 학생은 노력하고, 자각하고, 자포자기 하지 않는 삶을 실현하게 된다는 의미를 담고 있다.

4. 결론

본 연구는 맹자의 도덕교육론을 학계에 소개함으로써 현 시대의 도덕교육의 내용을 풍부히 할 뿐만 아니라 시대의 변화와 발전에 따르는 미래지향적인 도덕교육 방법을 모색하는데 일조하고자 하였다. 삶의 철학이며 실천윤리적 내용을 담고 있는 맹자의 사상을 현 시대의 상황에 맞게 재해석해 보고 아울러 인성론에 기초한 구체적인 교육방법을 통하여 맹자 도덕교육론에 함의된 교육의 방향과 내용을 제시하는 것은, 본질적인 측면에서 현재의 도덕교육을 되돌아보는 반성적 접근의 일환이기도 하다.

유가의 교육이념은 도덕교육을 통한 전인적 인간을 길러내고자 하는

---

70 『孟子』「告子上」: " …… 不專心致志, 則不得也."
71 『中庸』11장: "君子遵道而行, 半塗而廢, 吾弗能已矣."

데 있다. 그러므로 전인교육은 인간이 교육을 통하여 도달할 수 있는 최고의 도덕적 경지를 추구하는 데에 궁극적인 지향점이 있다. 사람의 본성이 본래 선한 것인가 아니면 악한 것인가에 대한 대답의 방향은 교육의 목적과 성격을 밝히는 데 중요한 요인이 된다. 인간이 본래 선하다면 그 선함을 보존하거나 회복하는 것이 교육일 것이며, 인간이 본래 악하다면 그 악성을 계속적으로 고쳐서 다시 악성으로 되돌아가지 않도록 하는 것이 교육일 것이다.

맹자가 제시한 교수작용으로서의 교육방법은 인간의 본성이 선하다는 성선설을 기초로 하고 있으며, 인간성 회복을 통한 이상적인 인격의 형성을 목표로 하고 있다. 맹자는 "인(仁)을 실천하는 것은 자기로부터 말미암는다[爲仁由己]"는 공자의 사상을 계승하여, 도덕적 자각으로부터 도덕적 실천을 이끌어 내고 있다. 실천을 중심으로 하는 도덕교육의 역할은 도덕공동체 조성에 있어서 무엇보다 중요하다.

비록, 맹자가 성선설의 관점에서 제시하고 있는 교육방법이 유가학술사에 있어서 맹자만의 고유한 학습법이라고 단정할 수 있는 근거나 이해 부분이 본 연구에서 다소 부족하기는 하지만, 다양한 예를 들어 구체적인 교수작용의 측면을 논의한 『맹자』 전편의 전거들을 통해 알 수 있듯이, 학생들의 자발성을 함양하고 실천성을 강조하고 있다는 점에서 맹자 도덕교육의 특징을 찾을 수 있다.[72]

맹자가 말하는 '불위(不爲)'[73]의 의미는 현실에 안주하는 지성인이 아닌

---

72 또한, 유학사상 발전과정 속에서 맹자의 도덕교육론이 어떤 영향을 미쳤고 어떻게 계승 발전되었는지에 대한 분석 및 맹자의 교수방법이 서구의 교육방법과 어떠한 차이가 있고 어떻게 현대화 될 수 있는지에 대한 현실적 계승법과 대안적 논의 역시 맹자의 도덕교육 연구에 있어서 반드시 필요한 부분이지만, 지면 관계상 이 문제에 대하여는 차후의 과제로 남겨놓는 바이다.

73 『孟子』「梁惠王上」: " …… 故王之不王, 不爲也, 非不能也."

현실을 개척하는 지성인으로서의 의지와 사명감을 보여주고 있으며, 회인불권(誨人不倦)하는 교학적 자세는 진리애와 제자애로 유학의 가르침을 전도하고 실천하는 스승으로서의 사명감과 본질을 드러내주고 있다.

맹자의 "행기소무사(行其所無事)" 원칙과 성론(性論)에 대한 생태 철학적 접근

황종원(단국대학교 철학과 교수)

1. 머리말

　인간은 생명을 지닌 존재이다. 생명을 지닌 존재는 다른 자연생명을 먹어야만 살 수 있고, 그 먹음을 실현하는 매개가 인간에게는 노동이다. 인간은 살기 위해 노동을 통해 무수한 생명을 먹어왔다. 노동은 인류의 생존욕망 충족의 기본방법이다. 다른 한편 노동은 이용이기도 하다. 즉 그것은 자연존재인 인간이 다른 자연을 대상으로 삼아 우리가 소비할 수 있는 형태로 그것에 변형을 가하는 활동이다. 따라서 그것은 원죄이다. 하지만 자연에 대한 이용은 다른 한편으로는 인간생존을 위한 부득이한 행위이며 따라서 그것은 용서받은 죄이기도 하다. 보다 큰 문제는 사회에 있다. 사회란 인간이 노동을 효과적으로 하기 위해 더 나아가서는 인류의 보다 나은 삶을 위해 집단적으로 형성한 조직이다. 그런데 인간이 노동을 통해 자연에서 해방된 이후 사회의 지배계층은 생존의 필요가 아닌 자신의 보다 큰 물적 욕망의 성취를 위해 자연과 사회를 이용하기 시작했다. 인류의 방황은 이렇게 시작되었다. 소수의 물적 욕망의 충족을 위해 자연 · 노예 · 여성 · 아동 등 약한 존재들이 희생되기 시작했다. 그리고 근대 이후 자연을 죽은 물질로 규정하는 과학기술적 관점에 기초해 자연은 더욱 가공할 규모로 파괴되어 왔다. 20세기 후반부터 본격화된 생태위기는 이제 이 방황의 역사에 종지부를 찍을 것을 재촉하고 있다.

오늘날 인류의 미래에 대해서는 대략 세 가지 입장이 존재하는 것 같다. 현재의 생태위기는 근현대적 과학관에 기반을 둔 더욱 고도화된 기술에 의해 해결될 수 있으며 이에 인간의 물적 욕망은 향후 더 전면적으로 실현될 수 있을 것이라는 견해가 첫째이고, 인간의 물적 욕망을 최소한으로 제한하고 자연의 내적 가치에 대한 인정을 기반으로 생태문명을 건설해야 한다는 심층 생태주의자들의 입장이 둘째이며, 생태위기가 하나의 문제임을 공감하지만 인간의 이성 · 진보 · 기술 등의 가치 자체는 포기될 수 없다는 전통적 진보주의자들의 입장이 셋째이다. 이 중 둘째와 셋째 입장은 약한 존재를 대변한다는 공통된 가치지향을 견지하면서도 인간과 자연의 관계 문제에 있어서 각기 중요한 한 측면을 놓치고 있기 때문에 대화를 통한 새로운 대안 모색이 시급하다고 하겠다.

심층 생태주의자들은 "환경 위기의 근원적 뿌리는 서구의 인간 중심적인 지배적 세계관과 가치관에 있다.[1]"고 주장하며, 자연에 도구적 가치 이외에도 자체의 '내적 가치'가 존재한다는 논증에 기초하여 새로운 환경윤리의 정립을 주창한다. 나아가 한국의 몇몇 생태 철학자들은 서양의 환경윤리학이 여전히 주체와 객체의 이분법적 구도에서 완전히 벗어나지 못하고 있다는 점을 비판, 동양 전통철학 속에 담긴 생태 철학적 요소에서 새로운 활로를 모색하기도 한다. 예컨대 환경윤리학자 한

---

1 한면희, 『환경윤리─자연의 가치와 인간의 의무』, 철학과 현실사, 1997, 22쪽.

면희는 생태학에 "주객 분리를 불허하는 동양의 자연관을 접목시킴으로써 데카르트의 이분법적 잔재를 청산하는 새로운 형태의 가치를 제안[2]"하기도 했다. 반면 전통적 진보주의자들은 생태주의자들이 자연의 '내적 가치'라는 문제에만 주목, "인간과 자연 사이의 부단히 진화하는 물질적 관계 (마르크스가 신진대사적 관계라고 칭한 것)에 대한 이해라는 한층 곤란한 문제[3]"는 완전히 도외시했다고 비판한다. 예컨대 존 포스터(John Foster)는 마르크스주의를 생태적 의식이 빈약한 사상으로 비난하는 견해에 체계적으로 논박하고 있으며, 나아가 자연의 가치에만 주목하는 녹색이론을 "관념론 · 애니미즘 · 이원론[4]"이라고 공격하고 나섰다.

이 대립된 두 입장이 가능한 대화의 물꼬를 트기 위해서는 상대방을 향해 겨누었던 비판의 창끝을 자신에게도 겨눌 줄 알아야 한다. 우선 심층 생태주의자들은 환경위기의 근본원인이 '서구의 인간중심적 세계관'에 있다는 그 당연한 듯이 보이는 전제에 대해 재고해 보아야 한다. 물론 환경위기는 다른 생물이 아닌 인간에 의해 야기되었다. 하지만 그것이 인간의 자기 '중심적 세계관' 혹은 인간중심주의(anthropocentrism)에 의해 야기되었다는 주장에 대해서는 다시 숙고할 필요가 있다. 서구의 인간중심주의가 근대 이후의 파괴적 기술과 욕망으로 현현될 씨앗을 안고 있었다는 점에서는 생태위기를 초래한 하나의 원인으로 간주될 수도 있으나, 하나의 '주의' 혹은 '세계관'이 '근본' 원인이라는 주장에 대해서는 의문이 싹튼다. 어떤 '주의' 혹은 '세계관'이 어느 날 문득 하늘에서 떨

2 한면희, 『환경윤리─자연의 가치와 인간의 의무』, 철학과 현실사, 1997, 4쪽.

3 John Bellamy Foster, *Marx's Ecology*, 2000, Monthly Review Press. 肖峰 譯, 『馬克思的 生態學─唯物主義與自然』, 高等教育出版社, 2006, 13쪽에서 재인용.

4 John Bellamy Foster, *Marx's Ecology*, 2000, Monthly Review Press. 肖峰 譯, 『馬克思的 生態學─唯物主義與自然』, 高等教育出版社, 2006, 20쪽.

어진 것이 아닌 이상, 그러한 관념이 형성되고 발전된 삶의 배경이 있기 마련이며, 따라서 근본원인은 그러한 세계관이 형성되게 된 삶의 토대에서 찾아져야 한다. 여기서 삶의 토대란 우선은 생존을 위해 먹고 사는 특정한 방법, 즉 노동양식, 혹은 생산기술을 가리킨다.

인간을 포함한 모든 생명은 어느 정도 '자기중심적'일 수밖에 없다. 어떤 생명이든 오늘 하루를 살자면 타자 생명을 죽여서 먹어야 한다. 이를 한국의 생태학자 이준모는 '생명의 자기중심성'이라 칭했다. 이렇게 인간의 자기중심성에 기초한 자연의 부정 및 소비는 자연존재로서는 어쩔 수 없는 일이며, 심층 생태주의자들이 말하는 인간중심주의도 이를 가리키는 것은 물론 아니다. 문제는 이 생존욕망에서 출발한 소비가 언제부터인가 대상을 즐기기 위한 욕망, 나아가서는 파괴 자체를 즐기는 욕망으로 변질되었다는 데 있다. 이는 인간의 역사에서 인간의 자연으로부터의 해방, 고대국가 및 계급의 형성과 그 궤를 같이 한다. 자연에서 해방된 인간, 노동에서 해방된 지배계층이 단지 즐기기 위해 자연을 파괴하기 시작한 데서 오늘날 생태위기의 씨앗은 배태되었다. 하지만 다른 한편 지배와 파괴의 욕망은 그 파괴를 가능하게 하는 기술적 매개가 없으면 결코 만족되지 못한다. 서구인들은 자연 전체를 지배하여 자신의 욕망을 채울 수 있는 기술을 근대의 기계적 환원론적 과학관과 이윤을 추구하는 이기적 인간론에 바탕을 둔 자본주의의 결합 속에서 발견한다. 이렇게 볼 때 생태위기의 근본적 원인은 삶의 토대를 이루는 생산양식, 노동양식에 있지, 세계관 자체에 있는 것은 아니라는 결론을 도출할 수 있다. 그리고 이 점에 있어서 세 번째 부류가 심층 생태주의를 '관념론'이라고 공격하는 것이 전혀 근거 없지 않다는 점 또한 알 수 있다.

위기의 근본원인이 생산양식·노동양식에 있다는 필자의 주장은 존 포스터의 지적처럼 생태철학 연구자들이 '인간과 자연의 신진대사적 관계'라는 문제에 주목해야 함을 의미하기도 한다. 그러나 이와 동시에 노동을 매개로 한 인간과 자연의 관계에서 우리가 우선적으로 새롭게 발견해야 할 내용은 인간의 노동 자체로 인해 자연이 희생된다는 진리이다. 예컨대 내가 공부하는 이 책상 안에는 목공의 노동력뿐만 아니라 나무·공기·바람·물·흙 등 무수한 자연의 기운이 응축되어 있다. 소위 자연의 가치는 개별 자연물 속에 '내적'으로 본래 존재한다기보다는 노동관계 속에서 형성된다고 하는 편이 나을 것이다. 전통적 진보주의자들의 노동양식·생산양식 개념에는 이런 자연의 자기희생이라는 관념이 박약하며, 그리하여 자연의 가치에 대한 생태철학자들의 논의를 애니미즘이라고 비아냥댄다. 그러나 바로 이른바 '신진대사적 관계'에서 자연의 생명론적인 의의와 가치를 간취해낸다면 그들은 비로소 물질을 죽은 물질로만 대하지 않을 수 있게 될 것이다.

2. 행기소무사(行其所無事)의 원칙

자연을 이용해야만 살 수 있는 인간과 부단히 희생당하는 자연 사이에서 그 희생을 최소화하여 인간과 자연의 조화와 통일을 이룰 수 있는 노동양식은 없는 것일까? 우리는 그 해답의 단초를 중국 전국시대 중기 맹자가 정식화한 행기소무사(行其所無事)의 원칙에서 발견하게 될 것이다. 본 논문은 행기소무사(行其所無事)의 원칙을 중심으로 맹자의 사상 속에 담겨진 생태 철학적 원리를 탐구함을 그 목적으로 한다. 나아가 이러한 탐구를 통해 미래 인류의 생태문명 건설을 위한 철학적 논의가 자연의 권리나 자연의 내적 가치와 같은 지나친 관념적 논의에서 벗어나 새로운 생태적 노동양식의 철학적 원리를 찾는 방향으로 선회하기를 기대한다.

1) 유위(有爲)와 무위(無爲)의 종합

행기소무사(行其所無事) 원칙의 심원한 의미를 드러내기 위해서는 춘추전국시대 노동양식의 변혁과 이에 자극을 받아 형성된 제자백가의 사상 가운데 맹자의 주된 극복대상이었던 묵자(墨子)·양주(楊朱)의 철학적 기초에 대해 살펴보는 것이 지극히 유익하다. 일반적으로 중국에서 철의 사용은 춘추시대에 시작되었다고 보는 것이 학계의 정설이다. 철의 응용이 본격화되는 전국시대 초기부터는 노동도구에 커다란 변화가 일어나는데, 농민들이 철제 농기구로 농사를 짓게 되었다는 점이 바로 그 것이다. 농민들은 철로 제작된 쟁기를 소에 메어 심경(深耕)을 하기 시작했고, 이에 따라 더욱 넓은 경작지의 확보와 광활한 삼림개발이 가능하게 되었다. 넓은 경작지의 확보는 드디어 농사에 대한 앎과 이용방법의 개발을 요구하게 했으니, 수리관개, 토양, 각 토양에 맞는 농작물의 구분 등과 관련된 지식과 기술이 체계적으로 축적되기 시작했다.[5] 이러한 노동양식의 근본적 변혁이 인간사회에 미친 영향은 실로 지대하여 인간 삶의 구석구석까지 변화시켜 놓았지만, 그와 같은 변화가 일어날 수 있었던 막강한 힘의 근저에는 인간과 자연의 관계변화가 자리를 잡고 있다고 하겠다. 즉 인간의 자연에 대한 대규모 이용과 개발은 한편으로는 인간이 자연에서 해방되었음을, 다른 한편으로는 자연이 인간에 의해 대규모로 희생되기 시작했음을 의미한다. 이 시기 중국철학사에서 초자

---

5 馮友蘭, 『中國哲學史新編』第1冊, 『三松堂全書』第8卷, 河南人民出版社, 2000, 82~85쪽 참조.

연적 상제를 대체하여 자연 천(天), 혹은 노자의 도(道) 개념이 제기되는 것은 결코 우연이 아니다. 명확한 자연 개념은 인간이 자연에서 해방된 후, 즉 인간이 자연을 '나' 혹은 '우리'와는 다른 것으로 본 후에야 비로소 확립될 수 있기 때문이다. 자연으로부터 인간의 해방과 인간으로부터 야기된 자연의 희생이라는 이 역설적이고 변증법적인 역사전개의 두 계기에 대해 이 시기 제자백가들은 각 파의 사회적 위치와 사상적 관점에 따라 두 계기 중 어느 한 계기를 강조하거나 이 둘을 종합하려는 시도를 하고 있는데, 바로 묵가와 도가가 각기 인간의 기술적 해방과 자연성의 보존을 역설하는 전자에 해당된다면 맹자의 행기소무사(行其所無事) 원칙은 후자에 속한다고 하겠다.

수공업자 출신인 묵자가 노동을 소중히 여기고 그런 노동을 하는 백성의 이익을 모든 가치판단의 척도로 삼았다는 점은 비교적 잘 알려진 사실이고, 이 점에 대해 우리는 분명히 긍정적으로 평가하고 찬사를 보낼 만하다. 그러나 백성의 '이익'이라는 가치기준이 설정된 또 다른 논거로 생산기술의 진보에 대한 반성 없는 찬양과 이로 인해 인간과 자연의 양분화를 당연시하는 관점이 제시되어 있다는 것을 지적하는 이는 드물다.

> 성인이 한 나라를 다스림에 한 나라가 물질적 부를 배로 늘릴 수 있다. 대인이 천하를 다스림에 천하가 배로 늘어날 수 있다. 그것을 배로 늘어나게 함은 밖에서 취해서가 아니다. 그 국가의 자원을 이용하고 쓸모없는 비용을 없애면 족히 배로 늘릴 수 있다.[6]

---

6 吳毓江 撰, 『墨子校注』권6, 「節用上」: "聖人爲政一國, 一國可倍也. 大之爲政天下, 天下可倍也. 其倍之, 非外取之也, 因其國家去其無用之費, 足以倍之."

오늘날 사람은 금수·순록·나는 새·정충(貞蟲)과는 다른 존재이다. 오늘날의 금수·순록·나는 새·정충(貞蟲)은 깃털을 옷으로 삼고, 굽과 발톱을 바지와 신발로 삼으며, 물과 풀을 음식으로 삼는다. 그러므로 수컷이 작물을 경작하거나 나무를 재배하지 않아도 암컷이 길쌈을 하지 않아도 먹고 입을 재산이 이미 갖추어져 있다. 오늘날 사람은 이들과는 다른 존재이다. 힘에 기대는 자 살고, 힘에 기대지 않는 자 살지 못한다.[7]

묵자가 국부증대의 방법으로 노동 인구의 증가[庶]와 함께 절약[節用]을 제시한 이유는 귀족들의 낭비를 막기 위해서였다. 마찬가지로 음악은 소수만이 즐기는 사치품이고, 주례(周禮) 식의 후한 장례[厚葬]와 오랜 기간의 상례[久喪] 역시 부의 증식에 도움이 안 된다는 이유에서 반대했다. '이익'이 가치판단의 기준점이 된다는 생각은 그의 겸애설[兼相愛, 交相利]과 같은 공리주의적 도덕관에도 여지없이 반영되어 있다. 겸애(兼愛)라는 글자가 표방하고 있는 바처럼 그는 혈연관계 우선적인 유가의 차등적 인(仁)과는 상반된 보편적이고 평등한 사랑을 주장할 수 있었으나, 겸애의 정신은 반드시 '서로를 이롭게 하는 실천[交相利]'으로 표현되어야 한다고 하여, 도덕실천에서 동기보다는 효과를 중시하고 있다.

이와 같이 이익과 효과를 중시하는 묵자사상의 특징은 춘추전국시대라는 노동양식 급변의 시기에 기술을 매개로 자연으로부터 해방된 기술자 계층의 의식을 고스란히 반영하고 있다. 이 계층은 사회적으로는 여전히 약자이지만 자연만큼은 인간의 이익과 부의 창출을 위한 눈, 즉 이

---

7 吳毓江 撰, 『墨子校注』권8, 「非樂上」: "今人固與禽獸麋鹿蜚鳥貞蟲異者也. 今之禽獸麋鹿蜚鳥貞蟲因其羽毛以爲衣裘, 因其蹄蚤以爲絝屨, 因其水草以爲飮食. 故唯使雄不耕稼樹藝, 雌亦不紡績織紝, 衣食之財固已具矣. 今人與此異者也, 賴其力者生, 不賴其力者不生."

용자의 눈으로 바라본다. 따라서 그들에게 자연은 언제나 인간과는 다른 것으로 여겨진다. 두 번째 인용문은 묵자의 자연에 대한 이러한 생각을 여실히 보여준다. 자연존재는 아무 일을 하지 않아도 먹고 입을 것이 주어지는데 반해 힘을 쓰는 일은 오로지 인간만이 한다고 생각하였기에 그는 인간은 자연과 다르다고 선언했다. 바로 자연을 이용의 눈으로 바라보았기 때문에 묵자는 선진도가 혹은 선진유가들처럼 자연의 내적 질서에 어떤 신성한 가치를 부여할 수 없었다. 그는 오히려 당시의 시대사조에 비추어 보면 한참 진부한 천의 뜻[天志]을 겸애(兼愛)라는 최고가치의 근원으로 삼았다. 천의 뜻의 핵심은 겸애라거나 귀신은 천을 도와 겸애를 행하는 사람에게 상을 내린다는 묵자의 주장이 그것이다.

묵자가 '백성'이라는 사회적 약자 다수의 이익을 가치판단의 척도로 삼았던 것과는 정반대로 은자(隱者)를 대변하는 최초의 학파를 형성한 양주(楊朱)는 '자기생명'의 이익을 모든 가치의 우선순위에 올려놓았다.

위태로운 성에 들어가지 않는 것을 의롭다고 여기고, 군대에 머물지 않으며, 천하가 크게 이롭다고 하여 다리에 있는 터럭 하나와 바꾸지 않는다.[8]

이러한 양주의 중심사상을 한비자는 "외물을 경시하고 생명을 중시하는[輕物重生]" 사상이라고 하여 양생(養生)의 관점에서 이해하려한데 반해 맹자는 "자기를 위하는[爲我][9]" 이기주의적 생각이라고 혹평하고 있다. 그러나 양주의 사상을 양생의 관점에서 긍정적으로 이해하려고 했든 아니면 이기주의라고 혹평했든지 간에 적어도 그가 생명의 자기중심

---

8 『韓非子』「顯學」: "義不入危城, 不處軍旅, 不以天下大利易其脛一毛."
9 『孟子』「盡心上」: "楊子取爲我."

성을 강조했다는 점만큼은 분명한 것 같다.

이러한 묵자의 겸애설과 양주의 위아설에 대해 맹자가 가한 비판의 핵심 내용은 유가의 충효라는 잣대에 비추어 볼 때 양자가 각각 안중에 아버지가 없거나[無父] 임금이 없는[無君] 생각이라는 점이다. 묵자와 양주의 설이 성행하던 당시의 학풍을 크게 경계하면서 맹자가 한 다음의 말은 역대 유자들 사이에서는 명언으로 여겨져 왔다.

천하의 말은 양주에 속하지 않으면 묵적에 속한다. 양주는 나를 위할 것을 주장하는데, 이는 안중에 임금이 없는 것이다. 묵적은 겸애를 주장하는데, 이는 안중에 아버지가 없는 것이다. 안중에 아버지도 임금도 없으니, 이는 금수이다.[10]

그런데 한 가지 흥미로운 점은 위 인용문에 앞서 비교적 긴 지면을 할애한 다른 이야기들이 보인다는 것이다. 다시 말해 양묵의 설이 혹세무민하는 사설[邪說誣民]이라는 점을 입증하기 위해 맹자는 앞서 선사시대부터 자신이 활동하고 있는 전국시대 중기까지의 역사를 철학적으로 반성하고 있는데, 농업적 사유방식이 고스란히 투영된 역사가 "한번 다스려지고 한번 어지러워진다[一治一亂]."라는 순환적 역사관은 차치하고서라도 그가 반성의 대상으로 삼고 있는 주제들, 즉 선사시대 자연과 인간의 관계, 은주시대의 사회모순, 춘추전국시대의 사상적 대립 등의 문제는 그것이 자연·사회·인간의 의식이라는 인간 삶의 총체적 관계를 다루는 것이라는 점에서 앞의 양주, 묵적이 미처 생각지 못한 종합적 사유

---

10 『孟子』「滕文公下」: "天下之言不歸楊, 則歸墨. 楊氏爲我, 是無君也. 墨氏兼愛, 是無父也. 無父無君, 是禽獸也."

의 길로 우리를 안내하고 있다. 논의의 초점을 흐리지 않기 위해, 그리고 지면 관계상 여기에서는 자연으로부터 인간의 해방 문제를 논한 첫 단락만을 인용한다.

천하가 생겨난 지 오래되었는데, 그 동안 한 번 다스려지면 한 번 어지러워졌다. 요임금 때에는 물이 역류하여 중원에 범람했다. 사룡(蛇龍)이 그곳에 살았고, 백성들은 정착할 곳이 없었다. 저지대 사람들은 나무 위에 둥지를 틀었고, 고지대 사람들은 서로 이어진 동굴을 만들었다. …… 우로 하여금 그것을 다스리게 했다. 우는 땅을 파서 물을 바다로 흐르게 했고, 사룡을 소택지로 쫓아 버렸다. 물이 강바닥을 따라 흐르니 장강·회하·황하·한수가 그것이다. 위험에서 멀어지고, 조수가 사람을 해침이 없어진 후에 사람들은 평지에서 거주할 수 있게 되었다.[11]

맹자는 이 단락에서 요 임금 재위 초에 인간이 홍수 문제를 해결하지 못해 동물에 떠밀려 살았으나 물의 아래로 흐르는 법칙을 따라가는 기술을 우가 사용함을 계기로 인간이 자연으로부터 해방되었다고 회고하고 있다. 이 구절은 언뜻 보면 자연과 뒤섞여 살던 원시인들이 기술의 진보를 통해 드디어 자연에서 해방되었다는 식으로 이해될 수도 있으나, 이러한 이해는 실제로 맹자가 말한 핵심 내용, 즉 자연의 운행법칙을 철저히 '따라가는' 성격을 그 기술이 지녔기에 비로소 중원지역 사람들이 자연에서 해방될 수 있었다는 점을 빼먹은 것이라 하겠다. 치수를 함에 있

---

11 『孟子』「滕文公下」: "天下之生久矣, 一治一亂. 當堯之時, 水逆行, 氾濫於中國, 蛇龍居之, 民無所定, 下者爲巢, 上者爲營窟. …… 使禹治之. 禹掘地而注之海, 驅蛇龍而放之菹. 水由地中行, 江淮河漢是也. 險阻旣遠, 鳥獸之害人者消, 然後人得平土而居之."

어서 우가 고수한 것으로 생각된 이 기술적 원칙을 맹자가 매우 중시했다는 사실은 자신의 치수 방법이 우보다 낫다는 백규(白圭)의 우쭐거림을 신랄하게 비판하는 그의 다음과 같은 말에서도 확인된다.

> 그대는 틀렸소이다. 우께서는 치수하심에 물의 도를 따르셨습니다. 그래서 우는 사해를 물이 모이는 곳으로 삼으셨습니다. 그런데 오늘날 당신은 이웃 나라를 물이 모이는 곳으로 삼고 있습니다. 물이 역류하는 것을 홍수(洚水)라고 부릅니다. 홍수(洚水)는 홍수로서 인(仁)한 이가 싫어하는 바입니다. 그대는 틀렸소이다.[12]

제방을 쌓아 물을 틀어막는 기술이 역류를 야기하여 인간 삶의 터전마저 파괴하는 것이라면 우의 기술은 물의 본성을 따라 물을 사해로 자연스레 흐르게 하는, 즉 '물의 도[水之道]'를 따르는 것이라는 점을 그는 여기서 주장하고 있다.

2) 행기소무사(行其所無事)와 농업적 사유방식

이 우의 치수 원칙이 다른 곳에서는 행기소무사(行其所無事)라는 명제로 정식화되어 성(性)에 관한 논의를 포함한 인간의 모든 지식 획득 활동의 타당성을 입증하는 결정적 논거가 되고 있다. 맹자의 성선설 및 수양의 방법적 원칙이 대체로 이 행기소무사(行其所無事)에 기반을 두고 있다는 점에 주목하는 이는 드물다.

---

12 『孟子』「告子下」: "子過矣. 禹之治水, 水之道也. 是故禹以四海爲壑. 今吾子以鄰國爲壑. 水逆行謂之洚水. 洚水者, 洪水也. 仁人之所惡也. 吾子過矣."

천하의 성(性)에 대한 토론은 그 까닭을 구하는데 머물러 있다. 그러한 까닭이란 이로움을 근본으로 한다. 내가 앎이라는 것에 대해 싫어하는 점은 그것이 천착하기 때문이다. 만약 지혜로운 자가 우의 물을 흐르게 함과 같게 할 수 있다면 앎에 대해서 싫어할 필요가 없을 것이다. 우가 물을 흐르게 한 방법은 그 무사(無事)를 행함이었다. 만약 지혜로운 자 또한 그 무사를 행할 수 있다면 그 앎 또한 크다고 하겠다.[13]

현대 학자들에게 이 구절이 난해한 까닭은 고대 주석서 가운데 이 단락을 일목요연하게 설명해 주는 것이 없기 때문이기도 하고, 그나마 있는 해석조차 큰 의견차가 존재하기 때문이기도 한데, 특히 시작 부분 세 구절에 대한 주자의 해석은 사람들에게 큰 오해를 자아내게 한다. 그는 "고(故)란 이미 그러한 자취이다.[14]"라고 하여 고(故) 자를 형이상자로서의 성(性)과 대비시키고 리(利)를 순조롭다는 의미의 순(順)으로 해석한[15] 후 이 세 구절을 이렇게 해석했다.

사물의 이치는 비록 형체가 없어서 알기 어려울 것 같지만 그 발해진 이미 그러한 것[已然]에는 반드시 자취가 있어 쉽게 보인다. 그러므로 천하의 성을 말하는 자는 그 고(故)만을 말해도 이치는 자명해질 것이니, 이는 천에 대해 잘 말하는 자가 사람에게서 징험되는 것이 있는 것과 같다.[16]

---

13 『孟子』「離婁下」: "天下之言性也, 則故而已矣. 故者以利爲本. 所惡於智者, 爲其鑿也. 如智者若禹之行水也, 則無惡於智矣. 禹之行水也, 行其所無事. 如智者亦行其所無事, 則智亦大矣."

14 朱熹, 『孟子集注』卷8, 「離婁章句下」: "故者, 其已然之迹."

15 朱熹, 『孟子集注』卷8, 「離婁章句下」: "利, 猶順也."

16 朱熹, 『孟子集注』卷8, 「離婁章句下」: "言事物之理, 雖若無形而難知, 然其發見之已然, 則必有迹而易見. 故天下之言性者, 但言其故而理自明, 猶所謂善言天者必有驗於人也."

형이하자로서의 '이미 그러한 자취'인 고(故)를 말함을 통해 '순조롭게[利]' 형이상자인 리(理)를 깨닫는다는 주희의 해석은 격물(格物)을 통한 치지(致知)를 강조하는 주자의 사고 틀일 수는 있어도 맹자의 본뜻과는 한참 거리가 멀어 보인다. 위 세 구절에 대한 주자의 해석이 지닌 더욱 큰 문제점은 그것이 맹자의 본뜻과 다를 뿐만 아니라 심지어 완전히 상반된다는 데 있는데, 이 점을 우리는 손석(孫奭, 962~1033)이 소(疏)를 단 『맹자주소(孟子注疏)』에서 확인할 수 있다. 그는 이 세 구절을 성(性)에 관한 천하 사람들의 논의에 대한 맹자의 비판으로 이해하는데, 그에 따르면 고(故)는 '구체적 일'을 뜻하는 사(事)로, 리(利)는 글자 그대로 이로움·이익으로 해석된다. 그리하여 그는 이렇게 이 구절을 해석했다.

맹자는 오늘날 천하 사람들이 말하는 성(性)이라는 것이 성(性)이 아니라 구체적인 일을 따르는 것[則事]에 불과하다는 점에 대해 말하고 있다. …… 일이라는 것은 반드시 이로움[利]을 근본으로 삼으니, 사람은 일을 할 때 반드시 그 이로운 것을 선택한 후에야 행한다. 이것이 "고(故)라는 것은 리(利)를 근본으로 한다."는 말의 뜻이다.[17]

이러한 손석의 해석은 주자에 비해 맹자의 본뜻에 훨씬 가까이 접근해 있지만, 고(故)를 구체적인 일[事]로 푸는 시각만큼은 동의할 수 없다. 필자는 고(故)를 사전적 의미 그대로 '까닭[緣故]' 혹은 '원인'으로 풀어야 맹자의 본뜻에 비로소 부합된다고 판단한다. 생태 철학자 이준모는 「자

---

17 趙岐 注, 孫奭 疏, 『孟子注疏』, 卷8下, 「離婁章句下」: "孟子言, 今夫天下之人有言其性也者, 非性之謂也, 則事而已矣. …… 事者必以利爲本, 是人所行事必擇其利, 然後行之矣, 是謂'故者以利爲本'矣."

연과 인간의 협동노동의 이념」이라는 글에서 장자와 후기 묵가의 사상에 보이는 고(故) 자의 쓰임에 대해 언급하면서 위 첫 구절의 고(故)가 '까닭'이라는 뜻임을 명쾌히 논증한 바 있다. 그는 이렇게 고증한다. "'고(故)'라는 개념은 장자에도 나온다. 갓 태어난 송아지 같은 자연과 혼연일체를 이루면서 '그 고를 구하지 말라[無求其故].'라고 권하는 구절이 그것이다. '고(故)'를 논리학의 방법으로 삼은 것은 묵가이다. 『묵경(墨經)』에는 '그 고를 구한다[求其故].'는 말이 있다."[18]

고대 사상가들에게 있어서조차 위 세 구절이 쉽게 해독되지 못한 까닭은 맹자가 왜 한 단락 안에서 성(性)과 지(智), 그리고 행기소무사(行其所無事)의 문제를 한꺼번에 언급했는지에 대해 올바르게 이해하지 못 했기 때문이다. 이 삼자의 연관성이 제대로 이해되기 위해서는 먼저 맹자의 성(性) 개념이 인간의 선한 본성, 즉 성선(性善)의 성(性)만을 의미할 것이라는 선입견부터 바뀌어야 한다. 실제로 『맹자』를 세심하게 들여다본다면 인성 외에도 물의 성[水之性], 산의 성[山之性], 소의 성[牛之性], 말의 성[馬之性] 같은 물성(物性) 개념이 언급되어 있고, 직접 어떤 물(物)의 성(性)이라고 언급하지는 않았더라도 그런 함의를 지닌 문장들이 상상 외로 많다는 점을 발견할 수 있을 것이다. 위 인용문의 첫 구절 또한 그 일례이다. 즉 여기서의 성(性)은 인성과 물성을 모두 포함하는 모든 존재자의 성(性), 다시 말해 만물이 지니고 있는 본성, 본질을 가리킨다. 이러한 사물의 본질, 본성을 인식 혹은 파악하는 일이 곧 '그 까닭을 따르는[則故]' 활동인데, 맹자는 만물을 대상화하는 세상 사람들의 인식활동이 바로 '이익[利]'에 뿌리를 두고 있기 때문에, 그러한 자기중심적인 가치기준을 따르는 사물의 본질에 대한 인식은 참 앎이 아니라고 비

---

18 이준모, 『생태적 인간』, 다산글방, 2000, 450쪽.

판하고 있는 것이다. 이런 해석이 맹자의 본뜻에 제일 부합된다고 주장할 수 있는 결정적 근거는 "내가 앎이라는 것에 대해 싫어하는 점은 그것이 천착하기[鑿] 때문이다."라는 말에 의해 마련된다. '착(鑿)'이라는 글자에는 '견강부회'라는 뜻도 있지만 '구멍을 뚫는 도구'처럼 대상을 '판다'는 뜻도 있어서, "천착한다."라고 해석해야 보다 생동적으로 맹자의 뜻이 전달된다. 대상의 본성, 본질을 파악하는 인간의 인식활동이 인간 자신의 이익만을 척도로 삼아 이루어진다면 그것은 대상을 파괴하고 결국은 인간 자신마저 파괴하는 지식이기에 자신은 그런 지식을 싫어한다는 의미이다. 그러나 맹자는 노자처럼 "성인의 가르침을 끊고 지(智)를 버릴"[19] 것을 주장하지도, 『장자』에서와 같이 "그 까닭을 구하지 말라."[20]라고 권하지도 않았다. 묵자(墨子)처럼 자기중심적 이익의 관점에서 출발하여 대상을 부정하고 인식할 것을 주장하는 관점과 노장(老莊)처럼 그러한 행위가 대상과의 조화로운 관계를 파괴하기 때문에 아예 인식활동 자체를 중지할 것을 주장하는 관점 사이에서 그는 이 양자를 변증적으로 지양할 수 있는 길을 앞서 여러 차례 인용한 우의 치수에서 찾아내었고, 이를 이제 행기소무사(行其所無事)라고 정식화하고 있다. 이 명제를 구성하는 두 부분, 즉 '함[行]'과 '하지 않음[無事]' 가운데, '무사(無事)'란 실천의 측면에서는 '파괴하지 않음'을, 인식의 측면에서는 '대상에 천착하지 않음'을, 관심의 측면에서는 '자기의 이익만을 생각하지 않음'을 각각 의미한다. 반면 '행(行)'이란 앞의 '하지 않는' 세 측면이 있음에도 불구하고 실천의 측면에서는 변화시키는 부분이 있음을, 인식의 측면에서는 획득되는 지식이 있음을, 결과적으로는 자신에게도 이로운 부분이 있음

---

19 『老子』제19장: "絶聖棄智."
20 『莊子』「知北遊」: "如新生之犢而無求其故."

을 각각 의미한다. 이 둘을 다시 종합하여 말한다면, '그 무사를 행함'이란 자기중심적 이익의 잣대에 근거하여 대상 파괴적 인식과 실천을 하지 않으면서도[無事], 대상의 본성을 충분히 고려하는 인식과 실천을 적극적으로 함으로써[行] 실천적으로는 자기와 타자의 평화적 공존과 발전을 이룰 수 있고, 지식적인 측면에서는 대상의 참된 본성을 파악할 수 있는 삶의 원칙을 뜻한다. 이런 이유로 맹자는 지혜로운 자가 '그 무사를 행함'의 원칙에 따라 행동한다면 그 "앎 또한 크다[智亦大矣]."라고 단정했던 것이다. 이렇게 볼 때 '행기소무사(行其所無事)'란 한 마디로 말해 "무위와 유위의 변증적 통일"[21]이라고 하겠다.

공자의 학을 이었다고 자임한 맹자에 의해 이런 종합적 원칙이 확립될 수 있었던 까닭은 춘추전국시대에 새롭게 역사의 무대에 등장한 지식계층, 즉 사(士)의 사회적 처지, 이에 기초한 역사적 책임의식, 그리고 이상사회에 대한 전망 등이 맹자의 사상 속에 반영될 수 있었기 때문이다. 앞서 우리는 묵자의 경험주의적 인식론, 공리주의적 윤리관 등이 수공업자들의 의식을 고스란히 반영하고 있다는 사실을 보았는데, 노동을 매개로 한 인간과 자연의 관계라는 측면에서 묵자의 사상이 갖는 의미를 평가해 보면 이렇다. 인간은 도구를 이용해 대상을 변형시키는 노동 속에서 '이익'이 획득됨을 발견하곤 하는데, 묵자, 아니 묵가 전체는 바로 기술자 계층이라는 사회적 처지로 인해 '이익'이 갖는 의미에 대해 특별히 주목하게 되었을 것이다. 다시 말해 그들은 자연과 직접 만나는, 따라서 자연과 직접 교감하는 존재였으나, 사회적으로 지배당하는 소외된 계층이라는 사회적 처지 때문에 자연의 가치에 대해 충분히 고려하지 못했던 것처럼 보인다. '백성의 이익'을 가치판단의 잣대로 삼았지만 자연

---

21 黃棕源, 「孟子天人關係思想新探」, 北京大學 碩士學位論文, 1998, 1쪽.

과 인간이 다르다는 측면만을 강조했다는 앞의 서술이 이를 충분히 보여주고 있다.

만약 동일한 평가방법을 유가에도 적용시켜 보면 우리는 맹자가 어떻게 '행기소무사(行其所無事)'라는 원칙을 세우게 되었는지에 대해서도 이해할 수 있을 것이다. 맹자를 비롯한 선진유가가 대변하는 사(士) 계층의 입장에 대해서는 지난 20세기 80년대 송영배의 연구에 의해 비교적 훌륭하게 규명된 바 있다. 그의 연구결과에 따르면 "서주시대에는 지배계층, 세습귀족으로서의 '군자'와 피지배계층으로서의 '민(民)'이 서주 봉건제도를 지탱하던 두 지주였는데",[22] 공자시대에 이르러 계층관계에 근본적인 동요가 일어나고 강대한 봉건 제후들 사이에 권력투쟁이 벌어지면서 "봉지(封地)를 소유하지 못한" 다수의 "지식계층인 사(士)가 출현하게 되었다."[23]라고 한다. 비록 이들은 "지배계층인 군자와 생산을 담당한 소인이 조화롭게 공존했던 주대(周代)의 사회질서[周禮]를 완벽한 사회질서"[24]라고 생각하여 묵자에 비해서는 정치적 보수성을 드러냈지만, 군자의 덕성 수양과 이를 바탕으로 한 덕치(德治)를 강조하고 특히 생산을 책임진 일반 백성들을 위해 민생을 보장해 줄 것을 주장했다는 점에서 적극적인 의의 또한 지닌다. 바로 이 점, 즉 직접 노동을 하지는 않았지만 통치와 조화로운 사회질서 유지를 위해 백성의 생산 활동에 지대한 관심을 가졌다는 점이 유가를 농업적 사유의 길로 이끌 수 있었다. 평요우란은 일찍이 고대 중국의 노동계층을 수공업자와 농민, 이렇게 둘로 나누면서, "묵자는 수공업자를 사상적으로 대표했다. 농민의 사상

---

22 宋榮培, 『中國社會思想史』, 中國社會科學出版社, 2003, 83쪽.

23 宋榮培, 『中國社會思想史』, 中國社會科學出版社, 2003, 83쪽.

24 宋榮培, 『中國社會思想史』, 中國社會科學出版社, 2003, 84쪽.

은 육가(六家)와 같은 큰 학파를 이루지는 못했지만" "진정으로 당시의 농민을 대표할 수 있는 이는 『맹자』의 기록에 보이는 허행(許行)이다."[25] 라고 기술했다.

『맹자』에서 허행을 따르던 진상(陳相)의 입을 통해 우리는 그의 사상에 "백성과 함께 경작하지[與民幷耕] 않고 먹는 군주에 대한 비판정신이 담겨 있음을 알 수 있다. 이에 대해 맹자는 "마음을 쓰는 자 타인을 다스리고 힘을 쓰는 자 타인에 의해 다스려진다. 타인에게 다스려지는 자 타인을 먹이고 타인을 다스리는 자 타인에 의해 먹여지는 것, 이것은 천하에 통용되는 원칙이다."[26]라는 유명한 말로 반박하여 노심자(勞心者)의 편에 서 있는 사(士)의 계층의식을 명확히 드러내고 있다. 그러나 다른 한편 맹자는 앞서 언급한 바와 같은 조화로운 사회질서의 확립을 위해, 혹은 측은지심이라는 도덕적 정감을 기반으로 하는 민(民)에 대한 인정(仁政)의 실현을 위해 그 어느 유자보다도 백성에 대한 동정심을 표시하고 있고 아울러 백성, 특히 농민의 민생과 생산 활동에도 관심을 보이고 있다. 민본(民本)사상, 인정(仁政)설, 정전제(井田制)를 비롯한 각종 민생해결 방안에 대한 구상 등이 바로 그것이다. 이렇듯 맹자는 농민들의 생산 활동, 즉 농사에 지대한 관심을 갖고 있었기에 행기소무사(行其所無事)라는 원칙을 도출할 수 있었다. 그렇다면 도대체 농사란 무엇인가? 한 톨의 쌀에는 농부의 수많은 피땀이 어려 있다. 그것은 농부의 함[行]을 통해 얻어진다. 하지만 다른 한편 한 톨의 쌀은 농부의 함[行]만을 가지고는 열매 맺지 못한다. 거기에는 생명을 지닌 벼가 스스로 생장하려는 노

---

25 馮友蘭, 『中國哲學史新編』第1冊, 『三松堂全書』第8卷, 河南人民出版社, 2000, 339쪽.

26 『孟子』「滕文公上」: "勞心者治人, 勞力者治於人. 治於人者食人, 治人者食於人, 天下之通義也."

력, 즉 생명력이 있고, 물, 토양, 공기, 바람 등 무수히 많은 자연력이 또한 응축되어 있다. 이 측면에서 보면 농사란 농작물의 생장 리듬을 따라가야 하는, 다시 말해 그 생명의 생명성(生命性)을 살려야 하는 일이기도 하다. 대상의 생명력을 마구 해친다면 절대 잘 될 수 없는 일이며, 따라서 거기에는 하지 않는 측면[無事]이 반드시 있어야 한다. 맹자의 행기소무사(行其所無事)는 바로 농사가 지닌 성격 자체를 고스란히 반영하고 있다. 물론 맹자가 농사가 지닌 이 성격을 충분히 철학적으로 반성한 후 이 명제를 제출했다고 단정하기는 어렵지만, 적어도 농업문명의 틀이 점차 형성되어 가고 있던 중국 전국시대의 사회적 배경과 백성의 민생에 관심을 가질 수밖에 없는 유자의 사회적 위치가 그를 농업적 사유의 길로 들어서게 했다고 말할 수는 있겠다. 이러한 농업적 사유방식은 맹자의 인성론과 공부 방법론의 곳곳에서도 보이는데 이에 대한 탐구가 본 논문의 두 번째 소주제이다.

3. 성론(性論)의 세 가지 비유에 구현된 행기소무사(行其所無事) 원칙

맹자의 성선설에 대한 이해의 문제를 둘러싸고 학계에서는 대체로 두 가지 다른 시각이 존재하는 것 같다. 그 중 하나는 모든 인간이 태어나면서부터 도덕적으로 선한 본성을 지닌다는 성(性)의 선천성, 내재성, 보편성에 대한 강조를 맹자 성선설의 핵심으로 보는 다수 학자들의 전통적 견해이고, 다른 하나는 맹자의 인성 개념이 지닌 '최초의 조건'을 지나치게 강조해서는 안 되며 성(性) 개념 자체가 지닌 '능동적 힘'에 주목하여 그것을 '성장하고 성숙하는 과정' 속에서 이해해야 한다는 서방학계의 최근 견해이다.[27] 그런데 기실 이 두 견해는 맹자의 성론이 지닌 한 측면을 붙잡고 있으면서도 상대방이 강조하는 나머지 한 측면을 각각 놓치고 있는 것으로서, 성(性) 개념이 지닌 생명성에 주목하고 아울러 앞서 살펴본 행기소무사(行其所無事)의 원칙을 잊지 않는다면 그것들은 충분히 종합될 수 있는 주장들이다.

1) 물의 비유

'성 개념이 지닌 생명성'이라는 말이 무엇을 뜻하는지를 파악하기 위해 우리는 맹자가 인성의 선함 혹은 도덕 수양의 원칙을 논하면서 여러 차례 들고 있는 물, 나무, 농작물 등 자연물에의 비유가 지닌 상징성에 관심을 가질 필요가 있다. 먼저 인성 혹은 수양을 물에 비유하고 있는 아래 세 단락을 세심히 읽어 보면 그것이 샘물과 같이 선한 도덕성, 세차게 흐르는 물과 같이 힘찬 인격의 성장, 불을 이기는 물과 같이 강력한 도덕적 힘을 지닌 인격의 성숙을 의미함을 알게 된다.

인성의 선함이 물의 아래로 흐름과 같습니다. 선하지 않은 사람이 없듯이 아래로 흐르지 않는 물도 없습니다. 물론 물을 쳐서 튀어 오르게 하면 이마를 스쳐 지나가게 할 수도 있고, 그것을 막아 거꾸로 흐르게 하면 산에 있게 할 수도 있지만, 그것이 어찌 물의 본성이겠습니까?[28]

근원이 있는 샘물은 세차게 흐릅니다. 밤낮 쉬지 않고 웅덩이를 가득 메운 후 나

---

27 Roger T. Ames, 彭國翔 編譯, 『自我的圓成: 中西互鏡下的古典儒學與道家』, 河北人民出版社, 2006, 297~299쪽 참조.

28 『孟子』 「告子上」: "人性之善也, 猶水之就下也. 人無有不善, 水無有不下. 今夫水, 搏而躍之, 可使過顙, 激而行之, 可使在山. 是豈水之性哉?"

아가 사해로 흘러 들어갑니다. 근본이 있는 자가 이와 같으니, 이 점을 취한 것입니다.[29]

인(仁)의 불인(不仁)을 이김이 물의 불을 이김과 같다. 오늘날 인을 행하는 자들은 흡사 물 한 잔으로 수레 하나 가득한 땔나무의 불길을 잡으려는 것과 같다. 끄지 못하고는 물이 불을 이기지 못한다고 말한다.[30]

많은 20세기 중국철학자들의 문제점은 '물의 성'과 같은 개념을 '사물이 지닌 고정불변한 성질' 정도로 규정하고 그 비유의 중요성을 간과해 버렸다는데 있다. 예컨대 당군의(唐君毅)는 중국 고대 철학자들의 물성(物性)과 인성(人性)의 차이에 대한 생각을 다음과 같이 잘못 말하고 있다. "중국사상 속에서 인성에 대한 토론에는 대체로 한 가지 공통된 특징이 있다. 즉 인성이 무궁히 변화할 수 있다는 것을 인간의 특징으로 여긴다는 점이다. 이것이 곧 인간의 영성이며 한번 정해져 영성이 없는 만물의 성과 다른 점이다."[31] 실제로 물에 영성이 있느냐 없느냐 하는 논의가 여기서는 중요하지 않다. 다만 인용문에서 언급되어 있는 '물의 성'을 아무 생명론적인 의미가 없는 고정불변한 성질 정도로 이해한다면 이런 비유조차 성립될 수 없다는 점만큼은 지적되어야 한다. 사실상 물은 생명이 없는 무기질에 속하는데 맹자가 물의 흐름을 매우 역동적으로 묘사하고 심지어 '아래로 흐르는 물의 성질'을 물의 '본성'이라고까지 규정하는 속뜻은 어디에 있는가? 이는 전술한 우(禹)의 치수와 연결시켜 이

---

29 『孟子』「離婁下」: "源泉混混, 不舍晝夜, 盈科而後進, 放乎四海. 有本者如是, 是之取爾. 苟爲無本, 七八月之間雨集, 溝澮皆盈, 其涸也, 可立而待也. 故聲聞過情, 君子恥之."

30 『孟子』「告子上」: "仁之勝不仁也, 猶水勝火. 今之爲仁者, 猶以一杯水救一車薪之火也. 不熄, 則謂之水不勝火."

31 唐君毅, 『中國哲學原論: 原性篇』, 學生書局, 1991, 臺灣, 24쪽.

해될 때 비로소 드러난다. 물의 아래로 흐르는 성질을 따라가면서 행하는 노동을 통해 홍수에 속수무책이었던 기술 없는 상태와 그것을 인위적으로 틀어막는 오도된 기술을 모두 지양한 사례를 발견한 맹자는 바로 그 행기소무사(行其所無事)의 원칙에서 자연과 인간, 인간과 인간이 조화롭게 공존할 수 있는 새로운 질서를 꿈꾸었던 것이며, 바로 이 점 때문에 맹자는 이 물의 '아래로 흐르는 성질'을 '물의 본성'이라고 명명할 수 있었다.

물이 아래로 흐를 수 있는 최초의 힘이 위쪽에 위치한 샘물[源泉]에서 생겨나듯이 인간이 선하게 될 수 있는 힘 또한 성선설에 대한 전통적 견해처럼 선천적, 보편적, 내재적인 인간의 마음속 선한 본성에서 생겨난다는 것이 첫 번째 단락의 함의이다. 이 근원이 있는 샘물이 위에서 아래로 세차게[混混] 흐른다는 두 번째 단락의 묘사 속에는 물 운동의 자연스러우면서도 역동적인 성격이 드러나 있는데, 맹자의 말을 차용하여 규정한다면 이것이 곧 '행기소무사(行其所無事)'의 원칙에 입각한 물의 운동이다. 물이 '아래로 향해 흐르는' 운동의 성격을 바꾸지 않는 '하지 않음[無事]'때문에 우리는 그것을 자연스럽게 느끼며, 동시에 그 흐르는 방향을 바꾸지 않으면서도 세차게 흐르기[行] 때문에 우리는 그것을 역동적으로 느낀다. 이렇게 물의 흐름에서 반성해 낸 '방향을 바꾸지 않으면서도 힘차게 운동한다.'라는 특성은 맹자의 도덕 수양 방법론에 고스란히 반영되어 있으니, 예컨대 "작은 것으로 큰 것을 해치지 말고 천한 것으로 귀한 것을 해치지 말라.[32]"라는 말 속에 선한 방향으로 나아가려는 도덕본성을 파괴하지 말라는 요구가 담겨 있다면, "인(仁)을 구하는 데

---

32 『孟子』「告子上」: "無以小害大, 無以賤害貴."

있어서 서도(恕道)를 힘차게 행하는 것보다 더 가까운 방법은 없다."[33]라는 말 속에는 도덕실천의 적극성에 대한 요구가 담겨 있다. 이렇게 샘물과 같은 인의(仁義)의 본성이 나아가려는 방향을 바꾸지 않는 일종의 '하지 않는[無事]' 계기가 있음과 동시에 그 본성의 나아가려는 방향을 자연스럽게 따라가며 '힘차게' 실천하는 계기 또한 있기에 맹자는 순(舜)의 도덕 실천에 대해 그것은 "인의를 따라 행한 것이지 인의를 억지로 행한 것이 아니다."[34]라고 규정할 수 있었다. '인의를 따라 행한다[由仁義行].'라는 말은 결국 '행기소무사(行其所無事)'의 다른 식 표현에 불과하다.

세 번째 단락에서는 상술한 바와 같이 '인의를 따라 행하는' 도덕적 수양이 왕성하게 이루어지거나 혹은 성숙된 인격을 이룬 상태에서만 그 교화의 힘으로 불인(不仁)한 세력을 이길 수 있다는 점을 다시 물에 빗대어 말하고 있다. 물이 어느 정도 큰 힘을 지니고 있어야 불을 끌 수 있는 것과 같다는 논리인데, 이를 다시 흐르는 물에 비추어 생각해 보면 아래로 흐르면서도 세차게 운동하는 물만이 바다에 이를 수 있는 것과 같이 본성을 잃지 않으면서도 수양을 충분히 한 자만이 성숙한 인격을 이루고 타자도 감화시킬 수 있다는 맹자의 생각 또한 쉽게 도출해 낼 수 있다. 이렇게 물의 비유를 통해 맹자가 드러내려고 한 점은 생명론적인 혹은 도덕적인 근원·본질로서의 성(性)의 이중적 의미, 그리고 그것이 드러나는 과정에서 관철되는 혹은 관철되어야 할 무사(無事)와 행(行)의 변증적 관계에 관한 것이었다.

---

33 『孟子』「盡心上」: "强恕而行, 求仁莫近焉."
34 『孟子』「離婁下」: "由仁義行, 非行仁義也."

2) 나무의 비유

다음으로 인성을 나무에 빗대는 사례를 살펴보면 나무를 기르는 행위와 본성을 기르는[養] 행위·나무를 보전하지 못함과 본성이 상실됨·나무의 특성에 따라 그릇을 제작함과 본성에 따라 인격을 변화시킴 등이 상응관계를 이루고 있음을 발견하게 된다.

한두 아름 크기의 오동나무를 사람이 키우고자 한다면 모두 어떻게 그것을 키워야 할지 알 것이다. 그러나 인간에 이르러서는 어떻게 길러야 할지 모르니, 설마 자신을 사랑하는 것이 오동나무에 못 미치겠는가?[35]

우산(牛山)에 있었던 나무는 무성했었다. 하지만 그것이 대도시 교외에 있었다는 이유로 도끼를 가지고 베었으니 무성할 수 있었겠는가? 물론 그것은 밤낮으로 숨을 쉬었고, 빗물과 이슬이 적셔주었으니, 새싹이 돋아나지 않은 것은 아니었으나, 다시 곧 이어서 소와 양을 방목했기 때문에 저렇게 헐벗게 되었다. 사람들이 그 헐벗은 모양을 보고 이 산에는 나무가 있었던 적이 없다고 여긴다 하더라도 이것이 어찌 산의 본성이겠는가?[36]

고자가 말했다. "성(性)은 버드나무와 같고, 인의(仁義)는 그릇과 같습니다. 인성을 인의라고 하는 것은 버드나무 가지를 구부려 그릇을 만드는 것과 같습니다." 맹자가 말했다. "선생은 버드나무의 본성을 따라 그릇을 만듭니까? 아니면 버드나무의 본성을 훼손한 후에 그릇을 만듭니까?"[37]

---

35 『孟子』「告子上」: "拱把之桐梓, 人苟欲生之, 皆知所以養之者. 至於身而不知所以養之者, 豈愛身不若桐梓哉? 弗思甚也."

36 『孟子』「告子上」: "牛山之木嘗美矣, 以其郊於大國也, 斧斤伐之, 可以爲美乎? 是其日夜之所息, 雨露之所潤, 非無萌蘖之生焉, 又牛羊從而牧之, 是以若彼濯濯也. 人見其濯濯也, 以爲未嘗有材焉, 此豈山之性也哉?"

37 『孟子』「告子上」: "告子曰, '性, 猶杞柳也. 義, 猶桮棬也. 以人性爲仁義, 猶以杞柳爲桮棬.'

나무의 비유에 이르러 비로소 맹자 사상 속에서의 '기름'이라는 의미
가 드러난다. 첫째 단락에서 맹자는 사람들이 오동나무를 기르는 원리
는 알고 있으면서도[知] 정작 인간의 선한 본성을 기르는 방법에 대해서
는 알지 못한다고[不知] 하여, 덕성 수양을 통한 덕치를 강조하는 사(士)
의 계층적, 철학적 관점을 분명히 표현하고 있다. 그러나 이와 동시에
이 문장은 오동나무와 인성을 기르는 방법이 그리 다르지 않다는 점 또
한 암시하고 있다. 후대 유자(儒者)들에 의해 존양(存養)설이라고 지칭되
는 이 수양방법은 사실 소극적 보존[存]과 적극적 기름[養]이라는 두 계
기를 모두 포함하고 있으며, 인용문 가운데 전자는 둘째 단락에서, 후자
는 셋째 단락에서 각각 설명되어 있다.

매우 풍부한 상징성을 내포하고 있는 '우산(牛山) 나무'의 비유에서 동
원된 산 · 나무[木] · 싹[萌蘗]은 각각 인간 · 인간의 선한 본성 · 그 선한
본성이 초보적 형태로 모습을 드러낸 사단(四端)을 상징한다. 산속의 나
무는 생명을 지닌, 따라서 산에 생명을 불어넣어 주는 존재이듯 인간에
게 있어서 선한 본성은 인간을 인간답게 만드는, 따라서 인간에게는 생
명과도 같은 것이라고 맹자는 생각했다. 그런데 벌목이나 가축의 방목
등으로 인해 나무가 훼손되고 결국은 생명의 싹마저 짓밟혀졌듯이, 인
간의 양심 또한 부도덕한 행위로 말미암아 점차 방기되고[放其良心] 종
국에는 양심의 싹, 즉 사단(四端)마저 상실되고 만다. 그럼에도 불구하
고 우산(牛山)의 생명성이 나무에 있다는 사실이 변치 않듯 인간의 인
간다움은 선한 본성에 있다는 사실 또한 변치 않는다. 이렇게 인간 본
성의 보편적 선함을 논증함이 위 인용문의 주요 논지이지만, 이와 함께
이 성(性)을 보존하는 일의 중요성에 대한 강조 또한 은연중에 내포되어

孟子曰, '子能順杞柳之性而以爲桮棬乎? 將戕賊杞柳而後以爲桮棬也?'"

있다. 두 번째 인용문에서 우리는 '보존[存]'이라는 글자가 생명성 혹은 도덕성을 파괴하지 않음을, 따라서 보존이란 무사(無事)의 계기임을 알 수 있다.

세 번째 인용문은 인성 문제를 둘러싸고 맹자가 고자와 벌인 중요한 논변 가운데 하나이다. 인의(仁義)가 인간의 선천적이고 내재적인 본성이라는 맹자의 견해에 대해 고자는 그것이 마치 나뭇가지를 구부려 그릇을 만드는 것과 같이 본성을 해치는 인위적인 행위라고 보았다. 그에 반해 맹자는 인의(仁義)를 기름이 본성을 해치는 행위가 아니라 도리어 본성을 따라가는 행위라고 보고 있다. 본성을 해치지 않고 그대로 보존하는 원칙을 강조한 앞 인용문에서 무사(無事)의 계기가 드러나고 있다고 한다면 여기에서는 인의의 끊임없는 실현과 이를 통한 인격 성숙의 계기, 즉 함[爲]의 계기가 강조되고 있다고 하겠다. 이렇게 버드나무의 비유 역시 앞서 서술한 행기소무사(行其所無事)의 논리에서 크게 벗어나지 않음을 알 수 있다.

3) 농작물의 비유

성(性) 개념이 지닌 '생명성'이라는 함의와 그것을 기름에 있어서 지켜야 할 '행기소무사(行其所無事)'의 원칙은 앞선 물, 나무보다는 농작물이 지닌 상징성에서 가장 확연히 드러난다. 우선 성(性)을 '씨앗'에 비유하고 있는 아래 인용문에 주목해 보자.

보리를 예로 들어보자. 씨앗을 뿌리고 그것을 흙으로 덮어줌에 심은 땅이 같고 심은 때도 같다면 활기차게 생장하여 하지가 되었을 때 모두 익을 것이다. 설사 그 결과에 다른 점이 있다고 하더라도 이는 땅의 비옥함과 척박함, 비와

이슬의 길러줌, 사람의 일 등이 같지 않았기 때문이다.[38]

　위 인용문이 도덕성의 선천성·보편성 및 성인이 될 수 있는 보편적
가능성을 논증한 것임에는 논란의 여지가 없다. 그러나 어떻게 도덕성
과 그것을 기름이 각각 보리의 싹과 그것의 자람으로 비유될 수 있는지
에 대해 깊이 생각해 본 이는 그리 많지 않은 것 같다. 맹자는 보리의 씨
앗이 인간에 의해 만들어진 것이 아닌 자연적인 것이듯, 인간의 본성 또
한 자연적으로, 즉 천에 의해 주어진 것이라고 생각했고, 씨앗이 자체
의 자랄 수 있는 생명력을 지니고 있듯이, 인성 역시 자체의 성장할 수
있는 힘을 지니고 있다고 여겼다. 이 두 가지가 바로 도덕성이 씨앗으로
비유될 수 있는 까닭이다.[39] 마찬가지 논리로 적절한 외적 조건이 조성
된다면 보리의 '생장'과 '익음'이 '씨앗' 자체의 능동적 힘에 의해 '활기차
게[浡然]' 이루어질 수 있는 것처럼, 인격을 수양하고 성인이 되는 것 또
한 성(性) 자체의 힘에 의해 이루어질 수 있다고 보았다.[40] 그 밖에도 맹
자는 모든 형태의 씨앗이나 인성이 이렇게 보편적으로 자기 성장과 성
숙의 힘을 지니고 있음에도 불구하고 현실적으로는 커다란 차이를 보이

---

38 『孟子』「告子上」: "今夫麰麥, 播種而穮之, 其地同, 樹之時同, 浡然而生, 至於日至之時,
皆熟矣. 雖有不同, 則地有肥磽, 雨露之養人事之不齊也."

39 傅斯年, 『性命古訓辨證』, 廣西師範大學出版社, 2006, 49~53쪽 참조. 이 저서는 20세기
중국철학 연구 가운데 性과 生이 밀접히 관련되어 있다는 점을 체계적으로 논증한 것이다. 다
만 맹자의 性이 모두 원래 '生'자라는 주장, '性'자는 모두 漢代 유자들이 고친 것이라는 주
장 등은 좀 지나친 감이 있다.

40 James Behuniak Jr, Roger T. Ames 著, 梁溪 譯, 『孟子心性之學』, 社會科學文獻出版社,
2005, 38쪽 참조. 이 논문집의 첫 부분 저자 A. C. Graham은 「맹자 인성 이론의 배경」이라는
글에서 "몸의 자연적인 생장과 같이 도덕적 경향은 마찬가지로 자연적이다. 그것들은 자연스
러운 경향이며, 후천적인 노력 없이 우리 자신 속에서 생겨난 것이다. 그것들은 길러지고 해
쳐지고 제한될 수 있으며, 만약 적절하게 보호된다면 발전되지만 강제될 수는 없다."라고 하
여 맹자의 性 개념이 지닌 자연스러운 자라남의 특징에 대해 밝혔다.

는 이유에 대해 설명하는 것 또한 잊지 않는다. 씨앗이 보리로 열매 맺으려면 보리 자체의 힘과 더불어 비·이슬·땅·농부의 도움이 필요한데, 바로 이 천·지·인의 도움에 차이가 있기 때문에 보리의 작황에 차이가 나게 된다. 같은 이유로 선한 본성이 길러져 원숙한 인격을 성취하려면 성 자체의 힘 말고도 경제적·정치적·사회적·문화적 환경이 잘 조성되고 인간 자신의 후천적 노력도 필수적인데 이 여러 환경과 노력의 차이로 인해 인격의 성숙 정도에 차이가 나게 된다. 이렇게 위 인용문에 대한 분석을 통해 우리는 맹자의 도덕성 개념이 지니는 생명성이라는 함의를 비로소 명확히 알 수 있게 되었다. 한 마디로 말해 맹자의 인성(人性)은 도덕적 성장과 성숙의 힘을 지닌 마음의 씨앗이다.

인간의 편에 서서 싹의 생장이 지니는 의미를 다시 반추해 보자. 인간은 먹고 살기 위해 보리농사를 잘 지어 그것을 밥상 위에 올려놓아야 한다. 이런 생존의 요구 때문에 농부는 보리의 싹이 혼자 자라게 그냥 놔둘 수는 없는[無事] 노릇이다. 즉 농사라는 일종의 '힘[行]'의 계기가 개입되어야 한다. 설사 노력을 했지만 천(天)과 지(地)의 도움이 잘 안 이루어져 농사를 망칠지라도, 그건 운명[命]이라고 치고 인간이 할 일을 해야 한다. 어떻게 이 일을 해야 하는가? 한편으로는 싹의 스스로 생장하는 힘을 믿고 그 힘에 기대는 동시에 천지(天地)의 도움이 잘 이루어지도록 인간의 노동력을 투여하지 않는 계기, 즉 무사(無事)의 계기가 있어야 하고, 다른 한편으로는 종자를 심고, 잡초를 뽑으며, 물을 대고, 퇴비를 주며 보리를 거두어들이는 적극적 행(行)의 계기가 필요하다. 다시 말해 이 무사(無事)와 행(行)의 두 계기가 적절히 통일되지 않으면 안 된다. 맹자는 바로 이 생태적 농사의 원칙을 인성 수양의 원칙으로 삼았던 것이다. 아래 두 구절을 보면 이 점이 더 명확히 증명될 것이다.

오곡은 좋은 품종이지만 익지 못한다면 돌피보다도 못한 것이 될 것이다. 인(仁) 또한 그것을 익게 하는데 있을 뿐이다.[41]

반드시 일이 있어야 하겠지만 억지로 맞추려고 해서는 안 되며, 마음속으로 잊어서는 안 되겠지만 자라는 것을 도와서도 안 된다. 송나라 사람처럼 그래서는 안 된다. 송나라 사람 중에 벼이삭이 자라지 않는다고 걱정하여 그것을 뽑아버린 자가 있었다. 피곤에 지쳐 멍하니 돌아와 집안사람들에게 이렇게 말했다. "오늘은 몹시 피곤하다. 내가 벼이삭이 자라는 것을 도왔다." 아들이 뛰어가서 보니 이삭이 모두 바싹 말라 있었다. 천하에 싹이 자라는 것을 돕지 않는 자는 드물다. 무익하다고 하면서 포기하는 자는 김매지 않는 자이고, 조장하는 자는 싹을 뽑아버리는 자이니, 이는 무익할 뿐만 아니라 그것을 해치는 것이기도 하다.[42]

맹자에게 있어서 성인이 되는 일이란 마음의 '씨앗'을 자라게 하여 종국에는 잘 익게 하는[熟] 일에 다름 아니다. 인(仁)이 오곡처럼 마음속에 뿌려진 좋은 씨앗이라고 하더라도 기름을 통해 익게 하는 노력이 없다면 그것은 무용지물이 될 뿐이다. 그리하여 실천적인 측면에서 훨씬 중요한 것은 이 '기름'과 '익힘', 즉 수양이고, 이 '기름'과 '익힘'의 과정에서 일관되게 지켜져야 할 원칙은 '행기소무사(行其所無事)'이다. 바꿔 말하면 맹자는 사람들이 '행기소무사(行其所無事)'의 원칙에 따라 수양할 수 있는지의 여부에 도덕실천의 성패가 달려 있다고 보았다. 그가 저 유명한 호

---

41 『孟子』「告子上」: "五穀者, 種之美者也. 苟爲不熟, 不如荑稗, 夫仁, 亦在乎熟之而已矣."

42 『孟子』「公孫丑上」: "必有事焉而勿正. 心勿忘, 勿助長也. 莫若宋人然. 宋人有閔其苗之不長而揠之者, 芒芒然歸. 謂其人曰, '今日病矣, 予助苗長矣.' 其子趨而往視之, 苗則槁矣. 天下之不助苗長者寡矣. 以爲無益而舍之者, 不耘苗者也. 助之長者, 揠苗者也, 非徒無益, 而又害之."

연지기(浩然之氣)를 논하는 구절에서 들고 있는 송(宋)나라 사람의 고사가 바로 그 좋은 일례이다.

두 번째 인용문 시작 부분에 제시된 내용은 사람들이 호연지기를 기름에 있어서 일관되게 지켜야 할 원칙으로써 사실상 '행기소무사(行其所無事)'를 다른 식으로 표현한 것에 불과하다. 즉 '억지로 맞추려고 해서는 안 됨[勿正]'과 '자라는 것을 억지로 도와서는 안 됨[勿助長]'은 모두 함이 없는 무사(無事)의 계기가 실현되어야 함을 의미한다. 반면 '반드시 일이 있어야 함[必有事]'과 '잊어서는 안 됨[勿忘]'은 모두 적극적인 함이 있는 행(行)의 계기를 사람들이 실현해야 함을 의미한다. 벼는 스스로 자라게 되어 있으니 나는 아무 일도 할 필요가 없다고 생각하여 김매지 않는 농부가 무사(無事)의 이치만 알고 반드시 하는[行] 일이 있어야[有事] 하는 이치를 망각한다면[忘] 농사가 잘 될 리 없듯이, 성(性)의 선(善)함과 그것의 스스로 자라는 능동성만을 믿어 적극적 수양과 도덕실천의 필요성을 망각한다면 그 누구라도 훌륭한 인격자가 될 수는 없을 것이다. 반대로 농부가 대상에 미치는 자신의 힘을 과신하여 자기 뜻에 따라 벼의 생장 리듬과 맞지 않은 어떤 인위적 힘을 가한다면[正, 助長] 벼의 생명성이 상실되듯이, 수양이나 도덕실천의 과정에서 사람들이 본성의 자연스러운 발현과는 다른 어떤 행위를 억지로 하려 한다면 도리어 인격 수양에 도움이 안 될 뿐만 아니라 본성을 해치게 된다. 이렇게 맹자의 인성론과 수양 방법론에는 농부가 생태적 농사를 지을 때 지키는 '행기소무사(行其所無事)'의 원칙이 철두철미하게 반영되어 있다.

5. 맺음말

본문에서 우리는 맹자의 행기소무사(行其所無事)와 그 원칙이 성(性)론으로 관철됨이 갖는 의미를 생태 철학적 측면에서 새롭게 고찰해 보았다. 이제 앞선 두 가지 서술 내용이 현대 생태철학 체계 구축에 있어서 지니는 의의에 대해 간략히 정리하며 이 글을 맺고자 한다.

첫째, 서론에서 이미 지적했듯이 현대 생태철학 연구자들, 특히 심층 생태주의자들은 자연이 내적 가치를 갖느냐 마느냐의 여부를 가지고 지나치게 소모적으로 논쟁하기 보다는, 외적이든 내적이든 혹은 인간과 자연의 관계 속에서든 어쨌든 '가치'를 지닌 자연이 인간과의 노동이라는 것을 매개로 두 생명력이 부딪치고 융합되고 그리하여 변형되는 신진대사의 과정을 거친다는 명명백백한 사실을 인정해야 한다. 자연은 가치를 지니지만 인간은 생존과 발전을 위해, '인간을 위해' 그 가치를 어느 정도 사용하지 않을 수 없다. 이용하지 않는다면 자연은 파괴되지 않을 수 있겠지만 선사시대 인류의 경험처럼 인간은 다시 홍수 따위에 무기력한 미개한 존재가 될 것이다. 사실상 그런 일은 일어날 리 없다. 인간을 비롯한 생명을 지닌 존재가 우선은 자기중심성을 지니고 있기 때문이다. 그러나 거꾸로 자연의 위치에서 인간—자연 관계의 역사를 돌아보면 가치를 지닌, 따라서 인간에게 생명의 지속과 문명의 진보를 가져다 준 토대로서의 자연이 지속적으로 희생당해 왔고 급기야 인간과 함께 공멸할 지경에까지 이르렀다는 점 또한 사실이다. 따라서 자연에 대한 보은의 의미에서건 아니면 인류의 지속 가능한 발전을 위해서건 자연을 온몸으로 모시는 새로운 생태 문명을 건설해야 함은 현하 인류의 막중한 책임이다. 문제는 그러한 문명의 건설이 관념의 변화로만은 이룩될 수 없다는 점이다. 아무리 생태적 정신이 우아하고 아름답다고 하더라도 형이하학적 문제, 즉 생태적으로 먹고 사는 방식이 새롭게 정립되지 않는다면 그러한 전망조차 공염불에 그치고 말 것이기 때문이다. 이런 이유에서 맹자의 행기소무사(行其所無事) 원칙은 바로 생태적으로 먹고 사는 방식을 모색하는 데 있어서 한줄기 빛을 던져 주고 있다. 인간은 생존과 발전을 위해 노동하지 않을 수 없고, 따라서 자연을 최소한은 이용하지 않으면 안 된다. 그리하여 인간에게는 대상에 대한 기술도 필요하고 적절한 지식도 필요하다. 이는 인류 계몽의 역사에 대한 긍정이기도 하다. 맹자는 이를 행함[行]·반드시 일이 있어야 함[必有事]·잊지 말아야 함[勿忘] 등의 말로 표현했다. 그러나 이러한 인간의 대상 부정은 동시에 자연을 재생하는 방향, 개체 생명은 때로 어쩔 수 없이 죽이더라도 전체로서의 종은 유지시키는 방향으로 진행되어야 마땅하다. 다시 말해 자연이 스스로 하게끔 놔두는 무사(無事)의 태도·억지로 자라는 것을 돕거나[勿助長] 맞추려고 하지 않는[勿正] 태도가 요구된다. 이는 계몽의 정신, 도구적 이성을 비판함이다. 생태적 삶의 양식은 바로 이 함[行]과 하지 않음[無事]을 변증적으로 결합시킨 기술, 지식 그리고 실천의 모색 속에서 싹트게 될 것이다.

둘째, 생태적 삶의 양식을 모색하기 위한 기술, 지식의 축적이 중요하기는 하지만, 그 일 또한 인간이 하는 일인 이상, 인간이 지닌 또 다른 측면들, 예컨대 도덕성, 정감 등을 올바르게 함양하는 생태적 윤리 체계 혹은 정서교육 체계의 수립이 또한 병행되어야 한다. 이런 의미에서 측은지심의 윤리학이 우리에게 시사해 주는 바는 자못 크다. 주지하다시피 맹자는 인(仁)의 실천을 민(民)이나 자연물 같은 소외된 존재들로 확장시킬 것을 역설했는데 이는 유가가 혈연 중심적 사고에서 벗어나 인(仁) 개념에 보다 보편성을 부여하기 시작했음을 의미한다. "친한 이를 친하게 대하는 데서 출발하여 백성을 인자하게 대하고, 백성을 인자하

게 대하는 데에서 물(物)을 사랑하는 데까지 미친다."[43] 물론 현대 생태
윤리학을 구축하는 데 있어서 친친(親親)의 영향에서 시종 벗어나지 못
한 유가의 원근(遠近), 친소(親疎) 차별적 인학(仁學)을 따를 필요는 없다.
오히려 이는 극복 대상이다. 하지만 이 측은지심을 제대로 기른다면 종
국에는 "만물이 모두 나에게 갖추어지게"[44] 될 것이라는 생각, "그 마음
을 다하면 그 성(性)을 알고, 그 성(性)을 알면 천(天)을 알게" 될 것이라는
생각, "그 마음을 보존하고 그 성을 기르는 것이 천을 섬기는 방법"[45]이
라는 생각 등은 현대 생태교육의 자산으로 삼을 수도 있을 것이다. 다시
말해 인(仁)의 보편성이 더욱 강화되는 방식으로 내용이 약간 수정된다
면 맹자의 성선설과 측은지심의 교육론 또한 생태적 인간을 길러내는 생
태윤리학의 한 페이지를 장식할 수 있을 것이다.

---

43 『孟子』「盡心上」: "親親而仁民, 仁民而愛物."
44 『孟子』「盡心上」: "萬物皆備於我矣."
45 『孟子』「盡心上」: "盡其心, 知其性也. 知其性, 則知天也. 存其心, 養其性, 所以事天也."

| 김도일

약력

서울대학교 철학과 졸업
동 대학원 철학과 석사
University of Toronto 철학과 박사

현 성균관대학교 유학동양한국철학과 교수
　성균관대학교 유교문화연구소 소장

주요 학술활동

논문 "QIAN 謙 IN EARLY CHINESE THOUGHT" *EARLY CHINA* 43, 2020.7
　"The Core Message of Xunzi`s Claim that Xing is Bad(Xing E)" *DAO-A*
　JOURNAL OF COMPARATIVE PHILOSOPHY 19, 2020.3 외 다수

| 오석원

약력

성균관대학교 유학과 졸업
동 대학원 동양철학과 석사, 박사

현 성균관대학교 유학대학 명예교수
　국제유학연합회(ICA) 부이사장

주요 학술활동

저서 『유교와 한국유학』(2014), 『韓國儒學的義理思想』(2014, 邢麗國 譯) 외 다수
논문 「우계 성혼의 도학사상」, 한국사상과문화 60, 2011.12
　「화서사상의 특성과 현대적 의미」, 한국사상과문화 55, 2010.12 외 다수

| 윤지원

약력

한국외국어대학교(글로벌캠퍼스) 철학과 졸업
북경대학교 철학과 석사, 박사

현 단국대학교 일본연구소 HK교수

주요 학술활동

저서 『지식의 구조와 한중일 지식 지형 변화의 탐색』(2019) 공저
역서 『법으로 읽는 중국 고대사회: 중국 고대 법률 형성의 사회사적 탐색』(2020) 공역
논문 「중국 근대 지식지형과 장지동의 개혁사상-『권학편』을 중심으로」, 유교사상문
　　화연구 77, 2019.9
　　「도가와 지식권력-장자의 지식론을 중심으로」, 중국학논총 61, 2019.3 외 다수

| 조남욱

약력

성균관대학교 유학과 졸업
동 대학원 동양철학과 석사, 박사

현 부산대학교 윤리교육학과 명예교수

주요 학술활동

저서 『성군 세종대왕』(2015), 『한국 지성사의 흐름』(2010), 『세종 리더십의 핵심 가
　　치』(2014) 공저 외 다수
역서 『聖學과 敬』(1982)
논문 「이퇴계의 가정교육에 관한 연구」, 퇴계학논총 27, 2016.6
　　「신라 화랑도 관점에서 본 김응렴(경문왕)의 화랑정신」, 도덕윤리과교육 51,
　　2016.5 외 다수

| 신정근

약력

서울대학교 철학박사

현 성균관대학교 유학동양한국철학과 교수
　　성균관대학교 유학대학장
　　인문예술연구소장

주요 학술활동

저서 『동양철학의 유혹』, 『사람다움의 발견』, 『철학사의 전환』, 『노자의 인생강의』, 『중용이란 무엇인가』 외 다수

역서 『공자씨의 유쾌한 논어』, 『동중서의 춘추번로: 춘추-역사해석학』, 『백호통의』, 『중국미학사』 외 다수

논문 「동아시아의 이상향 연구 1」, 「노자는 앎을 부정하는가?」, 「유교 경전의 확립과 정연구」 외 다수

| 박소정

약력

연세대학교 철학과 졸업
동 대학원 철학과 석사, 박사

현 성균관대학교 유학동양한국철학과 교수
　한국철학문화연구소 소장

주요 학술활동

저서 『The Idea of Qi/Gi: East Asian and Comparative Philosophical Perspectives』(2018) 공저, 『流動的音樂思維: 先秦諸子音樂論新探』(2016) 외 다수

역서 『육구연집』(2018) 공역, 『한국인의 영성』(2012), 『문답으로 엮은 교양 중국사』(2005) 외 다수

논문 "Musical Metaphors in Chinese Aesthetics" *JOURNAL OF CHINESE PHILOSOPHY* 47, 2020.5
　「도가적 공존: 벗으로서의 가족」, 중국학보 84, 2018.5 외 다수

| 안재호

약력

중앙대학교 철학과 졸업
국립대만대학교 철학과 석사
북경대학교 철학과 박사

현 중앙대학교 철학과 교수

주요 학술활동

저서 『신유가철학 비판』(2020), 『왕부지철학-송명유학의 총결』(2011) 외 다수

역서 『모종삼 교수의 중국철학 강의』(2011), 『송명성리학』(1997) 외 다수
논문 「율곡의 공부론 체계 管見-"誠意"를 기반으로, "矯氣質"까지」, 율곡학연구 42, 2020.9
「주희의 리는 본체인가?」, 유교사상문화연구 71, 2018.3 외 다수

| 전병욱

약력

고려대학교 한문학과 졸업
동 대학원 철학과 석사, 박사

현 중국 남창대학교 철학과 교수

주요 학술활동

저서 『(역주와 해설) 성학십도』(2009) 공저
역서 『양명철학』(2003)
논문 「『入學圖說』의 심성론에 대한 철학적 재해석」, 퇴계학보 148, 2020.12
「주자 인심도심설의 궁극적 관심」, 유학연구 40, 2017.8 외 다수

| 이영경

약력

경북대학교 윤리교육과 졸업
동 대학원 윤리교육학과 석사, 박사

현 경북대학교 윤리교육과 교수

주요 학술활동

저서 『다산의 윤리학』(2017), 『한국사상과 마음의 윤리학』(2014) 외 다수
논문 「율곡의 인성교육론」, 유교사상문화연구 69, 2017.9
「정약용의 정의론」, 유교사상문화연구 61, 2015.9 외 다수

| 박상리

약력

성균관대학교 유학과 졸업
동 대학원 유학과 석사, 박사

현 성균관대학교 유교철학·문화콘텐츠연구소 연구원

주요 학술활동

저서 『(전통철학과 의학에서 본) 몸과 마음』(2017) 공저 외 다수

역서 『호락논쟁의 유학자들』(2008) 공역 외 다수

논문 「『윤지당유고』, 소통의 방법론 탐색」, 양명학 26, 2010.8
　　　「조선후기 유학자들의 양명학적 문제의식」, 양명학 22, 2009.4 외 다수

| **원용준**

약력

성균관대학교 동양철학과 졸업
동 대학원 동양철학과 석사
동경대학교 인문사회계연구과 박사

현 충북대학교 철학과 교수

주요 학술활동

저서 『비판적 사고: 어떻게 다르게 생각할 것인가』(2020) 공저

역서 『朝鮮儒學史』(2007) 공역, 『중국 고전 명언 사전』(2004) 공역

논문 「역류 출토문헌을 통한 고대 『주역』의 형성과 전개」, 유교사상문화연구 70, 2017.12
　　　「출토문헌『주역』 연구 방법론 고찰」, 동양철학 45, 2016.7 외 다수

| **지준호**

약력

성균관대학교 한국철학과 졸업
동 대학원 한국철학과 석사
북경대학교 철학과 박사

현 서울교육대학교 초등교육과 교수

주요 학술활동

저서 『〈대학〉의 종합적 고찰』(2013) 공저 외 다수

역서 『(고전에서 배우는) 효도와 공경』(2012) 공역 외 다수

논문 「다산 정약용의 도덕교육론-도덕교육 내용을 중심으로」, 한국철학논집 63, 2019.11
　　　「율곡 이이의 도덕교육론-기본 요소와 중층 구조를 중심으로」, 유교사상문화연구 67, 2017.3 외 다수

| 황종원

약력

성균관대학교 유학과 졸업
북경대학교 철학과 석사, 박사

현 단국대학교 철학과 교수

주요 학술활동

저서 『처음 읽는 중국 현대철학: 캉유웨이에서 리쩌허우까지, 현대 중국을 이해하는
　　첫걸음』(2016) 공저, 『장재철학-천과 인간의 구분과 합일』(2010)

역서 『법으로 읽는 중국 고대사회-중국 고대 법률 형성의 사회사적 탐색』(2020) 공
　　역, 『논어, 세번 찢다』(2011) 외 다수

논문 「양수명의 향촌 건설을 위한 이념과 정치사상적 원칙에 대한 고찰」, 유교사상
　　문화연구 80, 2020.06
　　「이택후의 '자연의 인간화' 및 '인간의 자연화' 개념에 대한 비판적 고찰」, 동양
　　철학연구 100, 2019.11 외 다수

수록된 논문의 원출처는 다음과 같다.

김도일, 「『孟子』에서 擴充은 무엇의 확장인가?」(한글번역본), 'Four Types of Moral Extension in Mencius(孟子的四種道德擴張模型)' *Journal of Confucian Philosophy and Culture* 29, Institute of Confucian Philosophy and Culture, Feb, 2018, pp. 1-19.

오석원, 「孟子의 浩然之氣 研究」, 『유교사상문화연구』 34집, 한국유교학회, 2008, 57~78쪽.

윤지원, 「先秦儒家戰爭觀에 대한 小考 -孔子와 孟子의 戰爭觀을 中心으로」, 『유교사상문화연구』 74집, 한국유교학회, 2018, 107~125쪽.

조남욱, 「孔孟의 國際平和 理論」, 『유교사상문화연구』 45집, 한국유교학회, 2011, 199~225쪽.

신정근, 「맹자와 순자 사상의 결정적 차이」, 『동양철학연구』 67집, 동양철학연구회, 2011, 117~146쪽.

박소정, 「『맹자(孟子)』에 나타난 여민동락(與民同樂)의 음악 사상 : 묵자(墨子)의 예악(禮樂) 비판에 대한 반향으로서」, 『통일인문학』 43집, 건국대학교 인문학연구원, 2005, 79~94쪽.

안재호, 「孟子의 人性 槪念에 대한 朱子學的 解釋」, 『유교사상문화연구』 51집, 한국유교학회, 2013, 39~61쪽.

전병욱, 「『孟子』「告子」편의 性善論에 대한 주자의 해석」, 『유교사상문화연구』 70집, 한국유교학회, 2017, 85~114쪽.

이영경, 「맹자의 '孺子入井 - 惻隱之心'에 대한 조선유학자들의 윤리적 입장 - 退溪, 栗谷, 茶山, 惠岡을 중심으로」, 『유교사상문화연구』 73집, 한국유교학회, 2018, 27~55쪽.

박상리, 「정제두와 정약용 『맹자』주석의 인간학적 이해」, 『유교사상문화연구』 45집, 한국유교학회, 2011, 171~198쪽.

원용준, 「이토 진사이(伊藤仁齋)의 『맹자』관에 대한 일고찰」, 『동양철학연구』 61집, 동양철학연구회, 2010, 131~158쪽.

지준호, 「孟子의 도덕교육론 - 性善의 확충을 위한 교수작용의 측면을 중심으로」, 『한국철학논집』 42집, 한국철학사연구회, 2014, 105~131쪽.

황종원, 「맹자의 '행기소무사(行其所無事)' 원칙과 성론(性論)에 대한 생태 철학적 접근」, 『동양철학연구』 50집, 동양철학연구회, 2007, 253~286쪽.

시대 속의 맹자, 주제 속의 맹자

초판 1쇄 인쇄 2021년 1월 25일
초판 1쇄 발행 2021년 1월 31일

지은이 김도일 외
펴낸이 신동렬
펴낸곳 성균관대학교 출판부

등록 1975년 5월 21일 제1975-9호
주소 03063 서울특별시 종로구 성균관로 25-2
대표전화 02)760-1253~4
팩스 02)762-7452
홈페이지 press.skku.edu

© 2021, 유교문화연구소

ISBN 979-11-5550-459-8 94150
978-89-7986-493-9 (세트)